그림으로 배우는

네트워크 프로토콜

Network Protocol

저 가와시마 타쿠로(SYSTEM ARCHITECTURE KNOWLEDGE) · 역 김성훈

SE SHOEISHA
YoungJin.com Y. 영진닷컴

그림으로 배우는

네트워크 프로토콜

イラストでそこそこわかるネットワークプロトコル
(Irasuto de Sokosoko Wakaru Network Protocol: 7199-9)

ISBN 978-89-314-7418-3

독자님의 의견을 받습니다

이 책을 구입한 독자님은 영진닷컴의 가장 중요한 비평가이자 조언가입니다. 저희 책의 장점과 문제점이 무엇인지, 어떤 책이 출판되기를 바라는지, 책을 더욱 알차게 꾸밀 수 있는 아이디어가 있으면 이메일, 또는 우편으로 연락주시기 바랍니다. 의견을 주실 때에는 책 제목 및 독자님의 성함과 연락처(전화번호나 이메일)를 꼭 남겨 주시기 바랍니다. 독자님의 의견에 대해 바로 답변을 드리고, 또 독자님의 의견을 다음 책에 충분히 반영하도록 늘 노력하겠습니다.

주 소 (우) 08507 서울특별시 금천구 가산디지털1로 128 STX-V 타워 4층 401호
등록 2007. 4. 27. 제16-4189호
이메일 support@youngjin.com

저자 가와시마 타쿠로 | **역자** 김성훈 | **책임** 김태경 | **진행** 최윤정
집필 협력 System Architecture Knowledge(테자키 하야토, 나카자와 에이타, 야마모토 쇼타로)
표지 디자인 김효정 | **일러스트** MORNING GARDEN INC. | **본문 디자인 · 편집** 이경숙
영업 박준용, 임용수, 김도현, 이윤철 | **마케팅** 이승희, 김근주, 조민영, 김도연, 김민지, 김진희, 이현아
제작 황장협 | **인쇄** 제이엠

저자 서문

우리는 다양한 정보 기술의 도움을 받으며 생활하고 있습니다. 멀리 떨어진 세계 어디와도 순식간에 통신할 수 있으며, 전 세계에 자기 생각을 전파할 수도 있습니다. 현대인의 삶은 인터넷과 그 바탕이 되는 네트워크에 의해 유지된다고 해도 과언이 아닙니다.

네트워크 세계는 넓고 깊으며 다양한 요소로 이루어져 있습니다. 물리적인 케이블, 케이블을 통해 전달되는 전기 신호나 광신호, 그 신호들이 변환된 다양한 데이터, 그리고 데이터를 주고받기 위한 수많은 규칙 등으로 구성됩니다.

이 책은 엔지니어로서 IT 업계에 갓 입문했거나, 관련 업무를 하고 있지만 다시 처음부터 공부해 보려는 사람 등을 대상으로 네트워크 지식을 체계적으로 학습할 수 있도록 집필했습니다. 네트워크와 인터넷의 역사에서부터 현재 사용되는 기술까지 다양한 분야의 주제를 네트워크 프로토콜의 관점에서 다루었습니다.

이 책만으로 엔지니어 업무를 맡을 수 있는 건 아니지만, 여기서 소개하는 네트워크와 네트워크 프로토콜 이야기는 네트워크를 이해하는 데 필수적입니다. 특히 엔지니어로서 네트워크 관련 업무에 종사하거나 선배 엔지니어들과 대화할 때 반드시 알아야 할 내용들입니다. 지면 관계상 깊이 있게 다루기는 어렵기 때문에, 대표적인 주제를 선별해 개요와 역할, 형식 등을 소개했습니다.

이 책으로 네트워크와 네트워크 프로토콜의 기본을 학습한 후, 그 지식을 활용해 네트워크 실무를 익혀보세요. 실제 업무에서 더 높은 수준의 기술에 도전하고, 각 네트워크 프로토콜에 관해 깊이 있게 파고들 수 있길 바랍니다.

그럼, 지금부터 심오한 네트워크의 세계를 함께 살펴보겠습니다.

SYSTEM ARCHITECTURE KNOWLEDGE

가와시마 타쿠로

이 책의 사용법

이 책은 "보기만 해도 어느 정도 이해할 수 있다."라는 콘셉트를 바탕으로 집필됐습니다. 그러므로 만화나 일러스트를 얼핏 보기만 해도, 통신 메커니즘이나 네트워크 프로토콜을 어느 정도 이해할 수 있게 구성되어 있습니다. 또 이 책에서는 실제로 통신하는 모습을 볼 수 있도록 일부 네트워크 프로토콜의 패킷을 캡처합니다. 구체적인 패킷 캡처 방법은 1장 '06 패킷 캡처를 해보자' 부분을 참조하세요.

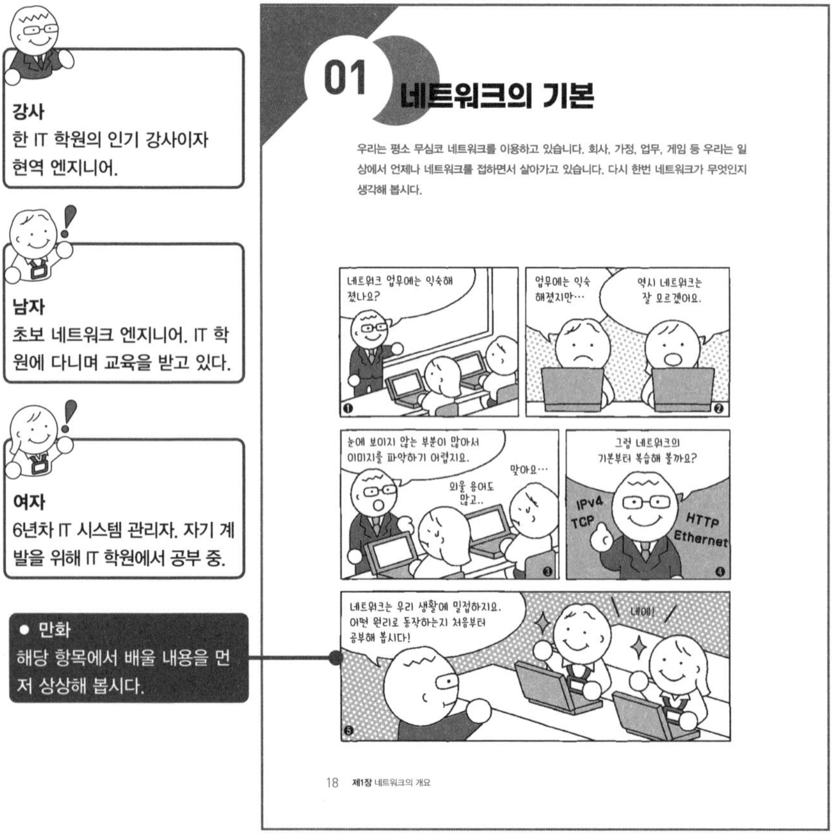

강사
한 IT 학원의 인기 강사이자 현역 엔지니어.
남자
초보 네트워크 엔지니어. IT 학원에 다니며 교육을 받고 있다.
여자
6년차 IT 시스템 관리자. 자기 계발을 위해 IT 학원에서 공부 중.
● 만화
해당 항목에서 배울 내용을 먼저 상상해 봅시다.
01 네트워크의 기본
우리는 평소 무심코 네트워크를 이용하고 있습니다. 회사, 가정, 업무, 게임 등 우리는 일상에서 언제나 네트워크를 접하면서 살아가고 있습니다. 다시 한번 네트워크가 무엇인지 생각해 봅시다.
네트워크 업무에는 익숙해졌나요?
업무에는 익숙해졌지만…
역시 네트워크는 잘 모르겠어요.
눈에 보이지 않는 부분이 많아서 이미지를 파악하기 어렵지요.
외울 용어도 많고..
맞아요…
그럼 네트워크의 기본부터 복습해 볼까요?
IPv4
TCP
HTTP
Ethernet
네트워크는 우리 생활에 밀접하지요. 어떤 원리로 동작하는지 처음부터 공부해 봅시다!
네에!
18 제1장 네트워크의 개요

● 이 책의 주요 독자 대상

- IT 분야 엔지니어로서 업계에 갓 입문한 초보자
- 네트워크 프로토콜에 대해 다시 공부하고 싶은 사람

● 이 책의 집필 환경

- OS: Windows 11 Pro 64bit
- 메모리: 16GB
- 하드디스크(SSD): 256GB
- CPU: Intel(R) Core™ i5-8265U
- Wireshark 버전: 3.4.5

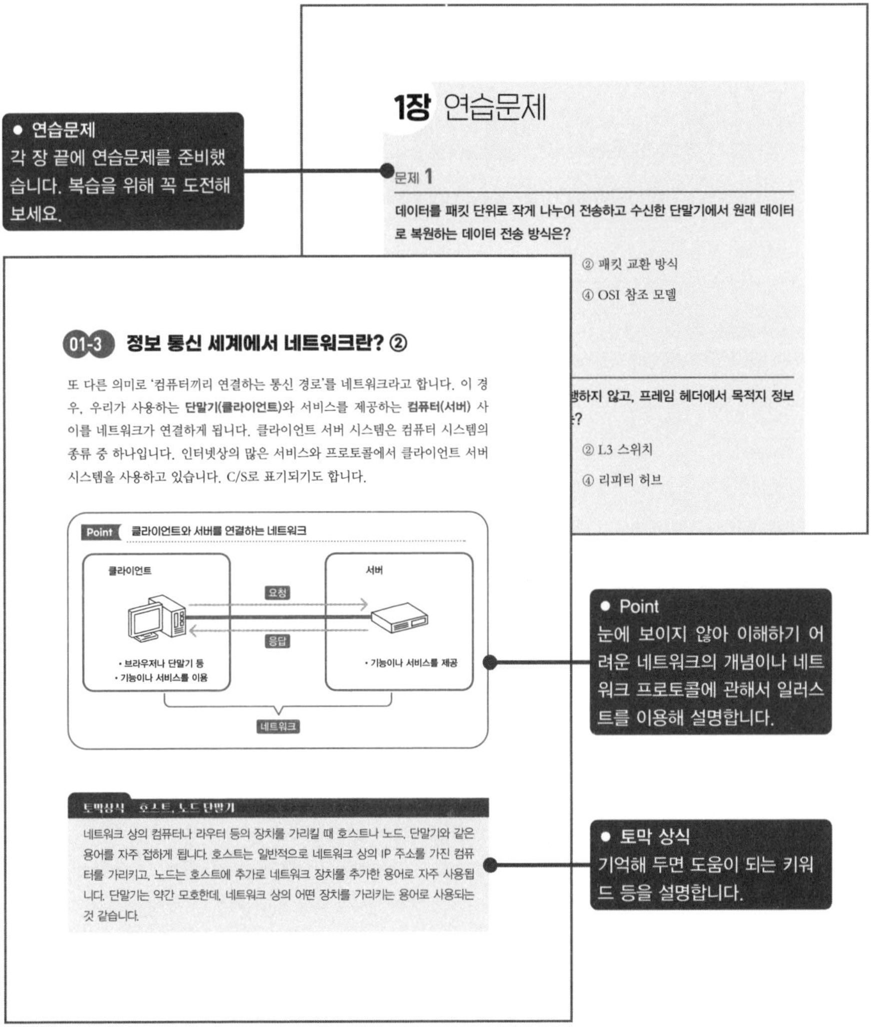

● 연습문제
각 장 끝에 연습문제를 준비했습니다. 복습을 위해 꼭 도전해 보세요.
1장 연습문제
문제 1
데이터를 패킷 단위로 작게 나누어 전송하고 수신한 단말기에서 원래 데이터로 복원하는 데이터 전송 방식은?
② 패킷 교환 방식
④ OSI 참조 모델
행하지 않고, 프레임 헤더에서 목적지 정보
?
② L3 스위치
④ 리피터 허브
01-3 정보 통신 세계에서 네트워크란? ②
또 다른 의미로 '컴퓨터끼리 연결하는 통신 경로'를 네트워크라고 합니다. 이 경우, 우리가 사용하는 단말기(클라이언트)와 서비스를 제공하는 컴퓨터(서버) 사이를 네트워크가 연결하게 됩니다. 클라이언트 서버 시스템은 컴퓨터 시스템의 종류 중 하나입니다. 인터넷상의 많은 서비스와 프로토콜에서 클라이언트 서버 시스템을 사용하고 있습니다. C/S로 표기되기도 합니다.
Point 클라이언트와 서버를 연결하는 네트워크
클라이언트
서버
요청
응답
• 브라우저나 단말기 등
• 기능이나 서비스를 이용
• 기능이나 서비스를 제공
네트워크
● Point
눈에 보이지 않아 이해하기 어려운 네트워크의 개념이나 네트워크 프로토콜에 관해서 일러스트를 이용해 설명합니다.
토막상식 호스트, 노드 단말기
네트워크 상의 컴퓨터나 라우터 등의 장치를 가리킬 때 호스트나 노드, 단말기와 같은 용어를 자주 접하게 됩니다. 호스트는 일반적으로 네트워크 상의 IP 주소를 가진 컴퓨터를 가리키고, 노드는 호스트에 추가로 네트워크 장치를 추가한 용어로 자주 사용됩니다. 단말기는 약간 모호한데, 네트워크 상의 어떤 장치를 가리키는 용어로 사용되는 것 같습니다.
● 토막 상식
기억해 두면 도움이 되는 키워드 등을 설명합니다.

학습자료 안내

각 장에 등장하는 프로토콜에 대해서 독자 여러분이 프로토콜 패킷의 내용을 직접 확인할 수 있도록 Wireshark로 캡처한 파일을 학습자료로 제공합니다. 단, **[학습자료]** 표시가 있는 것만 학습자료를 제공합니다. 학습자료는 아래 사이트에서 다운로드할 수 있습니다.

[URL]

- **영진닷컴 홈페이지**(www.youngjin.com) – **고객센터** – **부록**CD **다운로드**
- https://www.shoeisha.co.jp/book/download/9784798171999

※ 학습자료는 zip으로 압축되어 있습니다. 이용할 때는 반드시 다운로드한 컴퓨터의 적당한 장소에 압축을 풀어주세요.

◆ 주의

※ 학습자료에 관한 권리는 저자 및 출판사에 있습니다. 허가 없이 배포하거나 웹사이트에 전재할 수 없습니다.

※ 예고 없이 학습자료 제공이 중단되는 경우도 있습니다. 미리 양해 부탁드립니다.

◆면책사항

※ 학습자료의 내용은 이 책의 집필 시점 기준 내용에 근거합니다.

※ 학습자료를 제공하면서 정확하게 기술하고자 노력했지만, 저자나 출판사는 그 내용에 대해서 어떠한 보증도 하지 않으며, 내용이나 샘플에 근거한 어떠한 운용 결과에 관해서도 일체의 책임을 지지 않습니다.

차례

1장_ 네트워크의 개요

2장_ 통신에 필수적인 프로토콜

3장_ 통신의 신뢰성을 뒷받침하는 프로토콜

4장_ 일상에서 사용하는 인터넷을 지원하는 프로토콜

5장_ 네트워크를 지원하는 기술

6장_ 물리 계층과 관련된 기술

7장_ 보안에 관련된 기술

1장

네트워크의 개요

01 네트워크의 기본

우리는 평소 무심코 네트워크를 이용하고 있습니다. 회사, 가정, 업무, 게임 등 우리는 일상에서 언제나 네트워크를 접하면서 살아가고 있습니다. 다시 한번 네트워크가 무엇인지 생각해 봅시다.

네트워크 업무에는 익숙해 졌나요?
업무에는 익숙 해졌지만…
역시 네트워크는 잘 모르겠어요.
눈에 보이지 않는 부분이 많아서 이미지를 파악하기 어렵지요.
외울 용어도 많고..
맞아요…
그럼 네트워크의 기본부터 복습해 볼까요?
IPv4
TCP
HTTP
Ethernet
네트워크는 우리 생활과 밀접하지요. 어떤 원리로 동작하는지 처음부터 공부해 봅시다!
네에!

01-1 네트워크가 뭘까?

네트워크란 일반적으로 '여러 사람 또는 사물을 그물 모양으로 연결한 상태 또는 연결된 것'을 의미합니다. 예를 들어, 특정 지역에서 사람들이 교류하는 시스템이나 조직을 지역 네트워크라고 합니다.

01-2 정보 통신 세계에서 네트워크란? ①

정보 통신 세계에서는 주로 **컴퓨터 네트워크**를 네트워크라고 부르며, '컴퓨터와 네트워크 장치 등이 서로 연결되어 통신할 수 있는 상태나 시스템'을 가리킵니다. 네트워크상에는 여러분이 평소에 사용하는 스마트폰이나 PC, 게임기 등에서부터 업무용 서버나 네트워크 장치와 같은 다양한 장치가 존재하며 서로 통신하고 있습니다.

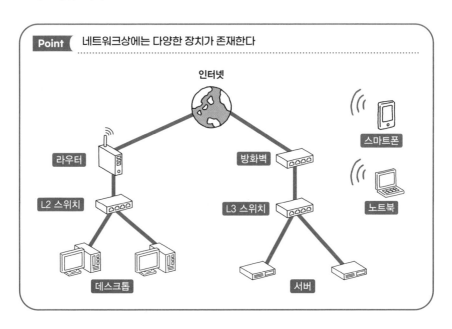

Point 네트워크상에는 다양한 장치가 존재한다

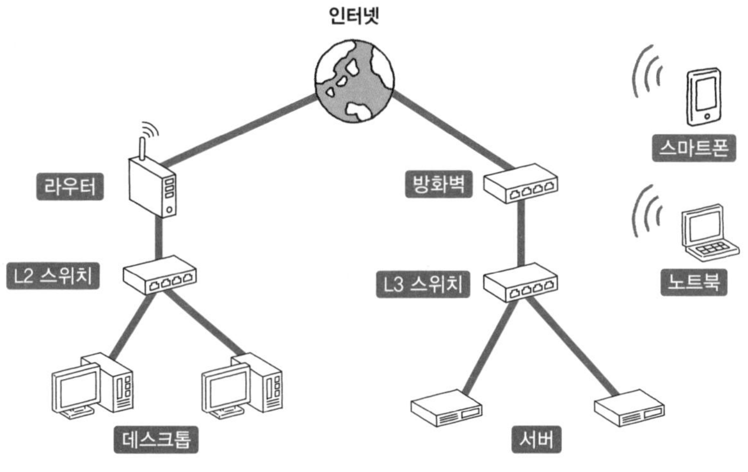

인터넷
라우터
방화벽
스마트폰
노트북
L2 스위치
L3 스위치
데스크톱
서버

01-3 정보 통신 세계에서 네트워크란? ②

또 다른 의미로 '컴퓨터끼리 연결하는 통신 경로'를 네트워크라고 합니다. 이 경우, 우리가 사용하는 **단말기(클라이언트)**와 서비스를 제공하는 **컴퓨터(서버)** 사이를 네트워크가 연결합니다.

클라이언트 서버 시스템은 컴퓨터 시스템의 종류 중 하나입니다. 인터넷상의 많은 서비스와 프로토콜이 클라이언트 서버 시스템을 사용하고 있습니다. 클라이언트 서버 시스템을 C/S로 표기하기도 합니다.

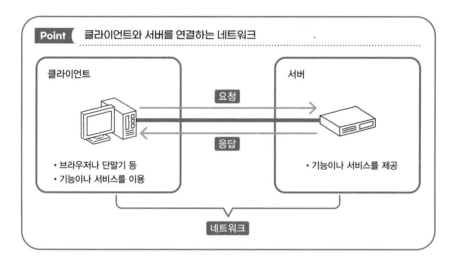

Point 클라이언트와 서버를 연결하는 네트워크

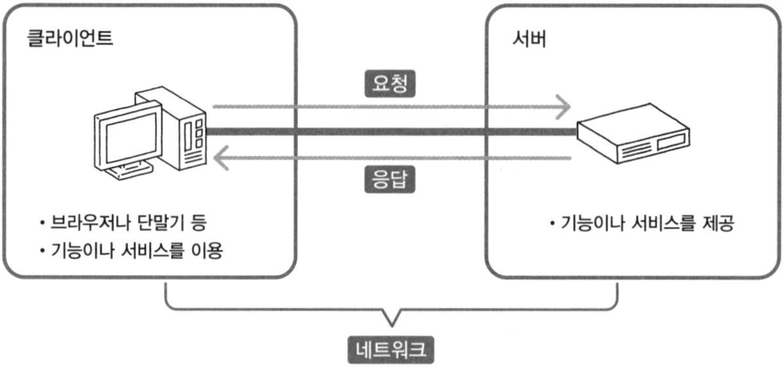
클라이언트
서버
요청
응답
• 브라우저나 단말기 등
• 기능이나 서비스를 이용
• 기능이나 서비스를 제공
네트워크

토막상식 호스트, 노드, 단말기

네트워크 상의 컴퓨터나 라우터 등의 장치를 가리킬 때 호스트, 노드, 단말기와 같은 용어를 자주 접하게 됩니다. 호스트는 일반적으로 네트워크 상의 IP 주소를 가진 컴퓨터를 가리키고, 노드는 호스트에 네트워크 장치를 추가한 용어로 자주 사용됩니다. 단말기는 약간 모호한데, 네트워크 상의 어떤 장치를 가리키는 용어로 사용되기도 합니다.

01-4 네트워크를 구성하는 요소

네트워크를 물리적으로 연결하는 케이블과 장치, 통신에 필요한 약속을 정의한 프로토콜 등 많은 요소들이 네트워크를 구성합니다. 네트워크에는 수많은 벤더에서 만든 컴퓨터, 라우터, 스위치 등의 장치가 섞여 있으며, 일일이 장치의 사용법과 기능에 숙달하고자 한다면 매우 오랜 시간이 걸릴 것입니다.

하지만 프로토콜은 어떤 벤더의 장치나 환경에서도 다룰 수 있도록 표준화되어 있습니다. 따라서 프로토콜에 관한 지식을 습득하면 어떤 환경에서도 사용할 수 있는 보편적인 기술을 익힐 수 있습니다. 이 책에서는 네트워크를 지원하는 프로토콜에 초점을 맞춰, 대표적인 프로토콜의 개요를 학습합니다.

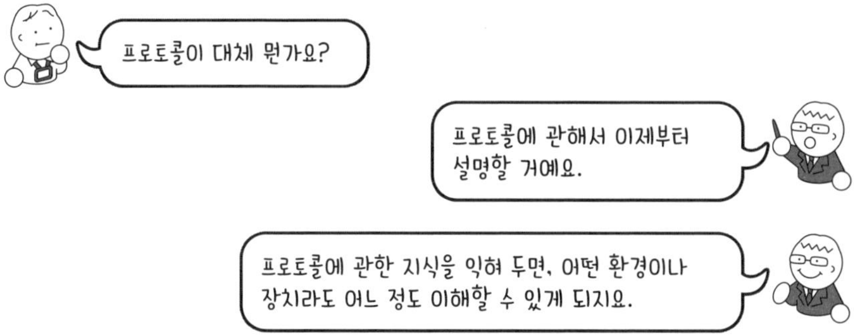
프로토콜이 대체 뭔가요?
프로토콜에 관해서 이제부터 설명할 거예요.
프로토콜에 관한 지식을 익혀 두면, 어떤 환경이나 장치라도 어느 정도 이해할 수 있게 되지요.

02 네트워크의 역사

현재 우리가 사용하는 네트워크와 인터넷은 어떻게 만들어진 걸까요? 인터넷의 기원부터 현대에 이르는 인터넷의 역사를 돌아보겠습니다.

02-1 네트워크의 시작 ~ 스탠드 얼론 ~

네트워크가 등장하기 전에는 컴퓨터가 **스탠드 얼론**(stand-alone) 형태로 사용됐습니다. 한 대의 단말기가 독립적으로 존재하고, 작업자는 차례를 기다려 사용하는 형태입니다. 각각의 컴퓨터는 독립적으로 데이터와 프로그램을 가지고 작업을 처리했습니다.

당시 업무용 컴퓨터는 매우 고가였기 때문에 한 사람이 전용으로 사용할 수 없었고, 다수의 작업자가 교대로 컴퓨터를 사용해야 했습니다. 그래서 초기 컴퓨터는 실행할 프로그램이나 데이터를 한꺼번에 처리하는 배치처리(일괄처리) 형식을 취했습니다.

02-2 TSS의 등장

그 다음으로 등장한 것은 **TSS(time sharing system: 시분할 시스템)**입니다. 이는 한 대의 컴퓨터를 여러 사람이 공유해 사용하는 시스템입니다. 작업자는 각자 컴퓨터에 액세스할 수 있는 전용 단말기를 준비해서 컴퓨터에 접속합니다. 이런 방식으로 컴퓨터 자원을 개인이 독점하지 않고, 여러 사람이 동시에 사용할 수 있게 됐습니다.

당시 컴퓨터는 매우 고가의 제품이라 일반 사무실에 설치할 수 없었습니다. 이용자는 컴퓨터를 운영하는 업체인 컴퓨터 센터 등을 찾아가거나 원격지에서 전화로 연결해서 사용했습니다.

TSS로 컴퓨터와 단말기를 연결하는 1:1 통신이 네트워크의 시작입니다. 여기까지가 대체로 1950년 후반에서 1960년대 무렵의 상황입니다.

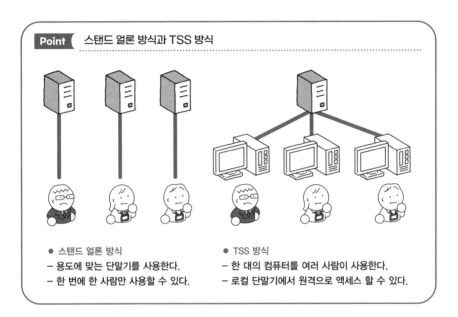

Point 스탠드 얼론 방식과 TSS 방식

- 스탠드 얼론 방식
  - 용도에 맞는 단말기를 사용한다.
  - 한 번에 한 사람만 사용할 수 있다.
- TSS 방식
  - 한 대의 컴퓨터를 여러 사람이 사용한다.
  - 로컬 단말기에서 원격으로 액세스 할 수 있다.

'스탠드 얼론'은 지금도 네트워크에 연결되지 않은 장치를 가리키는 용어로 사용되지요.

02-3 인터넷의 원조, ARPANET

TSS 방식은 어디까지나 컴퓨터 쪽에서 모든 처리를 하고, 단말기 쪽에서는 그 결과만 표시합니다. 즉, 컴퓨터끼리 연결하는 것과는 다릅니다.

1960년대 후반부터 1970년대에 걸쳐 컴퓨터 성능이 높아지면서 소형화가 진행됐고 가격이 이전보다 내려갔습니다. 그 결과 일반 기업에서도 컴퓨터를 도입하기 시작했습니다.

또한, 컴퓨터 및 컴퓨터를 이용하는 프로그램 등이 발전해 컴퓨터끼리 정보를 공유하면서 작업해야 할 필요성이 생겼습니다. 예를 들어, 사무 업무에 컴퓨터를 활용하려다 보니, 데이터를 기업 내에서 공유할 필요가 생긴 것입니다.

그래서 컴퓨터를 네트워크로 연결해 데이터를 교환하는 기술이 곳곳에서 개발되기 시작했습니다. 그러나 당시에는 연구 기관이나 벤더들이 독자적인 기술을 사용했기 때문에 다른 벤더의 컴퓨터와는 통신할 수 없었습니다.

Point 처음엔 다른 벤더의 장치와 통신할 수 없었다

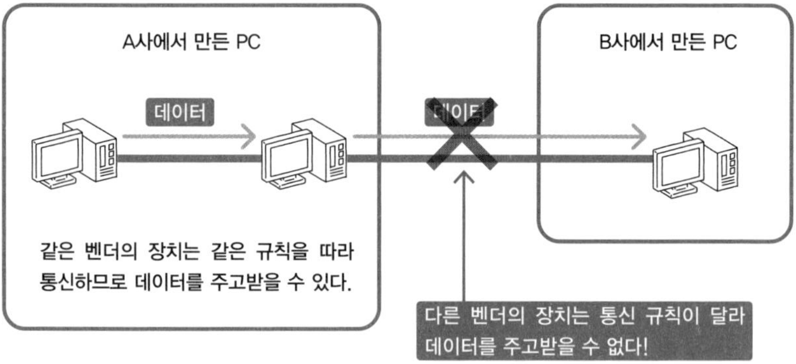
A사에서 만든 PC
B사에서 만든 PC
데이터
데이터
같은 벤더의 장치는 같은 규칙을 따라 통신하므로 데이터를 주고받을 수 있다.
다른 벤더의 장치는 통신 규칙이 달라 데이터를 주고받을 수 없다!

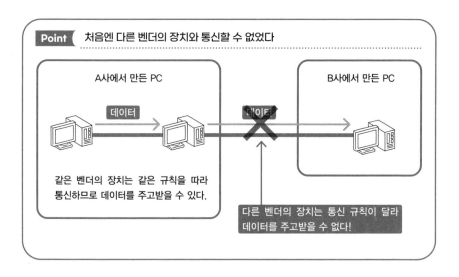

그런 가운데, 1969년 무렵 미국의 4개 대학과 연구소를 연결하는 네트워크가 만들어졌습니다. 이것이 **ARPANET**(알파넷, Advanced Research Projects Agency NETwork)으로 불리는, 인터넷의 기원이 되는 네트워크입니다. ARPANET은 미국 국방부 고등 연구 계획국(DARPA, 당시는 ARPA)이 발족한 학술 목적의 네트워크이며, 최초 노드로는 캘리포니아 대학교 로스앤젤레스 캠퍼스와 산타바바라 캠퍼스, 유타 대학교, 스탠포드 연구소 네 곳이 연결됐습니다.

ARPANET은 세계 최초의 **패킷 교환 방식**의 네트워크였습니다. **패킷 교환**

(Packet switching)은 전송할 데이터를 패킷 단위로 작게 나누어 전송하고, 수신한 단말기에서 원래 데이터로 복원하는 방식입니다. 이전까지는 원격지 컴퓨터와 통신할 때 회선 교환 방식을 사용했습니다.

02-4 회선 교환과 패킷 교환

회선 교환 방식은 컴퓨터끼리 통신할 때, 먼저 컴퓨터 사이에 통신 경로를 확보하고, 통신이 종료될 때까지 그 경로를 전용으로 사용하는 방식입니다.

회선 교환의 문제점은 하나의 회선을 여러 컴퓨터가 동시에 사용할 수 없다는 것입니다. 컴퓨터 대수가 적을 때는 큰 문제가 되지 않지만, 컴퓨터가 늘어나면 문제가 됩니다. 왜냐하면 한 대의 컴퓨터가 회선을 전용으로 사용하는 동안 통신이 필요한 다른 컴퓨터는 기다리는 수밖에 없으며, 사용 중인 통신이 언제 종료될지도 알 수 없기 때문입니다. 또한, 회선 교환의 경우 데이터가 오가지 않아도 통신이 종료될 때까지 회선을 독점하게 되는 단점도 있습니다.

회선 교환 방식은 전화를 떠올리면 이해하기 쉽습니다. 전화는 통화 중에는 다른 통화를 할 수 없고, 1대1로 통화하는 방식이 기본입니다.

이처럼 회선 교환 방식은 데이터를 다루는 데 몇 가지 단점이 있었기 때문에, 1960년대에 하나의 회선으로 다수의 통신을 동시에 할 수 있게 하는 기술이 제시됐습니다. 이것이 바로 **패킷 교환 방식**입니다.

패킷 교환 방식에서는 데이터를 전송할 때 데이터를 패킷이라는 작은 단위로 분할하고, 각각의 패킷에 목적지 주소와 분할된 데이터에 관한 정보 등을 포함한 헤더를 붙여 전송합니다.

회선을 독점하지 않고 데이터를 작은 패킷 단위로 나누어 전송하므로 필요한 만큼만 회선을 이용할 수 있고, 여러 사람이 회선을 공유할 수 있는 등 회선 교환 방식에 비해 장점이 많습니다.

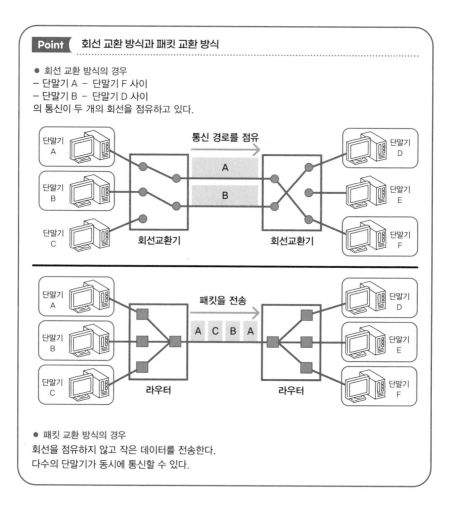

Point 회선 교환 방식과 패킷 교환 방식

- 회선 교환 방식의 경우

– 단말기 A – 단말기 F 사이
– 단말기 B – 단말기 D 사이
의 통신이 두 개의 회선을 점유하고 있다.

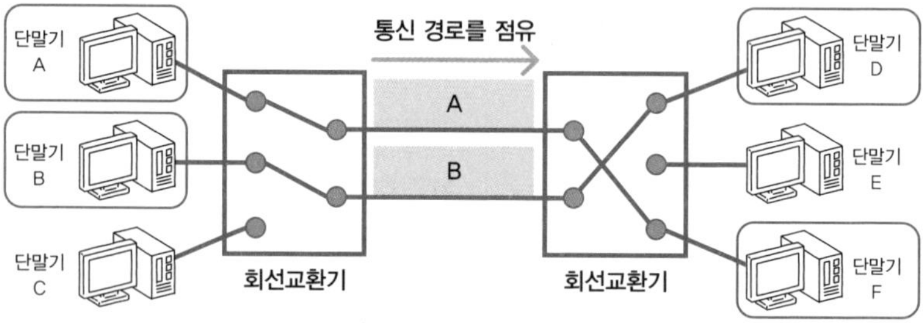

통신 경로를 점유
단말기 A
단말기 B
단말기 C
A
B
회선교환기
회선교환기
단말기 D
단말기 E
단말기 F

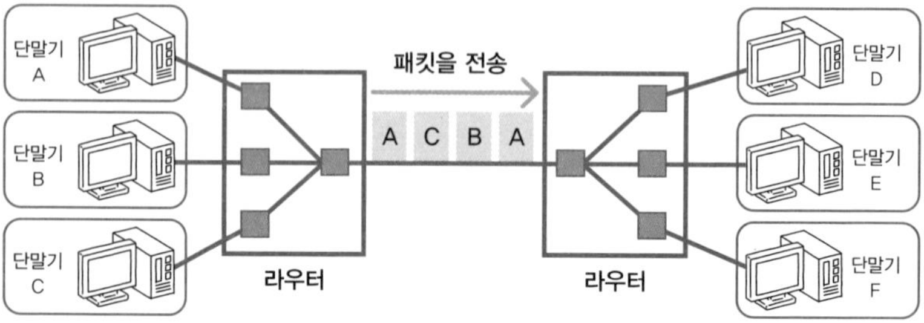

패킷을 전송
단말기 A
단말기 B
단말기 C
A C B A
라우터
라우터
단말기 D
단말기 E
단말기 F

- 패킷 교환 방식의 경우

회선을 점유하지 않고 작은 데이터를 전송한다.
다수의 단말기가 동시에 통신할 수 있다.

02-5 ARPANET에서 인터넷으로

앞서 언급했듯이, ARPANET은 세계 최초의 패킷 교환 방식 네트워크였습니다. 이전에 사용되던 회선 교환 방식에 비해, 경로를 독점하지 않고 다양한 경로로 데이터를 전송할 수 있는 패킷 교환 방식은 네트워크에 중복성을 부여하고 더욱 견고한 네트워크를 실현했습니다.

또한, ARPANET은 신뢰성이 높은 통신 프로토콜 연구에도 이용됐습니다. 당시 네트워크는 제조사마다 독자적인 기술을 사용했기 때문에 서로 다른 제조사의 장치 간 통신이 어려운 상황이었습니다. 서로 다른 네트워크, 서로 다른 장치 간에도 정상적으로 통신할 수 있게 하는 통신 프로토콜로 TCP/IP가 등장했고, 1974년 당시에는 TCP라는 하나의 프로토콜로 제시됐습니다.

그 후 많은 실험과 버전업이 이루어져 1981년에 TCP/IP 사양이 결정됐고, 1983년에는 ARPANET에서 사용되던 프로토콜이 NCP에서 TCP/IP로 전환됐습니다.

ARPANET은 처음에 네 곳만 연결된 네트워크였지만, 참여하는 대학과 연구기관이 점차 늘어났습니다. ARPANET은 1980년대 후반에 NSF(미국국립과학재단)가 지원하는 NSFNET이라는 연구 네트워크에 흡수됐습니다.

1980년대 후반부터 1990년대에 걸쳐 전 세계의 TCP/IP 네트워크가 서로 연결되기 시작했고, 1990년대에는 상업용 네트워크 연결 서비스를 제공하는 ISP(인터넷 서비스 제공자)가 등장했습니다. 이 ISP의 등장으로 기업이나 일반 가정의 컴퓨터도 네트워크에 연결할 수 있게 되었고 전 세계와 통신할 수 있게 되었습니다.

이것이 우리가 평소에 사용하고 있는 인터넷의 탄생 과정입니다.

토막상식 인터넷이라는 용어에 관해서

인터넷(The Internet)이라는 용어가 사용되기 시작한 것도 바로 이때입니다. 원래는 TCP 프로토콜 사양을 정의한 RFC(Request for Comment)인 RFC675에서 internetwork의 줄임말로 사용됐습니다. 당시 internet은 TCP/IP 네트워크를 전반적으로 나타내는 말이었지만, 1980년대 후반에는 NSFNET을 가리키는 용어로 사용되기 시작했고, 결국 전 세계에 퍼져 있는 네트워크 전체를 가리키는 말이 됐습니다.

03 네트워크 프로토콜

TCP/IP를 비롯한 다양한 프로토콜을 이용해 네트워크상에서 통신하고 있습니다. 프로토콜은 네트워크에서 어떤 역할을 하는 걸까요?

03-1 프로토콜이 뭘까?

원래 **프로토콜**(protocol)이라는 말은 사양이나 규정, 약속 등 '어떤 일에 관한 절차나 규칙 등을 정한 것'을 뜻합니다. 거기서부터 의미가 확장돼 네트워크의 세계에서는 **'컴퓨터가 서로 통신하는 절차나 표준을 규정한 것'**을 가리킵니다.

Point 프로토콜은 약속

* 프로토콜은 사양이나 약속을 말한다.
* 통신할 때 미리 정해진 사양에 따라 데이터를 만들어 송수신한다.

● 대화를 하려면 약속이 필요하다

예) IT에 관해 이야기한다(내용)
한국어로 이야기한다(언어)
전화를 사용한다(수단)

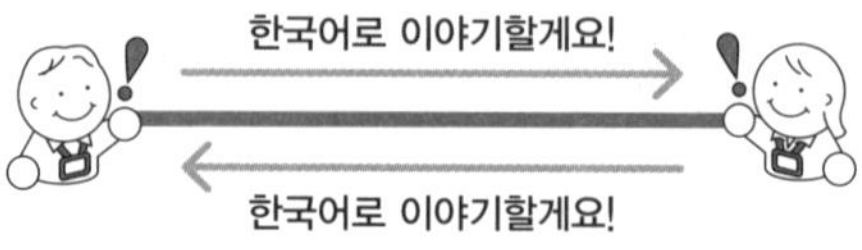

한국어로 이야기할게요!
한국어로 이야기할게요!

● 통신할 때도 약속이 필요하다

예) HTTP(데이터형식)
IP(논리적인 수단)
케이블(물리적인 수단)

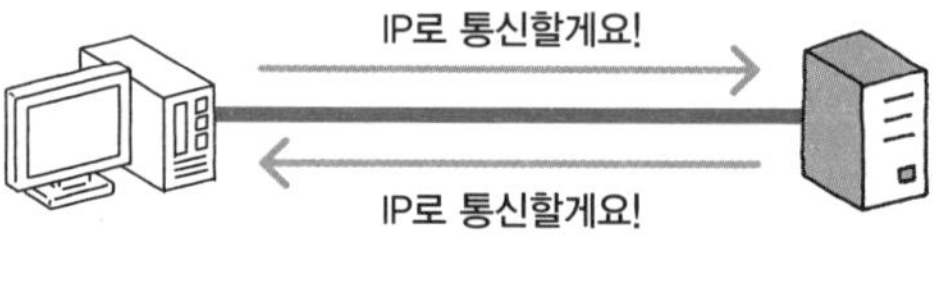

IP로 통신할게요!
IP로 통신할게요!

예를 들어, 여러분이 이 책을 읽고 내용을 이해할 수 있는 이유는 이 책이 한국어로 쓰여 있기 때문입니다. 이 책과 여러분 사이에는 '한국어로 정보를 주고받는다'는 암묵적인 약속이 있습니다.

컴퓨터 간의 통신도 똑같이 설명할 수 있습니다. 통신을 하기 위해서는 통신 방법, 물리적인 매체, 송수신할 데이터 종류 및 형식 등 미리 정해 둬야 하는 항목이 많습니다. 이를 프로토콜로 미리 결정해 두고, 정해진 약속에 따라 통신하는 것입니다.

03-2 프로토콜의 계층 구조란?

네트워크 상에서 이루어지는 통신은 매우 다양하고, 주고받는 데이터의 종류도 무수히 많습니다. 이를 하나의 프로토콜로 정의하면 수많은 규칙을 하나로 묶어 버리는 결과를 초래할 수 있습니다.

그래서 네트워크 프로토콜은 역할과 목적에 따라 여러 가지가 준비되어 있습니다. 예를 들어, 웹사이트를 이용할 경우 HTTP, TCP, IP 등 여러 가지 프로토콜을 사용해서 통신합니다.

이런 다양한 프로토콜을 모아 계층 구조로 만든 것을 **프로토콜 스택** 또는 **프로토콜 스위트**라고 합니다. 통신에 필요한 기능을 몇 개의 층으로 나누고, 각 층의 기능에 해당하는 프로토콜을 정의했습니다. 대표적인 프로토콜 스택은 **OSI 참조 모델**과 **TCP/IP 모델**이 있습니다.

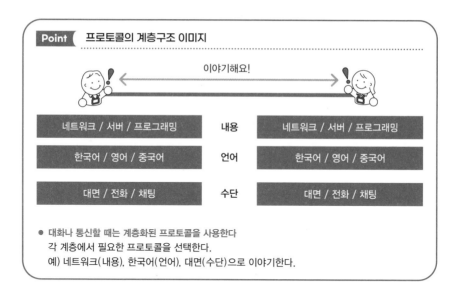

Point 프로토콜의 계층구조 이미지

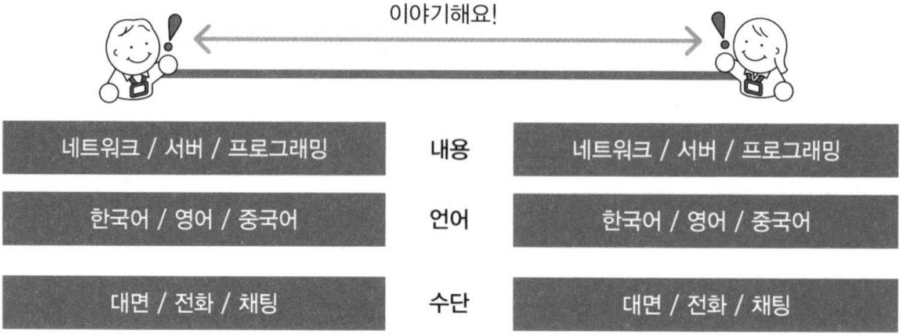

이야기해요!
네트워크 / 서버 / 프로그래밍
내용
네트워크 / 서버 / 프로그래밍
한국어 / 영어 / 중국어
언어
한국어 / 영어 / 중국어
대면 / 전화 / 채팅
수단
대면 / 전화 / 채팅

- **대화나 통신할 때는 계층화된 프로토콜을 사용한다**
  각 계층에서 필요한 프로토콜을 선택한다.
  예) 네트워크(내용), 한국어(언어), 대면(수단)으로 이야기한다.

03-3 OSI 참조 모델과 TCP/IP 참조 모델이란?

국제표준화기구(ISO: International Organization for Standardization)에 의해 1977년부터 1984년에 걸쳐 제정된 **OSI**(Open Systems Interconnection) **참조 모델**은 통신의 역할을 7개 계층으로 나누어 정의했습니다.

1970년대에는 네트워크 장치나 컴퓨터 제조사가 독자적으로 네트워크 아키텍처의 사양을 결정했기 때문에, 다른 제조사의 장치와는 통신할 수 없었습니다. 단일 제조사의 장치만으로 네트워크를 구축할 때는 괜찮지만, 복수의 네트워크를 연결하려면 이런 제약이 방해가 됩니다. 그래서 특정 제조사나 장치에 의존하지 않는 표준화된 프로토콜 스택이 필요해졌습니다.

OSI 참조 모델은 국제 표준 모델로서 만들어졌습니다. 하지만, 실제로 네트워크 장치나 컴퓨터의 표준 사양으로 보급된 것은 OSI 참조 모델보다 조금 앞서 DARPA에서 만든 **TCP/IP 모델**입니다. 각 제조사는 TCP/IP 모델을 따르는 제품을 만들었고, OSI 참조 모델을 따르는 제품은 보급되지 않았습니다.

하지만 네트워크를 학습할 때 이 구조는 매우 유용하며, 문제 해결 시에는 OSI 참조 모델을 기반으로 대화가 이뤄지는 경우가 많습니다. 따라서 OSI 참조 모델은 네트워크를 다룰 때 반드시 알아 두어야 할 내용이라고 할 수 있습니다.

03-4 OSI 참조 모델 7계층

OSI 참조 모델에서는 통신에 필요한 기능을 다음 7가지 계층으로 나눠 정의했습니다. 5~7계층은 상위 계층, 1~4계층은 하위 계층이라 부릅니다.

Point OSI 참조 모델

	레이어	계층	역할
상위 계층	제7층	응용 계층	• 각 애플리케이션이 어떻게 통신하는지 구체적으로 규정 • HTTP, SMTP, SSH 등 애플리케이션의 통신 기능을 프로토콜로 정의한다.
	제6층	표현 계층	• 암호화나 압축, 문자 코드나 파일 형식 등 데이터 형식을 규정 • 다른 애플리케이션, 단말기 간에도 데이터를 올바르게 취급할 수 있도록 표준 형식으로 변환한다.
	제5층	세션 계층	• 애플리케이션 간 통신의 시작, 유지, 종료 등을 규정 • 각 애플리케이션의 통신이 섞이지 않도록 각각의 논리적 경로를 제어한다.
하위 계층	제4층	전송 계층	• 노드 간의 통신 신뢰성을 확보하기 위한 기능을 규정 • 상위 계층에 데이터를 전달하기 위한 포트 번호를 정의하고, 신뢰성을 확보하기 위한 메커니즘을 정의한다.
	제3층	네트워크 계층	• 다수의 네트워크 간 엔드 투 엔드 통신을 실현하는 기능을 규정 • 출발지에서 최종 목적지로 통신을 전달하기 위해 필요한 주소 체계나 라우팅 등을 정의한다.
	제2층	데이터링크 계층	• 직접 연결된 노드 간 통신을 실현하는 기능을 규정 • 물리적으로 연결된 장치 간에 통신을 하기 위한 주소 정의나 오류 검사 등을 한다.
	제1층	물리 계층	• 통신 데이터를 전기 신호나 광 신호로 변환하는 등 물리적인 수단을 규정 • 데이터 링크 계층에서 받은 데이터를 전기 신호로 변환해 네트워크로 전송한다.

▸ 응용 계층

응용 계층은 사용하는 애플리케이션의 통신을 규정합니다. 브라우저에는 웹용 프로토콜(HTTP 등), 서버 및 네트워크 장치에 대한 액세스에는 원격 로그인용 프로토콜(SSH 등)과 같이 애플리케이션의 통신 기능에 관해 규정한 프로토콜이 준비되어 있습니다.

▸ 표현 계층

문자 코드나 데이터의 암호화 및 복호화, 압축 방식 등 데이터 형식에 관해 규정합니다. 애플리케이션이 전송하는 데이터를 공통된 형식으로 변환하거나 압축해 세션 계층에 전달하는 역할을 합니다.

▸ 세션 계층

애플리케이션이 통신할 때 송신 측과 수신 측에서 이루어지는 일련의 통신을 세션이라고 합니다. 세션 계층에서 세션의 시작, 유지, 종료 등에 관해 규정합니다.

▸ 전송 계층

노드(단말기) 간 통신에서 신뢰성을 제공하고 포트를 할당합니다. 전송한 데이터는 다양한 장치를 거쳐 목적지까지 운반됩니다. 모든 데이터가 제대로 도달하도록 커넥션을 설정하고 오류를 제어하는 등 통신의 신뢰성을 제공합니다.

▸ 네트워크 계층

여러 네트워크를 거쳐 발신자의 단말기에서 최종 목적지 단말기로 통신을 전달하는 역할을 합니다. 네트워크상의 주소를 정의하고 통신할 목적지까지의 경로를 선택합니다.

▸ 데이터 링크 계층

물리적으로 직접 연결된 노드 간의 통신을 규정합니다. 하나의 네트워크 내에서 통신하기 위해 필요한 주소를 정의하고 통신 오류를 체크하는 등의 역할을 합니다.

▶ **물리 계층**

데이터 링크 계층에서 받은 데이터를 전기 신호나 광신호로 변환해 LAN 케이블이나 광섬유 등의 매체를 통해 내보내는 역할, 그리고 수신한 신호를 데이터로 변환해 데이터 링크 계층으로 넘겨주는 역할을 합니다. 케이블이나 커넥터 등 통신에 필요한 물리적인 요소를 정의합니다.

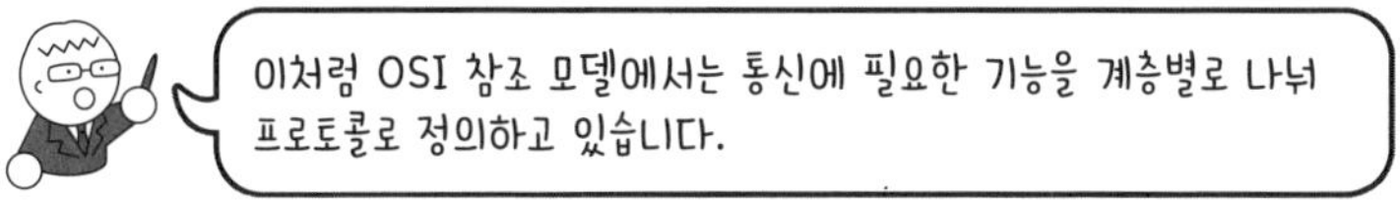
이처럼 OSI 참조 모델에서는 통신에 필요한 기능을 계층별로 나눠
프로토콜로 정의하고 있습니다.

03-5 TCP/IP 모델 4계층

TCP/IP 모델은 OSI 참조 모델과 달리 통신에 필요한 기능을 다음 4개 계층으로 나눠 정의하고 있습니다. 각 계층의 역할은 OSI 참조 모델과 크게 다르지 않습니다.

Point TCP/IP 모델

레이어	계층	역할
제4층	응용 계층	• 각 애플리케이션이 어떻게 통신하는지 구체적으로 규정한다. • OSI 참조 모델의 상위 계층과 거의 같은 기능을 제공한다.
제3층	전송 계층	• 노드 간 통신의 신뢰성에 관한 기능을 규정한다. • OSI 참조 모델의 전송 계층과 거의 같은 기능을 제공한다
제2층	인터넷 계층	• 복수의 네트워크 간에서 엔드 투 엔드 통신을 실현하는 기능을 규정한다. • OSI 참조 모델의 네트워크 계층과 거의 같은 기능을 제공한다.
제1층	링크 계층 (네트워크 인터페이스 계층)	• 직접 연결된 노드 사이의 통신을 실현하는 기능 및 통신 데이터를 전기 신호나 광신호로 변환하는 등의 물리적인 수단을 규정한다. • OSI 참조 모델의 데이터 링크 계층과 물리 계층의 역할을 함께 하는 계층이다.

03-6 OSI 참조 모델과 TCP/IP 모델의 대응

다음으로 OSI 참조 모델과 TCP/IP 모델의 대응 관계를 살펴보겠습니다. TCP/IP 모델은 OSI 참조 모델보다 실용성을 중시한 모델이라고 할 수 있습니다. 현재 사용되는 많은 제품이 TCP/IP 모델을 따르고 있고, 또 대부분의 프로토콜이 TCP/IP를 따르고 있습니다.

OSI 참조 모델과 TCP/IP 모델은 함께 개발된 것이 아닙니다. 그래서 각 계층이 엄밀하게 대응하진 않지만, 대체로 다음과 같이 대응한다고 정리할 수 있습니다.

Point OSI 참조 모델과 TCP/IP 모델

OSI 참조 모델

레이어	계층
제7층	응용 계층
제6층	표현 계층
제5층	세션 계층
제4층	전송 계층
제3층	네트워크 계층
제2층	데이터 링크 계층
제1층	물리 계층

TCP/IP 모델

레이어	계층
제4층	응용 계층
제3층	전송 계층
제2층	인터넷 계층
제1층	링크 계층 (네트워크 인터페이스 계층)

이 책에서 프로토콜에 대해 언급할 경우, 기본적으로 OSI 참조 모델을 기준으로 소개합니다. 상위 계층에 대해서는 TCP/IP 모델처럼 응용 계층으로 통일해 소개하겠습니다. 현재 많이 사용되는 상위 계층 프로토콜은 TCP/IP의 응용 계층을 따라서 정의되어 있고, TCP/IP의 응용 계층은 OSI 참조 모델의 상위 계층 기능을 모두 포함하기 때문입니다.

04 프로토콜과 데이터의 흐름

현대에서 이용되는 많은 프로토콜은 TCP/IP에 따라 정의되어 있습니다. 그렇다면, 실제 데이터는 프로토콜 사이를 어떻게 흘러가는 것일까요?

04-1 데이터 송신과 수신의 흐름

일반적인 컴퓨터와 네트워크 장치는 **03-2** '프로토콜의 계층 구조란?'에서 소개한 TCP/IP 프로토콜 스택을 지원합니다. 그렇다면 TCP/IP에 따라 송수신할 때 데이터는 어떻게 흘러가고 있을까요?

앞에서 프로토콜 스택의 계층 구조를 설명했는데, 데이터를 전송할 때는 이 계층 구조의 위에서부터 순서대로 처리하게 됩니다. 예를 들어, 컴퓨터에서 메일 클라이언트로 이메일을 작성해 어딘가로 보내고자 하는 경우, 응용 계층에 속하는 메일 클라이언트 프로그램이 데이터를 생성합니다. 이때 생성되는 데이터는 응용 계층의 프로토콜을 따릅니다.

응용 계층에서 생성된 데이터는 전송 계층으로 전달되며, 거기서 포트 번호 등 필요한 정보가 부가됩니다. 다음으로 인터넷 계층, 링크 계층과 각각의 계층에서 IP 주소나 MAC 주소 등의 정보가 추가되고, 완성된 데이터는 전기 신호로 변환되어 네트워크로 송출됩니다.

Point 계층별 통신의 흐름

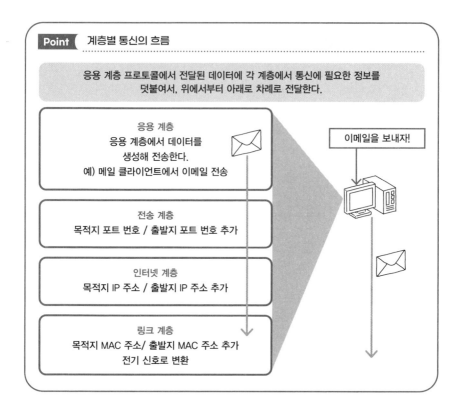

응용 계층 프로토콜에서 전달된 데이터에 각 계층에서 통신에 필요한 정보를 덧붙여서, 위에서부터 아래로 차례로 전달한다.

응용 계층
응용 계층에서 데이터를 생성해 전송한다.
예) 메일 클라이언트에서 이메일 전송

전송 계층
목적지 포트 번호 / 출발지 포트 번호 추가

인터넷 계층
목적지 IP 주소 / 출발지 IP 주소 추가

링크 계층
목적지 MAC 주소/ 출발지 MAC 주소 추가
전기 신호로 변환

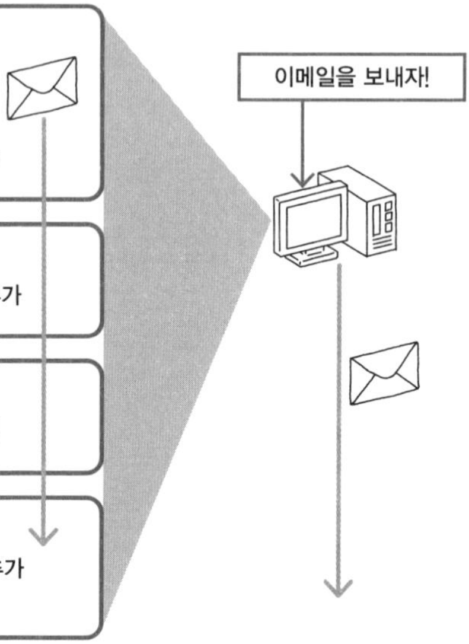
이메일을 보내자!

04-2 캡슐화와 비캡슐화

이처럼 데이터를 프로토콜 스택의 위에서 아래로 전달하면서 계층별로 필요한 데이터를 덧붙이는 것을 **캡슐화**라고 합니다.

캡슐화할 때 각 계층에서 덧붙이는 데이터를 **헤더**, 상위 계층에서 전달받은 상태의 데이터를 **페이로드**, 페이로드에 계층별 헤더를 부여한 상태를 **PDU**(Protocol Data Unit)라고 합니다.

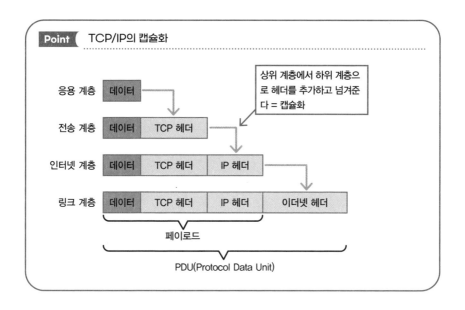

Point TCP/IP의 캡슐화

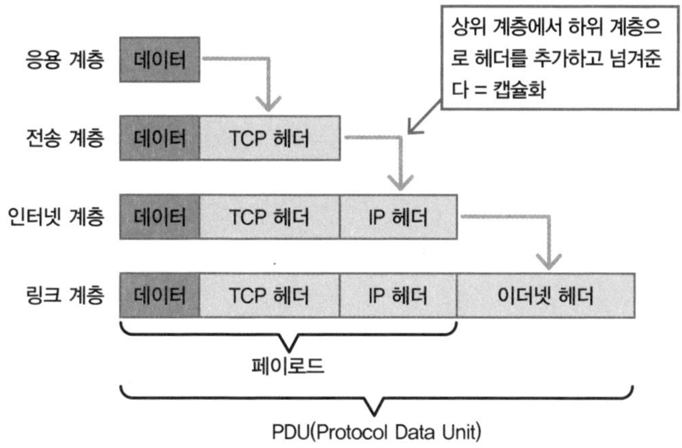
상위 계층에서 하위 계층으로 헤더를 추가하고 넘겨준다 = 캡슐화
응용 계층
데이터
전송 계층
데이터
TCP 헤더
인터넷 계층
데이터
TCP 헤더
IP 헤더
링크 계층
데이터
TCP 헤더
IP 헤더
이더넷 헤더
페이로드
PDU(Protocol Data Unit)

데이터를 수신한 쪽에서는 캡슐화와 반대 작업을 수행합니다. 각 계층마다 필요한 정보가 헤더로 추가되어 있으므로, 이번에는 추가된 정보를 확인하고 헤더를 제거합니다. 확인한 내용에 따라 데이터를 상위 계층 프로토콜로 전달하고, 최종적으로 응용 계층 프로토콜에 도달합니다. 이를 **비캡슐화**라고 합니다.

이 캡슐화와 비캡슐화는 네트워크 상의 TCP/IP 프로토콜을 준수하는 네트워크 장치, 서버, PC 등의 단말기에서 이루어집니다.

캡슐화와 비캡슐화는 어디까지나 운영체제나 애플리케이션에서 계층에 따라 프로토콜을 선택해서 처리하므로, 일반적으로 사용자가 의식할 필요는 없습니다. 그러나 네트워크 장치 등에 세부 설정을 하거나 네트워크를 구축할 때는 어떤 프로토콜의 데이터가 네트워크에 흐르는지 파악한 후에 다양한 설정을 해야 합니다. 즉, 애플리케이션을 사용할 때 표면으로 드러나지 않는 프로토콜에 대해 학습해야 할 필요가 생기는 것입니다.

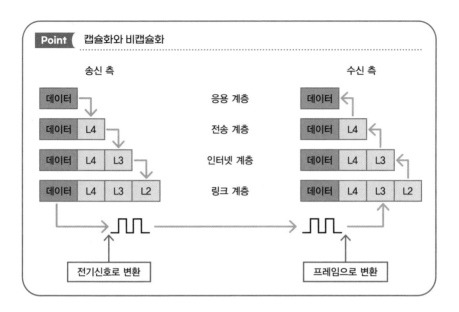

Point 캡슐화와 비캡슐화

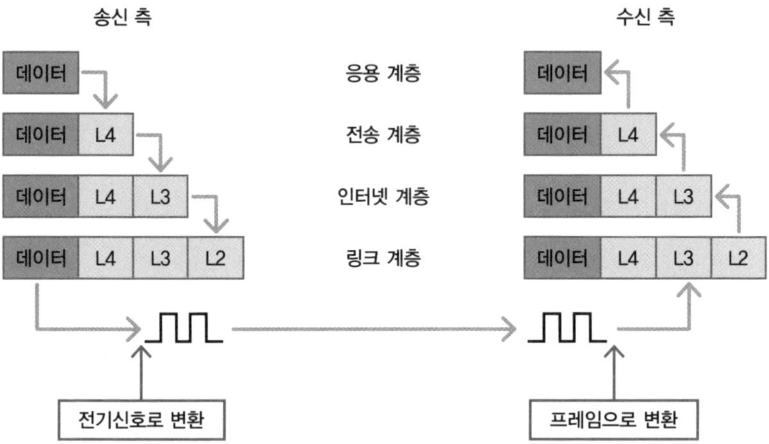
송신 측
수신 측
데이터
데이터 L4
데이터 L4 L3
데이터 L4 L3 L2
응용 계층
전송 계층
인터넷 계층
링크 계층
전기신호로 변환
프레임으로 변환

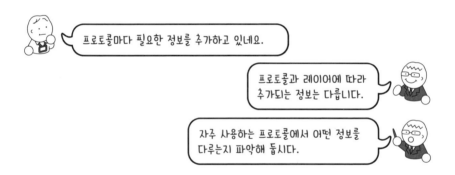

프로토콜마다 필요한 정보를 추가하고 있네요.

프로토콜과 레이어에 따라 추가되는 정보는 다릅니다.

자주 사용하는 프로토콜에서 어떤 정보를 다루는지 파악해 둡시다.

05 네트워크를 구성하는 장치

라우터나 스위치 등 네트워크에는 많은 장치가 존재합니다. 대표적인 네트워크 장치의 역할을 알아 둡시다.

05-1 다양한 네트워크 장치와 그 역할

네트워크 상에서는 라우터, 스위치, 방화벽 등 다양한 장치들이 작동하고 있습니다. 네트워크 관련 업무는 대부분 네트워크 장치의 구축이나 운영 등 어떤 형태로든 장치와 관련되어 있습니다.

실제 장치의 사양이나 설정 방법을 일일이 파악하려면 각 제조사의 매뉴얼을 참고해야 합니다. 여기서는 자주 사용되는 장치의 역할에 대해 소개하겠습니다.

■ 리피터, 리피터 허브

리피터는 OSI 참조 모델의 물리 계층에서 동작하는 장치로, 신호의 전송 거리를 늘리는 역할을 합니다. LAN 케이블에 흐르는 전기 신호에는 전송 거리의 한계가 있어, 거리가 멀어질수록 점차 감쇠합니다. 리피터는 전기 신호를 증폭하고 파형을 복구해서 전송함으로써 전송 거리를 늘릴 수 있습니다.

리피터 허브는 여러 개의 포트를 가진 리피터입니다. 하나의 포트에서 수신한 전기 신호를 증폭해 다른 모든 포트로 전송합니다.

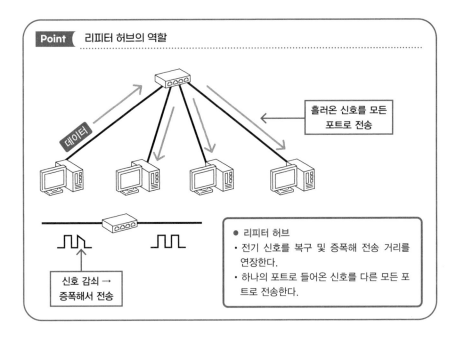

Point 리피터 허브의 역할

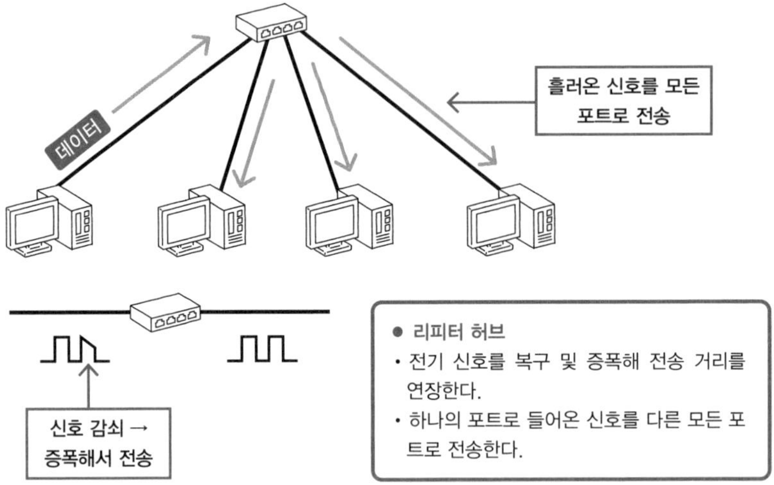

데이터
흘러온 신호를 모든 포트로 전송
신호 감시 → 증폭해서 전송
● 리피터 허브
• 전기 신호를 복구 및 증폭해 전송 거리를 연장한다.
• 하나의 포트로 들어온 신호를 다른 모든 포트로 전송한다.

■ L2 스위치, 브리지

L2(레이어 2) 스위치 및 **브리지**는 OSI 참조 모델의 데이터 링크 계층에 해당하는 기능을 가진 장치입니다. 전달된 전기 신호를 데이터 링크 계층의 프레임으로 변환하고, 프레임 헤더에 포함된 MAC 주소 정보로 목적지를 판단해 전송합니다. 또한, 수신한 프레임에 포함된 출발지 MAC 주소를 이용해 MAC 주소 테이블을 작성하고 목적지 정보를 관리합니다.

L2 스위치는 일반적으로 포트를 많이 갖추고 있어, 다수의 단말기를 연결할 수 있습니다. 브리지도 L2 스위치와 같은 기능을 갖고 있지만, 포트 수가 적고 L2 스위치로 대체되고 있어 사용할 기회가 줄었습니다.

Point L2 스위치의 역할

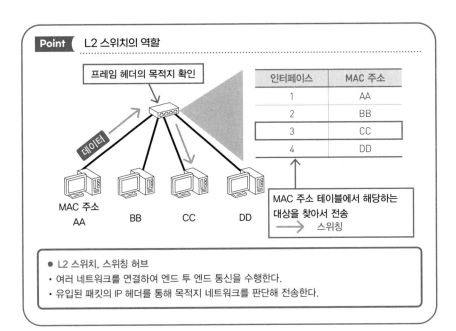

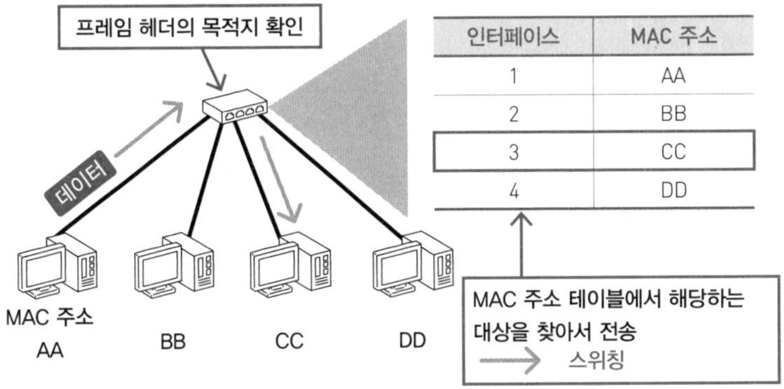

프레임 헤더의 목적지 확인
인터페이스
MAC 주소
1
AA
2
BB
3
CC
4
DD
데이터
MAC 주소
AA
BB
CC
DD
MAC 주소 테이블에서 해당하는
대상을 찾아서 전송
스위칭

- L2 스위치, 스위칭 허브
  - 여러 네트워크를 연결하여 엔드 투 엔드 통신을 수행한다.
  - 유입된 패킷의 IP 헤더를 통해 목적지 네트워크를 판단해 전송한다.

■ 라우터

라우터는 OSI 참조 모델에서 네트워크 계층의 기능을 가진 장치입니다. 여러 네트워크를 연결해서 다른 네트워크에 있는 단말기와 통신할 수 있게 해 줍니다. 수신한 패킷의 헤더를 확인하고, 목적지 IP 주소를 자신의 라우팅 테이블에서 검색한 후 적절한 목적지로 전송합니다. 이처럼 IP 주소를 기반으로 패킷을 전송하는 것을 라우팅이라고 합니다. 그 밖에도 암호화, 필터링, NAT 등 다양한 기능을 지원하며 ISP와 연결하는 데 필요한 기능을 갖추고 있어 WAN과 LAN을 연결할 때 사용됩니다.

■ L3 스위치

L3 스위치도 OSI 참조 모델에서 네트워크 계층의 기능을 가진 장치입니다. 라우터처럼 서로 다른 네트워크를 연결하는 라우팅 기능 등이 있습니다. 라우터와 다른 점으로는 L2 스위치와 마찬가지로 인터페이스 수가 많고, WAN 기능이

없는 점 등을 들 수 있습니다.

Point 라우터와 L3 스위치의 역할

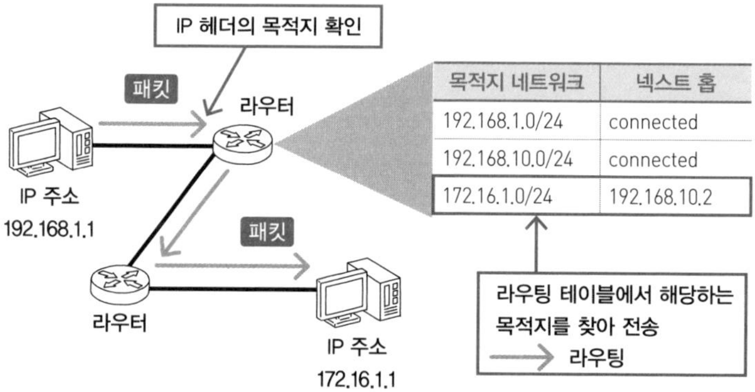
IP 헤더의 목적지 확인
패킷
라우터
IP 주소
192.168.1.1
패킷
라우터
IP 주소
172.16.1.1
목적지 네트워크
넥스트 홉
192.168.1.0/24
connected
192.168.10.0/24
connected
172.16.1.0/24
192.168.10.2
라우팅 테이블에서 해당하는 목적지를 찾아 전송
라우팅

- 라우터, L3 스위치
  - 다수의 네트워크를 연결해 엔드 투 엔드 통신을 수행한다.
  - 패킷의 IP 헤더를 통해 목적지 네트워크를 판단해 전송한다.

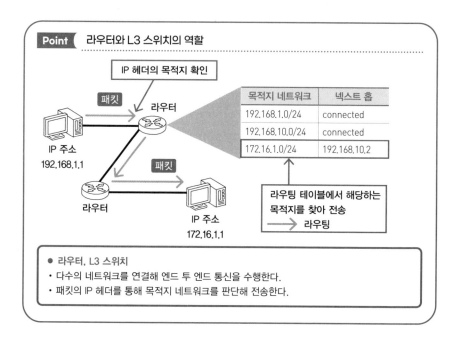

■ 방화벽

방화벽은 네트워크의 경계에 설치해 외부에서 침입해 오는 통신을 차단하거나 내부에서 외부로 향하는 허가되지 않은 통신을 차단하는 보안 장치입니다. 패킷의 출발지 및 목적지 IP 주소와 포트 번호를 보고 통신을 허용하거나 차단합니다. 외부의 통신을 차단할 뿐만 아니라 내부에서 외부로 나간 통신에 대해 동적으로 응답을 허가하는 기능도 갖추고 있습니다. 이 기능을 스테이트풀 인스펙션(Stateful Inspection)이라고 합니다.

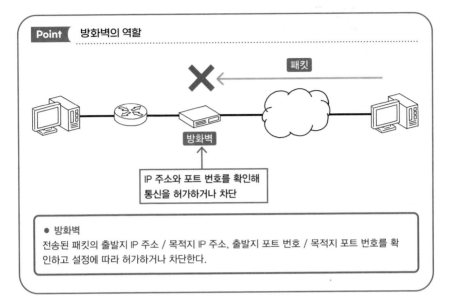

Point 방화벽의 역할

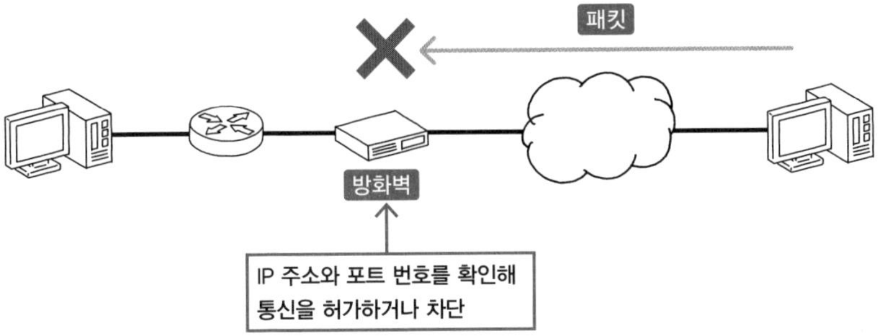
패킷
방화벽
IP 주소와 포트 번호를 확인해
통신을 허가하거나 차단

● **방화벽**

전송된 패킷의 출발지 IP 주소 / 목적지 IP 주소, 출발지 포트 번호 / 목적지 포트 번호를 확인하고 설정에 따라 허가하거나 차단한다.

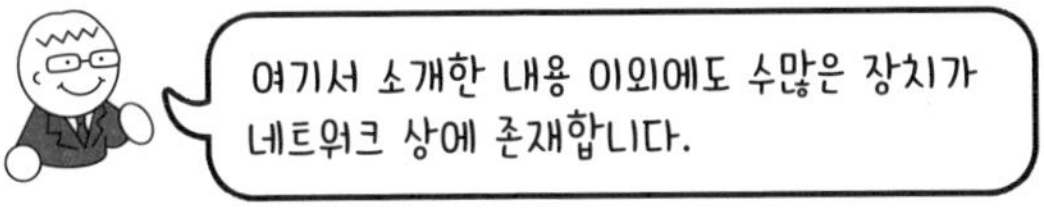
여기서 소개한 내용 이외에도 수많은 장치가
네트워크 상에 존재합니다.

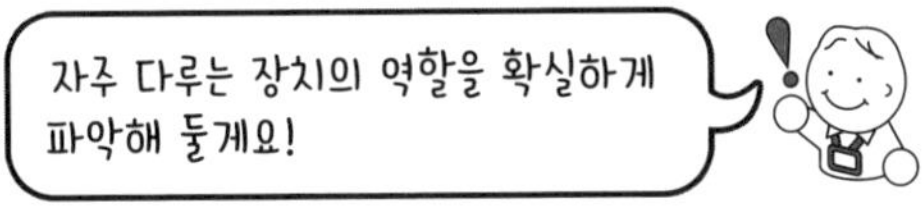
자주 다루는 장치의 역할을 확실하게
파악해 둘게요!

06 패킷을 캡처해보자

네트워크 프로토콜을 학습하기 위해서는 프로토콜이 다루는 패킷을 살펴보는 것이 가장 좋은 방법입니다. 패킷 캡처의 개요를 살펴봅시다.

IP, TCP, UDP…
용어는 알겠는데,
실제로 어떻게
통신하는지
모르겠네…
그런 때는
패킷 캡처를
해봅시다!
패킷
캡처요?
실제로 패킷을 잡아서 내용
을 살펴보는 것을 패킷 캡처
라고 해요.
함께
패킷의
내용을
살펴봅시다.
어떻게 패킷을
캡처하나요?

06-1 패킷 캡처가 뭘까?

패킷 캡처는 그 이름에서도 알 수 있듯이 '패킷'을 '캡처'하는 것입니다. 패킷(Packet)에는 몇 가지 의미가 있는데, 이 책에서는 주로 네트워크상에서 흐르는 데이터를 가리킵니다. 캡처(capture)에는 잡다, 획득하다 등의 의미가 있습니다. 여기서는 문자 그대로 데이터를 잡는다고 생각하세요.

패킷 캡처란 다양한 프로토콜이 네트워크상에 흘려보내는 데이터, 즉 패킷을 잡아서 그 내용을 분석하는 것을 의미합니다. 네트워크 프로토콜이 송신하는 패킷은 프로토콜마다 형식이 정의되어 있습니다. 그 내용을 살펴보면 각 프로토콜이 어떤 데이터를 전송하는지, 어떤 역할을 하는지 알 수 있습니다.

06-2 패킷 캡처의 용도

패킷 캡처에는 크게 두 가지 용도가 있습니다. 하나는 구축 후 테스트이고, 또 다른 하나는 문제 해결입니다.

여러 프로토콜이 동작하는 환경을 구축한 다음에는 일반적으로 다양한 테스트가 이루어집니다. 예상대로 통신이 이루어지는지, 장치 관리 및 보안 등 다양한 설정이 제대로 되어 있는지 등을 확인합니다. 바르게 동작하는 경우에는 해당 시점의 패킷을 캡처해 근거로 확보할 수 있습니다. 예상대로 동작하지 않은 경우에는 다양한 수단으로 동작 상황을 하나하나 확인해 가야 하는데, 이와 같은 시험 단계에서 패킷 캡처가 이용됩니다.

또 다른 용도로는 네트워크에 문제가 생긴 경우에 문제를 해결하는 수단으로 패킷 캡처를 활용합니다. 네트워크 어디에서 문제가 발생했는지, 어떤 문제인지 등을 분석하기 위해 패킷을 캡처하는 것입니다. 물론, 문제의 내용에 따라 필요성은 달라지므로 언제나 패킷 캡처를 이용하는 것은 아닙니다.

이 책에서는 프로토콜 학습 목적을 위해서 패킷을 살펴보겠습니다.

06-3 대표적인 패킷 캡처 도구

패킷 캡처를 하기 위해서는 전용 도구가 필요합니다. 여기서는 자주 사용되는 패킷 캡처 프로그램 두 가지를 소개합니다.

■ Wireshark

Wireshark는 지정된 인터페이스를 통과하는 패킷을 캡처해서 분석하는 패킷 캡처 소프트웨어입니다. OSS(Open Source Software)로 공개되어 있으며, Windows, macOS 등 다양한 플랫폼에서 이용할 수 있습니다. 단순히 캡처한 패킷을 보기만 하는 게 아니라 다양하게 분석할 수 있는 다기능 도구입니다.

이 책에서는 Wireshark를 이용해서 패킷을 캡처합니다.

_ Wireshark의 패킷 캡처 화면

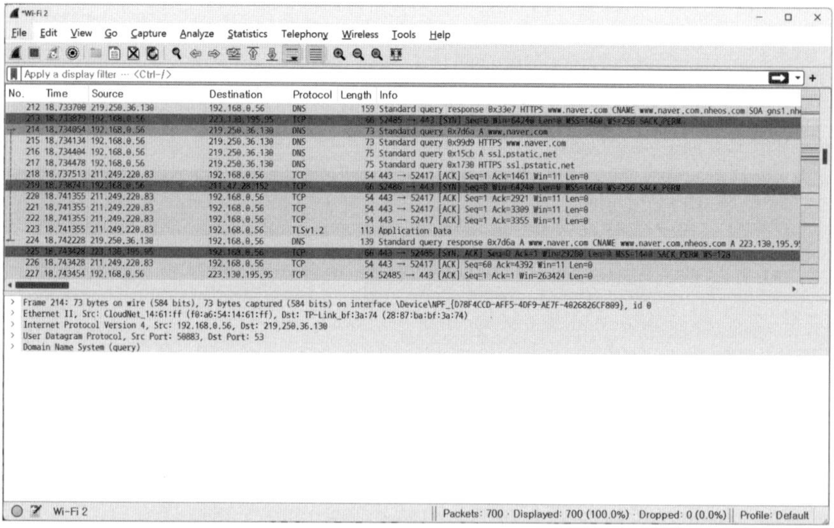

■ tcpdump

tcpdump는 UNIX나 Linux의 CLI(Command Line Interface) 환경에서 사용할 수 있는 오픈 소스 패킷 캡처 도구입니다. 대부분의 Linux 배포판에 기본으로 포함되어 있습니다. UNIX나 Linux 등에서 지정한 인터페이스를 모니터링하고, 인터페이스에 흐르는 패킷을 캡처해 CLI 상에 표시할 수 있습니다.

Wireshark와는 달리 GUI(Graphical User Interface)는 제공하지 않습니다. 캡처한 내용을 분석하는 기능은 없으며, 캡처한 내용을 그대로 표시하므로 내용은 직접 분석해야 합니다.

06-4 패킷 캡처 도구를 사용하는 곳

앞의 두 도구는 해당 도구가 설치된 단말기의 인터페이스를 모니터링하는 패킷 캡처 도구입니다. 따라서 프로그램이 설치된 단말기의 NIC로 유입되는 패킷만 캡처할 수 있고, 네트워크에 흐르는 패킷은 캡처할 수 없습니다.

다른 단말기가 주고받는 패킷을 캡처하려면 리피터 허브를 사용하거나, L2 스위치나 L3 스위치의 미러링 기능을 사용하는 방법이 있습니다.

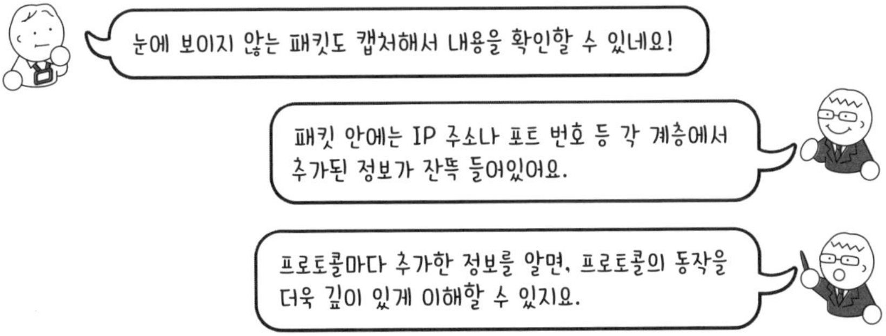
눈에 보이지 않는 패킷도 캡처해서 내용을 확인할 수 있네요!
패킷 안에는 IP 주소나 포트 번호 등 각 계층에서 추가된 정보가 잔뜩 들어있어요.
프로토콜마다 추가한 정보를 알면, 프로토콜의 동작을 더욱 깊이 있게 이해할 수 있지요.

06-5 Wireshark 설치

Wireshark를 설치하고 패킷을 캡처해 봅시다. 다음 URL에서 인스톨러를 다운로드합니다.

- [URL] https://wireshark.org/download.html

_ Wireshark 다운로드

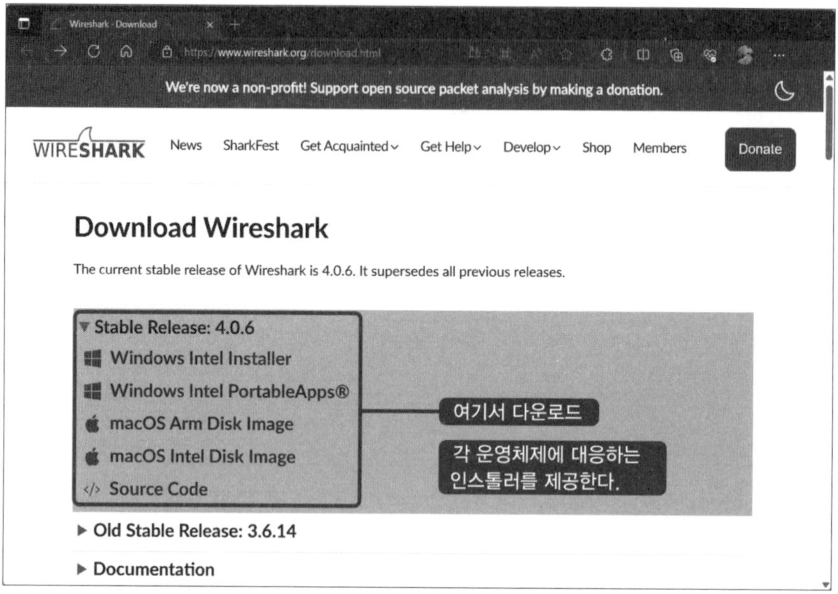
Wireshark · Download
https://www.wireshark.org/download.html
We're now a non-profit! Support open source packet analysis by making a donation.
WIRESHARK
News
SharkFest
Get Acquainted
Get Help
Develop
Shop
Members
Donate
Download Wireshark
The current stable release of Wireshark is 4.0.6. It supersedes all previous releases.
Stable Release: 4.0.6
Windows Intel Installer
Windows Intel PortableApps®
macOS Arm Disk Image
macOS Intel Disk Image
Source Code
여기서 다운로드
각 운영체제에 대응하는
인스톨러를 제공한다.
Old Stable Release: 3.6.14
Documentation

인스톨러를 다운로드했으면, 더블클릭해서 실행합니다.

인스톨 마법사가 실행되면, 내용을 확인하고 설치를 진행하세요. 도중에 Npcap 등 몇 가지 추가 설치가 필요한 경우가 있습니다. 기본적으로 Wireshark 동작에 필요한 소프트웨어이므로 기본 설정 그대로 설치를 진행하면 됩니다.

06-6 Wireshark로 캡처해 보자

설치가 완료되면 Wireshark를 실행해 실제로 패킷을 확인해 봅시다. Wireshark를 실행하면 시작 화면이 표시되고, 화면 가운데에 인터페이스 이름이 나열됩니다. 이 중에서 캡처하려는 인터페이스를 더블클릭하면 선택한 인터페이스에서 캡처가 시작됩니다. 유선으로 연결되어 있으면 '이더넷' 등의 인터페이스가 표시되고, 무선으로 연결되어 있으면 'Wi-Fi' 등의 인터페이스가 표시됩니다. 통신 중인 인터페이스는 이름 오른쪽에 있는 그래프가 움직이므로 이를 참고해서 확인하고 싶은 패킷 캡처 인터페이스를 지정합니다.

_ 인터페이스를 지정한다

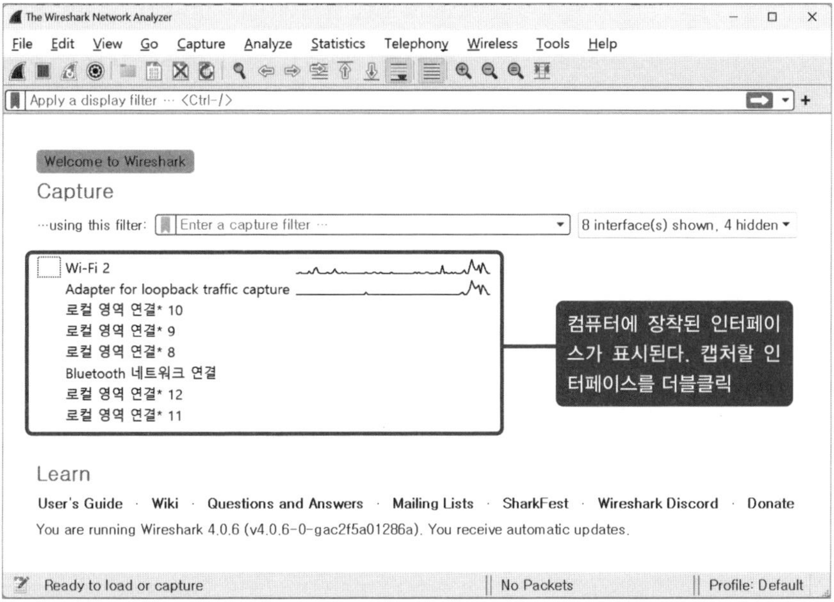
The Wireshark Network Analyzer
File Edit View Go Capture Analyze Statistics Telephony Wireless Tools Help
Apply a display filter … <Ctrl-/>
Welcome to Wireshark
Capture
…using this filter: Enter a capture filter …
8 interface(s) shown, 4 hidden
Wi-Fi 2
Adapter for loopback traffic capture
로컬 영역 연결* 10
로컬 영역 연결* 9
로컬 영역 연결* 8
Bluetooth 네트워크 연결
로컬 영역 연결* 12
로컬 영역 연결* 11
컴퓨터에 장착된 인터페이스가 표시된다. 캡처할 인터페이스를 더블클릭
Learn
User's Guide · Wiki · Questions and Answers · Mailing Lists · SharkFest · Wireshark Discord · Donate
You are running Wireshark 4.0.6 (v4.0.6-0-gac2f5a01286a). You receive automatic updates.
Ready to load or capture
No Packets
Profile: Default

인터페이스를 선택하면 화면이 전환되고 패킷이 표시됩니다. 특별한 조작을 하지 않아도 화면에 많은 패킷이 표시되면서 계속 흘러가는 것처럼 보입니다. 이는 Windows에 한정된 이야기가 아닙니다. 우리가 의도적으로 네트워크에서 통신을 보내지 않아도, 예를 들어 웹사이트에 접속하는 등의 행동을 하지 않아도 백그라운드에서 다양한 정보가 오가기 때문에 항상 어떤 패킷이든 흐르고 있습니다.

06-7 Wireshark의 기본 화면 구성

그럼, 다시 한번 패킷 캡처를 시작한 상태에서 브라우저를 열어 웹페이지에 접속해 보겠습니다. 어느 정도 패킷을 캡처한 후에 중지하고 내용을 확인해 봅시

다. 왼쪽 상단의 빨간 버튼을 클릭하면 캡처가 중지됩니다.

우선, 분할된 화면의 상단을 살펴보겠습니다. 여기에 표시된 각 행은 캡처된 패킷입니다. 아무 행이나 클릭하면 해당 패킷의 상세한 정보가 화면 하단에 표시됩니다. 다른 패킷의 정보를 보려면 상단의 패킷 목록에서 원하는 패킷을 찾아 클릭하세요.

_ Wireshark의 패킷 캡처 화면

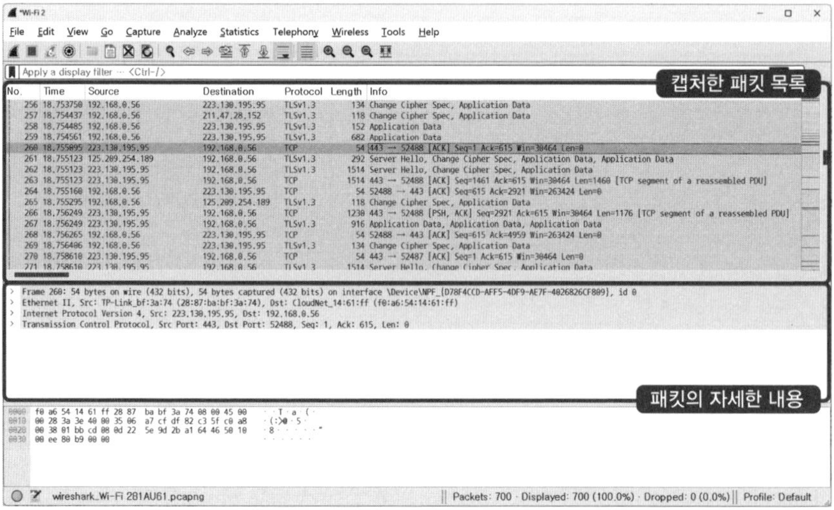

캡처한 패킷 목록
패킷의 자세한 내용

이런 식으로 패킷을 캡처해서 내용을 확인하고 분석해 가는 작업이 패킷 캡처입니다.

06-8 Wireshark의 메인 툴바, 메뉴 바

그럼, 좀 더 자세히 Wireshark 화면을 살펴보겠습니다. 우선 메인 툴바 좌측 상단을 보세요.

■ 메인 툴바

화면 위, 메뉴 바('File', 'Edit', 'View'와 같은 항목이 나열된 부분) 아래에 아이콘이 나란히 배치되어 있습니다. 이 부분이 메인 툴바입니다. 캡처를 위한 아이콘이 나열되어 있습니다.

메인 툴바 아이콘에는 다음과 같은 기능이 있습니다.

_ 메인 툴바의 아이콘

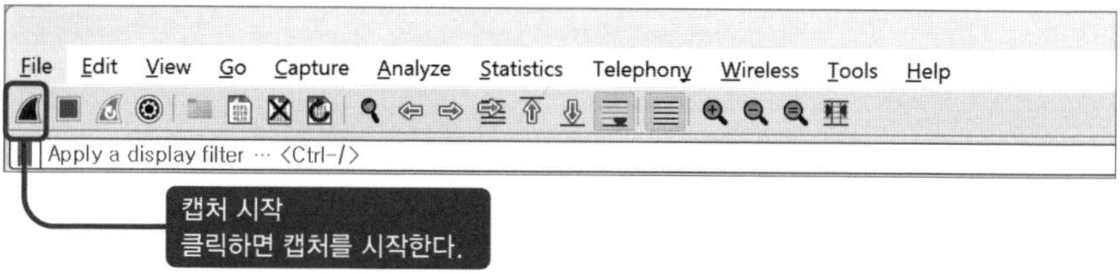
File Edit View Go Capture Analyze Statistics Telephony Wireless Tools Help
Apply a display filter … <Ctrl-/>
캡처 시작
클릭하면 캡처를 시작한다.

File Edit View Go Capture Analyze Statistics Telephony Wireless Tools Help
Apply a display filter … <Ctrl-/>
캡처 정지
클릭하면 실행 중인 캡처를 정지한다.

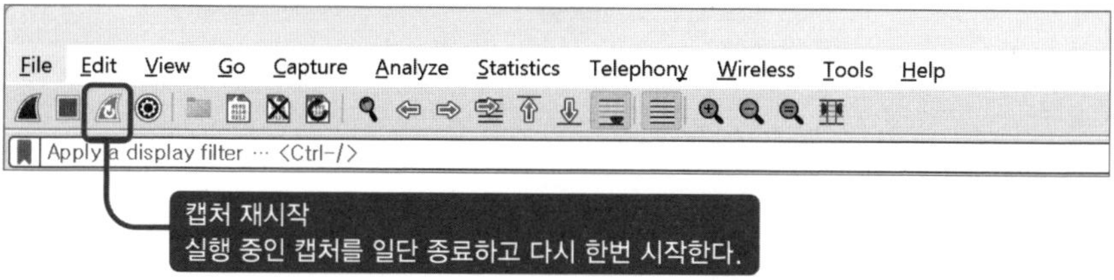
File Edit View Go Capture Analyze Statistics Telephony Wireless Tools Help
Apply a display filter … <Ctrl-/>
캡처 재시작
실행 중인 캡처를 일단 종료하고 다시 한번 시작한다.

File Edit View Go Capture Analyze Statistics Telephony Wireless Tools Help
Apply a display filter … <Ctrl-/>
캡처 파일 저장 및 열기/닫기 등을 실행한다.

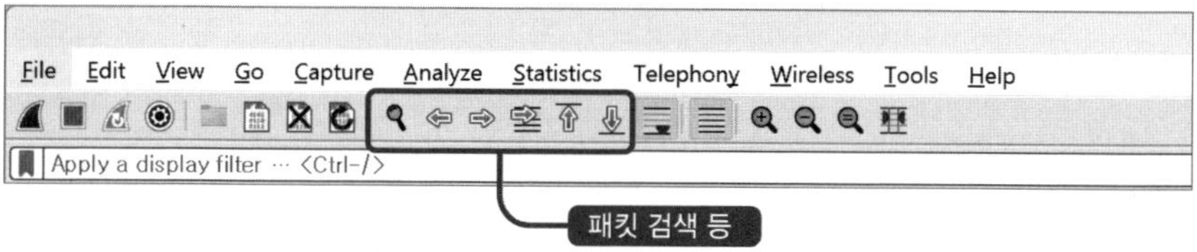
File Edit View Go Capture Analyze Statistics Telephony Wireless Tools Help
Apply a display filter … <Ctrl-/>
패킷 검색 등

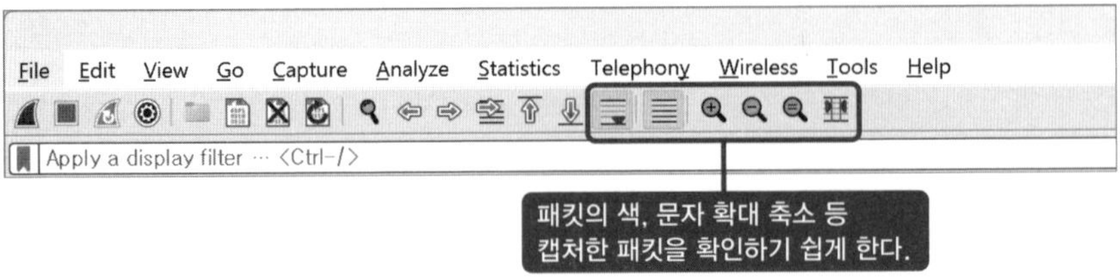
File Edit View Go Capture Analyze Statistics Telephony Wireless Tools Help
Apply a display filter … <Ctrl-/>
패킷의 색, 문자 확대 축소 등
캡처한 패킷을 확인하기 쉽게 한다.

■ 메뉴 바

다음은 맨 위에 있는 메뉴 바를 살펴보겠습니다. 각 메뉴 바 항목에는 다음과 같은 기능이 있습니다.

_ 메뉴 바의 항목

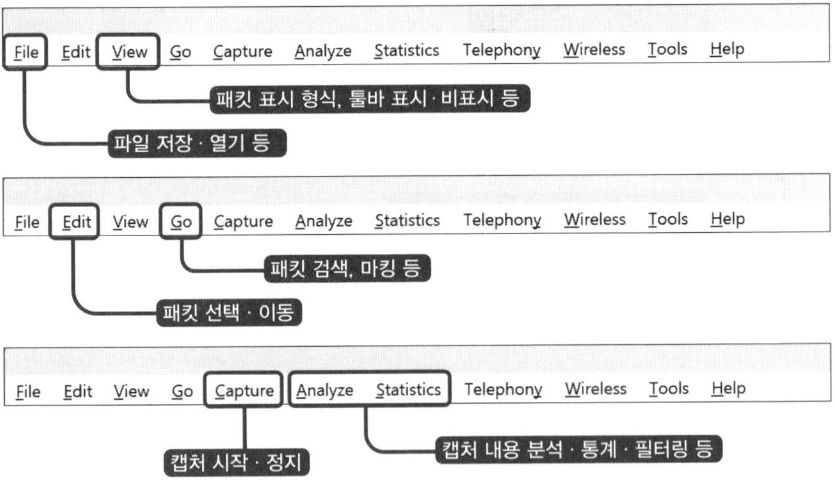
File Edit View Go Capture Analyze Statistics Telephony Wireless Tools Help
패킷 표시 형식, 툴바 표시·비표시 등
파일 저장 · 열기 등
패킷 검색, 마킹 등
패킷 선택 · 이동
캡처 시작 · 정지
캡처 내용 분석 · 통계 · 필터링 등

06-9 디스플레이 필터를 사용하자

캡처를 시작하면 수많은 패킷이 캡처되어 화면에 표시됩니다. 그중에서 필요한 패킷만 찾아내기란 그리 쉽지 않은 작업입니다. 그래서 **디스플레이 필터**(display filter)를 이용해 필요한 패킷만 뽑아서 확인해 보겠습니다.

우선은 사전 준비로 캡처한 데이터가 필요합니다. 06-6에서 설명한 대로 Wireshark를 실행해 캡처할 인터페이스를 지정합니다. 캡처를 시작한 후 브라우저로 아무 웹사이트에나 액세스해 보세요. 어느 정도 캡처가 됐으면 일단 캡처를 중지합니다.

이제 캡처된 방대한 패킷 중에서 특정한 패킷을 추출하기 위해 디스플레이 필터를 적용할 차례입니다. Wireshark에는 캡처 필터(Capture Filters)라는 것도 있는데, 이는 캡처 단계에서 패킷을 필터링하는 기능입니다. 반면에 디스플레이 필터는 캡처한 전체 패킷 중에서 표시할 패킷을 필터링하는 것입니다.

이번에 하고 싶은 작업은 필터로 지정한 프로토콜의 패킷을 확인하는 것입니다. 확인하고 싶은 패킷을 실수로 캡처 필터로 제외시키지 않도록 주의해야 합니다. 조금 전 설명한 기능이 다른 두 필터 중에서 디스플레이 필터를 사용해 화면에 표시되는 패킷을 필터링합니다.

디스플레이 필터는 패킷이 표시되는 부분과 툴바 사이에 있습니다.

_ 디스플레이 필터

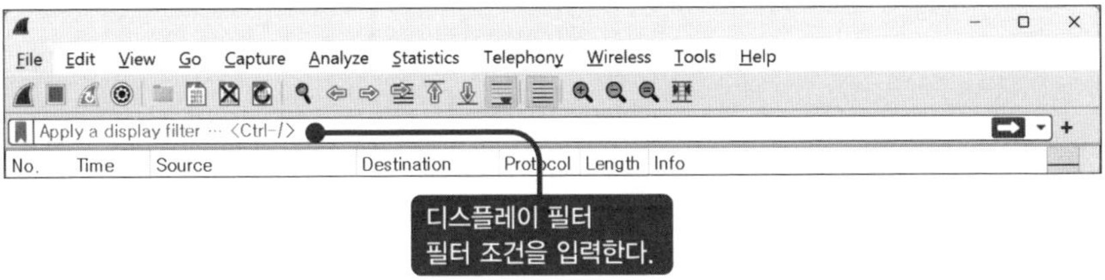
File Edit View Go Capture Analyze Statistics Telephony Wireless Tools Help
Apply a display filter … <Ctrl-/>
No. Time Source Destination Protocol Length Info
디스플레이 필터
필터 조건을 입력한다.

Point 디스플레이 필터의 기본 구문

[프로토콜 이름(.옵션)] [연산자] [값]

- 프로토콜 이름: ip나 tcp 등이 들어가고, 각각의 프로토콜에 따른 옵션을 사용할 수 있다.
- 연산자: eq(==)나 gt(>) 등이 들어가고, 값에는 그 프로토콜 이름과 옵션에 따른 값을 넣는다.

06-10 실제로 디스플레이 필터를 적용해 보자

시험삼아 디스플레이 필터에 다음과 같이 입력해서 필터링해 봅시다.

```
tcp.port == 443
```

_ 디스플레이 필터의 예

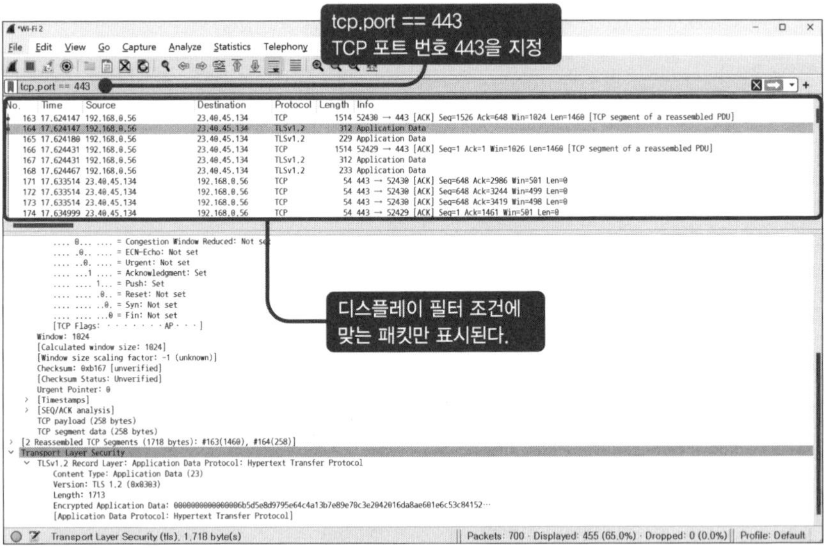
tcp.port == 443
TCP 포트 번호 443을 지정
tcp.port == 443
디스플레이 필터 조건에
맞는 패킷만 표시된다.
Transport Layer Security (tls), 1,718 byte(s)
Packets: 700 · Displayed: 455 (65.0%) · Dropped: 0 (0.0%)
Profile: Default

'tcp.port == 443'은 TCP의 포트 번호 443번을 지정하는 필터입니다. 캡처한 패킷 중에서 443 포트를 사용하는 패킷만 추출해 표시합니다.

이 중에서 'Protocol' 열에 TLSv1.2, 'Info' 열에 Application Data로 표시된 것이 브라우저에서 웹사이트에 접속할 때 캡처된 패킷입니다. 최근의 웹 통신은 대부분 HTTPS 프로토콜을 사용하므로 패킷이 암호화되어 있어 세부 정보는 확인할 수 없습니다. HTTPS 패킷의 내용에 대해서는 나중에 설명하겠습니다.

_ 캡처한 HTTPS의 내용

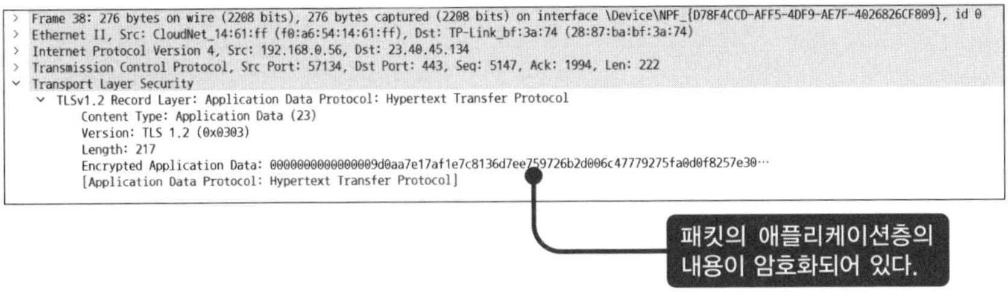

```
> Frame 38: 276 bytes on wire (2208 bits), 276 bytes captured (2208 bits) on interface \Device\NPF_{D78F4CCD-AFF5-4DF9-AE7F-4026826CF809}, id 0
> Ethernet II, Src: CloudNet_14:61:ff (f0:a6:54:14:61:ff), Dst: TP-Link_bf:3a:74 (28:87:ba:bf:3a:74)
> Internet Protocol Version 4, Src: 192.168.0.56, Dst: 23.40.45.134
> Transmission Control Protocol, Src Port: 57134, Dst Port: 443, Seq: 5147, Ack: 1994, Len: 222
v Transport Layer Security
  v TLSv1.2 Record Layer: Application Data Protocol: Hypertext Transfer Protocol
      Content Type: Application Data (23)
      Version: TLS 1.2 (0x0303)
      Length: 217
      Encrypted Application Data: 0000000000000009d0aa7e17af1e7c8136d7ee759726b2d006c47779275fa0d0f8257e30…
      [Application Data Protocol: Hypertext Transfer Protocol]
```

패킷의 애플리케이션층의
내용이 암호화되어 있다.

디스플레이 필터에서 자주 사용하는 것을 표로 정리했습니다. 실제로 캡처한 데이터에 필터를 적용해 어떻게 동작하는지 확인해 보세요.

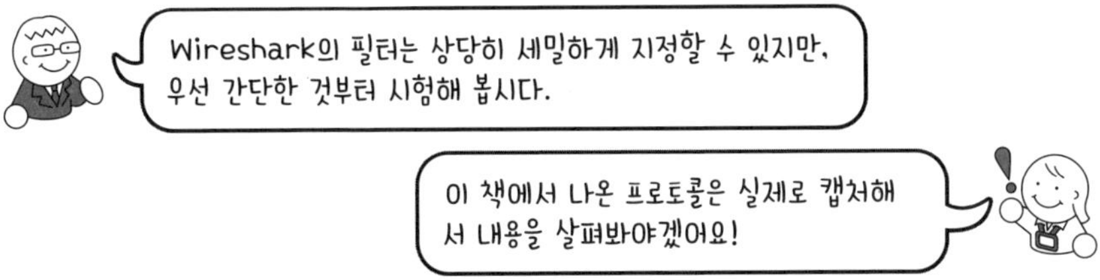
Wireshark의 필터는 상당히 세밀하게 지정할 수 있지만, 우선 간단한 것부터 시험해 봅시다.
이 책에서 나온 프로토콜은 실제로 캡처해서 내용을 살펴봐야겠어요!

_ 자주 사용하는 디스플레이 필터① : 프로토콜 이름과 옵션

항목	표기	예제
IP 주소(출발지, 목적지 불문)	ip.addr	ip.addr == 192.168.1.1
출발지 IP 주소	ip.src	ip.src == 192.168.1.1
목적지 IP 주소	ip.dst	ip.dst == 192.168.1.1
MAC 주소(출발지, 도착지 불문)	eth.addr	eth.addr == 00:00:5e:00:53:00
출발지 MAC 주소	eth.src	eth.src == 00:00:5e:00:53:00
목적지 MAC 주소	eth.dst	eth.dst == 00:00:5e:00:53:00
TCP 포트 번호 (출발지, 목적지 불문)	tcp.port	tcp.port == 443
TCP 세그먼트	tcp	tcp.seq == 1(TCP 시퀀스 번호를 지정) tcp.flags == 0x002(TCP 플래그)
프로토콜	프로토콜 이름	http icmp

_ 자주 사용하는 디스플레이 필터② : 연산자

의미	표기(기호, 영어)	예제
같다	== eq	ip.addr == 192.168.1.1 (IP 주소가 192.168.1.1이다)
다르다	!= ne	ip.src != 192.168.1.1 (IP 주소가 192.168.1.1이 아니다)
보다 크다	> gt	tcp.port > 1023 (tcp 포트 번호가 1023보다 크다)
보다 작다	< lt	tcp.port <1023 (tcp 포트 번호가 1023보다 작다)
이상	>= ge	tcp.port >=1023 (tcp 포트 번호가 1023 이상)
이하	<= le	tcp.port <=1023 (tcp 포트 번호가 1023 이하)
그리고	&& and	ip.addr == 192.168.1.1 && tcp.port == 443 (IP 주소가 192.168.1.1이고 포트 번호가 443)
또는	|| or	ip.addr == 192.168.1.1 || ip.addr == 192.168.1.10 (IP 주소가 192.168.1.1 또는 192.168.1.10)

06-11 패킷 캡처 파일 사용법

Wireshark에서는 캡처한 패킷을 저장할 수 있으며, 다른 환경에서 해당 파일을 열어 캡처한 패킷을 확인할 수 있습니다. 이 책에서는 각 장에 등장하는 프로토콜에 대해 독자 여러분이 직접 확인할 수 있도록, 캡처 파일을 학습자료로 제공합니다. 학습자료 다운로드 방법은 1장 앞에 있는 '학습자료 안내'를 참고하시기 바랍니다. 여기서는 학습자료에 들어있는 캡처 파일 여는 방법을 설명하겠습니다.

Wireshark의 캡처 파일을 여는 방법은 크게 두 가지가 있습니다.

어느 방식이든 열린 캡처 파일의 내용은 동일하므로, 각자 환경에 맞는 방식으로 캡처 파일을 열어 내용을 확인해 보세요.

- **캡처 파일을 여는 방법 ①: 더블클릭해서 연다**

Wireshark가 설치된 컴퓨터에서는 캡처 파일(.pcapng)을 더블클릭해서 파일을 열 수 있습니다.

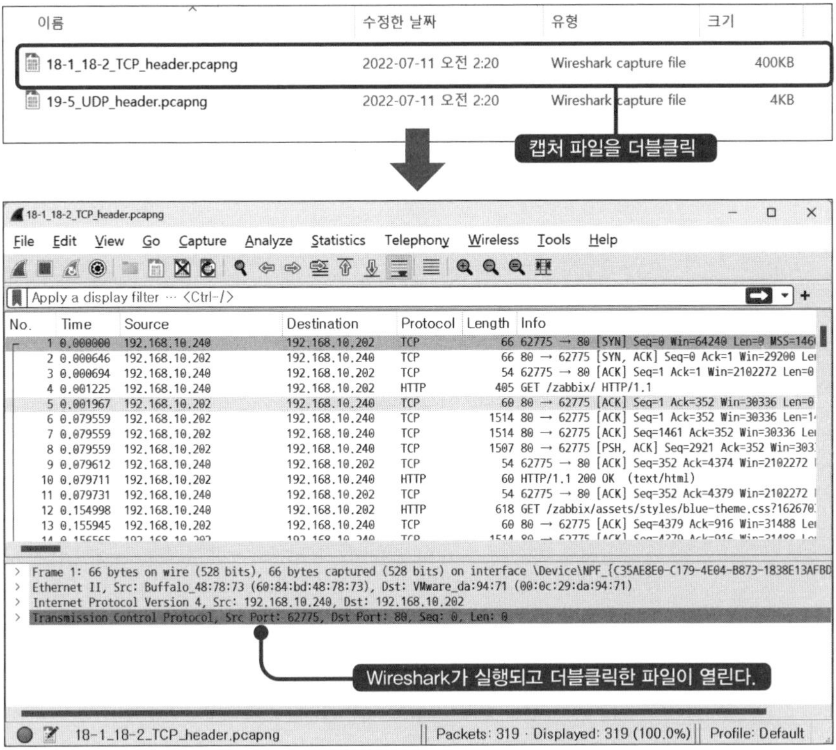
이름
수정한 날짜
유형
크기
18-1_18-2_TCP_header.pcapng
2022-07-11 오전 2:20
Wireshark capture file
400KB
19-5_UDP_header.pcapng
2022-07-11 오전 2:20
Wireshark capture file
4KB
캡처 파일을 더블클릭
Wireshark가 실행되고 더블클릭한 파일이 열린다.
18-1_18-2_TCP_header.pcapng
Packets: 319 · Displayed: 319 (100.0%)
Profile: Default

• 캡처 파일을 여는 방법 ②: 메뉴를 통해 연다

Wireshark를 실행한 후, 메뉴에서 File 〉 Open을 클릭하고, 열고 싶은 캡처 파일을 선택하면 파일을 열 수 있습니다.

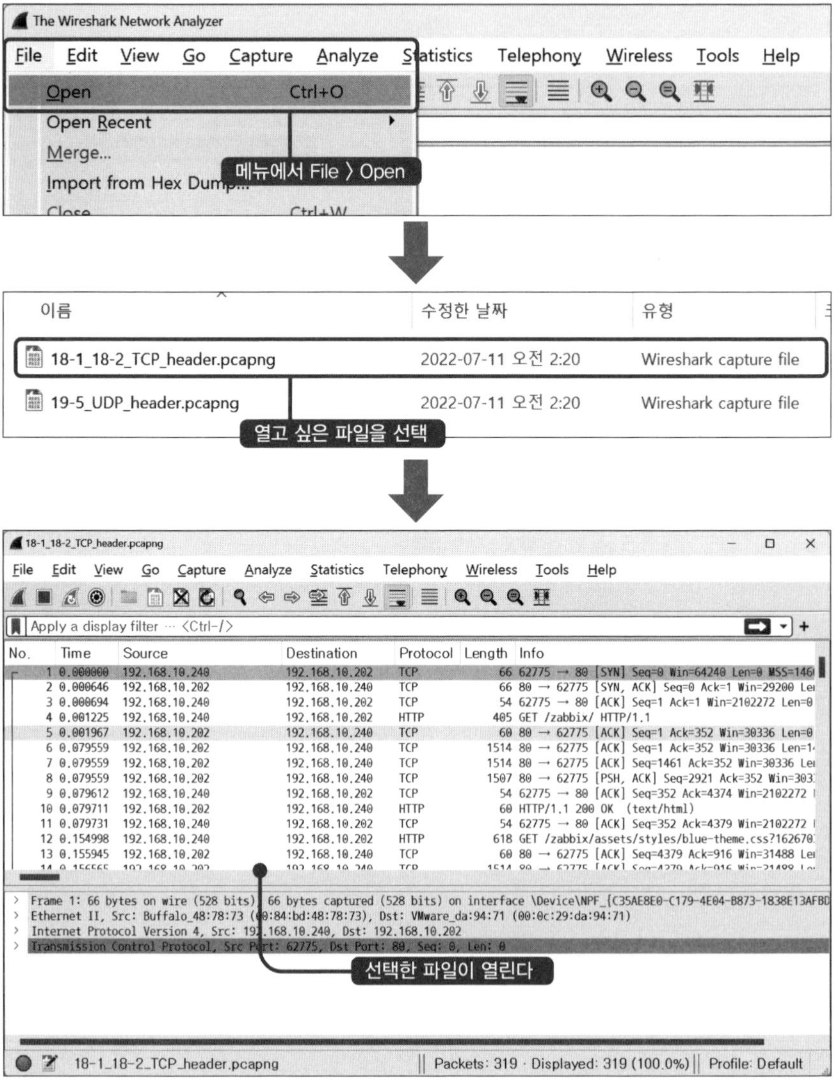

The Wireshark Network Analyzer
File Edit View Go Capture Analyze Statistics Telephony Wireless Tools Help
Open Ctrl+O
Open Recent
Merge...
Import from Hex Dump...
메뉴에서 File 〉 Open
이름
수정한 날짜
유형
18-1_18-2_TCP_header.pcapng 2022-07-11 오전 2:20 Wireshark capture file
19-5_UDP_header.pcapng 2022-07-11 오전 2:20 Wireshark capture file
열고 싶은 파일을 선택
18-1_18-2_TCP_header.pcapng
선택한 파일이 열린다
Packets: 319 · Displayed: 319 (100.0%)
Profile: Default

1장 연습문제

문제 1

데이터를 패킷 단위로 작게 나누어 전송하고 수신한 단말기에서 원래 데이터로 복원하는 데이터 전송 방식은?

① 회선 교환 방식 ② 패킷 교환 방식

③ 클라이언트 서버 방식 ④ OSI 참조 모델

문제 2

네트워크 계층 이상의 기능을 수행하지 않고, 프레임 헤더에서 목적지 정보를 가져와 통신을 전송하는 장치는?

① L2 스위치 ② L3 스위치

③ 라우터 ④ 리피터 허브

문제 3

Wireshark의 디스플레이 필터로 캡처한 패킷을 필터링할 때, 특정 출발지 IP 주소로 필터링하는 디스플레이 필터는?

① ip.dst ② tcp.port ③ eth.src ④ ip.src

정답

문제 1　정답은 ②

패킷 교환 방식

하나의 통신이 회선을 전부 사용해 버리는 회선 교환 방식에 비해, 전송하는 데이터를 여러 개의 패킷으로 나누어 보내므로 회선을 독점하지 않고 데이터를 전송할 수 있는 통신 방식입니다.

문제 2　정답은 ①

L2 스위치

L2 스위치는 유입된 프레임의 헤더에 있는 목적지 MAC 주소를 확인하고 적합한 포트로 프레임을 전송합니다.

문제 3　정답은 ④

ip.src

Wireshark에서는 캡처한 패킷을 디스플레이 필터로 필터링할 수 있습니다.

2장

통신에 필수적인 프로토콜

07 이더넷의 기본

이더넷(Ethernet)은 현재 가장 주류인 데이터 링크 계층 프로토콜입니다. 이더넷의 역할과 프레임의 내용을 살펴봅시다.

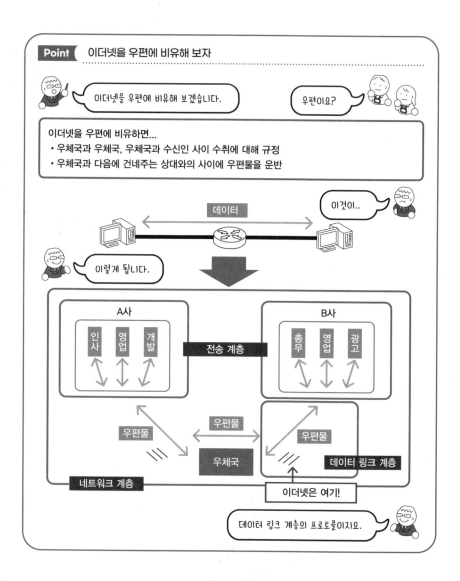

Point 이더넷을 우편에 비유해 보자

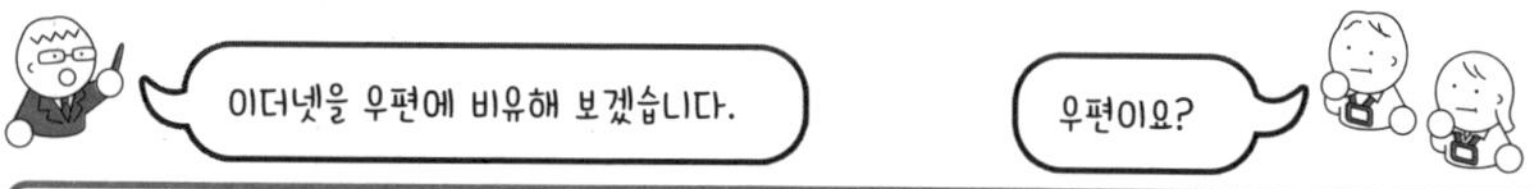
이더넷을 우편에 비유해 보겠습니다.
우편이요?

이더넷을 우편에 비유하면...

- 우체국과 우체국, 우체국과 수신인 사이 수취에 대해 규정
- 우체국과 다음에 건네주는 상대와의 사이에 우편물을 운반

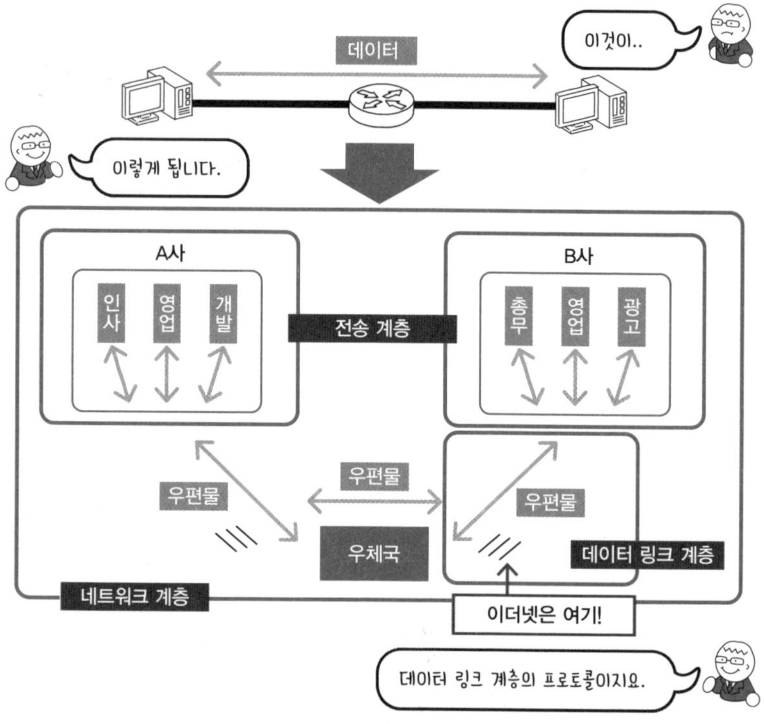
데이터
이것이..
이렇게 됩니다.
A사
인사
영업
개발
전송 계층
B사
총무
영업
광고
우편물
우편물
우편물
우체국
데이터 링크 계층
네트워크 계층
이더넷은 여기!
데이터 링크 계층의 프로토콜이지요.

07-1 데이터 링크 계층의 프로토콜이란?

데이터 링크 계층에서는 직접 케이블로 연결된 단말기 간 통신이나 하나의 네트워크 내에서의 통신을 규정합니다. 간단히 말해 단말기와 단말기를 케이블로 연결하고, 그 사이에서 데이터를 교환하는 규칙을 정의한 것입니다. 특히 LAN(Local Area Network)에서는 **이더넷**(Ethernet)이 주요 프로토콜로 사용됩니다.

이더넷에서는 데이터 링크 계층뿐만 아니라, 물리 계층에서 이용되는 케이블이나 신호 등 물리적인 규격도 정의하고 있습니다. 예를 들어, 물리적인 케이블 규격으로 1000BASE-T(기가비트 이더넷)이나 10GBASE-T(10기가비트 이더넷) 등 다양한 규격을 정의하고 있습니다.

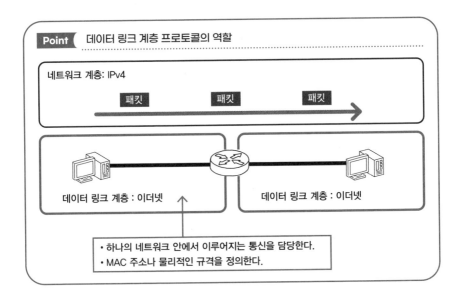

Point 데이터 링크 계층 프로토콜의 역할

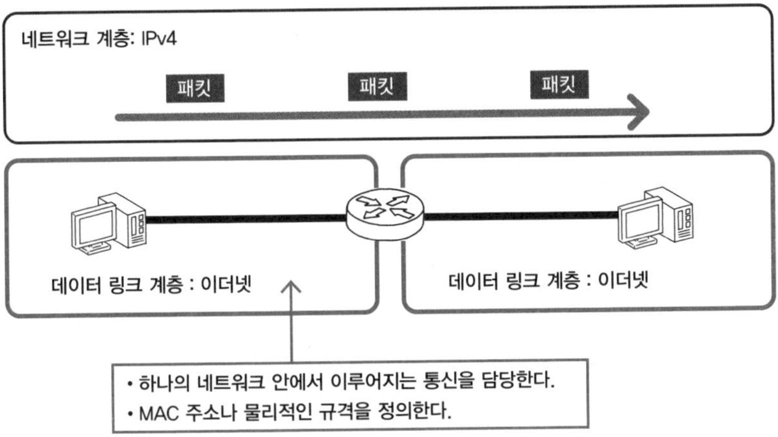

네트워크 계층: IPv4
패킷
패킷
패킷
데이터 링크 계층 : 이더넷
데이터 링크 계층 : 이더넷
• 하나의 네트워크 안에서 이루어지는 통신을 담당한다.
• MAC 주소나 물리적인 규격을 정의한다.

07-2 이더넷의 역사를 돌아보자

이더넷은 1970년경 하와이 제도 여러 섬에 흩어진 하와이 대학 캠퍼스를 네트워크로 연결한 ALOHAnet(ALOHA 시스템)을 기반으로 만들어졌다고 합니다.

1970년대 중반에 DEC, 인텔, 제록스에 의해 최초의 표준 DIX 사양이 정해졌고, 1980년경에는 IEEE802 위원회에 '이더넷 1.0 규격'으로 제출됐습니다. 이후 1982년에 '이더넷 2.0 규격'이 제출됐고 이를 바탕으로 1983년에 IEEE802.3으로 표준화됐습니다.

현재 실제로 사용되는 이더넷은 대부분 1982년에 제출된 이더넷 2.0 규격이며, 이를 **이더넷 II**(Ethernet II)라고 부릅니다. IEEE802.3은 이더넷 II를 기반으로 개선된 표준이었지만, 802.3이 보급되기 전에 이더넷 II가 정착되는 바람에 현재 네트워크에서 IEEE802.3을 사용할 기회는 그다지 많지 않습니다.

마찬가지로 로컬 네트워크에서 사용되던 IBM의 토큰링이나 애플의 애플토크(AppleTalk)와 같은 프로토콜도 1970~80년대에 만들어졌지만, 이더넷이 저가화, 고속화되면서 이들 프로토콜은 보급되지 못하고 쇠퇴해 갔습니다.

07-3 이더넷의 프레임 형식을 살펴보자

어떤 계층에서 다루는 데이터에 대해서, 한 단계 상위 계층에서 받은 데이터를 **페이로드**, 현재 계층에서 헤더를 붙인 상태를 **PDU**(Protocol Data Unit)라고 합니다.

각 계층의 PDU에는 별칭이 있는데, 데이터 링크 계층에서 다루는 PDU를 **프레임**이라고 하고 네트워크 계층에서 다루는 PDU를 **패킷**이라고 합니다. 프레임은 상위 네트워크 계층에서 내려온 패킷에 데이터 링크 계층 프로토콜에서 헤더를 추가한 것입니다. 데이터 링크 계층 프로토콜인 이더넷에서 헤더가 추가된 프레임을 이더넷 프레임이라고도 합니다.

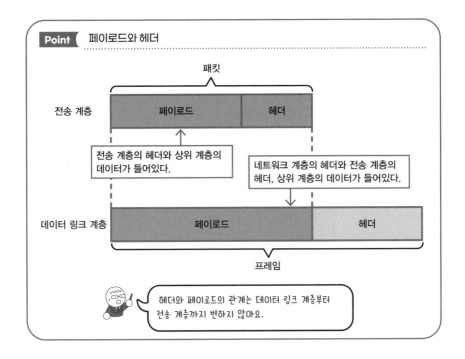

Point 페이로드와 헤더

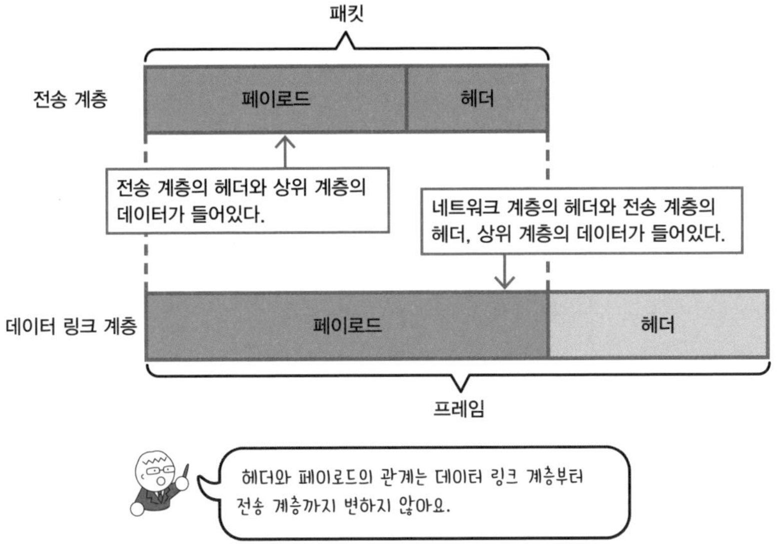
패킷
전송 계층
페이로드
헤더
전송 계층의 헤더와 상위 계층의 데이터가 들어있다.
네트워크 계층의 헤더와 전송 계층의 헤더, 상위 계층의 데이터가 들어있다.
데이터 링크 계층
페이로드
헤더
프레임
헤더와 페이로드의 관계는 데이터 링크 계층부터 전송 계층까지 변하지 않아요.

덧붙여, 현재 사용되는 이더넷 프레임의 규격은 이더넷 II와 IEEE802.3으로 나누어져 있습니다.

TCP/IP에서 다루는 프레임은 대부분 이더넷 II 규격을 사용합니다. IEEE802.3 규격을 따르는 프레임도 아주 조금 사용되긴 하지만, 일반적이지는 않습니다. 이 때문에, 이 책에서는 이더넷 II 규격을 기준으로 소개해 갈 것입니다.

이더넷 II 규격의 프레임은 **프리앰블**, **목적지 MAC 주소 / 출발지 MAC 주소**, **타입**, **페이로드**, **FCS**의 다섯 개 필드로 이루어져 있습니다. 페이로드는 한 단계 상위 계층에서 전달되는 데이터 부분입니다. 그럼, 헤더에 포함된 각 필드에 대해 살펴보겠습니다.

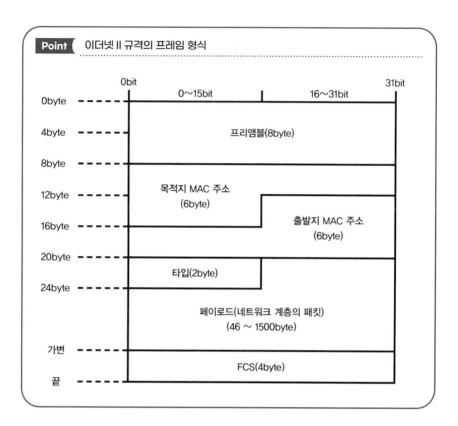

Point 이더넷 II 규격의 프레임 형식

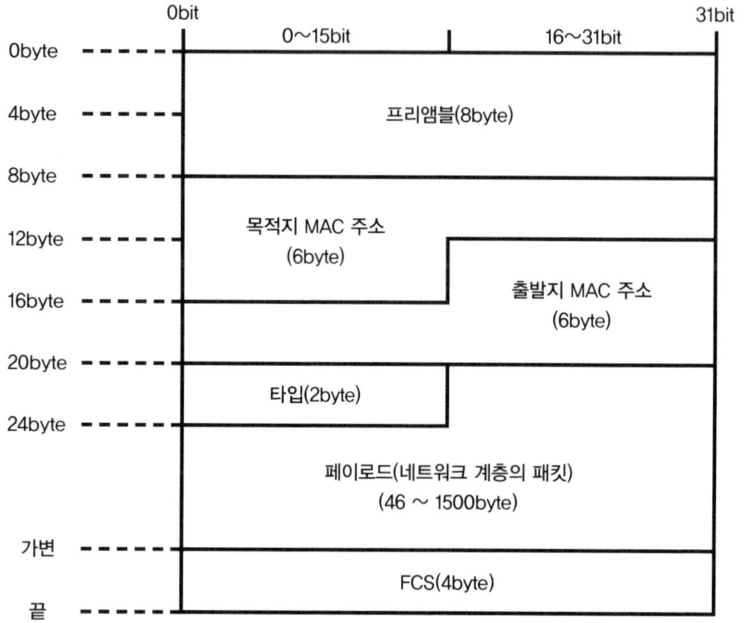
0bit
31bit
0~15bit
16~31bit
0byte
4byte
8byte
12byte
16byte
20byte
24byte
가변
끝
프리앰블(8byte)
목적지 MAC 주소
(6byte)
출발지 MAC 주소
(6byte)
타입(2byte)
페이로드(네트워크 계층의 패킷)
(46 ~ 1500byte)
FCS(4byte)

■ 프리앰블

프리앰블은 프레임의 시작을 알리는 8바이트의 특수한 비트 열입니다. 전기 신호를 수신하는 단말기에서는 프레임 맨 앞에 있는 프리앰블을 보고 이어지는 신호가 프레임이라고 판단합니다. 프리앰블은 7바이트의 프리앰블과 1바이트의 SFD(Start Frame Delimiter)로 구성됩니다. SFD는 시작 프레임 식별자라고 하며, '여기서부터 프레임이 시작됩니다'라는 신호입니다.

■ 목적지 MAC 주소 / 출발지 MAC 주소

데이터 링크 계층에서는 단말기를 식별하는 주소로 MAC 주소를 사용합니다. 데이터를 전송할 때는 프레임 헤더의 **목적지 MAC 주소** 필드에 목적지 단말기의

MAC 주소를 설정하고, **출발지 MAC 주소** 필드에 자신의 MAC 주소를 설정해서 프레임을 전송합니다.

■ 타입

타입에는 한 계층 위에서 사용되는 프로토콜을 나타내는 2바이트 값이 설정됩니다. **네트워크 계층이 IPv4인 경우 0x0800**, IPv6인 경우 0x86DD와 같은 값이 설정됩니다.

■ 페이로드

페이로드에는 상위 프로토콜에서 전달받은 PDU가 그대로 들어갑니다. 데이터링크 계층의 페이로드에는 IPv4나 IPv6 등의 데이터가 들어가는 경우가 많습니다.

이더넷 II 표준에서는 한 프레임에서 처리할 수 있는 데이터의 상한선이 정해져 있는데, 페이로드 부분은 46byte에서 1500byte까지로 정의되어 있습니다. 이더넷에서 처리할 수 있는 페이로드 크기(=패킷)의 최댓값을 **MTU**(Maximum Transmission Unit)라고 합니다.

■ FCS

FCS(Frame Check Sequence)는 프레임이 손상되지 않았는지 확인하기 위한 4바이트 크기의 필드입니다. 전기 신호나 광 신호로 변환되어 전송되는 데이터는 주변 노이즈 등의 영향을 받아 손상될 가능성이 있습니다. FCS에는 송신한 쪽에서 **CRC**(Cyclic Redundancy Check) 알고리즘을 이용해 프레임의 각 필드를 바탕으로 계산된 값을 설정합니다. 받는 쪽에서도 동일한 계산을 해서 전송된 값과 계산된 값을 비교합니다. 값이 일치하지 않으면 오류로 간주하고 프레임을 폐기합니다. 이렇게 FCS는 수신한 쪽에서 도착한 프레임의 상태를 확인하고 손상 여부를 판단하는 데 사용하는 필드입니다.

이더넷 프레임은 이런 필드로 구성되어 있습니다.

나중에 패킷을 캡처해서 각 필드를 확인해 보세요.

이더넷 헤더에는 항목이 그렇게 많지 않네요.

그렇죠. IP나 TCP 같은 네트워크 계층 이상의 프로토콜에 비해 역할이 간단해서 헤더도 그에 맞게 단순하게 되어 있어요.

주의

프레임이나 패킷의 헤더 형식을 표기하는 여러 가지 방법이 있습니다. 이 책에서는 RFC에 따라 좌측 상단에서 우측 하단으로 데이터가 흐르는 순서대로 기재하는 그림을 채택했습니다.

_ 헤더 포맷을 보는 법

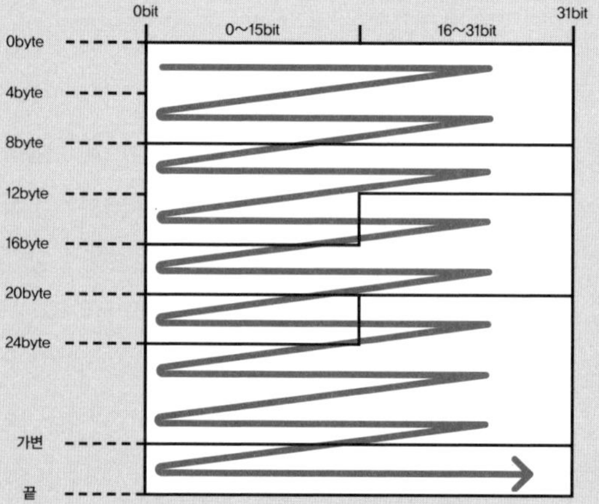

0bit
31bit
0~15bit
16~31bit
0byte
4byte
8byte
12byte
16byte
20byte
24byte
가변
끝

프레임이나 헤더는 이런 형식으로 많이 표기되는군요.

07-4 MAC 주소란?

헤더 안에 '목적지 MAC 주소/ 출발지 MAC 주소'라는 것이 등장했습니다. 조금 전에 설명한 대로, **MAC 주소**는 데이터 링크 계층에서 단말기를 식별하기 위한 정보입니다. 이더넷과 같은 데이터 링크 계층 프로토콜인 FDDI, 무선 LAN 등에서 MAC 주소를 사용합니다.

MAC 주소는 PC나 서버의 NIC나 네트워크 장치에 제조 시 할당되며, 기본적으로 전 세계에서 고유한 값이 됩니다. MAC 주소는 6바이트(48비트)로 구성되며 '38:D5:47:7B:55:C9'와 같은 형식으로 표기됩니다. 표기할 때는 전체를 8비트씩 구분해 16진수로 표현합니다. 8비트씩 구분할 때는 ':'(콜론) 또는 '–'(하이픈)을 사용합니다.

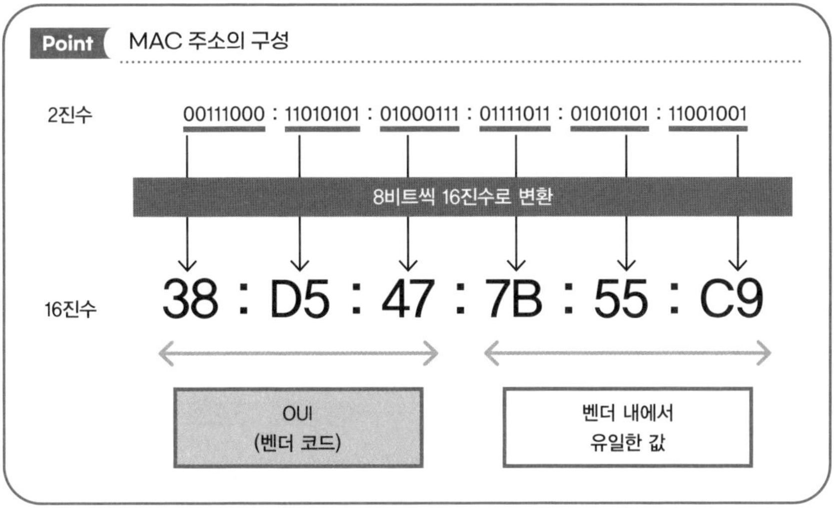
Point MAC 주소의 구성
2진수
00111000 : 11010101 : 01000111 : 01111011 : 01010101 : 11001001
8비트씩 16진수로 변환
16진수
38 : D5 : 47 : 7B : 55 : C9
OUI
(벤더 코드)
벤더 내에서
유일한 값

또 6바이트 중에서도 상위 3바이트(24비트)와 하위 3바이트(24비트)가 각각 의미가 있습니다. 상위 3바이트는 **OUI**(Organizationally Unique Identifier) 또는 벤더 식별자나 벤더 코드로 불리며, IEEE에서 NIC 제조 벤더별로 할당합니다. 하위 3바이트는 벤더 내에서 중복되지 않게 장치나 NIC에 할당합니다.

08 이더넷 패킷을 캡처해 보자

패킷 캡처로 이더넷 헤더의 내용을 실제로 확인해 봅시다.

08-1 이더넷 패킷을 캡처해 보자

실제로 패킷을 캡처해 프레임 헤더를 확인해 봅시다. **06-6**에서 설명한 것처럼 Wireshark를 실행해 캡처를 시작한 상태에서 브라우저로 웹사이트에 접속하세요.

어느 정도 캡처한 다음, 캡처한 패킷 중 하나를 클릭해 화면 하단에서 패킷 세부 정보를 확인합니다. 위에서 두 번째 줄에 'Ethernet II...'라는 항목이 있을 것입니다. 해당 항목을 클릭하면 이더넷 헤더의 세부 정보가 표시됩니다. **'Destination'** 란에 적힌 MAC 주소가 **목적지 MAC 주소**이고, **'Source'**란에 적힌 MAC 주소가 **출발지 MAC 주소**입니다.

_ 캡처해서 이더넷 헤더를 확인한다

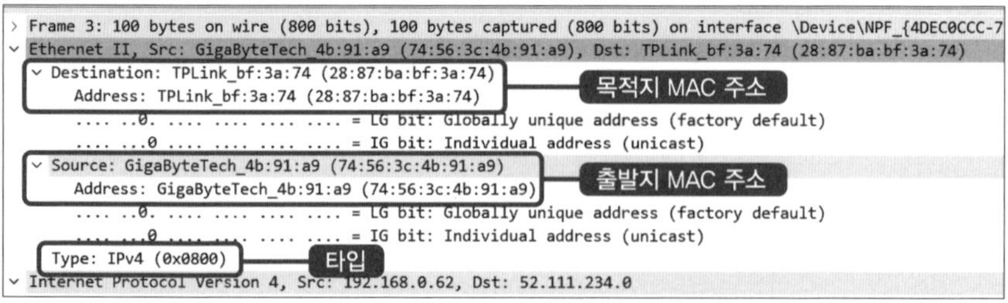

> Frame 3: 100 bytes on wire (800 bits), 100 bytes captured (800 bits) on interface \Device\NPF_{4DEC0CCC-7
Ethernet II, Src: GigaByteTech_4b:91:a9 (74:56:3c:4b:91:a9), Dst: TPLink_bf:3a:74 (28:87:ba:bf:3a:74)
Destination: TPLink_bf:3a:74 (28:87:ba:bf:3a:74)
Address: TPLink_bf:3a:74 (28:87:ba:bf:3a:74)
.... ..0. .... = LG bit: Globally unique address (factory default)
....0 .... = IG bit: Individual address (unicast)
Source: GigaByteTech_4b:91:a9 (74:56:3c:4b:91:a9)
Address: GigaByteTech_4b:91:a9 (74:56:3c:4b:91:a9)
.... ..0. .... = LG bit: Globally unique address (factory default)
....0 .... = IG bit: Individual address (unicast)
Type: IPv4 (0x0800)
Internet Protocol Version 4, Src: 192.168.0.62, Dst: 52.111.234.0
목적지 MAC 주소
출발지 MAC 주소
타입

[학습자료] 08-1_Ethernet_header.pcapng

이처럼 **07-3**에서 설명한 이더넷 프레임 헤더의 필드와 동일한 내용이 나열되어 있음을 알 수 있습니다. 프리앰블과 FCS는 송수신 직전에 NIC가 추가하는 것이므로, Wireshark에서 캡처할 수 있는 패킷은 프리앰블과 FCS를 붙이기 전과 떼어낸 후의 상태입니다

컴퓨터로 웹사이트 등에 액세스 하면 목적지 MAC 주소는 기본 게이트웨이 주소로 설정됩니다. 일반적인 환경에서는 인터넷에 연결된 공유기 주소가 표시될 것입니다. 공유기 MAC 주소를 확인할 수 있는 사람은 캡처한 프레임의 목적지 MAC 주소와 같은지 확인해 보세요.

Point 목적지 MAC 주소가 나타내는 상대는?

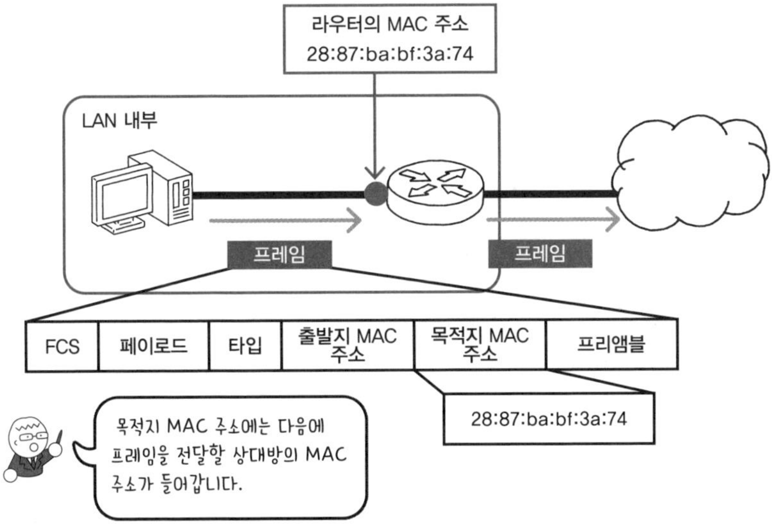

라우터의 MAC 주소
28:87:ba:bf:3a:74
LAN 내부
프레임
프레임
FCS
페이로드
타입
출발지 MAC 주소
목적지 MAC 주소
프리앰블
28:87:ba:bf:3a:74
목적지 MAC 주소에는 다음에 프레임을 전달할 상대방의 MAC 주소가 들어갑니다.

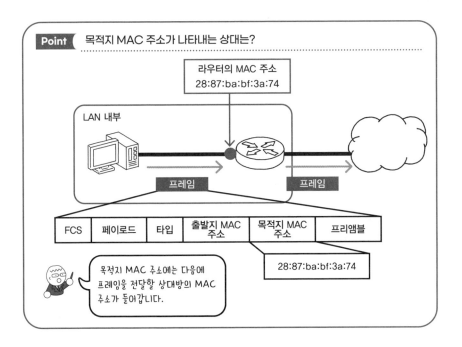

■ 명령 프롬프트로 출발지 MAC 주소를 조사한다

출발지 MAC 주소는 사용하는 컴퓨터의 NIC에 설정된 MAC 주소로 되어 있습니다. Windows 컴퓨터를 이용할 경우, 명령 프롬프트 창을 열고 다음 명령을 입력해 확인해 봅시다.

```
ipconfig /all
```

- **MAC 주소를 조사한다**

Windows 컴퓨터에서는 명령 프롬프트 창을 열어 다음 명령을 실행합니다.

```
ipconfig /all
```

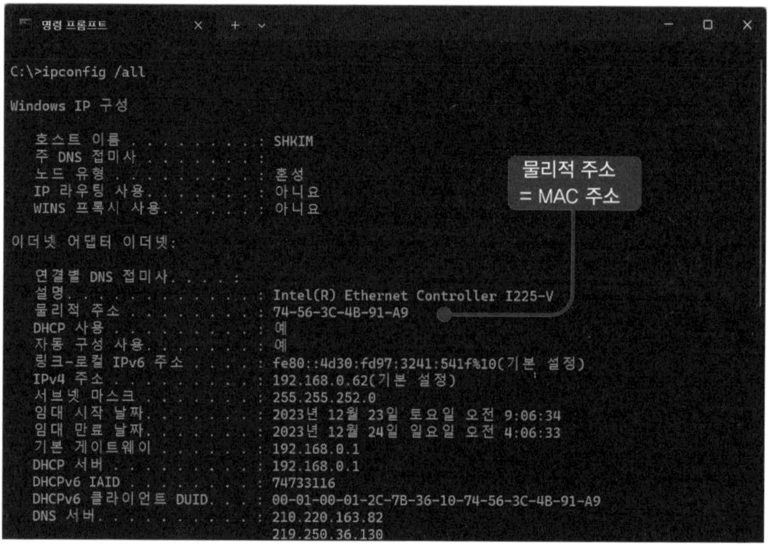

```
명령 프롬프트

C:\>ipconfig /all

Windows IP 구성

   호스트 이름 . . . . . . . . . : SHKIM
   주 DNS 접미사 . . . . . . . . :
   노드 유형 . . . . . . . . . . : 혼성
   IP 라우팅 사용. . . . . . . . : 아니요
   WINS 프록시 사용. . . . . . . : 아니요

이더넷 어댑터 이더넷:

   연결별 DNS 접미사. . . . :
   설명. . . . . . . . . . . . : Intel(R) Ethernet Controller I225-V
   물리적 주소 . . . . . . . . : 74-56-3C-4B-91-A9
   DHCP 사용 . . . . . . . . . : 예
   자동 구성 사용. . . . . . . : 예
   링크-로컬 IPv6 주소 . . . . : fe80::4d30:fd97:3241:541f%10(기본 설정)
   IPv4 주소 . . . . . . . . . : 192.168.0.62(기본 설정)
   서브넷 마스크 . . . . . . . : 255.255.252.0
   임대 시작 날짜. . . . . . . : 2023년 12월 23일 토요일 오전 9:06:34
   임대 만료 날짜. . . . . . . : 2023년 12월 24일 일요일 오전 4:06:33
   기본 게이트웨이 . . . . . . : 192.168.0.1
   DHCP 서버 . . . . . . . . . : 192.168.0.1
   DHCPv6 IAID . . . . . . . . : 74733116
   DHCPv6 클라이언트 DUID. . . : 00-01-00-01-2C-7B-36-10-74-56-3C-4B-91-A9
   DNS 서버. . . . . . . . . . : 210.220.163.82
                                 219.250.36.130
```

물리적 주소
= MAC 주소

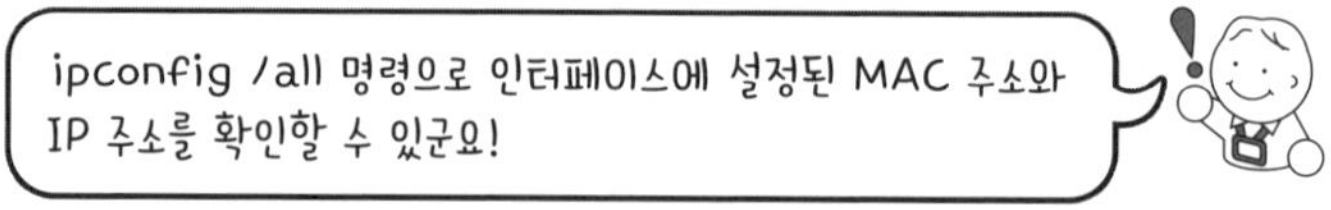
ipconfig /all 명령으로 인터페이스에 설정된 MAC 주소와 IP 주소를 확인할 수 있군요!

캡처한 프레임의 출발지 MAC 주소에는 위 방법으로 확인한 컴퓨터의 MAC 주소가 설정되어 있을 것입니다.

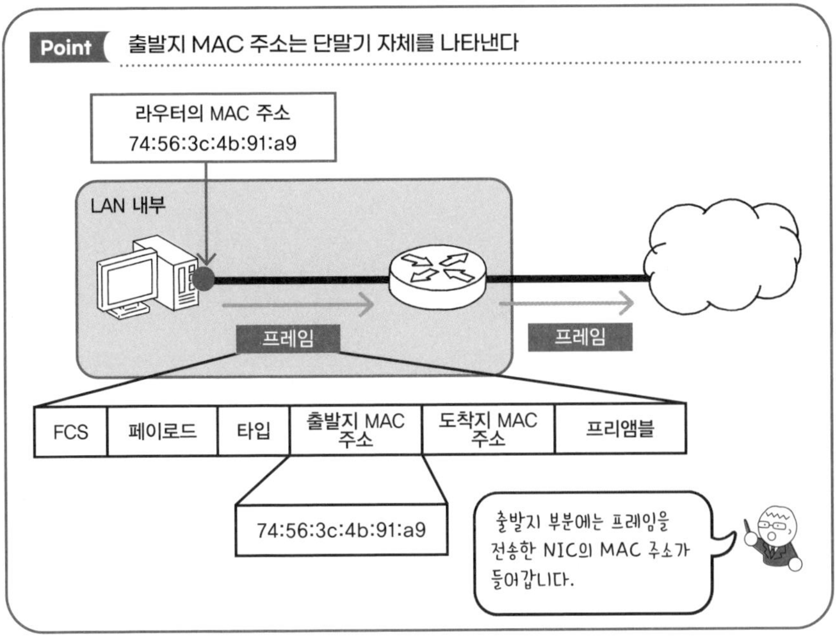
Point 출발지 MAC 주소는 단말기 자체를 나타낸다
라우터의 MAC 주소
74:56:3c:4b:91:a9
LAN 내부
프레임
프레임
FCS
페이로드
타입
출발지 MAC 주소
도착지 MAC 주소
프리앰블
74:56:3c:4b:91:a9
출발지 부분에는 프레임을 전송한 NIC의 MAC 주소가 들어갑니다.

이처럼 패킷 캡처를 이용하면 헤더에 포함된 값을 확인할 수 있습니다. 문제 해결을 위해 패킷을 캡처하고, 헤더에 포함된 값들을 확인해서 문제점을 찾아냅니다. 예를 들어, 헤더의 목적지 MAC 주소 등을 보면 통신하는 대상이 예상한 단말기인지 확인할 수 있습니다.

09 IPv4의 기본

IP는 전 세계 네트워크를 연결하는 중요한 프로토콜입니다. 여기서는 IPv4에 대해 살펴보겠습니다.

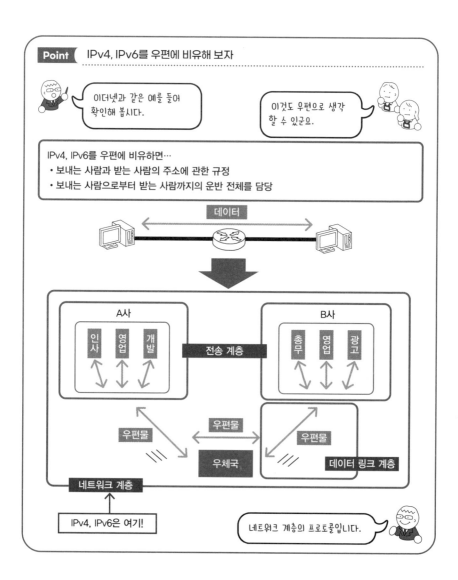

Point IPv4, IPv6를 우편에 비유해 보자

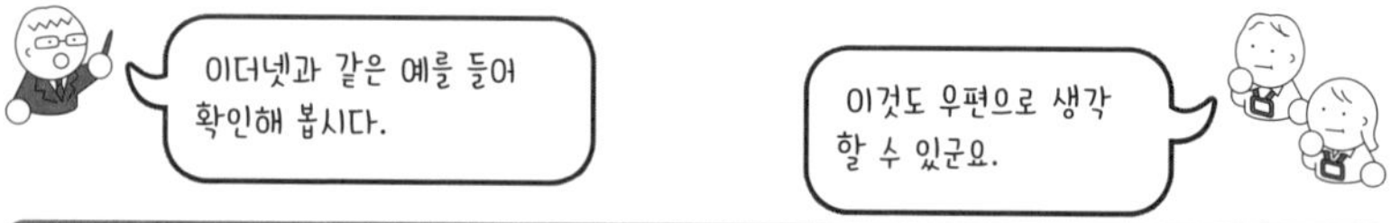

이더넷과 같은 예를 들어 확인해 봅시다.
이것도 우편으로 생각할 수 있군요.

IPv4, IPv6를 우편에 비유하면…
- 보내는 사람과 받는 사람의 주소에 관한 규정
- 보내는 사람으로부터 받는 사람까지의 운반 전체를 담당

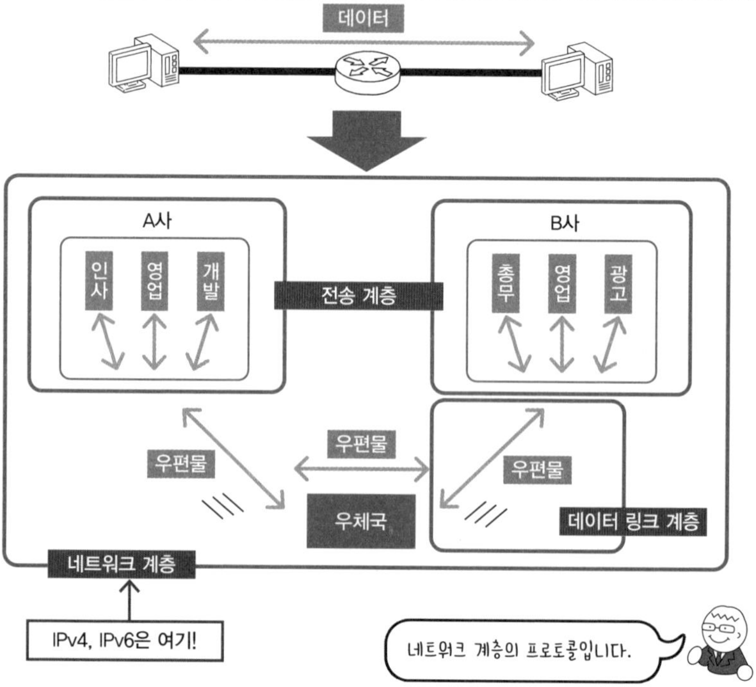

데이터
A사
인사
영업
개발
B사
총무
영업
광고
전송 계층
우편물
우편물
우편물
우체국
데이터 링크 계층
네트워크 계층
IPv4, IPv6은 여기!
네트워크 계층의 프로토콜입니다.

09-1 IP는 네트워크 계층의 대표

네트워크 계층은 다른 네트워크와 통신하는 규칙을 정의합니다. 데이터 링크 계층은 직접 연결된 장치나 동일한 네트워크 내 통신에 대한 규정을 담당하는 반면, 네트워크 계층은 엔드 투 엔드, 다시 말해 **데이터의 출발지부터 최종 목적지까지의 통신**에 대한 규칙을 정의하고 처리합니다.

데이터 링크 계층 프로토콜은 동일한 네트워크 내에서 같은 것을 사용해야 합니다. 이더넷을 사용하는 네트워크에 있는 각 장치는 이더넷으로 통신해야만 합니다.

하지만, 전 세계의 모든 네트워크에서 이더넷이 사용되는 것은 아니고, 다른 프로토콜을 데이터 링크 계층 프로토콜로 사용하는 네트워크도 있습니다. 이처럼 다른 데이터 링크 계층 프로토콜을 사용하는 네트워크와 통신하기 위해서는 어딘가에서 그 차이를 메꿔주는 메커니즘이 필요합니다. 네트워크 계층의 프로토콜은 이러한 차이를 흡수하고, 다른 데이터 링크 계층 프로토콜을 사용하는 장치와 통신할 수 있게 해줍니다.

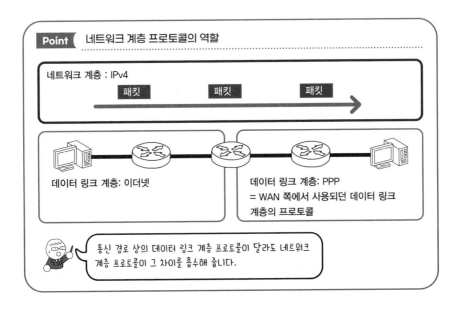

Point 네트워크 계층 프로토콜의 역할

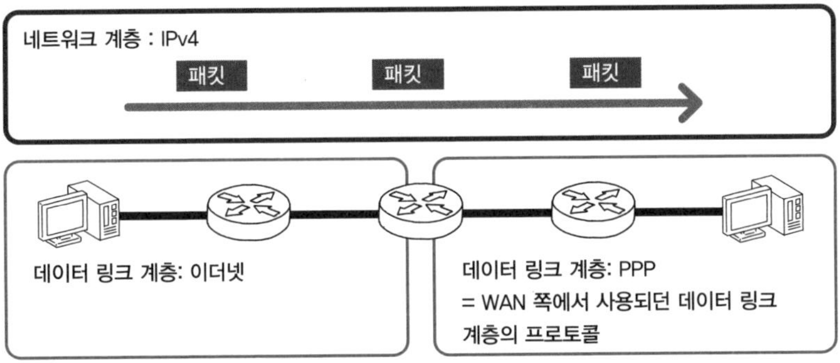
네트워크 계층 : IPv4
패킷
패킷
패킷
데이터 링크 계층: 이더넷
데이터 링크 계층: PPP
= WAN 쪽에서 사용되던 데이터 링크 계층의 프로토콜

통신 경로 상의 데이터 링크 계층 프로토콜이 달라도 네트워크 계층 프로토콜이 그 차이를 흡수해 줍니다.

네트워크 계층에서 사용되는 프로토콜은 대부분 IP(Internet Protocol)입니다. **IP**에서는 **IPv4**와 IPv6 두 가지 버전이 사용됩니다. 여기서는 IPv4에 대해서 설명하겠습니다.

09-2 IP의 세 가지 역할이란?

IP에는 다음과 같은 세 가지 중요한 역할이 있습니다. 첫째는 네트워크 계층 주소인 **IP 주소 정의**, 둘째는 목적지까지의 패킷 **전송(라우팅)**, 셋째는 IP 패킷 **분할과 재구축(IP 프래그먼테이션)**입니다. 이 세 가지 역할에 대해 각각 살펴보겠습니다.

■ IP 주소

통신을 하기 위해서는 주소나 전화번호처럼 상대방을 식별하는 값이 필요합니다. 데이터 링크 계층 이더넷에서는 MAC 주소가 사용된다고 앞에서 설명했습니다. MAC 주소는 어디까지나 같은 네트워크 내에서 장치를 식별하는 데 사용됩니다. 그렇다면 서로 다른 네트워크에 있는 장치를 식별하려면 어떤 값이 필요할까요?

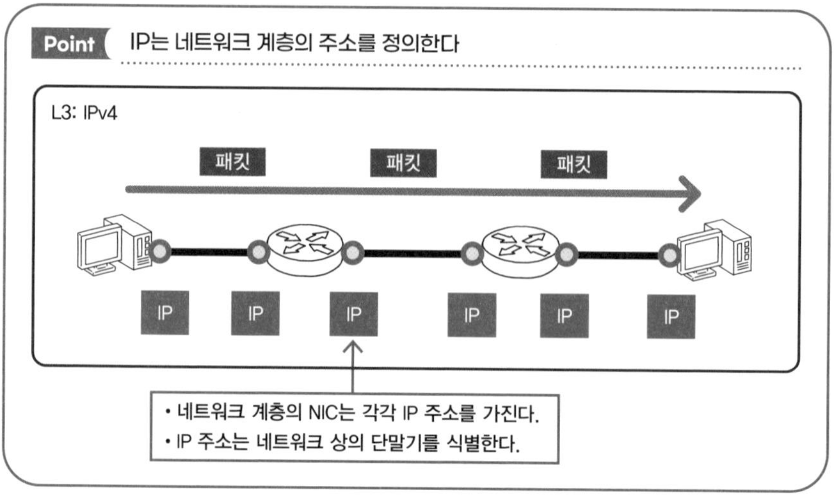
Point IP는 네트워크 계층의 주소를 정의한다
L3: IPv4
패킷
패킷
패킷
IP
IP
IP
IP
IP
IP
• 네트워크 계층의 NIC는 각각 IP 주소를 가진다.
• IP 주소는 네트워크 상의 단말기를 식별한다.

이를 정의한 것이 네트워크 계층의 주소인 **IP 주소**입니다. TCP/IP로 통신하는 장치는 기본적으로 IP 주소가 필요합니다. 자세한 내용은 11절에서 다루겠습니다.

■ 라우팅

라우팅은 멀리 떨어져 있는 네트워크의 장치와 통신할 때, 목적지 IP 주소까지 패킷을 전달하는 기능입니다. 라우팅을 경로 제어라고도 합니다.

인터넷에는 무수히 많은 네트워크가 존재하고, 그물망처럼 복잡하게 얽혀 있습니다. 멀리 떨어져 있는 네트워크와 통신하려면, 인터넷상에 있는 무수한 네트워크 중에서 목적지까지 가는 길을 찾아야만 합니다. 이때 경로를 결정하는 기능이 바로 라우팅입니다. 무수히 많은 네트워크를 연결하는 라우터 등 L3 장치들이 유입된 패킷의 목적지 정보를 통해 다음에 어디로 가면 되는지 경로를 판단해 줍니다.

IP의 라우팅은 홉바이홉(Hop-by-Hop) 라우팅 방식을 사용합니다. 이는 각 L3 장치가 목적지까지 자세한 경로를 파악하는 게 아니라, **다음 목적지까지만 파악해 라우팅 하는 방식**입니다. 각 L3 장치는 패킷이 들어오면 목적지 정보를 확인하고, 다음 목적지를 판단해 전송합니다. 다음 장치도 같은 처리를 이어갑니다. 이런 과정을 반복해서 최종 목적지까지 패킷을 전달하는 것입니다.

단말기나 라우터 등에는 라우팅 테이블이 있습니다. 라우팅 테이블에는 여러 네트워크의 정보와 그 네트워크에 도달하려면 어디로 가야 하는지, 자신의 어떤 인터페이스에서 보내야 하는지가 적혀 있습니다.

라우팅 테이블에 정보를 기재하는 방식에는 **정적 라우팅**과 **동적 라우팅**이 있습니다. 동적 라우팅에서는 **라우팅 프로토콜**이 이용됩니다.

Point IP의 라우팅 방식

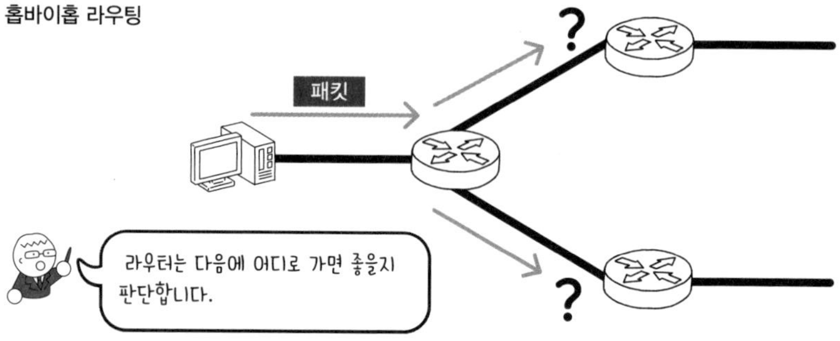
홉바이홉 라우팅
패킷
?
?
라우터는 다음에 어디로 가면 좋을지 판단합니다.

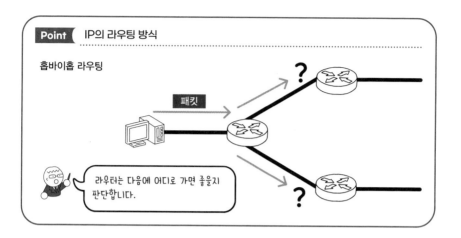

■ IP 프래그먼테이션

07-3에서도 조금 언급했는데, 데이터 링크 계층 프로토콜은 각각 MTU (Maximum Transmission Unit: 최대 전송 단위)라는 하나의 프레임으로 전송할 수 있는 페이로드, 즉 패킷의 크기를 규정하고 있습니다.

MTU는 프로토콜마다 달라서, 인터넷을 거쳐 먼 곳에 있는 단말기와 통신하고자 할 때 MTU가 다르게 설정된 구간을 지날 가능성이 있습니다. MTU가 작은 경로를 통과할 경우, 패킷 크기가 MTU를 넘어가므로 그대로는 전송할 수 없게 되는 경우가 발생할 수 있습니다. 이런 때 실행되는 처리가 **IP 프래그먼테이션**입니다.

이더넷의 경우, 기본 MTU는 1500바이트입니다. 따라서 한 프레임으로 전송할 수 있는 패킷 크기는 1500입니다. 반면에, PPPoE의 MTU는 1492입니다. 이렇게 프로토콜에 따라 MTU의 크기가 달라집니다. 다음 그림처럼 MTU가 다른 경로를 통과해야 한다면, 그 경로를 통과할 수 있도록 패킷을 분할하는 경우가 있습니다.

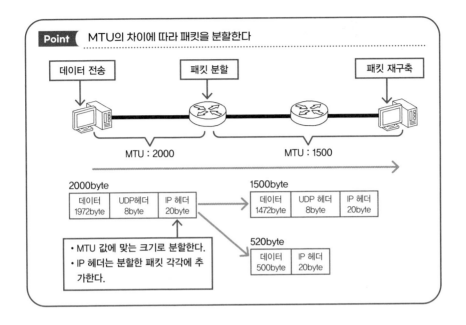

Point MTU의 차이에 따라 패킷을 분할한다

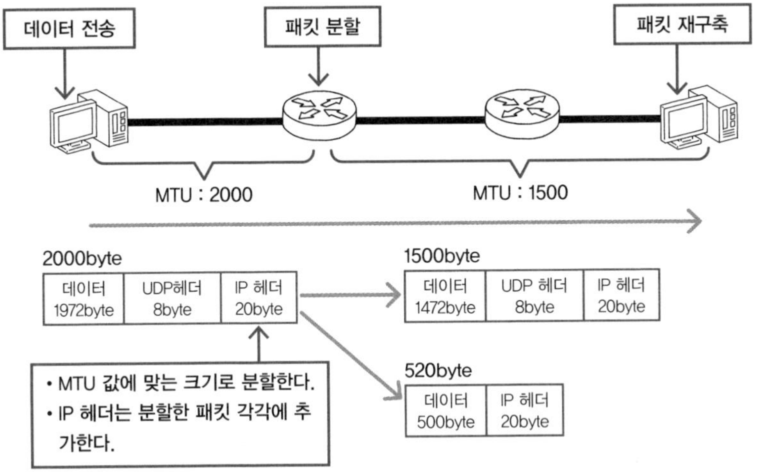
데이터 전송
패킷 분할
패킷 재구축
MTU : 2000
MTU : 1500
2000byte
데이터 1972byte
UDP헤더 8byte
IP 헤더 20byte
1500byte
데이터 1472byte
UDP 헤더 8byte
IP 헤더 20byte
520byte
데이터 500byte
IP 헤더 20byte
• MTU 값에 맞는 크기로 분할한다.
• IP 헤더는 분할한 패킷 각각에 추가한다.

IP 프래그먼테이션은 유입된 패킷을 MTU 크기에 맞게 분할합니다. 예를 들어, 2000바이트의 UDP 패킷을 1500바이트의 MTU의 경로로 보낼 경우, 1500바이트와 520바이트 패킷으로 분할됩니다. 이때 IP 헤더에는 프래그먼테이션에 필요한 정보가 포함되어 있으므로 분할된 각각의 패킷에 IP 헤더가 붙습니다. 그리고 분할된 패킷은 최종 목적지에서 원래대로 재구축됩니다.

하지만, IP 프래그먼테이션은 분할과 재구축 과정이 복잡해 장치에 부하가 많이 걸립니다. 따라서 IP 프래그먼테이션을 사용하지 않으려고 IP 헤더 플래그에서 DF(Don't Fragment) 비트를 설정해 IP 프래그먼테이션을 금지하는 경우가 늘고 있습니다.

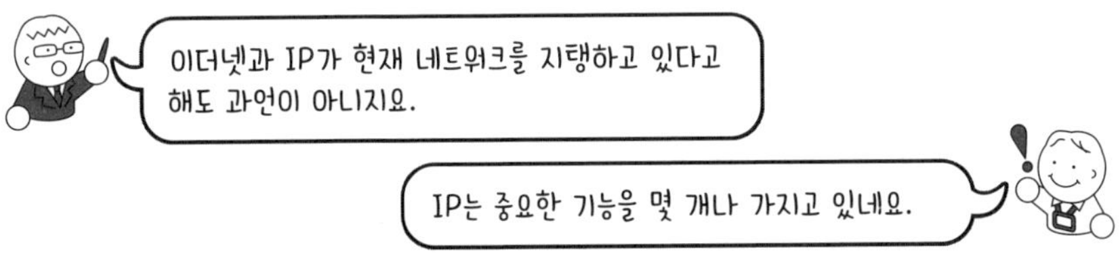
이더넷과 IP가 현재 네트워크를 지탱하고 있다고 해도 과언이 아니지요.
IP는 중요한 기능을 몇 개나 가지고 있네요.

10 IPv4의 패킷 형식

현대에 사용되는 많은 프로토콜은 TCP/IP에 따라 정의됩니다. 그렇다면 실제 데이터는 프로토콜 사이를 어떻게 이동할까요?

10-1 IPv4의 패킷 형식을 확인해 보자

네트워크 계층의 PDU를 **패킷**이라고 합니다. 패킷은 상위 계층인 전송 계층에서 내려온 데이터에 대해 네트워크 계층 프로토콜에서 헤더를 추가한 것입니다.

Point IPv4 패킷 형식

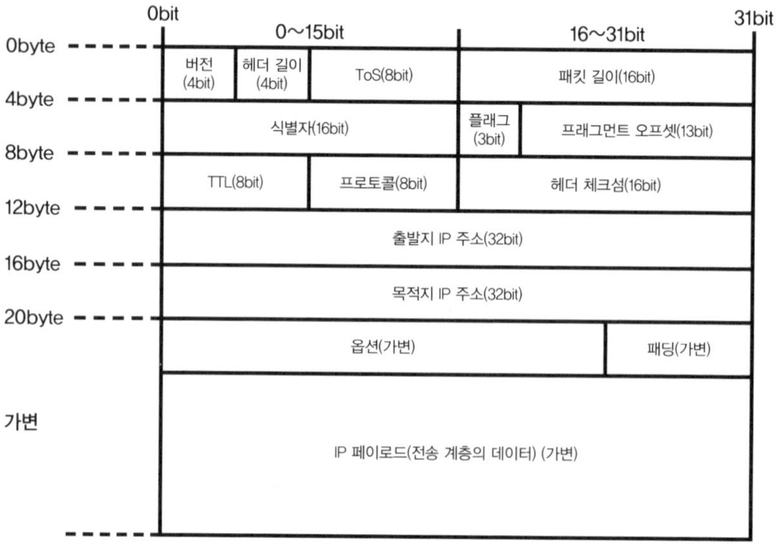

0bit
0~15bit
16~31bit
31bit
0byte
4byte
8byte
12byte
16byte
20byte
가변
버전 (4bit)
헤더 길이 (4bit)
ToS(8bit)
패킷 길이(16bit)
식별자(16bit)
플래그 (3bit)
프래그먼트 오프셋(13bit)
TTL(8bit)
프로토콜(8bit)
헤더 체크섬(16bit)
출발지 IP 주소(32bit)
목적지 IP 주소(32bit)
옵션(가변)
패딩(가변)
IP 페이로드(전송 계층의 데이터) (가변)

IP 패킷은 IP로 캡슐화된 패킷을 의미합니다. IP 패킷은 IP 헤더와 페이로드로 구성됩니다. 페이로드는 데이터 링크 계층과 동일하며, 상위 계층에서 내려온 데이터입니다.

IP 헤더에는 출발지에서 목적지로 데이터를 전달하기 위해 필요한 다양한 데이터가 들어 있습니다.

여기서는 IP 헤더의 형식과 각 필드의 역할에 대해 알아보겠습니다.

■ 버전

버전은 이름 그대로 IP 버전을 나타내는 4비트 필드입니다. IPv4의 경우 그대로 4라는 값이 들어갑니다.

■ 헤더 길이

헤더 길이는 IP 헤더 자체의 크기를 나타내는 4비트 필드입니다. 수신 측 단말기는 이 필드를 확인해서 수신한 패킷의 어디까지가 IP 헤더인지 판단할 수 있습니다.

헤더 길이에는 헤더의 크기를 4바이트 단위로 변환한 값이 들어갑니다. IP 헤더는 일반적으로 20바이트이므로, 일반적인 IP 헤더라면 값으로 5가 들어갑니다.

■ ToS(Type of Service)

ToS는 패킷의 우선순위를 나타내는 8비트 필드입니다. QoS로 불리는 패킷의 우선순위 제어, 대역폭 제어, 혼잡 제어 등에서 이용됩니다.

원래는 앞쪽 3비트가 패킷 전송 시 우선순위를 8단계로 나타내고, 다음 3비트가 통신 유형, 마지막 2비트는 미사용으로 되어 있습니다. 이 상위 3비트를 **IP Precedence**(IP 우선순위 값)라고 합니다.

그러나 IP Precedence는 거의 구현되지 않아서, **DSCP**(Differentiated Services Code Points)로 다시 정의됐습니다. 원래 ToS가 사용하던 8비트 중 앞쪽 6비트를 DSCP 필드로 다시 정의한 것입니다. DSCP 필드는 IP Precedence와 마찬가지로 우선순위 제어, 대역폭 제어 등에 사용됩니다.

■ 패킷 길이

패킷 길이는 IP 헤더와 IP 페이로드를 더한 패킷 전체 길이를 나타내는 2바이트 필드입니다. 어디까지나 IP 패킷의 길이이므로 이 값에는 이후의 캡슐화로 추가되는 데이터 링크 계층의 헤더는 포함되지 않습니다.

■ 식별자

식별자는 09-2에서 설명한 IP 프래그먼테이션에 사용되는 2바이트 필드입니다. 패킷을 분할할 때, 분할된 각각의 패킷에 동일한 식별자를 복사하여 보관합니다. 쪼개진 패킷은 나중에 재구성해야 합니다. 이때 분할된 패킷은 동일한 식별자를 가지므로 패킷을 재구성할 때 기준이 됩니다.

■ 플래그

플래그 역시 IP 프래그먼테이션에서 사용되는 3비트 값입니다. 첫 번째 비트는 특별히 사용되지 않고, 두 번째와 세 번째 비트가 특별한 플래그입니다.

두 번째 비트인 **DF**(Don't Fragment) 비트는 IP 프래그먼테이션을 금지하는 플래그입니다. DF 비트에 1이 설정된 경우, 해당 패킷은 IP 프래그먼트로 분할되면 안 되는 패킷이라는 것을 뜻합니다.

세 번째 비트인 **MF**(More Fragments) 비트는 IP 프래그먼테이션에 의해 분할된 패킷이 이 패킷의 뒤에 계속되는지 나타내는 기능을 가지고 있습니다. 1이면 이후에 분할된 패킷이 계속됩니다.

IP 프래그먼테이션은 패킷 재구성에 복잡한 처리가 필요하므로 단말기에 부담을 줍니다. 따라서 DF 비트를 사용하면 IP 프래그먼테이션을 하지 않고 통신할 수 있습니다. 이 경우, 전송 계층이나 응용 계층 등 IP보다 상위 프로토콜에서 데이터 크기를 조정하는 경우가 많습니다.

■ 프래그먼트 오프셋

프래그먼트 오프셋은 IP 프래그먼테이션에 이용되는 13비트의 필드입니다. 패킷을 분할할 때, 그 1패킷이 분할되기 전 원래 패킷의 어느 위치에 있었는지를 나타내는 값입니다. 이 값을 이용해서 분할된 패킷을 수신한 단말기는 IP 패킷을 올바른 순서로 재구성할 수 있습니다. 맨 앞 패킷에는 0이 들어가고 나머지 패킷에는 각각의 위치가 들어갑니다.

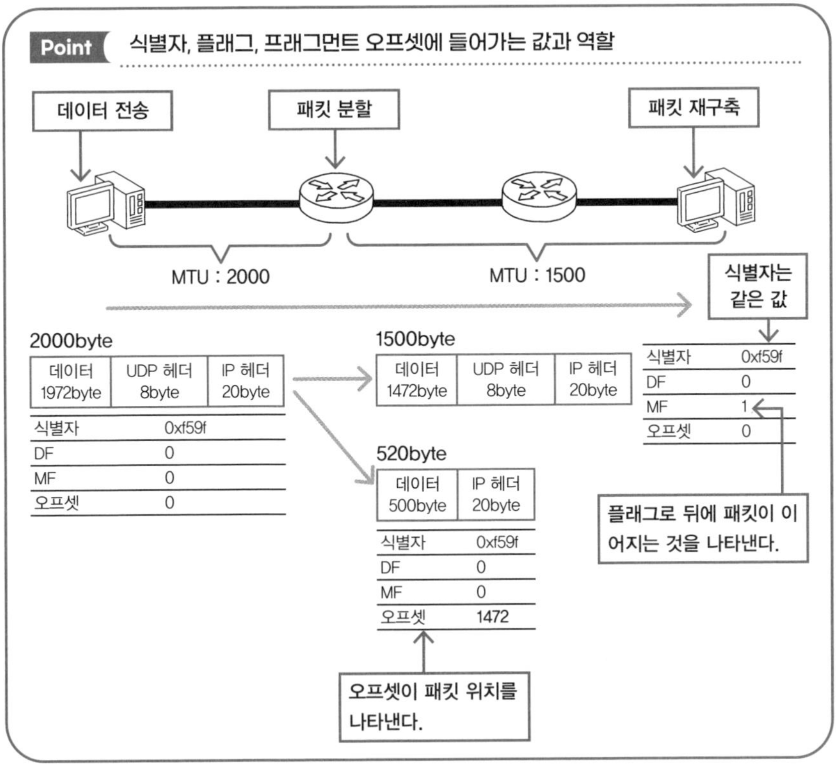

Point 식별자, 플래그, 프래그먼트 오프셋에 들어가는 값과 역할
데이터 전송
패킷 분할
패킷 재구축
MTU : 2000
MTU : 1500
식별자는 같은 값
2000byte
데이터 1972byte
UDP 헤더 8byte
IP 헤더 20byte
식별자 0xf59f
DF 0
MF 0
오프셋 0
1500byte
데이터 1472byte
UDP 헤더 8byte
IP 헤더 20byte
식별자 0xf59f
DF 0
MF 1
오프셋 0
520byte
데이터 500byte
IP 헤더 20byte
식별자 0xf59f
DF 0
MF 0
오프셋 1472
플래그로 뒤에 패킷이 이어지는 것을 나타낸다.
오프셋이 패킷 위치를 나타낸다.

■ TTL(Time to Live: 생존 시간)

TTL은 패킷의 수명, 생존 시간을 나타내는 8비트 필드입니다. TTL이 나타내는 생존 시간은 패킷이 경유하는 라우터 등 L3 장치의 수로 나타냅니다.

패킷이 목적지에 도달하기까지 라우터에서 전송될 때마다 TTL 값은 1씩 감소하며, TTL 값이 0이 되면 해당 패킷은 폐기됩니다.

TTL 값은 패킷이 같은 네트워크에 영원히 존재하는 것을 방지하는 역할을 합니다. 어떤 이유로 패킷이 루프 상태가 됐을 때, 패킷을 폐기할 수단이 없으면 그 패킷은 같은 곳을 계속 돌아다니게 됩니다. 이런 경우, TTL을 사용하면 루프를 반복하는 동안 TTL 값이 0이 되고 패킷을 폐기할 수 있습니다.

Point TTL의 역할과 값의 변화

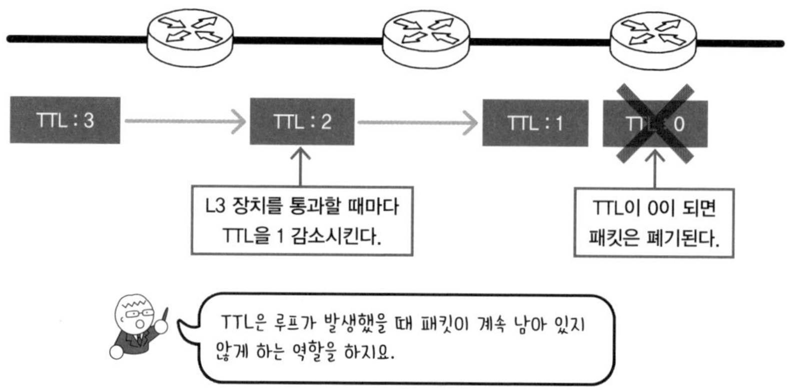
TTL : 3
TTL : 2
TTL : 1
L3 장치를 통과할 때마다 TTL을 1 감소시킨다.
TTL이 0이 되면 패킷은 폐기된다.
TTL은 루프가 발생했을 때 패킷이 계속 남아 있지 않게 하는 역할을 하지요.

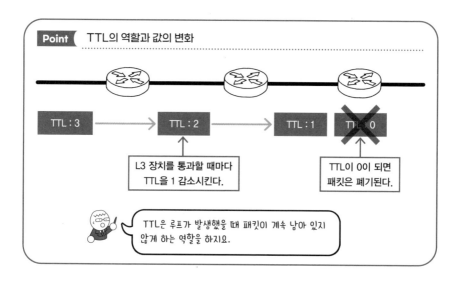

■ 프로토콜

프로토콜은 페이로드 부분이 어떤 프로토콜로 구성되었는지 나타내는 8비트 필드입니다. TCP는 6, UDP는 17과 같이 페이로드 부분을 구성한 프로토콜을 나타내는 값이 들어 있습니다.

이 값은 IANA(Internet Assigned Number Authority)가 관리합니다. 다음 URL에서 최신 정보를 확인할 수 있습니다.

- IANA Protocol Numbers
  https://www.iana.org/assignments/protocol-numbers/protocol-numbers.xhtml

■ 헤더 체크섬

헤더 체크섬은 IPv4 헤더의 무결성을 확인하기 위해 사용되는 16비트 필드입니다. 이더넷의 FCS와 마찬가지로 도착한 패킷의 IPv4 헤더가 손상되지 않았는지 확인하기 위해 사용됩니다.

■ 출발지 IP 주소, 목적지 IP 주소

출발지 IP 주소와 **목적지 IP 주소**는 이름 그대로 패킷을 송신한 단말기의 IP 주소와 최종 목적지 단말기의 IP 주소를 설정하는 32비트 필드입니다. 패킷을 전송할 때, 송신 측 단말기는 출발지 IP 주소에 자신의 IP 주소를 설정하고, 목적지 IP 주소에 통신을 전달하고자 하는 목적지의 IP 주소를 설정해 패킷을 생성합니다.

패킷을 수신한 단말기는 수신한 패킷의 목적지 IP 주소를 확인해서, 자신이 목적지가 맞는지 판단합니다. IP 주소에 관해서는 다음 절에서 자세히 설명하겠습니다.

■ 옵션

옵션은 IP 패킷으로 다룰 수 있는 확장 기능을 나타내기 위한 가변 길이 필드입니다. 목적지까지 지정한 경로를 통과시키는 소스 라우팅 등 몇 가지 옵션이 있습니다. 일반 통신에서 사용되는 경우는 거의 없습니다.

■ 패딩

패딩은 IPv4 헤더의 길이를 맞추기 위해 사용되는 필드입니다. IPv4 헤더는 4바이트 단위라고 사양으로 정해져 있지만, 옵션을 사용하면 4바이트 단위가 아닐 수 있습니다. 그런 경우, 패딩에 0을 넣어서 빈 자리를 채우고 IPv4 헤더의 길이를 4바이트 단위로 맞춥니다. 패딩도 옵션과 마찬가지로 일반적인 통신에서는 거의 사용되지 않습니다.

10-2 IPv4 패킷을 캡처해 보자

그러면 실제로 패킷을 캡처해서 IP 헤더를 확인해 보겠습니다. 이더넷과 마찬가지로 Wireshark로 캡처를 시작한 상태에서 브라우저로 어딘가에 접속해 보세요.

캡처한 패킷 중 하나를 클릭하고 화면 하단의 패킷의 상세 정보를 확인해 주세요. 세 번째 줄에 'Internet Protocol Version 4, ...'라는 항목이 있을 것입니다. 그 항목을 클릭하면 IP 헤더의 세부 정보가 표시됩니다.

내용은 다음 그림과 같습니다. 10-1에서 소개한 IP 헤더의 내용과 동일한 것이 나열되어 있는 것을 볼 수 있습니다. 표시되는 내용은 환경에 따라 다를 수 있지만, 헤더의 항목 자체는 정의되어 있으므로 기본적으로 변하지 않습니다.

_ 캡처해서 IP 헤더를 확인하다

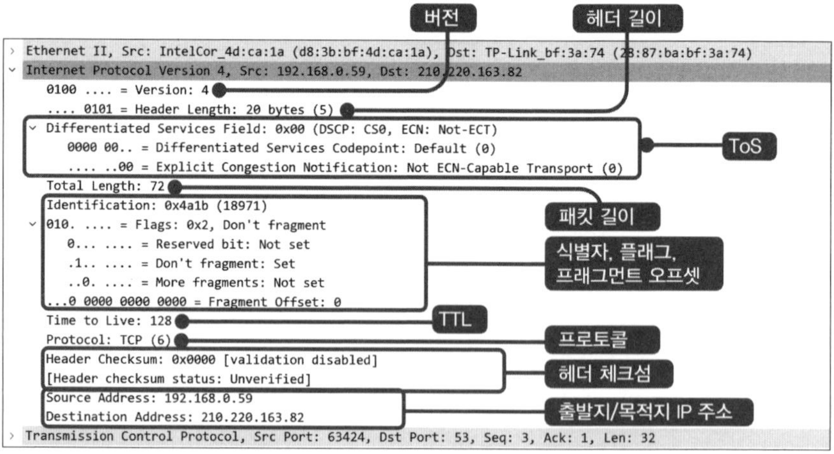
버전
헤더 길이
Ethernet II, Src: IntelCor_4d:ca:1a (d8:3b:bf:4d:ca:1a), Dst: TP-Link_bf:3a:74 (28:87:ba:bf:3a:74)
Internet Protocol Version 4, Src: 192.168.0.59, Dst: 210.220.163.82
0100 .... = Version: 4
.... 0101 = Header Length: 20 bytes (5)
Differentiated Services Field: 0x00 (DSCP: CS0, ECN: Not-ECT)
0000 00.. = Differentiated Services Codepoint: Default (0)
.... ..00 = Explicit Congestion Notification: Not ECN-Capable Transport (0)
ToS
Total Length: 72
패킷 길이
Identification: 0x4a1b (18971)
010. .... = Flags: 0x2, Don't fragment
0... .... = Reserved bit: Not set
.1.. .... = Don't fragment: Set
..0. .... = More fragments: Not set
...0 0000 0000 0000 = Fragment Offset: 0
식별자, 플래그,
프래그먼트 오프셋
Time to Live: 128
TTL
Protocol: TCP (6)
프로토콜
Header Checksum: 0x0000 [validation disabled]
[Header checksum status: Unverified]
헤더 체크섬
Source Address: 192.168.0.59
Destination Address: 210.220.163.82
출발지/목적지 IP 주소
Transmission Control Protocol, Src Port: 63424, Dst Port: 53, Seq: 3, Ack: 1, Len: 32

[학습자료] 10-4_IP_header.pcapng

11 IPv4 주소

네트워크를 통해서 통신하려면 단말기를 나타내는 IP 주소가 필요합니다. IPv4에서 사용하는 IP 주소의 기본을 알아 둡시다.

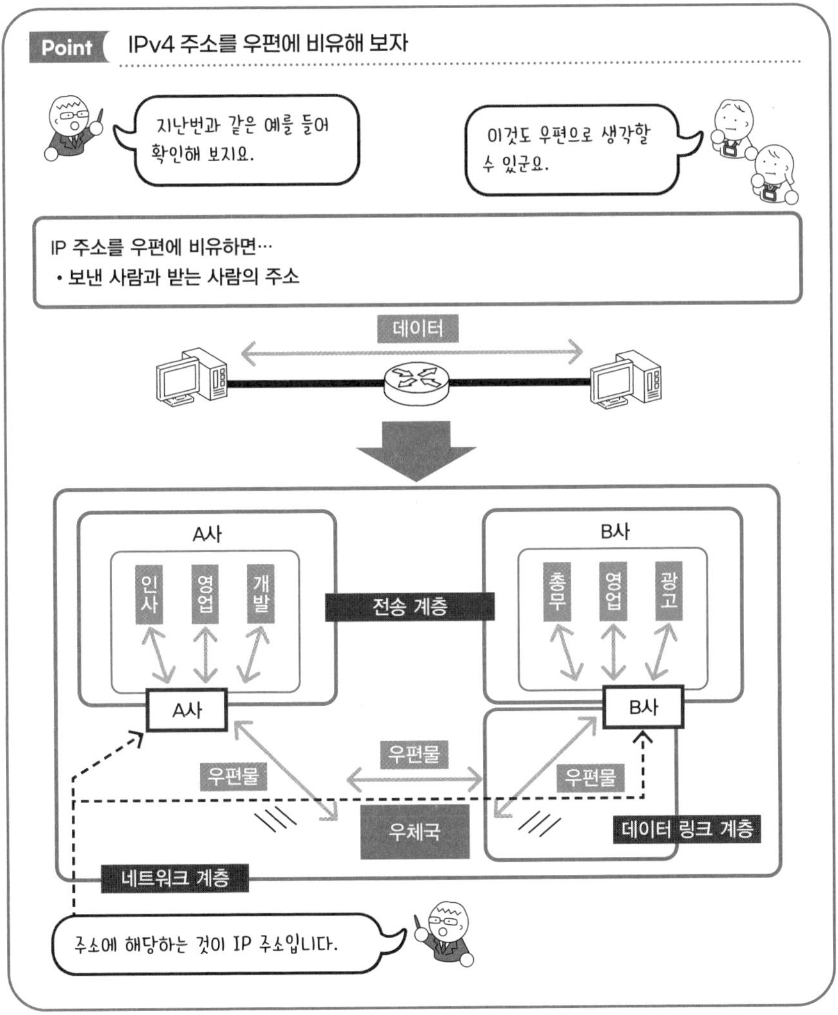

Point IPv4 주소를 우편에 비유해 보자
지난번과 같은 예를 들어 확인해 보지요.
이것도 우편으로 생각할 수 있군요.
IP 주소를 우편에 비유하면…
• 보낸 사람과 받는 사람의 주소
데이터
A사
인사
영업
개발
B사
총무
영업
광고
전송 계층
A사
B사
우편물
우편물
우편물
우체국
데이터 링크 계층
네트워크 계층
주소에 해당하는 것이 IP 주소입니다.

11-1 통신에 필수적인 IP 주소

TCP/IP에 따라 통신할 경우, 라우터와 같은 네트워크 장비나 PC, 서버 등의 단말기는 모두 **IP 주소**로 식별됩니다. 즉, 통신을 하고 싶으면 각 장치에 IP 주소를 설정해야만 하는 것입니다. 이는 LAN이든 인터넷이든 마찬가지이며, 각 단말기가 고유한 주소를 갖도록 적절히 IP 주소를 설정하고 운영해야 합니다. 그런데, IP 주소란 도대체 어떤 것일까요?

참고로 이 책에서는 IPv4 주소를 IP 주소, IPv6 주소를 IPv6 주소로 표기합니다.

11-2 IP 주소 표기의 기본

IP 주소는 32비트 값으로 구성됩니다. 컴퓨터는 이진수로 값을 처리하므로 IP 주소도 32자리의 이진수로 취급합니다. 다만, 이진수 숫자를 그대로 사용하면 사람이 다루기가 어렵기 때문에, 일반적으로 다음과 같이 10진수로 변환해서 표기합니다.

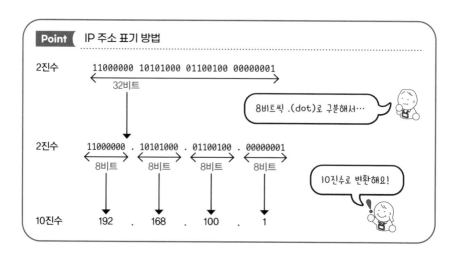

Point IP 주소 표기 방법

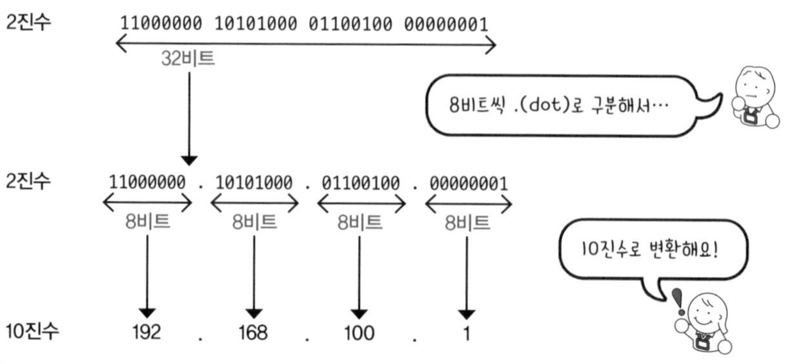

2진수
11000000 10101000 01100100 00000001
32비트
8비트씩 .(dot)로 구분해서…
2진수
11000000 . 10101000 . 01100100 . 00000001
8비트
8비트
8비트
8비트
10진수로 변환해요!
10진수
192 . 168 . 100 . 1

IP 주소를 표기할 때는 **32비트를 8비트씩 넷으로 나눠 .(dot)로 구분하고, 각각 10진수로 표기합니다.** 점으로 구분된 8비트를 옥텟이라고 부릅니다.

11-3 인터페이스마다 IP 주소를 할당한다

IP 주소는 한 단말기 당 하나가 아니라, 한 인터페이스 당 하나가 할당됩니다. 서버 등에 2개 이상의 NIC가 있는 경우, 각각 다른 IP 주소를 할당할 수도 있습니다. 라우터처럼 다수의 인터페이스를 가진 단말기라면 그에 맞춰 IP 주소를 할당할 수 있습니다. 또 물리적으로 하나인 인터페이스에 가상으로 여러 개의 IP 주소를 할당하는 경우도 있습니다.

11-4 네트워크부와 호스트부, 서브넷 마스크란?

32비트 값으로 구성된 IP 주소는 **네트워크부와 호스트부 두 가지로 나누어 정의**됩니다. 네트워크부는 해당 IP 주소가 어떤 네트워크에 속하는지를 나타냅니다. 호스트부는 네트워크 내의 어떤 단말기인지를 나타냅니다.

네트워크부와 호스트부 모두 32비트 안에서 존재하는데, 이 둘을 구분하는 표식이 있습니다. 그게 바로 **서브넷 마스크**입니다. IP 주소는 기본적으로 단독으로 사용하지 않고 서브넷 마스크와 함께 사용됩니다.

서브넷 마스크도 IP 주소와 마찬가지로 32비트로 표기합니다. 함께 표기한 IP 주소 32비트 중 서브넷 마스크가 1인 비트가 네트워크부가 되고, 0인 비트가 호스트부가 됩니다.

서브넷 마스크를 표기하는 방법은 두 가지입니다. 하나는 IP 주소처럼 10진수로 표기하는 방법이고, 다른 하나는 '/' 뒤에 서브넷 마스크에서 1인 비트 수를 기재하는 방법입니다. '/'를 사용하는 방법을 **CIDR 표기** 또는 **프리픽스 표기**라고 합니다.

Point IP 주소와 서브넷 마스크의 정의

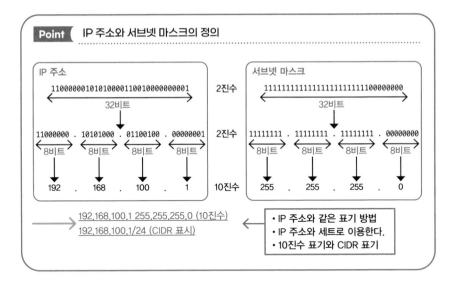

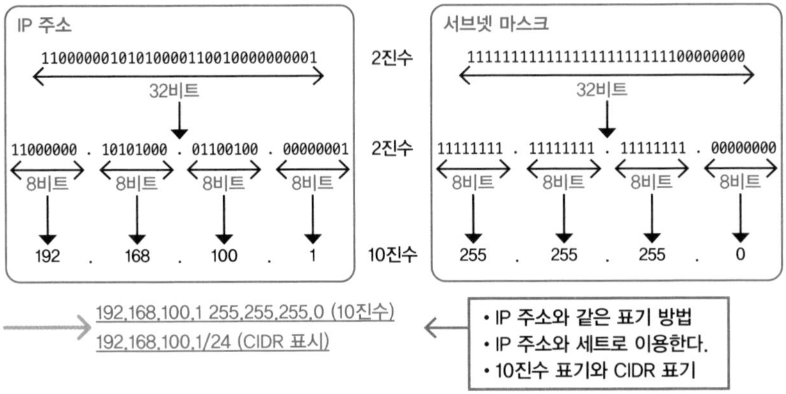
IP 주소
11000000101010000110010000000001
32비트
11000000 . 10101000 . 01100100 . 00000001
8비트
192 . 168 . 100 . 1
2진수
2진수
10진수
서브넷 마스크
11111111111111111111111100000000
32비트
11111111 . 11111111 . 11111111 . 00000000
8비트
255 . 255 . 255 . 0
192.168.100.1 255.255.255.0 (10진수)
192.168.100.1/24 (CIDR 표시)
• IP 주소와 같은 표기 방법
• IP 주소와 세트로 이용한다.
• 10진수 표기와 CIDR 표기

Point 네트워크부와 호스트부의 정의

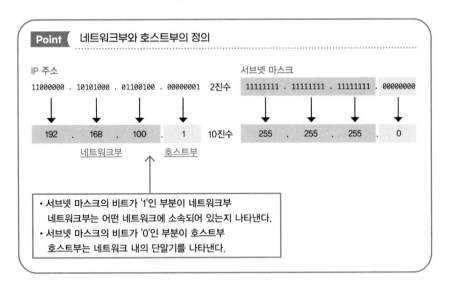

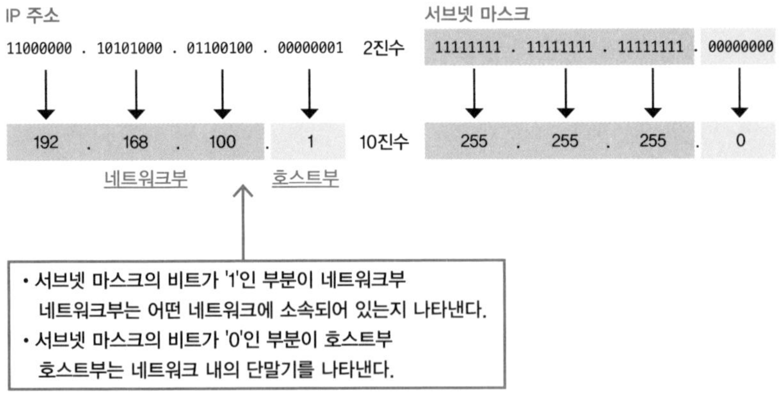
IP 주소
11000000 . 10101000 . 01100100 . 00000001
2진수
192 . 168 . 100 . 1
10진수
네트워크부
호스트부
서브넷 마스크
11111111 . 11111111 . 11111111 . 00000000
255 . 255 . 255 . 0
• 서브넷 마스크의 비트가 '1'인 부분이 네트워크부
네트워크부는 어떤 네트워크에 소속되어 있는지 나타낸다.
• 서브넷 마스크의 비트가 '0'인 부분이 호스트부
호스트부는 네트워크 내의 단말기를 나타낸다.

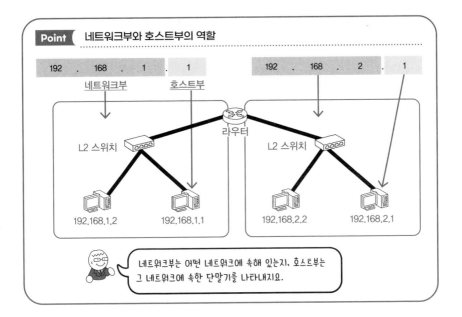

Point 네트워크부와 호스트부의 역할

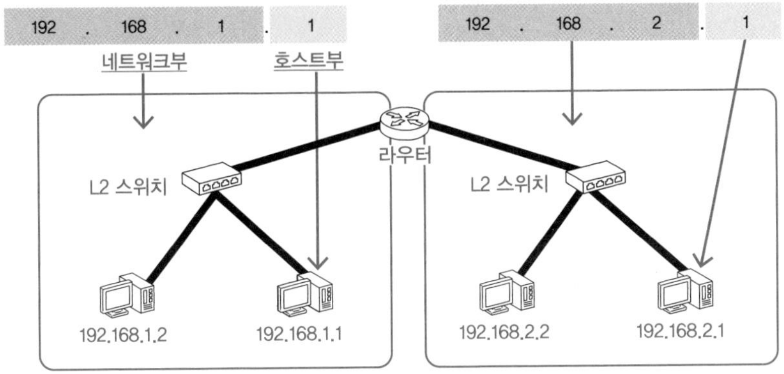
192 . 168 . 1 . 1
네트워크부
호스트부
192 . 168 . 2 . 1
라우터
L2 스위치
L2 스위치
192.168.1.2
192.168.1.1
192.168.2.2
192.168.2.1

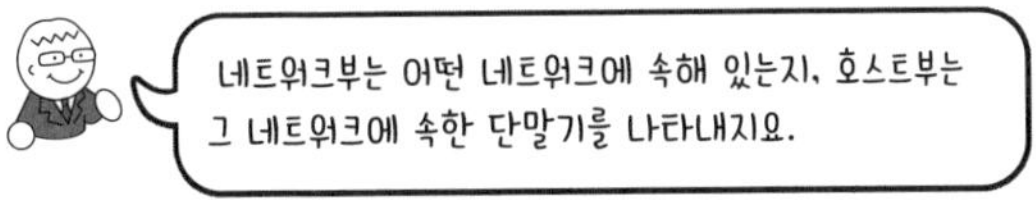
네트워크부는 어떤 네트워크에 속해 있는지, 호스트부는 그 네트워크에 속한 단말기를 나타내지요.

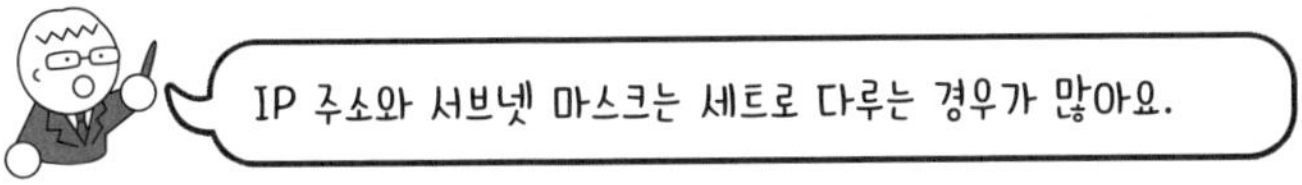
IP 주소와 서브넷 마스크는 세트로 다루는 경우가 많아요.

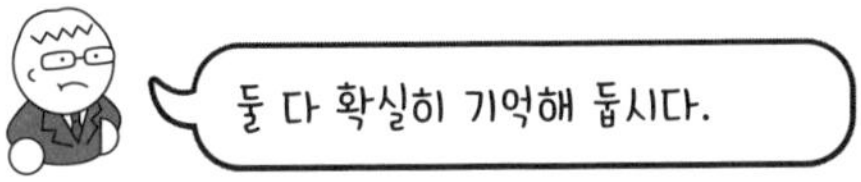
둘 다 확실히 기억해 둡시다.

12 IPv4의 주소 분류

IP 주소는 역할에 따라 여러 가지로 분류할 수 있습니다. 주요 IP 주소의 역할과 분류에 대해 알아봅시다.

12-1 IPv4 주소는 세 가지로 분류할 수 있다

IP 주소는 약 43억 개 정도로, 어디에서부터 어디까지가 어떤 역할을 하는지 RFC로 분류되어 있습니다. '클래스에 의한 분류', '프라이빗 주소와 글로벌 주소', '예약된 주소' 이 세 가지 분류를 기억해 둡시다.

12-2 클래스에 의한 다섯 가지 분류

IP 주소는 **클래스 A부터 클래스 E까지 총 5개로 분류**됩니다. IP 주소는 0.0.0.0에서 255.255.255.255까지 있는데, 이를 범위로 구분하는 것이 클래스에 따른 분류입니다. 클래스 A부터 C까지는 보통 우리가 사용하는 IP 주소 클래스입니다. D와 E는 특수 용도로 사용되는 주소로 일반적으로 사용되지 않습니다.

주소의 범위는 다음과 같습니다.

클래스 A부터 C까지는 A에서 C로 갈수록 대규모에서 소규모 네트워크용 범위입니다. 클래스 A는 약 1,677만 개의 IP 주소를 사용할 수 있고, 클래스 C는 254개의 IP 주소를 하나의 네트워크에서 사용할 수 있습니다.

Point IP 주소의 클래스에 의한 분류

클래스	IP 주소 범위	용도	한 네트워크에서 사용할 수 있는 개수	프라이빗 주소 범위
클래스 A	0.0.0.0 ~ 127.255.255.255	초대규모	16777214개	10.0.0.0 ~ 10.255.255.255
클래스 B	128.0.0.0 ~ 191.255.255.255	대규모	65534개	172.16.0.0 ~ 172.31.255.255
클래스 C	192.0.0.0 ~ 223.255.255.255	중소규모	254개	192.168.0.0 ~ 192.168.255.255
클래스 D	224.0.0.0 ~ 239.255.255.255	멀티캐스트용	–	–
클래스 E	240.0.0.0 ~ 255.255.255.255	연구용 예약용	–	–

■ 클래스풀 어드레싱(classful addressing)

1990년대 전반까지는 기업 등에 IP 주소를 할당할 때 클래스 단위로 할당했습니다. IP 주소가 대량으로 필요한 대기업에는 클래스 A를, 소규모 기업 등에는 클래스 C를 할당하는 방식이었습니다.

이렇게 클래스에 따라 IP 주소를 할당하는 방식을 **클래스풀 어드레싱**(Classful Addressing)이라고 합니다. 서브넷 마스크가 알아보기 쉬운 값으로 정해져 있어 IP 주소를 관리하기는 편리하지만, 클래스풀 어드레싱 방식에는 IP 주소가 낭비되기 쉽다는 단점이 있습니다.

예를 들어, 클래스 B의 경우 네트워크 당 65,534개의 IP 주소를 다룰 수 있는데, 한 네트워크 내에서 그 많은 수의 IP 주소를 사용하는 일은 드물기 때문에 사용하지 않는 IP 주소는 낭비되고 맙니다.

Point 클래스풀 어드레싱의 단점

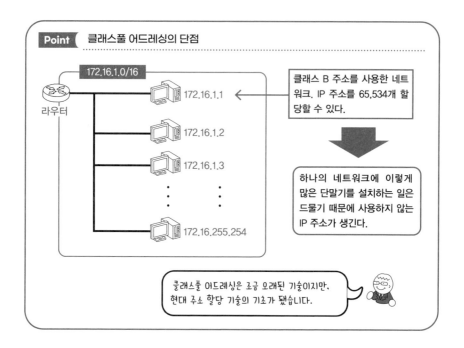

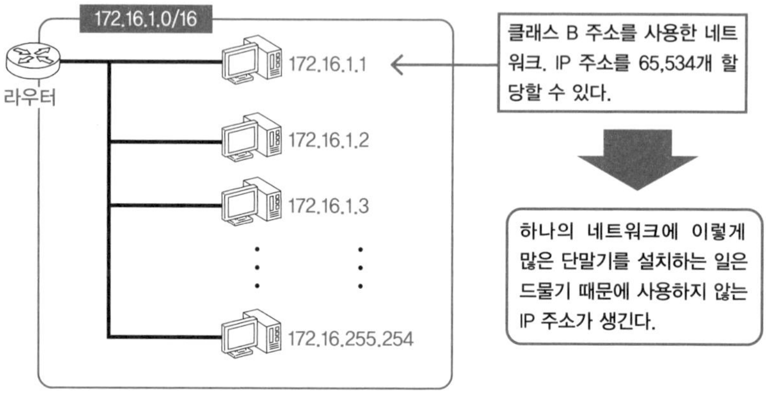

172.16.1.0/16
라우터
172.16.1.1
172.16.1.2
172.16.1.3
172.16.255.254
클래스 B 주소를 사용한 네트워크. IP 주소를 65,534개 할당할 수 있다.
하나의 네트워크에 이렇게 많은 단말기를 설치하는 일은 드물기 때문에 사용하지 않는 IP 주소가 생긴다.

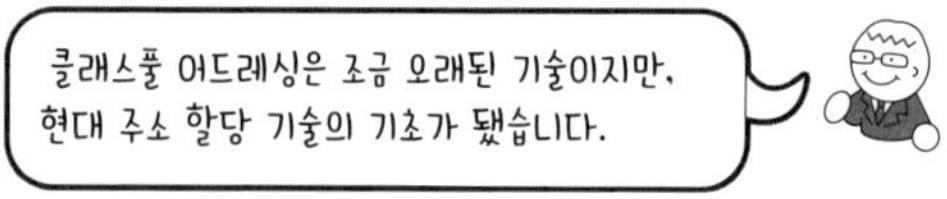

클래스풀 어드레싱은 조금 오래된 기술이지만, 현대 주소 할당 기술의 기초가 됐습니다.

■ 클래스리스 어드레싱(classless addressing)

클래스풀 어드레싱과 달리, 서브넷 마스크를 자유롭게 설정해 IP 주소를 할당하는 방식을 **클래스리스 어드레싱**이라고 합니다. 클래스풀 어드레싱은 IP 주소 낭비가 심하기 때문에, 클래스에 따른 분류를 하지 않고 임의의 서브넷 마스크를 설정하게 됐습니다.

예를 들어, 클래스 C의 IP 주소를 사용할 경우 단일 네트워크에서 다룰 수 있는 IP 주소는 최대 254개입니다. IP 주소를 늘리고자 할 때 클래스풀 어드레싱을 이용하면, 다음은 클래스 B의 주소를 할당해야 하므로 65,534개의 IP 주소를 사용하게 됩니다. 만약 500개 정도의 IP 주소만 더 필요했는데, 클래스 B를 할당하면 65,000개의 사용되지 않는 IP 주소가 발생하게 됩니다.

이런 경우, 클래스리스 어드레싱을 사용하면 알맞은 IP 주소 범위를 만들 수 있습니다. 하나의 큰 IP 주소 범위를 여러 개로 분할하거나 여러 IP 주소 범위를 묶어 더 큰 범위를 만들 수도 있습니다.

Point 클래스리스 어드레싱으로 유연하게 주소 범위 지정

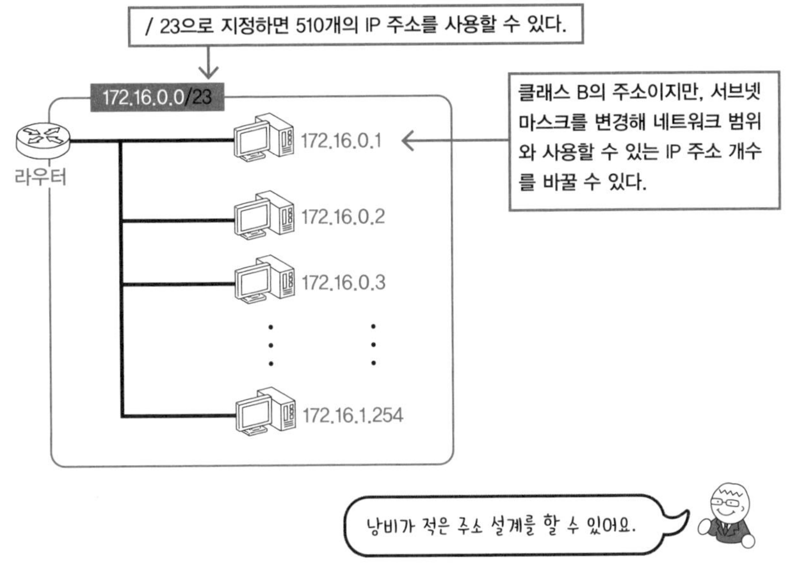

/ 23으로 지정하면 510개의 IP 주소를 사용할 수 있다.
172.16.0.0/23
라우터
172.16.0.1
172.16.0.2
172.16.0.3
172.16.1.254
클래스 B의 주소이지만, 서브넷 마스크를 변경해 네트워크 범위와 사용할 수 있는 IP 주소 개수를 바꿀 수 있다.
낭비가 적은 주소 설계를 할 수 있어요.

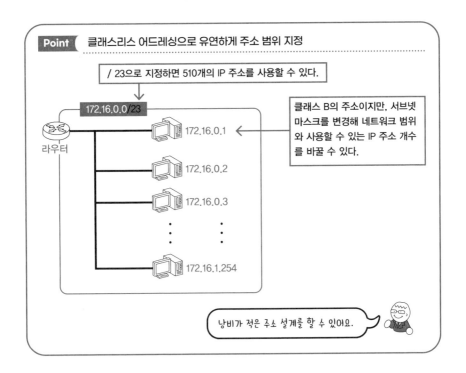

이처럼 클래스리스 어드레싱을 이용해 서브넷 마스크를 자유롭게 설정함으로써 클래스에 근거한 네트워크를 이용할 뿐만 아니라, 네트워크 범위를 유연하게 지정해서 IP 주소를 할당할 수 있습니다. 클래스리스 어드레싱을 CIDR(Classless Inter-Domain Routing)이라고도 합니다.

12-3 글로벌 주소와 프라이빗 주소

두 번째 분류로 **글로벌 주소**와 **프라이빗 주소**를 들 수 있습니다. 이 분류는 네트워크상에서 IP 주소를 사용하는 장소를 기준으로 한 것입니다.

글로벌 주소는 인터넷에서 다른 주소와 중복되지 않는 고유한 주소를 가리킵니

다. 프라이빗 주소는 이름 그대로 기업이나 가정 등 프라이빗 네트워크 내에서만 다른 주소와 중복되지 않는 고유한 주소를 가리킵니다. 글로벌 주소는 전화에서 외선용 전화번호, 프라이빗 주소는 회사 내에서 사용되는 내선번호를 떠올리면 이해하기 쉬울 것입니다.

■ 프라이빗 주소

프라이빗 주소는 기업이나 가정 등의 범위 내에서 단말기 등에 자유롭게 할당할 수 있는 IP 주소를 말합니다. RFC1918에 주소의 범위가 정해져 있습니다. 이 범위 내에서 자유롭게 주소를 할당할 수 있습니다.

Point 프라이빗 주소 범위

클래스	IP 주소 범위	프라이빗 주소 범위	서브넷 마스크
클래스 A	0.0.0.0 ~ 127.255.255.255	10.0.0.0 ~ 10.255.255.255	255.0.0.0 (/8)
클래스 B	128.0.0.0 ~ 191.255.255.255	172.16.0.0 ~ 172.31.255.255	255.240.0.0 (/12)
클래스 C	192.0.0.0 ~ 223.255.255.255	192.168.0.0 ~ 192.168.255.255	255.255.0.0 (/16)

하지만 자유롭게 할당할 수 있는 만큼 인터넷에서 보았을 때 중복이 발생할 수 있습니다. IP 주소는 네트워크 상의 주소와 같으므로 중복된 주소가 있으면 통신이 원활하지 않을 수 있습니다.

이 때문에 프라이빗 주소는 인터넷에 직접 연결된 네트워크에선 사용할 수 없습니다. 프라이빗 주소를 가진 장치가 인터넷상의 장치와 통신할 때는 가정 내 네트워크와 인터넷을 연결하는 라우터가 **NAT**(Network Address Translation)라는 IP 주소 변환 기능으로 프라이빗 주소를 글로벌 주소로 바꿔 통신합니다.

■ 글로벌 주소

글로벌 주소는 앞서 소개한 프라이빗 주소 범위 밖의 주소입니다. 글로벌 주소는 인터넷상에서 고유한 주소로 정의되며, 중복이 일어나지 않도록 관리됩니다.

글로벌 주소는 ICANN이라는 비영리 기구에서 관리합니다. 한국의 글로벌 주소는 산하 조직인 KRNIC(Korea Network Information Center)에서 관리합니다. 기업이나 가정 내 단말기가 인터넷상의 단말기와 통신하려면 사업자와 계약을 맺어 글로벌 주소를 할당받아 이를 이용해서 통신합니다.

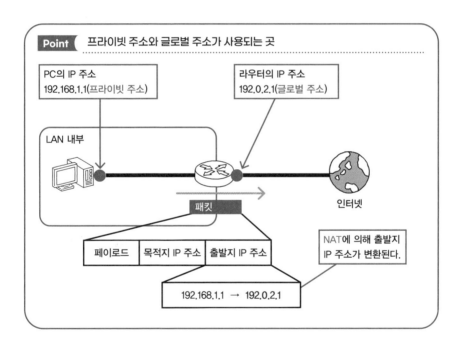

Point 프라이빗 주소와 글로벌 주소가 사용되는 곳

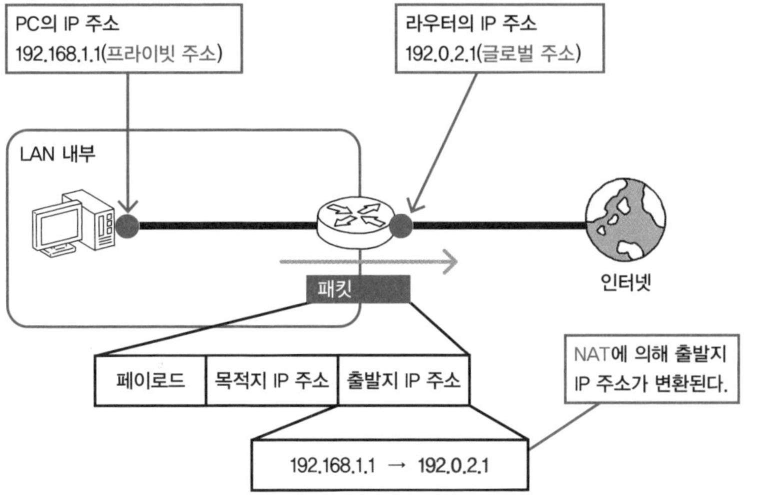
PC의 IP 주소
192.168.1.1(프라이빗 주소)
라우터의 IP 주소
192.0.2.1(글로벌 주소)
LAN 내부
인터넷
패킷
페이로드
목적지 IP 주소
출발지 IP 주소
NAT에 의해 출발지 IP 주소가 변환된다.
192.168.1.1 → 192.0.2.1

12-4 예약된 주소에는 특별한 용도가 있다

IP 주소 전체 중에서도 개별 장치에 할당할 수 없는 IP 주소가 있습니다. 이런 주소는 특수한 용도를 가진 주소라서 장치에 설정할 수 없습니다. **네트워크 주소, 브로드캐스트 주소, 멀티캐스트 주소** 세 가지를 기억해 둡시다.

■ 네트워크 주소

네트워크 주소는 개별 네트워크 자체를 나타내는 주소입니다. IP 주소의 **호스트부 비트가 모두 0인 주소**가 네트워크 주소입니다. 예를 들어 192.168.1.1/24라는 IP 주소의 경우, 호스트부 비트를 0으로 한 주소인 192.168.1.0이 192.168.1.1이 속한 네트워크를 나타내는 주소입니다.

■ 브로드캐스트 주소

브로드캐스트 주소는 네트워크 내 모든 장치를 나타내는 IP 주소입니다. **호스트부 비트가 모두 1인 주소**가 브로드캐스트 주소입니다. DHCP 등 다양한 프로토콜이 네트워크 내의 모든 장치와 통신해야 할 때 사용합니다. 네트워크 내의 모든 장치에 전송하는 통신을 **브로드캐스트**라고 합니다.

Point 네트워크 주소와 브로드 캐스트 주소의 역할

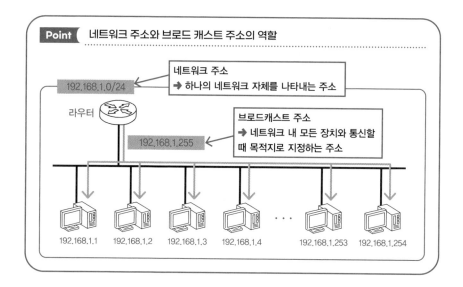

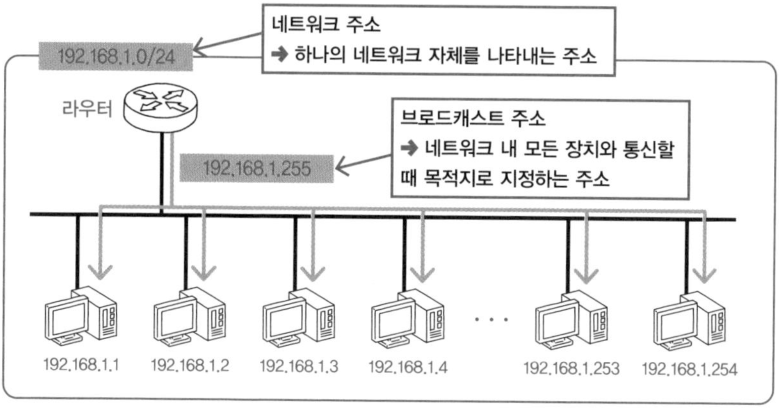

네트워크 주소
➜ 하나의 네트워크 자체를 나타내는 주소
192.168.1.0/24
라우터
브로드캐스트 주소
➜ 네트워크 내 모든 장치와 통신할 때 목적지로 지정하는 주소
192.168.1.255
192.168.1.1
192.168.1.2
192.168.1.3
192.168.1.4
192.168.1.253
192.168.1.254

■ 멀티캐스트

네트워크 내 특정한 여러 장치를 대상으로 하는 통신을 멀티캐스트라고 합니다. **멀티캐스트 주소**는 네트워크 내 특정 그룹에 속한 여러 장치에 동시에 데이터를 전송할 때 사용합니다.

예를 들어, 특정 라우팅 프로토콜을 사용하는 라우터나 특정 프로토콜이 가리키는 그룹에 속하는 장치처럼 어떤 역할이 있거나 어떤 그룹에 속한 장치가 대상이 됩니다. 대상으로 할 프로토콜이나 장치에 맞는 멀티캐스트 주소가 준비되어 있습니다.

13 IPv6의 기본

IPv6는 IPv4를 대체하는 새로운 인터넷 프로토콜입니다. IPv4와 마찬가지로 인터넷을 지원하는 중요한 프로토콜입니다.

13-1 IPv4를 대체하는 새로운 프로토콜

IPv4에서는 IP 주소로 32비트를 사용합니다. 32비트, 즉 2의 32 제곱 개의 IP 주소이므로 총 43억 개 정도를 쓸 수 있습니다. TCP/IP가 책정되고 IP 주소가 사용되기 시작한 당시에는 이 정도 수로도 문제가 없었지만, 누구나 네트워크에 연결되는 장치를 여러 대 보유하게 된 현대에는 IPv4 주소 고갈이 문제가 됐습니다. 이러한 문제를 해결하기 위해 표준화된 프로토콜이 **IPv6**입니다.

1990년대부터 IPv4 주소 고갈이 문제가 되면서, 같은 시기에 IPv4의 뒤를 이을 프로토콜 개발이 시작됐습니다. 현재 사용되는 IPv6 사양은 2017년에 발행된 RFC8200에서 정의된 것입니다.

13-2 IPv6의 특징을 알아보자

IPv6에는 다음과 같은 특징이 있습니다. IPv4로 할 수 있는 것도 있지만, IPv6에서는 필수 기능으로 제공하므로 IPv4보다 구현이나 관리가 쉬워졌습니다.

■ IP 주소의 확대

IP 주소를 128비트로 해서, 거의 무제한으로 IP 주소를 할당할 수 있습니다.

■ 성능 향상

헤더 길이를 고정하고 필드를 삭제함으로써 헤더를 단순하게 만들어 **라우터 등에 걸리는 부하를 줄였습니다**. 또한, 경로 상의 라우터에서 프래그먼트를 금지해서, 라우터에 걸리는 부하를 줄였습니다.

■ IP 주소 자동 설정

IP 주소를 자동 설정하는 기능으로 DHCP를 사용하지 않고 IP 주소를 자동으로 설정할 수 있게 됐습니다.

■ Mobile IP 지원

접속 네트워크가 자주 바뀌는 이동 단말기에 네트워크 기능을 제공하는 Mobile IP라는 프로토콜이 있습니다. IPv6에서는 Mobile IP 관련 기능을 IPv6의 확장 기능으로 정비해, 더욱 원활하게 운용할 수 있게 됐습니다.

■ 보안 기능 제공

IP 주소 변조에 대응하는 보안 기능을 제공하고, 도청 방지 기능을 가진 IPsec 구현을 필수로 함으로써 안전성을 높였습니다.

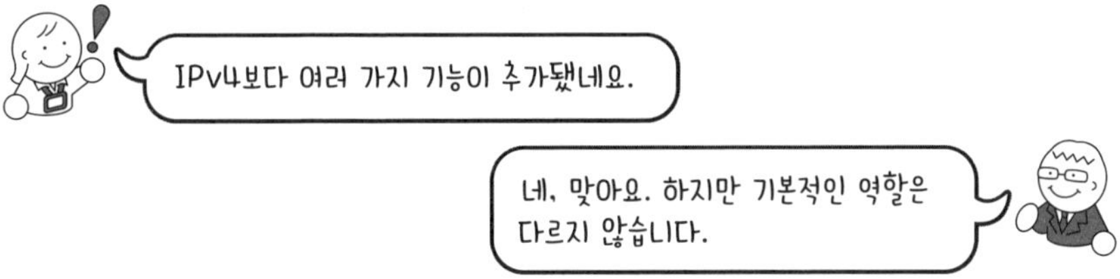
IPv4보다 여러 가지 기능이 추가됐네요.
네, 맞아요. 하지만 기본적인 역할은 다르지 않습니다.

13-3 IPv6의 패킷 형식

IPv6 패킷도 IPv4와 마찬가지로 **IPv6 헤더**와 페이로드로 구성됩니다. 앞에서 설명한 대로 IPv6에서는 헤더의 필드를 줄여서 IPv4보다 간단해졌습니다.

예를 들어, 헤더 체크섬이 제거됐습니다. 이전보다 통신 매체의 신뢰성이 향상되어 오류 상태의 패킷이 네트워크 계층으로 전달되는 일이 거의 없어졌기 때문입니다.

그럼, IPv6 헤더의 각 필드를 살펴보겠습니다.

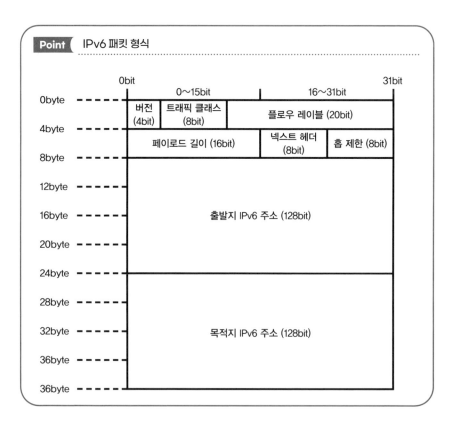

Point IPv6 패킷 형식

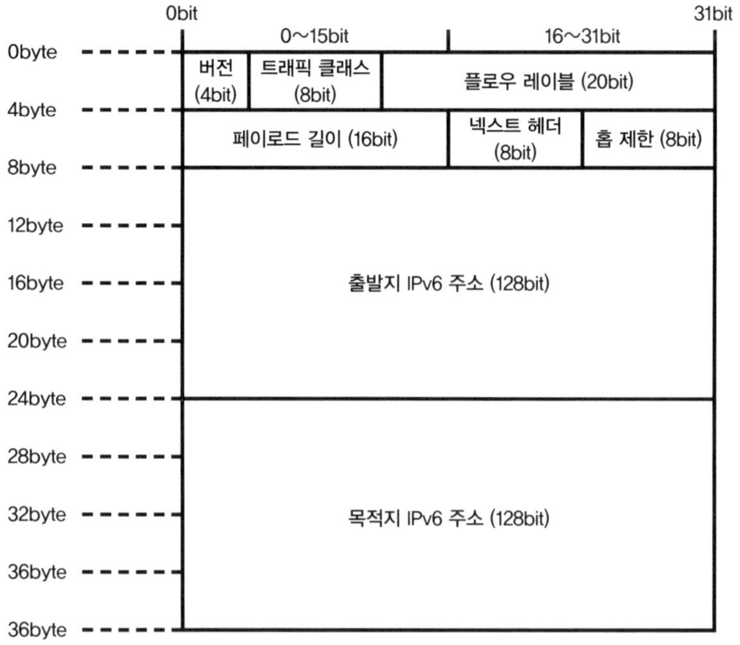

0bit
31bit
0~15bit
16~31bit
0byte
4byte
8byte
12byte
16byte
20byte
24byte
28byte
32byte
36byte
36byte
버전 (4bit)
트래픽 클래스 (8bit)
플로우 레이블 (20bit)
페이로드 길이 (16bit)
넥스트 헤더 (8bit)
홉 제한 (8bit)
출발지 IPv6 주소 (128bit)
목적지 IPv6 주소 (128bit)

■ 버전

버전은 IPv4처럼 IP(Internet Protocol)의 버전을 나타내는 4비트 필드입니다. IPv6이므로 그대로 '6'이라는 값이 설정됩니다.

■ 트래픽 클래스

트래픽 클래스는 IPv4의 ToS(Type of Service)와 같은 기능을 가진 8비트 필드입니다. 패킷의 우선순위를 나타냅니다.

■ 플로우 레이블

플로우 레이블은 IPv4에는 없었던 필드입니다. 응용 프로그램 등의 통신에서 발생하는 일련의 데이터 집합을 통신 흐름 또는 플로우라고 부릅니다. 플로우 레이블은 통신 흐름을 식별하는 데 사용되는 20비트 필드입니다.

IPv4에서는 목적지 IP 주소/발신지 IP 주소, 목적지 포트 번호/발신지 포트 번호, 전송 계층의 프로토콜 등 5가지 정보를 기반으로 통신 흐름을 식별했지만, IPv6에서는 이를 플로우 레이블 필드에서 자유롭게 설정할 수 있어 QoS 등에 활용할 수 있습니다.

■ 페이로드 길이

페이로드 길이는 IPv6 페이로드 길이를 나타내는 16비트 필드입니다. IPv4에는 패킷 길이라고 하는 필드가 있었지만, IPv6의 경우 헤더의 길이가 고정되어 있기 때문에 헤더를 제외한 페이로드 부분의 길이만 설정되어 있습니다.

■ 넥스트 헤더

넥스트 헤더는 IPv6 헤더 뒤에 이어지는 헤더를 나타내는 8비트 필드입니다. IPv4의 프로토콜 필드에 해당합니다. IPv6의 경우는 IPv6 헤더 뒤에 확장 헤더가 이어지는 경우가 있어, 그런 경우에는 확장 헤더를 나타내는 정보가 들어갑니다.

■ 홉 제한

홉 제한(limit)은 홉 수의 상한을 나타내는 8비트 필드입니다. IPv4의 TTL 필드에 해당하는데, IPv6에서 이름이 변경되었습니다. 홉 제한 값이 0이 되면 IPv6 패킷은 폐기됩니다.

■ 출발지 IPv6 주소 / 목적지 IPv6 주소

출발지 IPv6 주소/ 목적지 IPv6 주소는 이름 그대로 패킷을 송신한 단말의 IP 주소와 최종 목적지 단말의 IP 주소를 설정하는 128비트 필드입니다. 역할 자체는 IPv4의 필드와 크게 다르지 않습니다

13-4 IPv6의 패킷 캡처 상태를 확인해 보자

IPv6 패킷은 IPv4와 달리 환경 준비가 필요하기 때문에, 여러분의 환경에서 반드시 확인할 수 있는 것은 아닙니다. 따라서 이번에는 필자가 준비한 캡처 내용을 확인하는 데에 그치겠습니다.

자신의 환경에서 IPv6가 동작하고 있거나, 환경을 준비할 수 있는 분들은 실제로 캡처해 보시기 바랍니다.

이제 IPv4에서처럼 IPv6가 설정된 단말기에서 브라우저로 웹사이트에 접속해 봅시다. 앞서 설명한 것처럼 필드가 IPv4 헤더와 조금 다르지만, 캡처한 패킷을 확인하는 방식은 크게 다르지 않습니다.

_ 캡처해서 IPv6 헤더를 확인해 보자

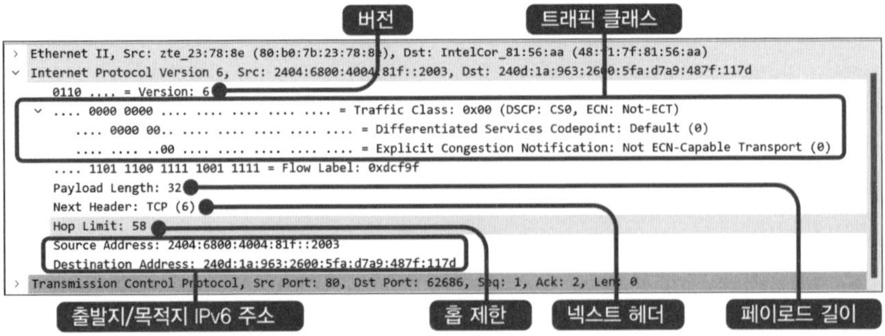
버전
트래픽 클래스
Internet Protocol Version 6
0110 .... = Version: 6
Traffic Class: 0x00 (DSCP: CS0, ECN: Not-ECT)
Flow Label: 0xdcf9f
Payload Length: 32
Next Header: TCP (6)
Hop Limit: 58
Source Address: 2404:6800:4004:81f::2003
Destination Address: 240d:1a:963:2600:5fa:d7a9:487f:117d
출발지/목적지 IPv6 주소
홉 제한
넥스트 헤더
페이로드 길이

[학습자료] 13–2_ipv6_header.pcapng

14 IPv6 주소

IPv4 주소보다 IPv6 주소가 조금 복잡해 보이지만, 역할은 크게 다르지 않습니다. IPv4에 없었던 기능이나 역할 등을 확실히 알아 둡시다.

14-1 주소 고갈 문제를 해결할 수 있는 IPv6 주소

IPv6는 주소가 **128비트**로 IPv4의 32비트보다 4 배나 길어졌습니다. 4배라고는 하지만 실제로 사용할 수 있는 IP 주소는 약 340조 ×1조 ×1조 개라는 천문학적인 값이 됐습니다. 이만큼 방대한 주소를 사용할 수 있으므로, IPv4의 주소 고갈 문제를 해결할 수 있다고 하는 것입니다.

14-2 IPv6 주소 표기의 기본

자, 128비트나 되는 IPv6 주소는 어떻게 표기해야 할까요? 당연히 이진수 그대로 표기하면 128자리나 되니 인간이 다루기에는 너무 복잡합니다. 또 IPv4처럼 십진수로 표기해도 자릿수가 많아져서 문제가 됩니다.

그래서 IPv6에서는 **128비트를 16비트씩 :(콜론)으로 구분해 8개의 필드로 나누고, 이를 16진수로 표현합니다.**

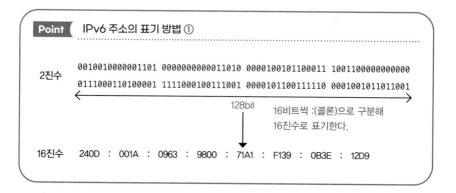

Point IPv6 주소의 표기 방법 ①

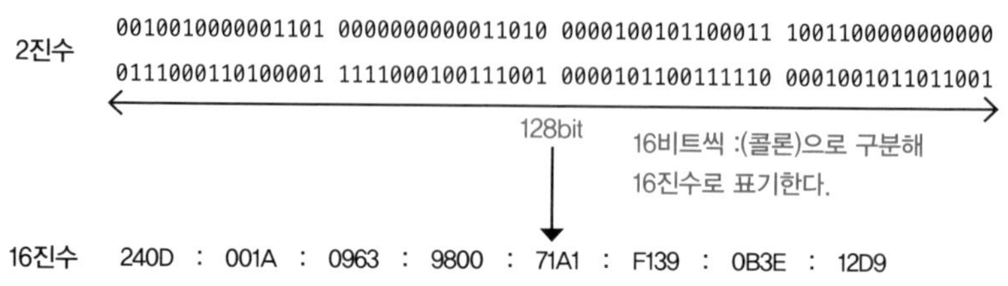
2진수
0010010000001101 0000000000011010 0000100101100011 1001100000000000
0111000110100001 1111000100111001 0000101100111110 0001001011011001
128bit
16비트씩 :(콜론)으로 구분해
16진수로 표기한다.
16진수
240D : 001A : 0963 : 9800 : 71A1 : F139 : 0B3E : 12D9

하지만 이렇게 해도 32글자나 되므로 상당히 길어집니다. 이런 문제를 해결하고자 IPv6 주소에는 표기 생략 규칙이 정해져 있습니다. 다음과 같은 규칙에 따라 IPv6 주소를 줄여서 표기할 수 있습니다.

■ 생략 표기 규칙 ① 각 필드 선두에 오는 모든 0은 생략할 수 있다

각 필드의 선두에 0이 연속되는 경우, 예를 들어 0011이면 선두에 있는 2개의 0을 생략하고 11이라고 표기할 수 있습니다.

■ 생략 표기 규칙 ② 0으로만 구성된 필드가 연속하는 경우는 :: 로 나타낼 수 있다

0으로만 구성된 필드가 여러 개 연속되는 경우는 묶어서 :: 로 표기할 수 있습니다.

단, 하나의 IPv6 주소에서 생략 표기를 사용할 수 있는 것은 한 번뿐입니다. 생략할 수 있는 위치가 여러 곳이라면 더 많이 생략할 수 있는 위치를 생략합니다. 생략할 수 있는 필드 수가 여러 곳에서 동일한 경우엔 더 앞에 있는 위치를 생략합니다.

Point IPv6 주소의 표기 방법 ②

- IPv6 생략 규칙 ①

240D : 001A : 0963 : 9800 : 71A1 : F139 : 0B3E : 12D9

필드 선두에 오는 모든 0은 생략할 수 있다.

240D : 1A : 963 : 9800 : 71A1 : F139 : B3E : 12D9

- IPv6 생략 규칙 ②

2001 : DB8 : 0000 : 0000 : 0000 : 0000 : 0000 : 1

0으로만 구성된 필드가 연속하는 경우 생략할 수 있다.

2001 : DB8 :: 1

■ 생략 표기 규칙 ③ 프리픽스와 인터페이스 ID

IPv6 주소는 네트워크를 나타내는 **프리픽스**와 네트워크 내의 단말기를 나타내는 **인터페이스 ID**로 구성됩니다. 프리픽스는 IPv4 주소의 네트워크부에, 인터페이스 ID는 IPv4 주소의 호스트부에 해당합니다. 또한, 프리픽스와 인터페이스 ID의 경계는 IPv4와 마찬가지로 /(프리픽스의 비트 수)로 나타냅니다. IPv4에서 말하는 서브넷 마스크의 CIDR 표기, 프리픽스 표기와 동일한 표기법입니다.

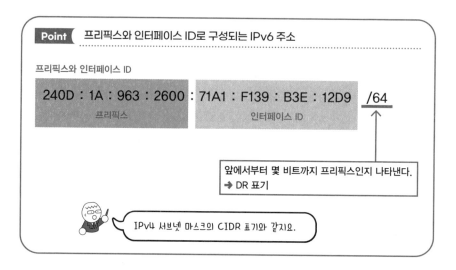

Point 프리픽스와 인터페이스 ID로 구성되는 IPv6 주소

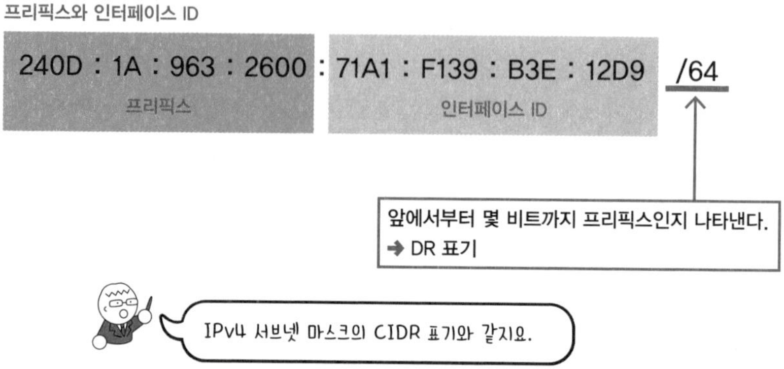
프리픽스와 인터페이스 ID
240D : 1A : 963 : 2600 : 71A1 : F139 : B3E : 12D9 /64
프리픽스
인터페이스 ID
앞에서부터 몇 비트까지 프리픽스인지 나타낸다.
➜ DR 표기
IPv4 서브넷 마스크의 CIDR 표기와 같지요.

14-3 IPv6 주소 세 가지를 기억해 두자

IPv6 주소는 세 가지로 분류할 수 있습니다. **유니캐스트 주소**, **멀티캐스트 주소**, **애니캐스트 주소**입니다. 각각 용도와 사용 가능한 범위, 주소 범위가 정의되어 있습니다.

■ 유니캐스트 주소

유니캐스트 주소는 이름 그대로 유니캐스트 통신에 사용하는 IPv6 주소입니다. 서버와 클라이언트 간의 통신 등 일대일 통신에서는 유니캐스트 주소를 사용합니다. 유니캐스트 주소도 역할이 정의되어 있는데, 각각 **글로벌 유니캐스트 주소**, **유니크 로컬 주소**, **링크 로컬 주소**라고 합니다.

■ 글로벌 유니캐스트 주소

글로벌 유니캐스트 주소는 IPv4의 글로벌 주소에 해당하며, **인터넷에서 고유한 주소**로 정의됩니다. IPv4의 글로벌 주소와 마찬가지로 ICANN에서 관리하고 있으며 임의로 할당할 수 없습니다.

글로벌 유니캐스트 주소는 앞부분 3비트가 001로 지정돼 있어, 6진수로 **2000::/3**으로 표기될 수 있습니다. 글로벌 유니캐스트 주소는 프리픽스가 두 개 부분으로 나뉘어 있으며, 글로벌 라우팅 프리픽스와 서브넷 ID로 구성됩니다. 글로벌 라우팅 프리픽스는 ISP로부터 할당됩니다. 서브넷 ID는 조직 내에서 임의로 할당할 수 있습니다. 기본적으로는 상위 64비트는 프리픽스, 하위 64비트는 인터페이스 ID가 됩니다.

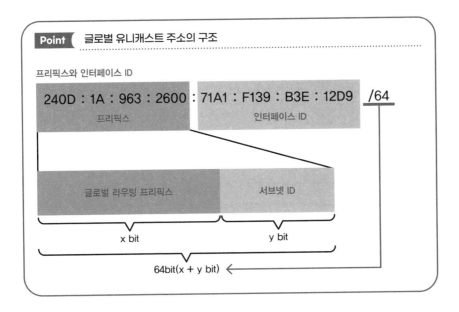

Point 글로벌 유니캐스트 주소의 구조

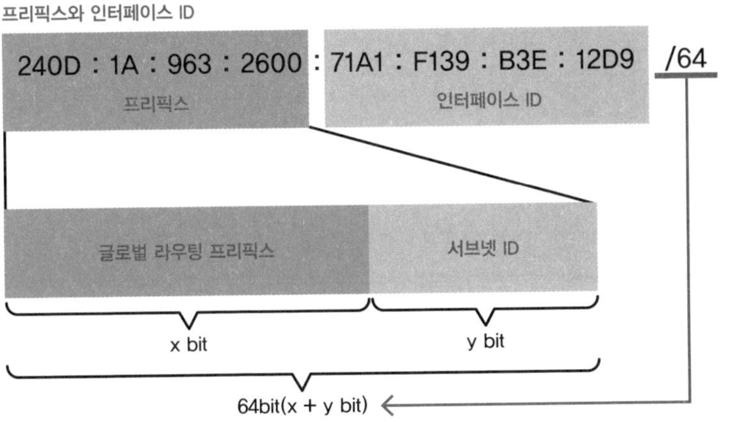

프리픽스와 인터페이스 ID
240D : 1A : 963 : 2600 : 71A1 : F139 : B3E : 12D9 /64
프리픽스
인터페이스 ID
글로벌 라우팅 프리픽스
서브넷 ID
x bit
y bit
64bit(x + y bit)

■ 유니크 로컬 주소

유니크 로컬 주소는 IPv4의 프라이빗 주소에 해당하고, **조직에서 자유롭게 할당할 수 있는 고유한 주소**입니다. 선두 7비트는 1111110으로 정해져 있으며, 이는 16진수로 FC00::/7로 표기할 수 있습니다.

더 정확하게는 8비트도 정의되어 있는데, 0이면 미정의, 1이면 유니크 로컬 주소로 이용됩니다. 이 때문에 실질적으로 유니크 로컬 주소는 FD00::/8이 됩니다.

이어지는 40비트는 글로벌 ID로 랜덤 값이 되며, 그다음 16비트가 서브넷 ID입니다. 서브넷 ID는 글로벌 유니캐스트 주소와 같습니다. 그 뒤로 64비트의 인터페이스 ID가 이어집니다.

Point 유니크 로컬 주소의 구조

FC00 : : /8 (미정의)
FD00 : : /8

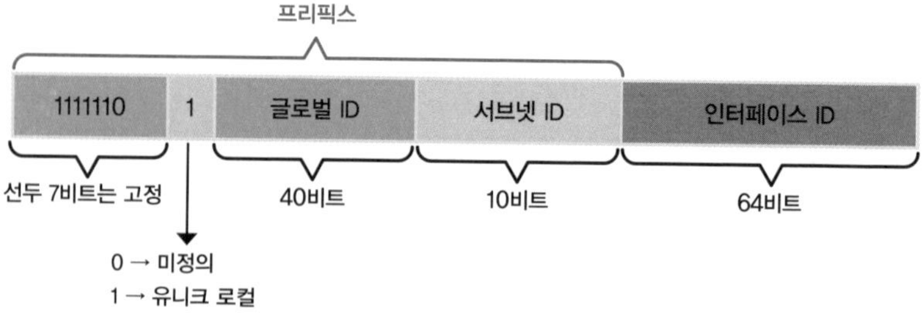
프리픽스
1111110
1
글로벌 ID
서브넷 ID
인터페이스 ID
선두 7비트는 고정
40비트
10비트
64비트
0 → 미정의
1 → 유니크 로컬

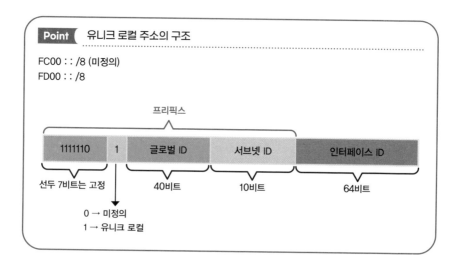

■ **링크 로컬 주소**

링크 로컬 주소는 **하나의 네트워크에서만 사용할 수 있는 IPv6 주소**입니다. 라우팅 프로토콜이나 IPv4의 ARP에 해당하는 NDP 프로토콜 등에서 사용됩니다.

링크 로컬 주소는 앞부분 10비트가 1111111010으로 지정되어 있습니다. 16진수로 FE80::/10으로 표기할 수 있습니다. 11번째 비트부터 54비트까지는 0이고, 그 뒤로 64비트의 인터페이스 ID가 이어집니다.

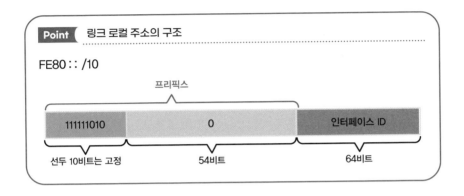

Point 링크 로컬 주소의 구조

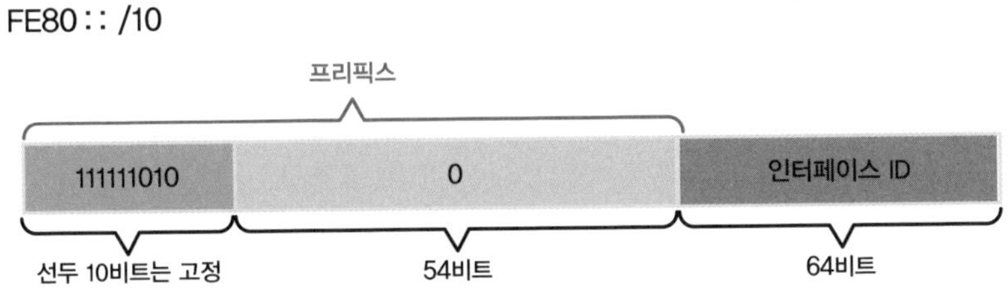

FE80 : : /10
프리픽스
1111111010
0
인터페이스 ID
선두 10비트는 고정
54비트
64비트

■ 3개의 유니캐스트 주소의 각각의 범위

IPv6에서는 NIC 하나에 여러 개의 IPv6 주소를 할당할 수 있습니다. 필요에 따라 주소를 할당해서 사용합니다. 글로벌 유니캐스트 주소, 유니크 로컬 주소, 링크 로컬 주소는 각각 네트워크에서 사용되는 범위가 다릅니다.

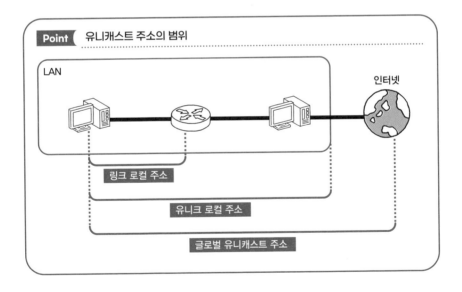

Point 유니캐스트 주소의 범위

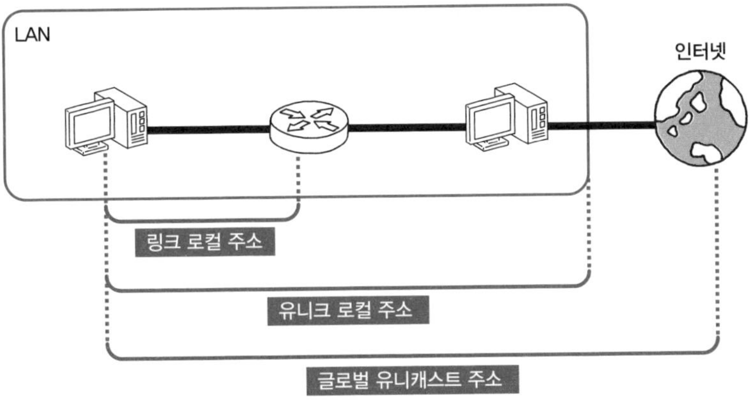

LAN
인터넷
링크 로컬 주소
유니크 로컬 주소
글로벌 유니캐스트 주소

■ 멀티캐스트 주소

IPv4 멀티캐스트 주소처럼 IPv6 **멀티캐스트 주소도 특정 그룹에 대해서 통신**할 때에 사용됩니다. IPv6에서는 브로드캐스트 주소가 폐지되고, 그 역할이 멀티캐스트 주소로 계승됐습니다.

멀티캐스트 주소는 선두 8비트가 모두 1이며, 16진수로 표기하면 FF00::/8이 됩니다. 이어지는 4비트를 플래그, 그다음 4비트를 스코프라고 부릅니다. 나머지 112비트는 그룹 ID라는 멀티캐스트 그룹을 식별하는 값이 들어갑니다.

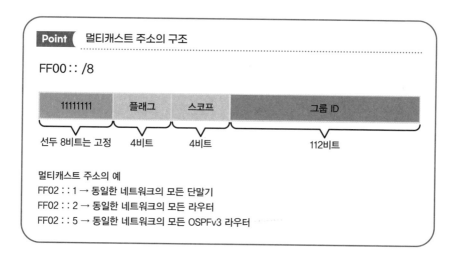

Point 멀티캐스트 주소의 구조

FF00 : : /8

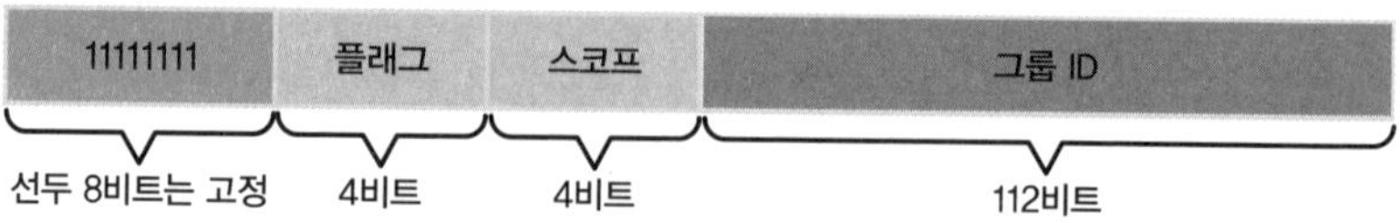
11111111
플래그
스코프
그룹 ID
선두 8비트는 고정
4비트
4비트
112비트

멀티캐스트 주소의 예

FF02 : : 1 → 동일한 네트워크의 모든 단말기

FF02 : : 2 → 동일한 네트워크의 모든 라우터

FF02 : : 5 → 동일한 네트워크의 모든 OSPFv3 라우터

■ 애니캐스트 주소

애니캐스트 주소는 특수한 주소입니다. 여러 대의 단말기에 같은 글로벌 유니캐스트 주소를 설정하고, 명시적으로 애니캐스트 주소로 설정하면 애니캐스트 주소로서 동작합니다.

애니캐스트 주소로 통신하면, **여러 대의 단말 중 네트워크 경로 상에서 가장 가까운 단말기가 응답합니다**. 애니캐스트 주소는 응답 속도 향상 등을 목적으로 사용됩니다.

2장 연습문제

문제 1

데이터 링크 계층 프로토콜인 이더넷에서 정의되는 주소를 고르세요.

① IP 주소 ② MAC 주소

③ 포트 번호 ④ 프로토콜 번호

문제 2

IPv4 헤더의 필드로 맞는 것은?

① 목적지 포트 번호 ② 타입

③ 출발지 IP 주소 ④ 제어 플래그

문제 3

IPv6 링크 로컬 주소에 관한 설명 중 바른 것은?

① 단말기에 할당할 수 없는 주소이다.

② IPv4 프라이빗 주소와 같은 주소이다.

③ 인터넷상에서 유일한 주소이다.

④ 한 네트워크 내에서만 사용할 수 있는 주소이다.

정답

문제 1 정답은 ②

MAC 주소

데이터 링크 계층 프로토콜인 이더넷에서는 MAC 주소를 정의합니다. MAC 주소는 제조사 등에서 장치를 출하할 때 인터페이스에 설정하는 주소이며, 물리적 주소라고도 합니다.

문제 2 정답은 ③

출발지 IP 주소

IPv4는 IPv4 주소를 주소로 사용하며, IPv4 헤더에는 출발지 IP 주소/목적지 IP 주소가 포함됩니다. 포트 번호는 TCP/UDP 헤더, 타입은 이더넷 헤더, 제어 플래그는 TCP 헤더의 필드입니다.

문제 3 정답은 ④

한 네트워크 내에서만 사용할 수 있는 주소이다.

IPv6 링크 로컬 주소는 유니캐스트 주소 중에서도 하나의 네트워크 내에서만 사용할 수 있는 주소로 정의되어 있습니다.

3장

통신의 신뢰성을 뒷받침하는 프로토콜

15 TCP의 기본

TCP는 통신의 신뢰성을 뒷받침하는 중요한 프로토콜입니다. 현재 통신의 80% 정도가 TCP를 사용한다고 합니다.

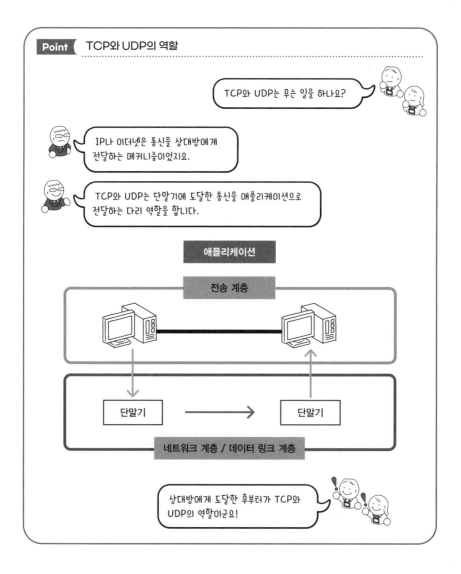

Point TCP와 UDP의 역할

TCP와 UDP는 무슨 일을 하나요?

IP나 이더넷은 통신을 상대방에게 전달하는 메커니즘이었지요.

TCP와 UDP는 단말기에 도달한 통신을 애플리케이션으로 전달하는 다리 역할을 합니다.

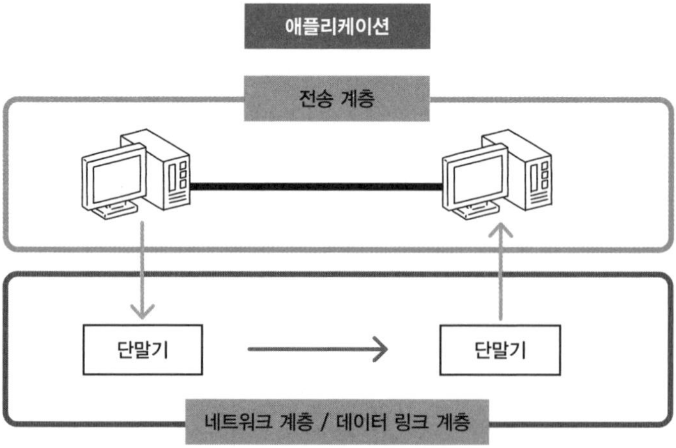

애플리케이션
전송 계층
단말기
단말기
네트워크 계층 / 데이터 링크 계층

상대방에게 도달한 후부터가 TCP와 UDP의 역할이군요!

15-1 전송 계층의 역할이란?

전송 계층에는 **TCP**와 **UDP**라는 대표적인 두 가지 프로토콜이 있습니다. 각각 다른 특징을 가지고 있으며, 애플리케이션은 통신의 특성에 맞는 프로토콜을 선택해서 통신합니다.

TCP와 UDP는 공통적으로 전송 계층의 역할 중 하나로, **상위 계층의 프로토콜을 식별하기 위한 번호**를 정의합니다.

TCP/IP에서는 애플리케이션 프로토콜이 서비스를 제공할 때 하나의 모델로서 클라이언트-서버 모델이 있습니다. 서버는 서비스를 제공하는 쪽이며, 클라이언트는 서비스를 받는 쪽입니다. 클라이언트는 서버에 서비스를 요청하고, 서버는 클라이언트의 요청을 받아 서비스를 제공합니다.

예를 들어, 어떤 웹사이트에 접속할 때 우리가 사용하는 단말기와 브라우저는 클라이언트이고, 해당 웹사이트를 제공하는 컴퓨터는 서버(웹 서버)가 됩니다.

■ 포트 번호의 역할

클라이언트가 서버에 서비스를 요청하려면, 서버 컴퓨터의 특정 애플리케이션과 통신해야 합니다. 우리는 데이터 링크 계층, 네트워크 계층의 기능으로 통신을 목적지 단말까지 전달할 수 있었습니다. 그렇다면 목적지 단말기의 어떤 애플리케이션에 전달할 것인지 어떻게 판단할 수 있을까요? 이를 판단하는 정보가 바로 **포트 번호**입니다.

전송 계층 프로토콜인 TCP와 UDP는 헤더에 목적지와 출발지 포트 번호를 설정하는 필드가 있습니다. 송신 측에서는 상대방의 포트 번호를 목적지 포트 번호로, 자신의 OS가 일정 범위에서 무작위로 정한 포트 번호를 출발지 포트 번호로 각각 설정해서 데이터를 전송합니다.

수신 측에서는 수신한 TCP/UDP 헤더 내 목적지 포트 번호를 보고 어떤 애플리케이션으로 가는 통신인지 판단해 애플리케이션에 전달합니다.

Point 전송 계층의 역할

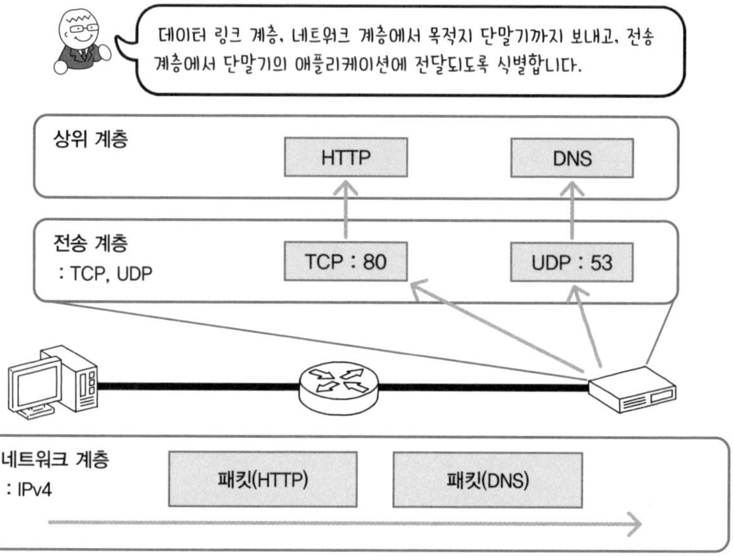

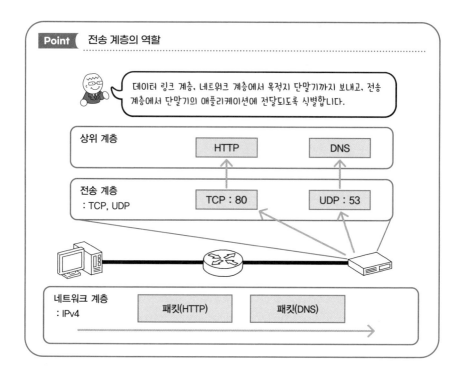

데이터 링크 계층, 네트워크 계층에서 목적지 단말기까지 보내고, 전송 계층에서 단말기의 애플리케이션에 전달되도록 식별합니다.
상위 계층
HTTP
DNS
전송 계층
: TCP, UDP
TCP : 80
UDP : 53
네트워크 계층
: IPv4
패킷(HTTP)
패킷(DNS)

15-2 포트 번호는 애플리케이션의 주소

데이터 링크 계층에 MAC 주소가 있고 네트워크 계층에 IP 주소가 있는 것처럼 전송 계층에서는 단말기의 애플리케이션을 식별하는 값이 정의되는데, 그것이 바로 **포트 번호**입니다. 포트 번호는 애플리케이션과 연결되어 있어, 포트 번호를 보면 그 통신이 어느 애플리케이션을 향한 것인지 판단할 수 있습니다. 말하자면 포트 번호는 애플리케이션의 주소와 같습니다.

일반적으로 한 대의 단말기에서 복수의 애플리케이션 및 서비스가 동작합니다. 예를 들어, 웹 서버라면 웹페이지를 보여주는 웹 서버뿐만 아니라 서버에 접속해서 관리하기 위한 SSH 서버, 메일을 전송하는 SMTP 서버 등이 한 대의 물리적인 서버에서 동시에 동작합니다.

하나의 단말기는 데이터 링크 계층에서는 MAC 주소로, 네트워크 계층에서는 IP 주소로 네트워크에서 식별되고 통신의 목적지가 됩니다. 단말기에 데이터가 도착한 이후에는 웹 서버에 보낼 것인지 SSH에 보낼 것인지 판단할 필요가 있습니다. 그래서 사전에 각 애플리케이션과 연결된 포트 번호가 정의되어 있습니다.

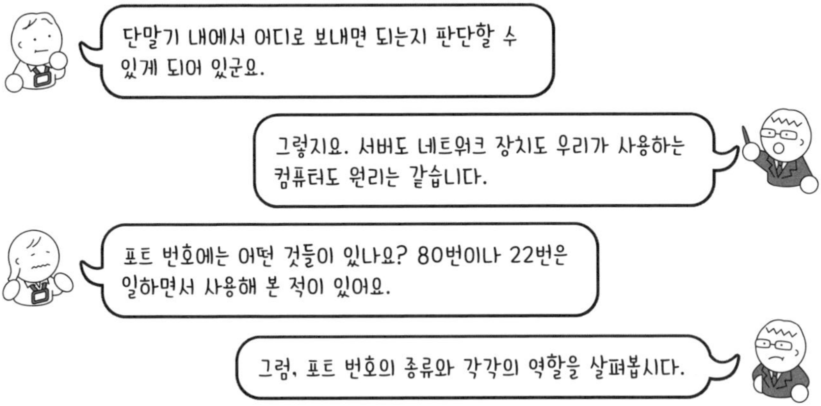
단말기 내에서 어디로 보내면 되는지 판단할 수 있게 되어 있군요.
그렇지요. 서버도 네트워크 장치도 우리가 사용하는 컴퓨터도 원리는 같습니다.
포트 번호에는 어떤 것들이 있나요? 80번이나 22번은 일하면서 사용해 본 적이 있어요.
그럼, 포트 번호의 종류와 각각의 역할을 살펴봅시다.

15-3 포트 번호의 종류를 알아보자

포트 번호는 응용 계층의 애플리케이션과 프로토콜을 식별하기 위한 2바이트 값입니다. 포트 번호는 **잘 알려진 포트 번호**(Well-known Port Numbers), **등록된 포트 번호**(Registered Port Numbers), **동적 포트 번호**(Dynamic and/or Private Ports)로 분류됩니다. 각각의 역할을 확인해 봅시다.

■ 잘 알려진 포트 번호

잘 알려진 포트 번호(Well-known Port Numbers)는 IANA(Internet Assigned Numbers Authority)에서 관리되며, 0부터 1023까지의 번호가 할당되어 있습니다. 일반적으로 자주 사용되는 서버 애플리케이션에 사용됩니다. 예를 들어,

TCP의 80번은 웹 서버와 브라우저 간의 통신에 사용되는 HTTP, TCP의 22번은 안전한 원격 통신을 위한 SSH에 사용됩니다. 0에서 1023까지의 번호는 **포트 번호와 프로토콜이 명확하게 할당**되어 있어, 기본적으로는 다른 용도로 사용하지 않습니다.

IANA에서 관리되는 포트 번호는 다음 URL에서 확인할 수 있습니다.

- Service Name and Transport Protocol Port Number Registry
- https://www.iana.org/assignments/service-names-port-numbers/service-names-port-numbers.xhtml

대표적인 포트 번호와 해당하는 프로토콜 할당은 다음과 같습니다.

Point **대표적인 포트 번호화 프로토콜 할당**

포트 번호	TCP	UDP
20, 21	FTP	
22	SSH	
23	Telnet	
25	SMTP	
53	DNS	DNS
67, 68		DHCP
80	HTTP	
110	POP3	
123		NTP
143	IMAP4	
443	HTTPS	HTTPS(QUIC)

■ 등록된 포트 번호

등록된 포트 번호(Registered Port Numbers)는 잘 알려진 포트처럼 IANA에서 관리하며, **1024**부터 **49151**까지의 번호가 할당되어 있습니다. 등록된 포트 번호는 일반적으로 각 개발사에서 개발한 서버 애플리케이션에 사용됩니다.

■ 동적 포트 번호

동적 포트 번호(Dynamic and/or Private Ports)는 IANA에서 관리되지 않는 번호입니다. **49152**부터 **65535**까지의 포트 번호가 여기에 해당됩니다.

클라이언트 애플리케이션이 통신을 시작할 때, 운영체제는 이 번호 중에서 무작위로 할당해서 출발지 포트 번호로 사용합니다. 이때, 운영체제는 자체에서 실행되는 여러 서비스에 대해 전송 포트 번호가 중복되지 않도록 번호를 할당합니다. 서버 측에서 통신이 반환될 때는 할당한 포트 번호로 통신이 반환됩니다.

Point 포트 번호의 분류

종류	포트 번호 범위	용도
잘 알려진 포트	0 ~ 1023	• 일반적인 서버 애플리케이션에 할당되어 있다. • IANA에 정식으로 등록되어 있다.
등록된 포트	1024 ~ 49151	• 독자적인 애플리케이션에 할당되어 있다. • IANA에 정식으로 등록되어 있다.
동적 포트	49152 ~ 65535	• 클라이언트 쪽에서 동적으로 할당해서 사용한다. • IANA에 등록되어 있지 않다.

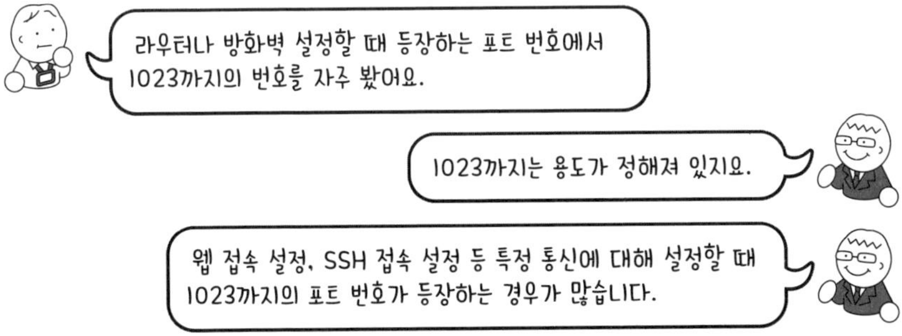
라우터나 방화벽 설정할 때 등장하는 포트 번호에서 1023까지의 번호를 자주 봤어요.
1023까지는 용도가 정해져 있지요.
웹 접속 설정, SSH 접속 설정 등 특정 통신에 대해 설정할 때 1023까지의 포트 번호가 등장하는 경우가 많습니다.

15-4 TCP의 특징을 파악해 두자

TCP는 전송 계층의 통신 프로토콜 중 하나입니다. 포트 번호를 정의해 전송 계층으로서 통신을 애플리케이션에 연결하는 역할을 하며, **통신 신뢰성 확보**와 **통신 효율 최적화** 등의 기능을 갖고 있습니다.

데이터를 확실하게 전송하려면 다양한 제어가 필요합니다. 데이터가 도착했는지 확인하는 확인 응답, 데이터 손상 및 패킷 유실에 대비한 재전송 제어, 통신 효율을 높이는 윈도우 제어, 네트워크 혼잡 해소를 위한 혼잡 제어 등 나중에 설명할 UDP와 비교하면 다양한 기능을 갖고 있습니다.

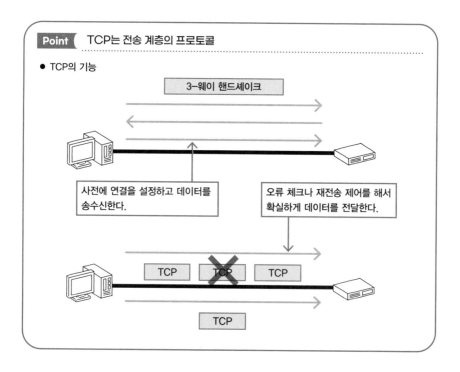

Point TCP는 전송 계층의 프로토콜

- TCP의 기능

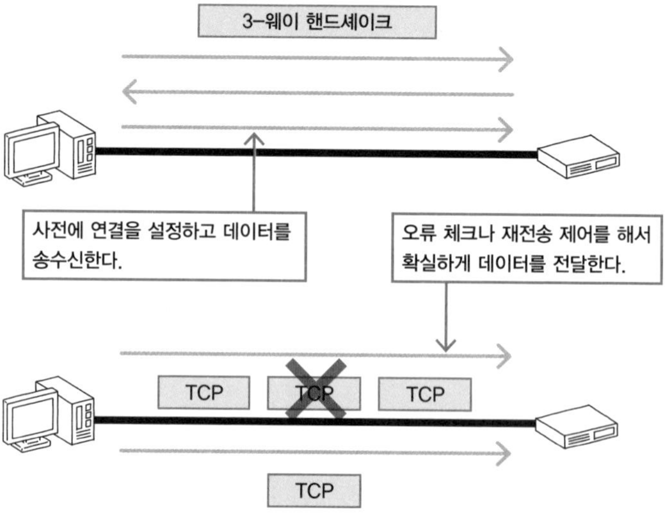
3-웨이 핸드셰이크
사전에 연결을 설정하고 데이터를 송수신한다.
오류 체크나 재전송 제어를 해서 확실하게 데이터를 전달한다.
TCP
TCP
TCP
TCP

TCP는 **연결형 프로토콜**입니다. 커넥션은 네트워크로 통신하는 애플리케이션 간에 통신하기 위한 논리적 통신 경로를 의미하며, TCP에서는 애플리케이션으로부터 받은 데이터를 전송할 때 커넥션을 생성하고 통신 경로를 정비한 후 데이터를 전송합니다.

커넥션을 시작하기 위한 3-웨이 핸드셰이크, 커넥션 관리를 위한 플래그 등이 정의되어 있습니다.

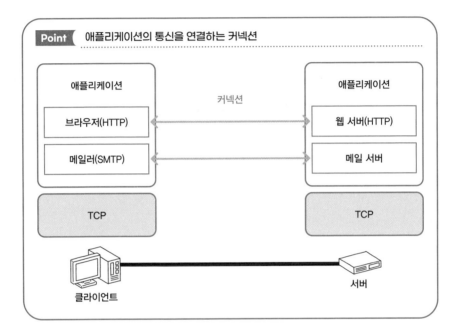

Point 애플리케이션의 통신을 연결하는 커넥션

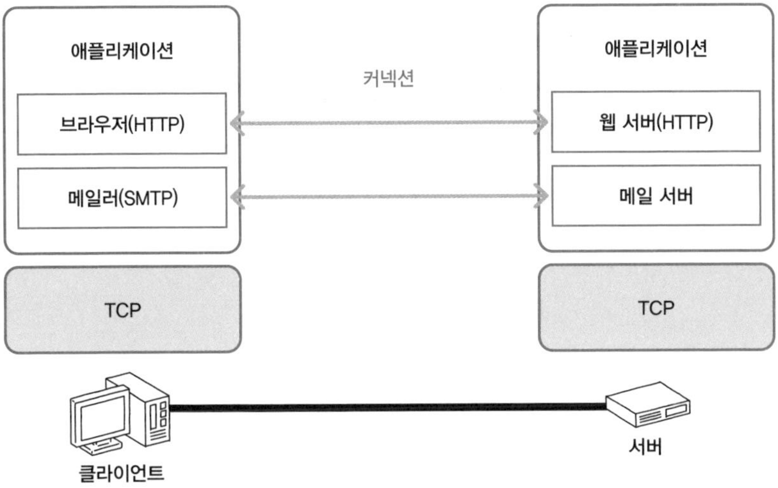
애플리케이션
브라우저(HTTP)
메일러(SMTP)
TCP
커넥션
애플리케이션
웹 서버(HTTP)
메일 서버
TCP
클라이언트
서버

Point TCP의 특징

- 연결형 프로토콜
- 3-웨이 핸드셰이크나 ACK를 통한 수신 확인, 재전송 제어 등에 의한 높은 신뢰성
- 흐름 제어 및 혼잡 제어를 통한 통신 효율 최적화

16 TCP 헤더 형식의 기본

TCP의 헤더는 UDP나 다른 프로토콜과 비교했을 때 조금 복잡합니다. 우선은 중요 포인트부터 알아봅시다.

16-1 TCP 헤더 형식을 알아보자

응용 계층에서 내려온 데이터에 TCP 헤더를 추가하여 캡슐화한 것을 **세그먼트**라고 합니다. TCP는 신뢰성 확보와 통신 효율 최적화 등을 위해 다양한 기능을 이용하는데, 헤더에는 이런 기능들을 실현하기 위해 다양한 정보가 포함되어 있습니다. 각 필드에 대해 확인해 보겠습니다.

Point TCP 헤더 형식

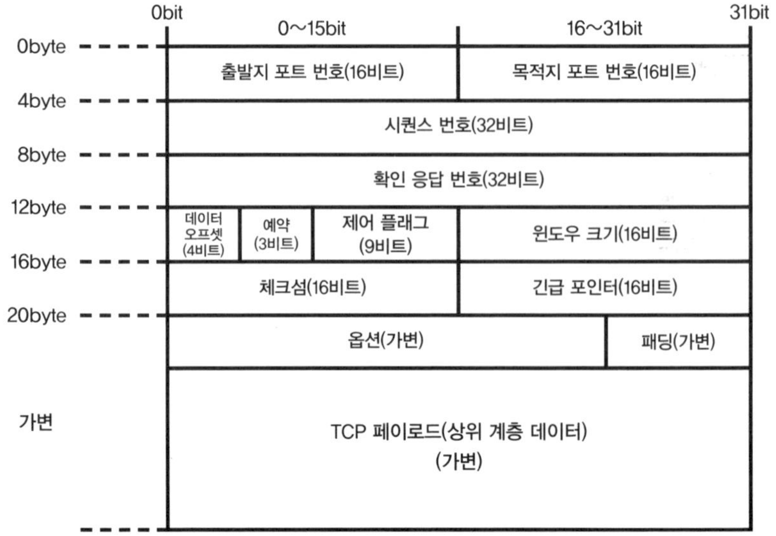

0bit
0~15bit
16~31bit
31bit
0byte
4byte
8byte
12byte
16byte
20byte
가변
출발지 포트 번호(16비트)
목적지 포트 번호(16비트)
시퀀스 번호(32비트)
확인 응답 번호(32비트)
데이터 오프셋 (4비트)
예약 (3비트)
제어 플래그 (9비트)
윈도우 크기(16비트)
체크섬(16비트)
긴급 포인터(16비트)
옵션(가변)
패딩(가변)
TCP 페이로드(상위 계층 데이터) (가변)

■ 출발지 포트 번호, 목적지 포트 번호

출발지 포트 번호와 **목적지 포트 번호**는 상위 계층 프로토콜을 나타내는 데 사용되는 16비트 필드의 값입니다. 클라이언트가 서버와 통신할 때, 클라이언트는 일정 범위 내에서 무작위로 결정한 값을 출발지 포트 번호로 설정합니다. 그리고 애플리케이션에 할당된 값을 목적지 포트 번호로 설정합니다. 서버는 수신된 헤더의 목적지 포트 번호를 확인해 어떤 애플리케이션과 통신할지 판단합니다.

■ 시퀀스 번호

시퀀스 번호는 TCP 세그먼트의 데이터 전체에서의 위치를 나타내는 32비트 필드입니다. 송신 측 단말기에서 애플리케이션으로부터 받은 데이터의 각 바이트마다 일련번호를 부여합니다. 선두에 **초기 시퀀스 번호**가 부여되고, 거기서부터 연속적으로 부여됩니다. TCP 세그먼트를 송신할 때마다 송신한 세그먼트의 바이트 수만큼 더해줍니다.

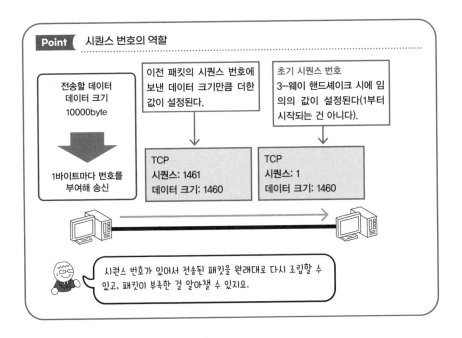

Point 시퀀스 번호의 역할

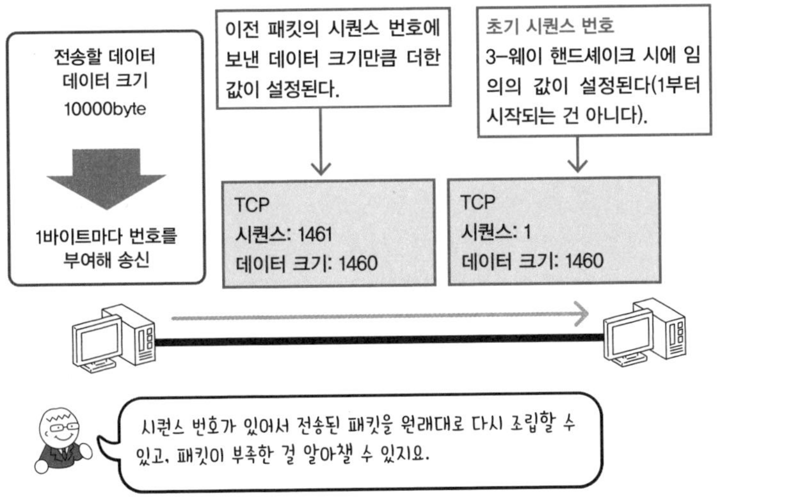

전송할 데이터
데이터 크기
10000byte
1바이트마다 번호를
부여해 송신
이전 패킷의 시퀀스 번호에 보낸 데이터 크기만큼 더한 값이 설정된다.
초기 시퀀스 번호
3-웨이 핸드셰이크 시에 임의의 값이 설정된다(1부터 시작되는 건 아니다).
TCP
시퀀스: 1461
데이터 크기: 1460
TCP
시퀀스: 1
데이터 크기: 1460
시퀀스 번호가 있어서 전송된 패킷을 원래대로 다시 조립할 수 있고, 패킷이 부족한 걸 알아챌 수 있지요.

■ 확인 응답 번호

확인 응답 번호는 다음에 수신할 데이터의 시퀀스 번호를 나타내는 32비트 필드입니다. 수신한 데이터의 시퀀스 번호에 수신한 데이터의 크기를 더한 값, 즉 다음에 도착할 데이터의 시퀀스 번호가 확인 응답 번호로 설정됩니다.

수신하는 쪽에서 송신하는 쪽에 "다음에는 이 시퀀스 번호의 데이터가 올 거에요?"라고 하는 걸로 생각하면 이해하기 쉬울 것입니다.

Point 확인 응답 번호를 이용한 수신 통지

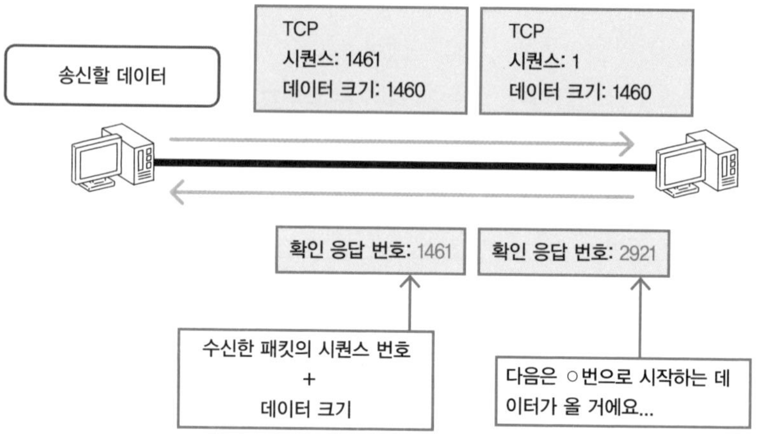
TCP
시퀀스: 1461
데이터 크기: 1460
TCP
시퀀스: 1
데이터 크기: 1460
송신할 데이터
확인 응답 번호: 1461
확인 응답 번호: 2921
수신한 패킷의 시퀀스 번호
+
데이터 크기
다음은 ○번으로 시작하는 데
이터가 올 거에요...

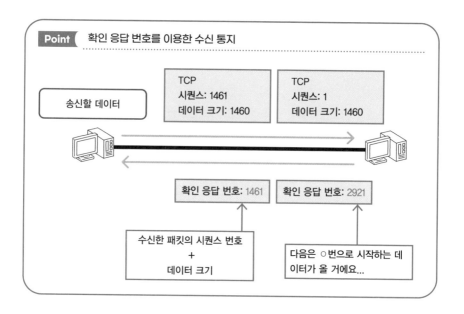

시퀀스 번호와 확인 응답 번호를 세트로 사용함으로써 수신한 쪽에서는 **수신된 데이터가 누락되지 않았는지 확인**하고 **순서를 정렬**할 수 있고, 송신한 쪽에서는 목적지에 **데이터가 제대로 전달됐는지 확인**할 수 있습니다. 시퀀스 번호와 확인 응답 번호는 TCP 통신의 신뢰성을 보장하기 위해 반드시 필요한 번호입니다.

■ 데이터 오프셋

데이터 오프셋은 TCP 헤더 자체의 크기를 나타내는 4비트 필드입니다. IP 헤더의 헤더 길이와 마찬가지로 헤더 크기를 4바이트 단위로 환산한 값이 들어갑니다. 옵션이 붙지 않은 TCP 헤더는 20바이트이므로 5라는 값이 설정됩니다.

■ 예약

TCP를 향후 확장할 것을 고려해 마련된 3비트 필드입니다. 현재는 사용하지 않으므로 0으로 채워져 있습니다.

■ 제어 플래그

제어 플래그는 연결 상태를 제어하기 위한 9비트 필드입니다. 9개의 비트가 하나씩 의미를 가지며, 어떤 플래그가 설정되어 있는지를 1 또는 0으로 나타냅니다. 예를 들어, 연결을 설정하기 위해 처음 보내는 SYN 패킷이라면 8번째 비트가 1인 상태의 TCP 세그먼트를 전송합니다.

Point 대표적인 TCP 플래그

플래그	역할
SYN 플래그 (Synchronize Flag)	커넥션 설정에 사용된다. SYN 플래그가 1이면 커넥션 설정 목적을 나타낸다. Synchronize는 동기화라는 뜻으로 송신 측과 수신 측은 시퀀스 번호와 확인 응답 번호를 동기화한다.
ACK 플래그 (Acknowledgement Flag)	확인 응답에 사용된다. ACK 플래그가 1이면 확인 응답 번호 필드에 값이 들어 있음을 나타낸다. 커넥션을 설정하는 첫 번째 SYN 패킷 이외의 TCP 세그먼트에서는 항상 ACK 플래그가 1로 되어 있다.
FIN 플래그 (Fin Flag)	커넥션 종료에 사용된다. FIN 플래그가 1이면 데이터 전송이 끝났고, 커넥션을 끊고 싶다는 목적을 나타낸다. 통신이 종료되어 커넥션을 끊을 경우, 양쪽에서 FIN 플래그에 1이 설정된 TCP 세그먼트를 교환하고 서로 확인 응답을 보내면 커넥션이 끊어진다.

■ 윈도우 크기

윈도우 크기는 수신 가능한 데이터 크기를 알리기 위한 16비트 필드입니다. 단말기는 한 번에 수신할 수 있는 데이터 크기에 제한이 있습니다. 따라서 윈도우 크기 필드를 이용해 현재 어느 정도의 데이터 크기를 수신할 수 있는지를 알려줍니다. 보내는 쪽에서는 상대방이 알려준 윈도우 크기보다 큰 데이터를 보내지 않도록 조정합니다.

■ 체크섬

체크섬은 수신한 TCP 세그먼트의 일관성을 확인하기 위한 16비트 필드입니다. IPv4 헤더의 체크섬과 유사한 방법으로 계산된 값을 체크섬 필드에 설정합니다.

■ 긴급 포인터

긴급 포인터는 제어 플래그의 URG가 1인 경우에만 유효한 16비트 필드입니다. 긴급을 요하는 데이터가 있을 때, 긴급 데이터를 나타내는 시퀀스 번호가 설정됩니다.

■ 옵션

옵션은 TCP 통신의 성능을 향상을 목적으로 사용되는 확장 기능 필드입니다. 크기는 가변적이며, 32비트 단위로 변동합니다.

■ 패딩

패딩은 TCP 헤더의 크기를 32비트 단위로 조정하기 위해 사용되는 필드입니다. 빈 데이터를 나타내는 0을 설정합니다.

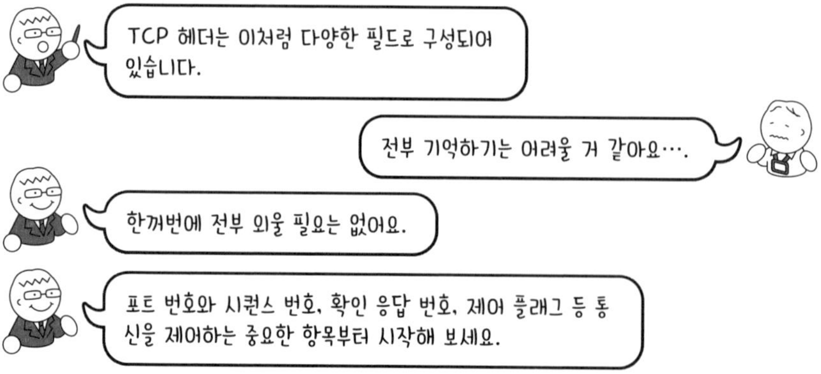
TCP 헤더는 이처럼 다양한 필드로 구성되어 있습니다.
전부 기억하기는 어려울 거 같아요….
한꺼번에 전부 외울 필요는 없어요.
포트 번호와 시퀀스 번호, 확인 응답 번호, 제어 플래그 등 통신을 제어하는 중요한 항목부터 시작해 보세요.

17 TCP 커넥션의 흐름

TCP에서는 커넥션을 설정한 다음 통신합니다. 커넥션 설정의 흐름이나 데이터 전송과 관련된 기능을 확인해 둡시다.

17-1 TCP 커넥션 설정과 해제의 기본

특징에서 언급한 바와 같이, TCP에는 통신의 신뢰성을 유지하거나 통신 효율을 향상하기 위한 다양한 기능이 정의되어 있습니다. 모든 기능을 파악하기는 어렵지만, 중요한 기능은 어느 정도 이해해 둘 필요가 있습니다. 먼저 TCP 연결에 대해 알아보겠습니다.

■ TCP 커넥션

TCP에서는 통신을 시작할 때, 통신하는 단말기의 애플리케이션 사이에 **TCP 커넥션**이라는 논리적 경로를 설정합니다. 양쪽 애플리케이션 사이에 직통 파이프를 준비해서 데이터를 주고받는다고 생각하면 됩니다. TCP에서는 커넥션이 설정된 후, 커넥션을 이용해 통신합니다. 통신이 모두 끝나면 커넥션을 닫고 통신을 종료합니다.

■ 커넥션 설정

TCP 커넥션에서는 먼저 **3-웨이 핸드셰이크**(3-way handshake)로 커넥션을 설정합니다. 간단히 말하면, 통신을 시작하기 전의 인사, 말 걸기 같은 역할을 합니다. 3-웨이 핸드셰이크의 흐름을 살펴봅시다.

3-웨이 핸드셰이크를 시작하기 전 클라이언트 애플리케이션은 **CLOSED**라는 상태이고, 서버는 **LISTEN**이라는 상태입니다. 클라이언트-서버 형태의 구조에

서 기본적으로 통신은 클라이언트 쪽에서 시작됩니다. 서버는 항상 클라이언트로부터 통신이 오길 기다리고 있습니다. 그 대기 상태가 LISTEN입니다.

예를 들어, 웹 서버는 80번 포트를 개방한 **LISTEN** 상태로 클라이언트인 브라우저로부터 통신이 오길 기다립니다. 클라이언트는 자신이 요청하지 않는 한 통신이 시작되지 않으므로, 커넥션은 닫힌 상태, **CLOSED** 상태입니다.

Point 커넥션 설정 전 TCP 상태

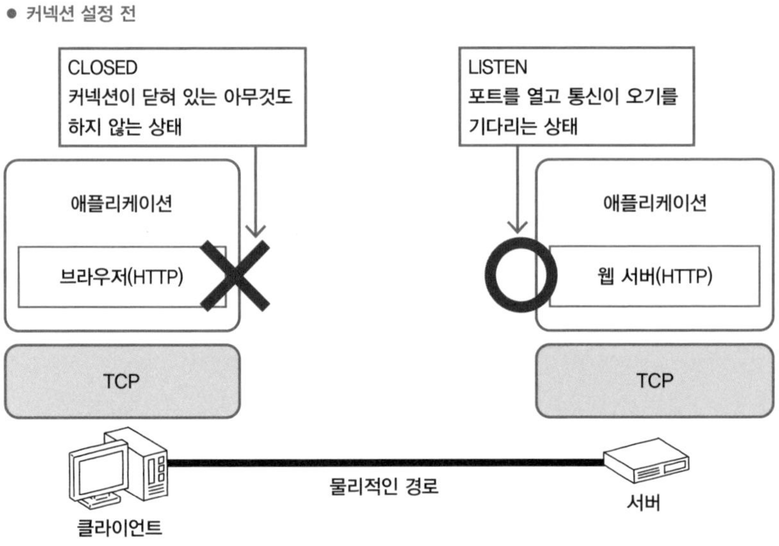

● 커넥션 설정 전
CLOSED
커넥션이 닫혀 있는 아무것도 하지 않는 상태
LISTEN
포트를 열고 통신이 오기를 기다리는 상태
애플리케이션
브라우저(HTTP)
애플리케이션
웹 서버(HTTP)
TCP
TCP
물리적인 경로
클라이언트
서버

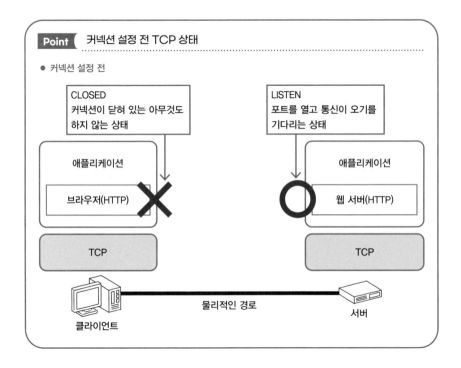

이제부터 커넥션 설정을 위해 3-웨이 핸드셰이크를 시작합니다. 다음 그림과 같이 3-웨이 핸드셰이크는 ① 클라이언트가 서버에 먼저 말을 건다 ② 이에 대해 서버가 응답한다 ③ 다시 클라이언트가 서버에 응답한다 이렇게 세 번의 통신으로 구성되어 있습니다.

Point 3-웨이 핸드셰이크 통신

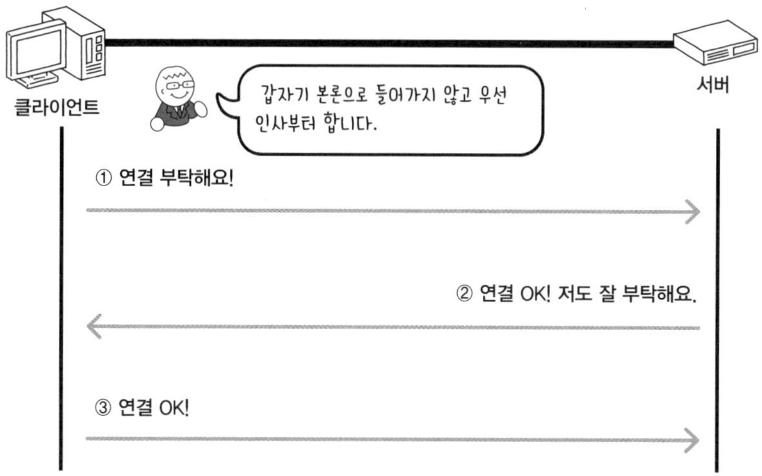
클라이언트
갑자기 본론으로 들어가지 않고 우선 인사부터 합니다.
서버
① 연결 부탁해요!
② 연결 OK! 저도 잘 부탁해요.
③ 연결 OK!

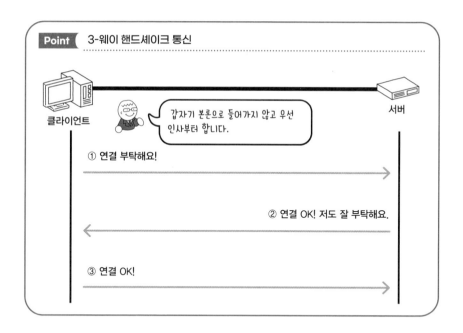

자세한 흐름은 다음과 같습니다.

① 클라이언트는 **SYN 플래그**를 1로 설정하고 **시퀀스 번호**에 임의의 초깃값을 설정한 **SYN 패킷**을 서버에 전송합니다.

② 클라이언트로부터 SYN 패킷을 받은 서버는 SYN 플래그와 **ACK 플래그**를 1로 설정하고, 시퀀스 번호에는 SYN 패킷과는 다른 임의의 값을 설정합니다. **확인 응답 번호**에 수신한 시퀀스 번호에 1을 더한 값을 설정한 SYN/ACK 패킷을 생성해 클라이언트에 반환합니다.

③ 서버로부터 SYN/ACK 패킷을 받은 클라이언트는 ACK 플래그를 1로 설정한 ACK 패킷을 서버에 반환합니다. 이때의 시퀀스 번호는 자신이 보낸 SYN 패킷의 시퀀스 번호에 1을 더한 값이며, 확인 응답 번호는 서버로부터 받은 SYN/ACK 패킷의 시퀀스 번호에 1을 더한 값으로 설정합니다.

④ 양쪽에서 보낸 SYN에 대한 ACK를 수신하면 연결 성립됩니다. 이제 애플리케이션끼리 실제 데이터를 송수신할 수 있게 됩니다. 시간이 걸리기는 했지

만, 연결이 설정되면 통신하고자 하는 상대방과 논리적인 경로가 만들어지므로 이후에는 데이터를 확실하게 전달할 수 있게 됩니다.

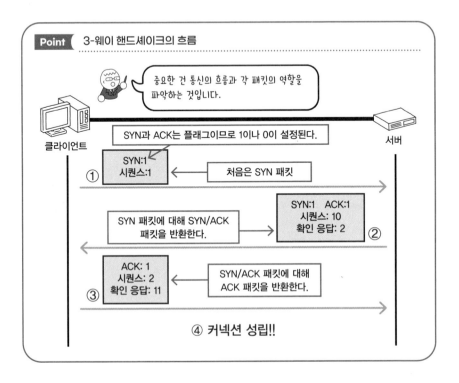

Point 3-웨이 핸드셰이크의 흐름

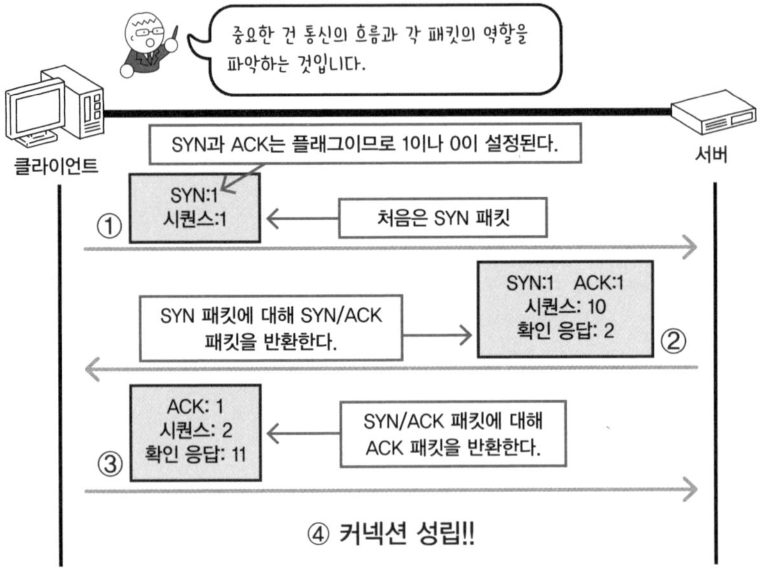
중요한 건 통신의 흐름과 각 패킷의 역할을 파악하는 것입니다.
클라이언트
서버
SYN과 ACK는 플래그이므로 1이나 0이 설정된다.
SYN:1
시퀀스:1
①
처음은 SYN 패킷
SYN:1 ACK:1
시퀀스: 10
확인 응답: 2
SYN 패킷에 대해 SYN/ACK 패킷을 반환한다.
②
ACK: 1
시퀀스: 2
확인 응답: 11
③
SYN/ACK 패킷에 대해 ACK 패킷을 반환한다.
④ 커넥션 성립!!

Point TCP의 커넥션

TCP에서 하는 일

- 3-웨이 핸드셰이크로 커넥션 열기
- 제어 플래그로 커넥션 상태 관리

흐름이 좀 복잡하네요…
여러 파라미터가 등장해서 복잡할 수 있어요.
여긴 이해하기 어려운 곳이니 대강의 흐름만 확인해 두면 됩니다.
TCP 헤더의 필드와 함께 기억하겠습니다!

17-2 데이터 송신에 관한 기능을 알아보자

커넥션이 설정되면 애플리케이션이 데이터 전송하기 시작합니다. 데이터 전송의 신뢰성을 유지하기 위한 메커니즘으로 **확인 응답** 및 **재전송 제어, 흐름 제어** 등을 이용해 데이터를 전송합니다.

■ 확인 응답과 재전송 제어

TCP에서는 수신 측에서 데이터를 수신하면 송신 측에 데이터를 수신했음을 알려줍니다. 이것이 바로 **확인 응답**입니다. TCP 헤더에서 설명한 **확인 응답 번호**를 통해 송신 측에서는 자신이 보낸 데이터를 상대방이 어디까지 수신했는지 확인할 수 있습니다. 확인 응답이 돌아오지 않으면 데이터가 중간에 유실됐을 가능성이 있습니다.

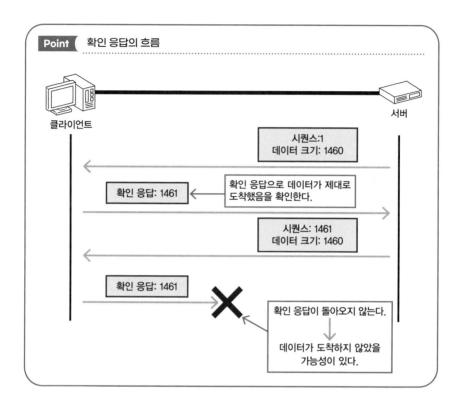

Point 확인 응답의 흐름

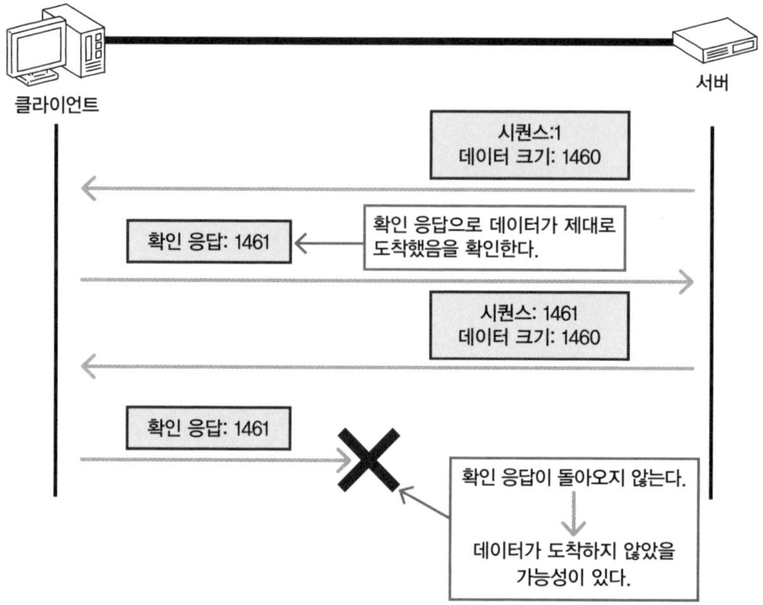
클라이언트
서버
시퀀스:1
데이터 크기: 1460
확인 응답: 1461
확인 응답으로 데이터가 제대로 도착했음을 확인한다.
시퀀스: 1461
데이터 크기: 1460
확인 응답: 1461
확인 응답이 돌아오지 않는다.
데이터가 도착하지 않았을 가능성이 있다.

만약 일정 시간 동안 확인 응답이 돌아오지 않으면 데이터를 재전송합니다. 이것이 **재전송 제어**입니다. 재전송 제어는 **중복(Duplicate) ACK**와 **재전송 타임아웃**이라는 두 가지 방법으로 재전송이 필요한지 판단합니다.

중복 ACK는 수신 측으로부터 확인 응답 번호가 동일한 ACK 패킷을 여러 번 받았을 경우입니다. 수신 측에서는 수신한 시퀀스 번호가 일부 누락된 경우, 수신한 부분까지 확인 응답을 연속해서 반환합니다. 송신 측에서는 동일한 ACK 패킷이 여러 번 반환되면 재전송이 필요한 상태로 인지해, 패킷을 재전송합니다.

재전송 타임아웃은 송신 측에서 일정 시간 내에 ACK가 돌아오지 않았을 경우입니다. 송신한 시퀀스 번호에 대한 확인 응답이 일정 시간 동안 돌아오지 않을 경우, 패킷을 재전송합니다. 재전송 타임아웃으로 판단되기까지의 시간을 **재전**

송 타이머라고 합니다.

일반적으로 재전송 타임아웃 재전송 제어보다 중복 ACK 재전송 제어가 빠르기 때문에, 중복 ACK를 이용한 재전송 제어를 **고속 재전송 제어**라고 합니다.

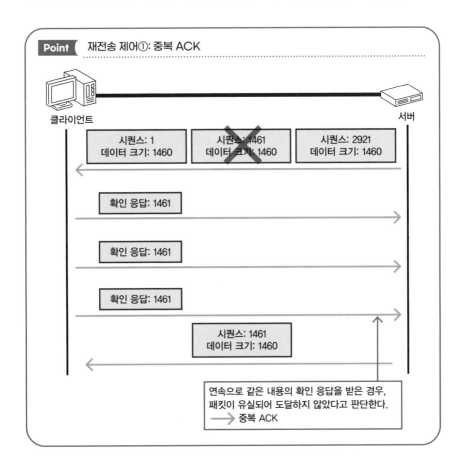

Point 재전송 제어①: 중복 ACK

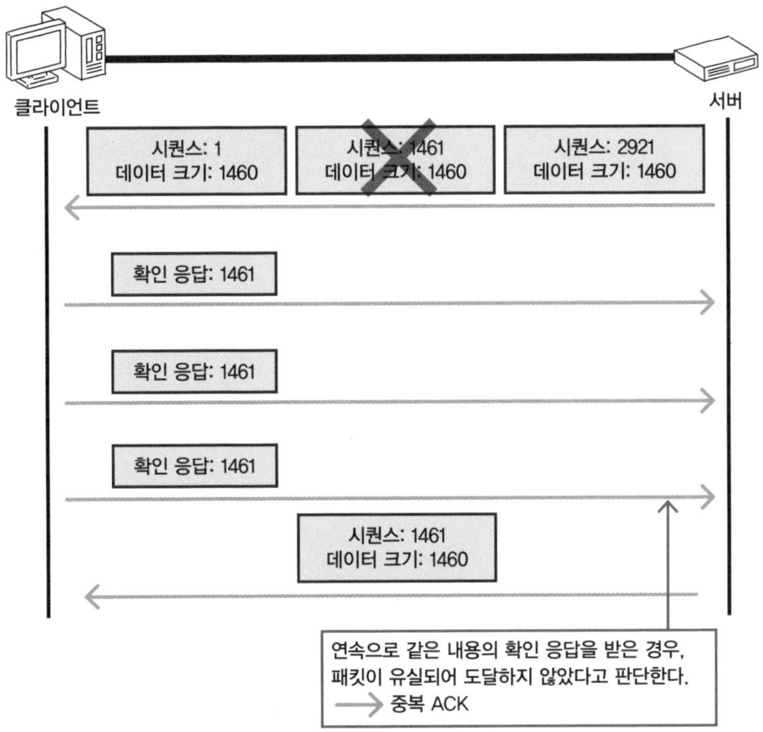

클라이언트
서버
시퀀스: 1
데이터 크기: 1460
시퀀스: 1461
데이터 크기: 1460
시퀀스: 2921
데이터 크기: 1460
확인 응답: 1461
확인 응답: 1461
확인 응답: 1461
시퀀스: 1461
데이터 크기: 1460
연속으로 같은 내용의 확인 응답을 받은 경우,
패킷이 유실되어 도달하지 않았다고 판단한다.
중복 ACK

Point 재전송 제어② : 재전송 타임아웃

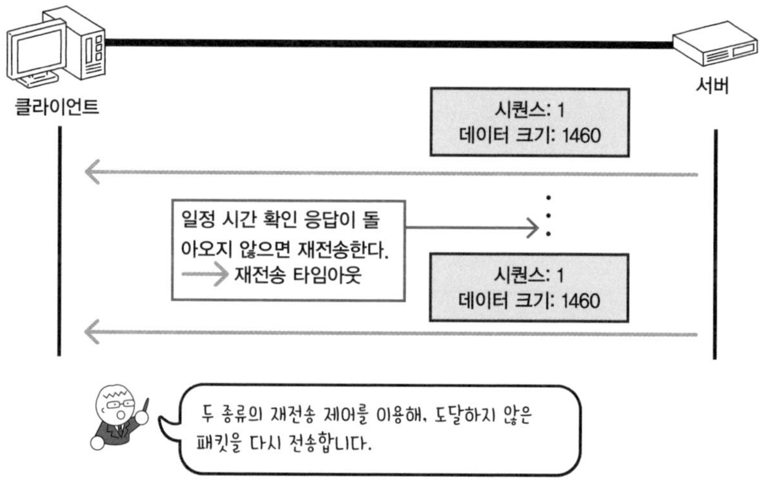

클라이언트
서버
시퀀스: 1
데이터 크기: 1460
일정 시간 확인 응답이 돌
아오지 않으면 재전송한다.
→ 재전송 타임아웃
시퀀스: 1
데이터 크기: 1460
두 종류의 재전송 제어를 이용해, 도달하지 않은
패킷을 다시 전송합니다.

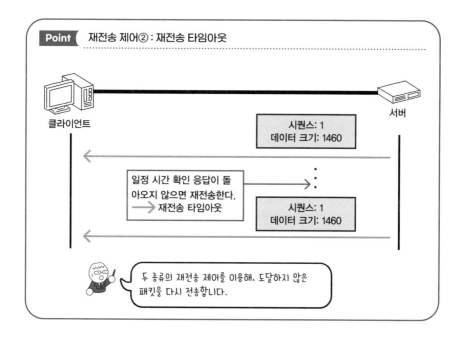

■ 윈도우 제어

위와 같이 TCP에서는 한 세그먼트마다 확인 응답이 돌아옵니다. 하지만, 한 세그먼트마다 확인 응답을 받고 나서 다음 패킷을 보내는 식으로 데이터를 전송하면, 모든 데이터를 완전히 전송하는 데 시간이 오래 걸립니다.

그래서 한 세그먼트마다 응답을 기다리는 대신, 여러 세그먼트를 연속으로 보내고 수신 측에서 여러 세그먼트에 대한 확인 응답을 한꺼번에 반환하는 방법을 채택하고 있습니다. 이렇게 하면 통신 효율을 향상시킬 수 있습니다.

확인 응답을 기다리지 않고 한 번에 보낼 수 있는 데이터 양을 **윈도우 크기**라고 합니다. 윈도우 크기는 수신 측에서 송신 측으로 TCP 헤더의 윈도우 크기 필드를 통해 한 번에 수신할 수 있는 양을 3-웨이 핸드셰이크 시에 알려줍니다. 윈도우 크기를 이용해 송수신할 데이터 양을 제어하는 방법을 **윈도우 제어**라고 합니다.

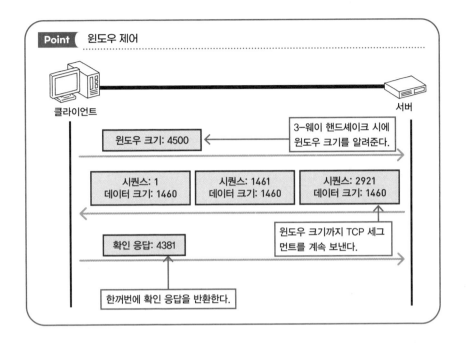

Point 윈도우 제어

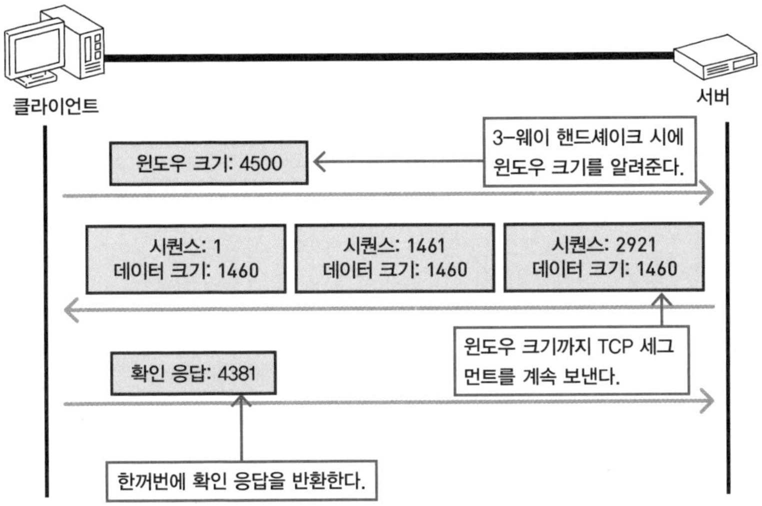
클라이언트
서버
윈도우 크기: 4500
3-웨이 핸드셰이크 시에
윈도우 크기를 알려준다.
시퀀스: 1
데이터 크기: 1460
시퀀스: 1461
데이터 크기: 1460
시퀀스: 2921
데이터 크기: 1460
윈도우 크기까지 TCP 세그
먼트를 계속 보낸다.
확인 응답: 4381
한꺼번에 확인 응답을 반환한다.

■ 흐름 제어

데이터를 송신하는 쪽에서는 자신의 애플리케이션 상황에 맞게 데이터를 전송합니다. 하지만, 수신할 수 없는 양의 데이터가 전송되면 수신 측에서는 처리가 무거워지고 누락되는 패킷이 발생하게 됩니다.

이를 방지하고자 수신 측에서는 헤더 내 윈도우 크기 필드를 통해 그 시점에 수신할 수 있는 데이터 허용량을 송신 측에 다시 알려줍니다. 송신 측은 3-웨이 핸드셰이크 시에 통보된 상대방의 윈도우 크기로 데이터를 보내다가, 새로운 윈도우 크기가 통보되면 데이터를 더 보내지 않고 확인 응답을 기다립니다. 이처럼 수신하는 쪽 윈도우 크기에 맞춰 데이터 전송량을 조절하는 것을 **흐름 제어**라고 합니다.

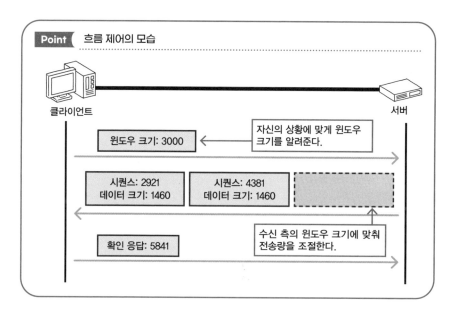

Point 흐름 제어의 모습

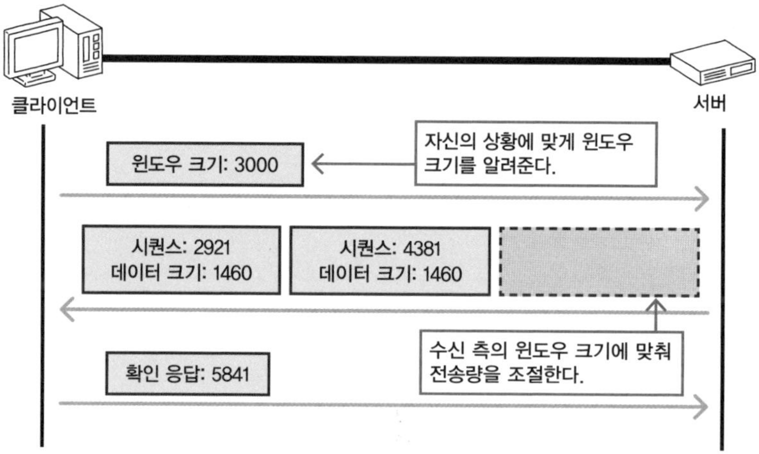
클라이언트
서버
윈도우 크기: 3000
자신의 상황에 맞게 윈도우
크기를 알려준다.
시퀀스: 2921
데이터 크기: 1460
시퀀스: 4381
데이터 크기: 1460
수신 측의 윈도우 크기에 맞춰
전송량을 조절한다.
확인 응답: 5841

TCP에는 여기서 소개한 것뿐 아니라,
통신 제어에 관한 다양한 기능이 정의돼 있습니다.

모두 효율적이고 확실하게 통신하는 데 필요한 것이죠.

단순히 데이터만 주고받는다고 통신이 되는 건 아니군요.

단순히 보내기만 한다면 IP와 이더넷으로 충분하지요.
하지만, 패킷이 유실되기도 하고 효율적으로 전송할 수가 없습니다.

그런 부분을 TCP가 보완해 주는 것이죠.

18 TCP 패킷을 캡처해 보자

실제로 TCP 패킷을 캡처해 헤더의 각 필드의 역할을 확인해 봅시다.

18-1 TCP 패킷을 캡처해 보자

그럼 실제로 패킷을 캡처해서 TCP 헤더를 확인해 봅시다.

이더넷 때와 마찬가지로 Wireshark에서 캡처를 시작한 상태로 브라우저로 어딘가에 접속해 보십시오.

■ TCP 헤더를 확인하자

캡처한 패킷 중 하나를 클릭해 화면 아래에서 세부 정보를 살펴보겠습니다.

위에서 4번째쯤 'Transmission Control Protocol, …' 항목이 있는데, 클릭하면 TCP 헤더에 관한 세부 정보가 표시됩니다.

내용은 다음 그림과 같습니다. 앞에서 소개한 TCP 헤더의 내용과 같은 항목이 나열되어 있음을 알 수 있습니다. 각 항목의 내용은 각자 환경에 따라 다르지만 헤더의 항목 자체는 정의된 것이므로 기본적으로 바뀌지 않습니다. 이번에 캡처한 패킷은 3-웨이 핸드셰이크의 선두 패킷이므로, SYN 플래그에 1이 설정되어 있습니다. 이처럼 캡처했을 때의 연결 상태에 따른 플래그가 컨트롤 플래그에 설정됩니다.

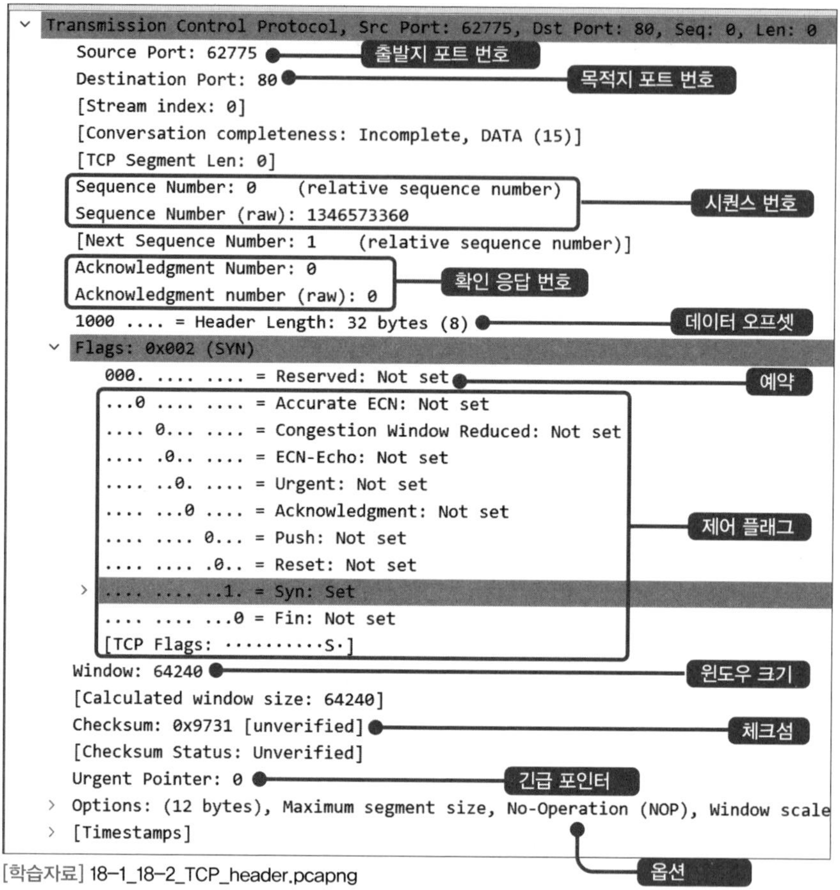
Transmission Control Protocol, Src Port: 62775, Dst Port: 80, Seq: 0, Len: 0
Source Port: 62775
출발지 포트 번호
Destination Port: 80
목적지 포트 번호
[Stream index: 0]
[Conversation completeness: Incomplete, DATA (15)]
[TCP Segment Len: 0]
Sequence Number: 0   (relative sequence number)
Sequence Number (raw): 1346573360
시퀀스 번호
[Next Sequence Number: 1   (relative sequence number)]
Acknowledgment Number: 0
Acknowledgment number (raw): 0
확인 응답 번호
1000 .... = Header Length: 32 bytes (8)
데이터 오프셋
Flags: 0x002 (SYN)
000. .... = Reserved: Not set
예약
...0 .... = Accurate ECN: Not set
.... 0... .... = Congestion Window Reduced: Not set
.... .0.. .... = ECN-Echo: Not set
.... ..0. .... = Urgent: Not set
....0 .... = Acknowledgment: Not set
.... 0... = Push: Not set
.... .0.. = Reset: Not set
....1. = Syn: Set
....0 = Fin: Not set
[TCP Flags: ··········S·]
제어 플래그
Window: 64240
윈도우 크기
[Calculated window size: 64240]
Checksum: 0x9731 [unverified]
체크섬
[Checksum Status: Unverified]
Urgent Pointer: 0
긴급 포인터
Options: (12 bytes), Maximum segment size, No-Operation (NOP), Window scale
[Timestamps]
옵션
[학습자료] 18-1_18-2_TCP_header.pcapng

■ 3-웨이 핸드셰이크 과정

이제 3-웨이 핸드셰이크의 과정을 확인해 봅시다.

다음 그림과 같이 캡처한 TCP에서 맨 위 패킷들을 살펴봅니다. 관련 없는 패킷이 표시되어 알아보기 힘들면, 1장에서 소개한 디스플레이 필터를 사용해 정리하세요.

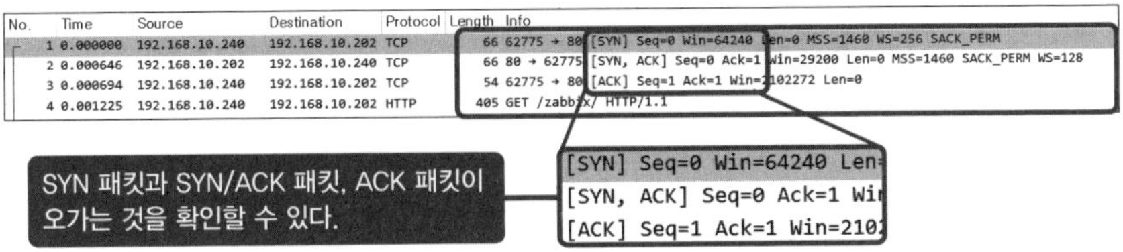
No. Time Source Destination Protocol Length Info
1 0.000000 192.168.10.240 192.168.10.202 TCP 66 62775 → 80 [SYN] Seq=0 Win=64240 Len=0 MSS=1460 WS=256 SACK_PERM
2 0.000646 192.168.10.202 192.168.10.240 TCP 66 80 → 62775 [SYN, ACK] Seq=0 Ack=1 Win=29200 Len=0 MSS=1460 SACK_PERM WS=128
3 0.000694 192.168.10.240 192.168.10.202 TCP 54 62775 → 80 [ACK] Seq=1 Ack=1 Win=2102272 Len=0
4 0.001225 192.168.10.240 192.168.10.202 HTTP 405 GET /zabbix/ HTTP/1.1
SYN 패킷과 SYN/ACK 패킷, ACK 패킷이 오가는 것을 확인할 수 있다.
[SYN] Seq=0 Win=64240
[SYN, ACK] Seq=0 Ack=1
[ACK] Seq=1 Ack=1

처음 3개의 패킷을 살펴보겠습니다. 패킷을 선택하면 하단 패널에서 세부 내용을 확인하거나 상단의 Info 란에서 간단하게 내용을 확인할 수 있습니다. SYN 플래그에만 1이 설정된 SYN 패킷, SYN과 ACK에 1이 설정된 SYN/ACK 패킷, ACK 플래그에만 1이 설정된 ACK 패킷 등 3개의 패킷이 오가는 것을 확인할 수 있습니다.

이 과정이 3-웨이 핸드셰이크이며, 3-웨이 핸드셰이크 이후 4번째 패킷부터 실제 데이터 교환이 이루어집니다.

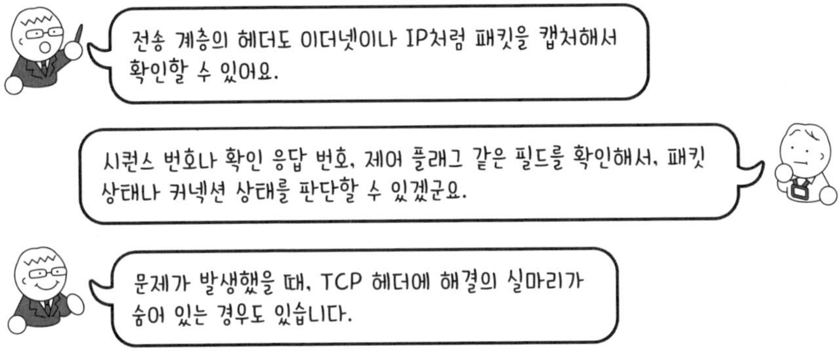
전송 계층의 헤더도 이더넷이나 IP처럼 패킷을 캡처해서 확인할 수 있어요.
시퀀스 번호나 확인 응답 번호, 제어 플래그 같은 필드를 확인해서, 패킷 상태나 커넥션 상태를 판단할 수 있겠군요.
문제가 발생했을 때, TCP 헤더에 해결의 실마리가 숨어 있는 경우도 있습니다.

19 UDP의 기초

UDP는 TCP와 같이 전송 계층의 프로토콜이지만, TCP와는 다른 특징이 있습니다. 이 둘의 차이점을 확실하게 알아 둡시다.

19-1 UDP는 단순하고 빠르다

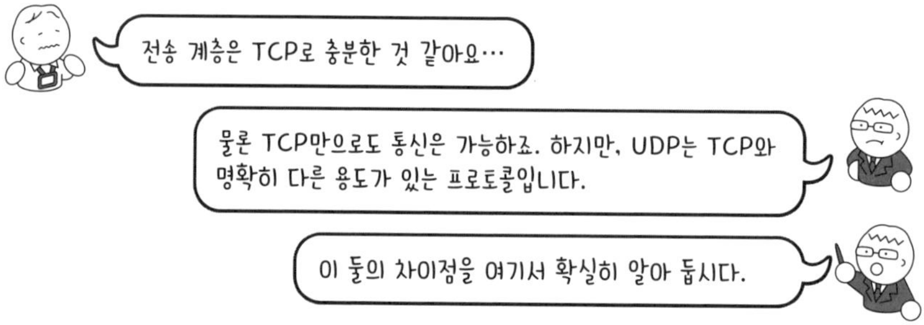

전송 계층은 TCP로 충분한 것 같아요…
물론 TCP만으로도 통신은 가능하죠. 하지만, UDP는 TCP와 명확히 다른 용도가 있는 프로토콜입니다.
이 둘의 차이점을 여기서 확실히 알아 둡시다.

TCP는 통신의 신뢰성을 중요시하는 연결형 프로토콜입니다. 반면, **UDP**(User Datagram Protocol)는 신뢰성 등을 보장하지 않는 **비연결형 프로토콜**입니다. TCP의 혼잡 제어 및 재전송 제어와 같은 복잡한 제어를 전혀 하지 않고, 단순한 처리로 빠르게 동작하는 전송 계층 프로토콜입니다.

Point UDP의 특징

- **통신에 대한 신뢰성이 낮다.**
- **전송 속도가 빠르다.**
- **일대다 통신에 적합하다.**

TCP는 3-웨이 핸드셰이크를 이용해 연결을 설정한 후 통신을 시작합니다. 전달되지 않은 패킷이 있으면 재전송 제어를 하고, 흐름 제어나 혼잡 제어와 같은 통신의 신뢰성 및 효율화를 위한 제어를 합니다. UDP에는 그와 같은 처리가 없습니다.

UDP는 신뢰성보다는 일단 빠르게 데이터를 전달하는 것에 주목해서, **실시간성**이 요구되는 상황에서 이용되는 경우가 많은 프로토콜입니다.

Point UDP는 전송 계층의 프로토콜

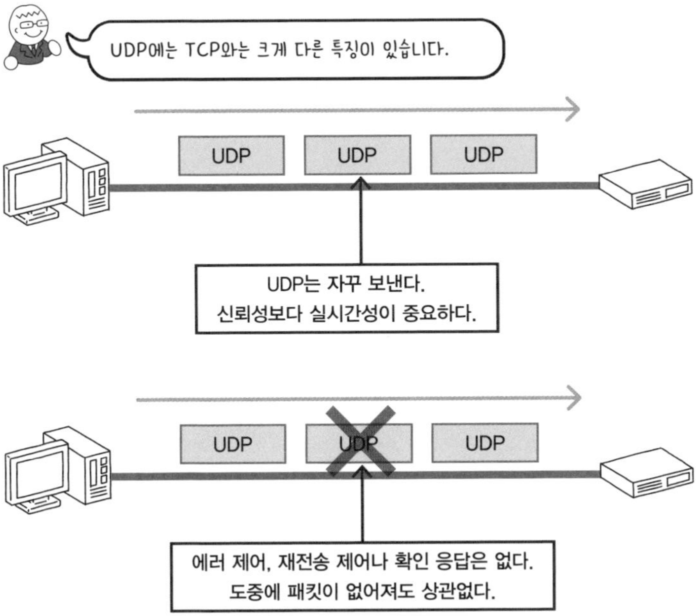
UDP에는 TCP와는 크게 다른 특징이 있습니다.
UDP
UDP
UDP
UDP는 자꾸 보낸다.
신뢰성보다 실시간성이 중요하다.
UDP
UDP
UDP
에러 제어, 재전송 제어나 확인 응답은 없다.
도중에 패킷이 없어져도 상관없다.

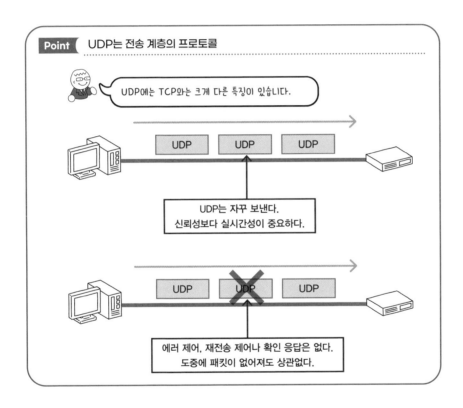

19-2 UDP 헤더의 형식을 살펴보자

전송 계층에서 다루는 PDU를 세그먼트 또는 데이터그램이라고 하는데, 응용 계층에서 내려온 데이터에 UDP 헤더를 추가한 것을 **데이터그램**이라고 부릅니다.

전송 속도를 높이기 위해 불필요한 요소들이 생략됐습니다.

UDP 헤더는 **출발지 포트 번호**, **목적지 포트 번호**, **UDP 데이터그램 길이**, **체크섬** 네 개 필드로 구성되며, TCP 헤더와 비교하면 UDP 헤더가 매우 단순한 구조임을 알 수 있습니다.

Point UDP 헤더 형식

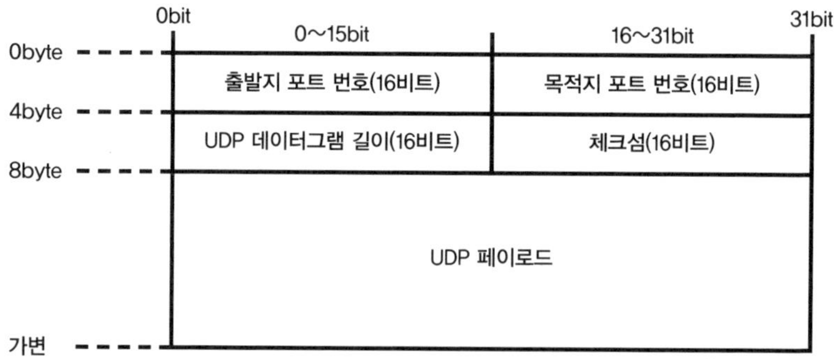
0bit
0~15bit
16~31bit
31bit
0byte
4byte
8byte
가변
출발지 포트 번호(16비트)
목적지 포트 번호(16비트)
UDP 데이터그램 길이(16비트)
체크섬(16비트)
UDP 페이로드

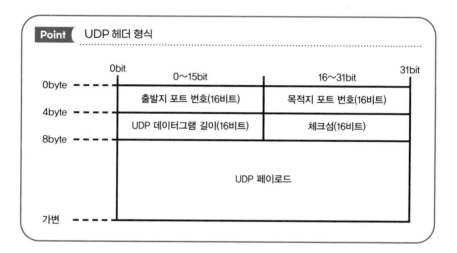

■ 발신자 포트 번호/수신자 포트 번호

포트 번호는 기본적으로 TCP와 같습니다.

■ UDP 데이터그램 길이

UDP 데이터그램 길이는 UDP 헤더와 페이로드를 합친 길이를 나타내는 값으로 2바이트 필드입니다.

■ 체크섬

체크섬은 수신된 UDP 데이터그램의 무결성을 확인하기 위한 2바이트 필드입니다. TCP 헤더의 체크섬과 마찬가지로 체크섬을 계산해 체크섬 필드에 설정합니다.

19-3 TCP와 UDP의 차이를 이해하고 알맞게 사용하자

15-4에서 설명한 대로 TCP에는 다음과 같은 특징이 있습니다.

- 연결형(커넥션형) 프로토콜
- 3-웨이 핸드셰이크나 ACK를 이용한 수신 확인, 재전송 제어 등으로 높은 신뢰성
- 흐름 제어나 혼잡 제어로 통신 효율의 최적화

UDP의 특징은 **19-2**에서 설명한 대로입니다. TCP와 UDP의 차이를 간단히 정리해 두겠습니다.

Point TCP와 UDP의 차이

항목	TCP	UDP
통신 방식	연결형	비연결형
신뢰성	높다	낮다
전송 속도	(UDP와 비교해서) 느리다	빠르다
프로토콜 번호	6	17
주요 특징	- 커넥션 설정, 유지, 절단을 한다 - 순서 제어, 재전송 제어 등으로 통신의 신뢰성을 확보한다 - 윈도우 제어, 흐름 제어	- 헤더가 작다 - 신뢰성을 보장하지 않는다 - TCP와 비교해서 빠르고, 실시간성이 우수하다

이런 특징을 바탕으로 TCP와 UDP의 용도를 생각해 봅시다.

TCP는 주로 **신뢰성이 요구되는 통신**에 적합합니다. 예를 들어 웹, 이메일, 파일 전송 등 데이터가 확실히 전달돼야 하는 통신입니다. 최근의 많은 애플리케이션에서 TCP를 사용하고 있고, 인터넷에 흘러 다니는 통신 중 약 80%가 TCP라고 알려져 있습니다.

UDP는 **실시간성이 요구되는 통신이나 데이터 양이 적은 간단한 통신**에 적합합니

다. 음성이나 동영상 스트리밍 서비스 또는 IP 네트워크를 사용하는 음성 통신인 VoIP는 실시간으로 데이터를 전달하는 것이 최우선입니다. TCP로 3-웨이 핸드셰이크나 확인 응답을 사용하면 신뢰성 유지를 위한 통신에 시간이 걸려 실시간성이 저하됩니다. 이 때문에 속도가 빠른 UDP를 이용해 실시간성을 실현합니다.

DNS, NTP, syslog 등은 데이터 양이 적은 통신입니다. 이러한 프로토콜은 TCP로 3-웨이 핸드셰이크나 확인 응답을 이용하면 데이터 자체보다 신뢰성 유지를 위한 통신이 더 많아 낭비가 발생합니다. 따라서 불필요한 정보가 적고 구조도 간단한 UDP를 이용해 낭비를 줄이고 있습니다.

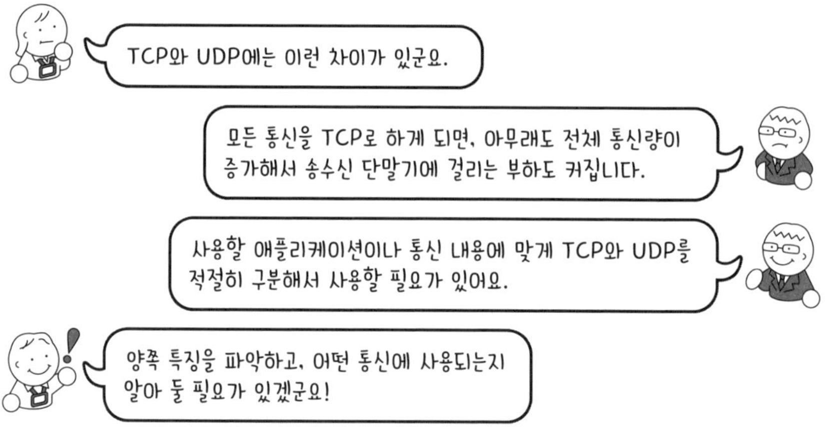
TCP와 UDP에는 이런 차이가 있군요.
모든 통신을 TCP로 하게 되면, 아무래도 전체 통신량이 증가해서 송수신 단말기에 걸리는 부하도 커집니다.
사용할 애플리케이션이나 통신 내용에 맞게 TCP와 UDP를 적절히 구분해서 사용할 필요가 있어요.
양쪽 특징을 파악하고, 어떤 통신에 사용되는지 알아 둘 필요가 있겠군요!

19-4 UDP 패킷을 캡처해 보자

그럼, 실제로 패킷을 캡처해 UDP 헤더를 확인해 봅시다. UDP 패킷은 일반 브라우저에서 접속할 때 반드시 캡처할 수 있는 것이 아니기 때문에, 이번에는 **DNS**를 사용해 보겠습니다.

DNS는 도메인 이름을 IP 주소로 변환하는 데 사용되는 프로토콜 및 시스템입니다. 브라우저에서 URL을 이용해 웹사이트에 접속할 때, URL에 포함된 도메인 이름을 IP 주소로 변환해 접속할 웹 서버를 식별하기 위해 사용됩니다. 자세한 내용은 4장에서 설명합니다.

Wireshark에서 캡처를 시작한 상태에서 다음 명령으로 DNS 패킷을 캡처해 봅시다.

```
nslookup www.youngjin.com
```

- **DNS를 사용한다**

Windows 환경에서는 명령 프롬프트 창을 열어, 다음 명령을 실행합니다.

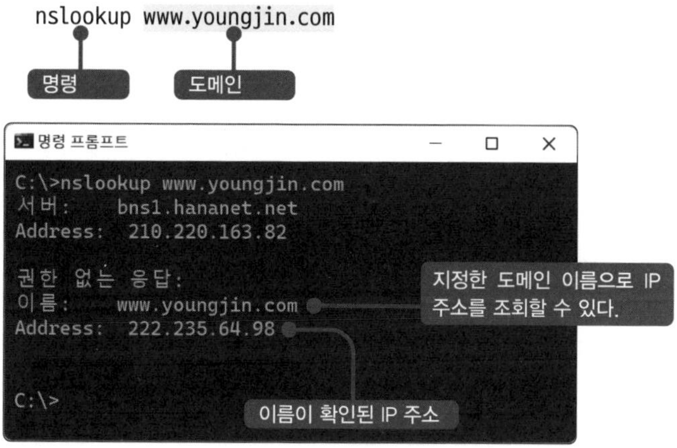
nslookup www.youngjin.com
명령
도메인
명령 프롬프트
C:\>nslookup www.youngjin.com
서버: bns1.hananet.net
Address: 210.220.163.82
권한 없는 응답:
이름: www.youngjin.com
Address: 222.235.64.98
C:\>
지정한 도메인 이름으로 IP 주소를 조회할 수 있다.
이름이 확인된 IP 주소

캡처된 패킷이 많을 경우, 디스플레이 필터에 'dns'를 입력해서 DNS 패킷만 표시하세요.

캡처한 패킷 중 하나를 클릭해 화면 하단의 패킷 세부 정보를 확인합시다. 위에서 4번째 줄에 'User Datagram Protocol, ...'이 있을 것입니다. 해당 항목을 클릭하면 UDP 헤더의 상세 정보를 확인할 수 있습니다.

앞에서 설명한 UDP 헤더와 동일한 항목이 나열된 것을 확인할 수 있습니다. 각 항목의 내용은 사용자 환경에 따라 달라지지만, 헤더 항목 자체는 정의되어 있으므로 기본적으로 변하지 않습니다.

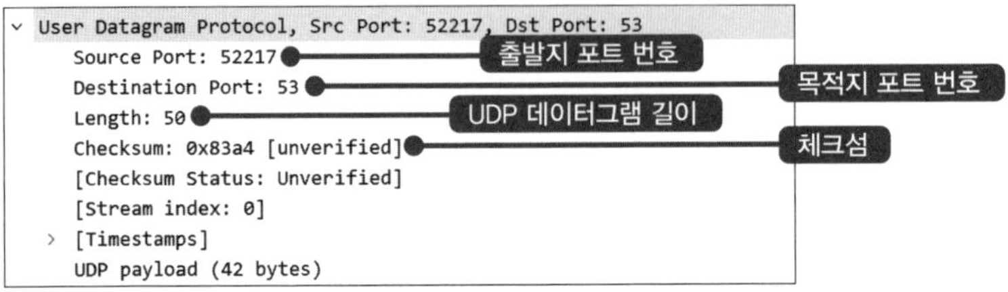
User Datagram Protocol, Src Port: 52217, Dst Port: 53
Source Port: 52217
출발지 포트 번호
Destination Port: 53
목적지 포트 번호
Length: 50
UDP 데이터그램 길이
Checksum: 0x83a4 [unverified]
체크섬
[Checksum Status: Unverified]
[Stream index: 0]
[Timestamps]
UDP payload (42 bytes)

[학습자료] 19-5_UDP_header.pcapng

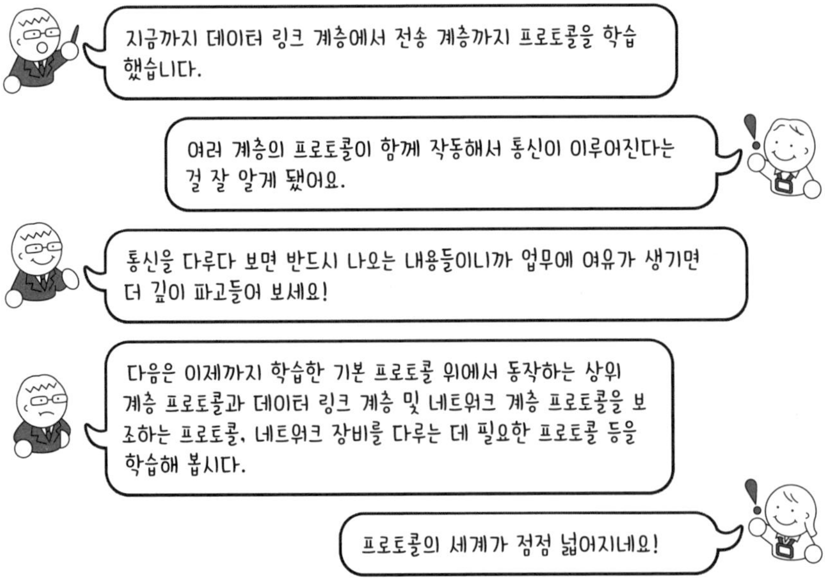
지금까지 데이터 링크 계층에서 전송 계층까지 프로토콜을 학습했습니다.
여러 계층의 프로토콜이 함께 작동해서 통신이 이루어진다는 걸 잘 알게 됐어요.
통신을 다루다 보면 반드시 나오는 내용들이니까 업무에 여유가 생기면 더 깊이 파고들어 보세요!
다음은 이제까지 학습한 기본 프로토콜 위에서 동작하는 상위 계층 프로토콜과 데이터 링크 계층 및 네트워크 계층 프로토콜을 보조하는 프로토콜, 네트워크 장비를 다루는 데 필요한 프로토콜 등을 학습해 봅시다.
프로토콜의 세계가 점점 넓어지네요!

3장 연습문제

문제 1

TCP의 특징에 관해 바르게 설명한 것은?

① 브로드캐스트와 멀티캐스트에 이용된다.

② 네트워크 계층의 프로토콜이다.

③ 통신의 신뢰성을 확보하는 기능이 있다.

④ 직접 연결된 장치 간의 통신에 관해 규정한다.

문제 2

다음 중 UDP의 특징에 관해 바르게 설명한 것은?

① 네트워크 계층의 프로토콜이다.

② 확인 응답과 재전송 제어와 같은 기능이 없다.

③ 신뢰성을 필요로 하는 통신에서 이용된다.

④ 커넥션 연결에 3-웨이 핸드셰이크를 이용한다.

문제 3

다음 중 포트 번호에 관해 바르게 설명한 것은?

① 목적지 포트 번호는 통신의 목적지 단말기를 식별하기 위해 사용된다.

② 출발지 포트 번호는 항상 0 ~ 1023 사이에서 선택된다.

③ 모든 포트 번호는 IANA에서 관리하고 있으며, 프로토콜 등과 연관되어 있다.

④ 포트 번호는 상위 계층의 애플리케이션을 식별하기 위해 사용된다.

정답

문제 1 정답은 ③

통신의 신뢰성을 확보하는 기능이 있다

TCP는 전송 계층의 프로토콜이며 상위 계층의 애플리케이션을 식별하는 포트 번호 정의나 통신 신뢰성 확보, 통신 효율화 등의 역할을 합니다.

문제 2 정답은 ②

확인 응답과 재전송 제어와 같은 기능이 없다.

UDP는 TCP와 달리 확인 응답, 재전송 제어 및 흐름 제어와 같은 기능이 없습니다. 그만큼 빨라진 속도로 실시간성이 필요한 음성 통화나 스트리밍 등에 사용됩니다.

문제 3 정답은 ④

포트 번호는 상위 계층의 애플리케이션을 식별하기 위해 사용된다.

TCP나 UDP와 같은 전송 계층의 프로토콜은 단말기에 도달한 통신을 상위 계층의 각 애플리케이션이나 프로토콜로 전달하는 기능을 합니다. 이때 애플리케이션과 프로토콜을 식별하기 위해 사용되는 것이 바로 포트 번호입니다.

4장

일상에서 사용하는 인터넷을 지원하는 프로토콜

20 HTTP와 HTTPS

HTTP와 HTTPS는 응용 계층의 프로토콜입니다. 수많은 프로토콜 중에서도 우리 일상에 밀접하게 관련된 프로토콜 중 하나입니다.

일할 때 모르는 게 있으면 어떻게 하나요?
선배한테 물어보거나 인터넷으로 검색해요.
웹사이트를 볼 때는 HTTP나 HTTPS를 사용하지요.
웹사이트의 데이터를 주세요!
요청
인터넷
클라이언트 측
응답
웹 서버 측
요청한 데이터는 이겁니다!
HTTP는 이런 식으로 웹사이트의 데이터를 주고받고 있어요.
웹을 이용할 때도 이런 통신이 이루어지는군요!

20-1 HTTP와 HTTPS는 웹을 지원하는 프로토콜

3장까지는 데이터 링크 계층부터 전송 계층까지의 통신 자체를 지원하는 프로토콜을 설명했습니다. 이제는 계층을 가로질러 친숙한 프로토콜에 관해 알아보겠습니다. 네트워크 사회에서 우리에게 가장 친숙한 프로토콜인 **HTTP**와 **HTTPS**부터 설명하겠습니다.

HTTP와 HTTPS는 응용 계층 프로토콜입니다. 웹 브라우저 등으로 웹사이트에서 데이터를 가져올 때 사용됩니다. URL을 표시할 때 HTTP라는 단어가 맨 앞에 있는 것을 본 적이 있을 것입니다.

HTTP의 정식 명칭은 **Hypertext Transfer Protocol**이며, 이름 그대로 원래는 **HTML**(HyperText Markup Language)이나 **XML**(Extensible Markup Language) 등의 하이퍼텍스트를 전송하기 위해 만들어진 프로토콜이었습니다. 현재는 웹에서 이미지, 음성, 동영상 등 텍스트 이외의 다양한 데이터를 다룰 수 있게 됐습니다.

HTTPS의 정식 명식은 **HTTP Secure** 또는 **HTTP over SSL/TLS**입니다. HTTP로 더 안전하게 통신하기 위한 보안 기술이 포함된 프로토콜입니다.

둘 다 현재 인터넷에서 빼놓을 수 없는 프로토콜입니다. HTTP와 HTTPS에 관해 자세히 알아보겠습니다.

HTTP와 HTTPS는 컴퓨터, 스마트폰을 비롯한 웹에 액세스 하는 장치 대부분에서 이용됩니다.

우리 생활에 가장 밀접한 프로토콜일지도 모르겠네요!

20-2 HTTP의 특징을 알아보자

HTTP에는 다양한 특징이 있지만, 여기서는 대표적인 특징을 알아 둡시다.

Point HTTP의 특징

- 응용 계층의 프로토콜이다.
- 웹에서 데이터를 가져올 때 사용된다.
- 클라이언트 서버형
- 무상태성(Stateless)

■ 응용 계층 프로토콜이다

HTTP는 **TCP/IP**에 따른 프로토콜입니다. TCP/IP에서 **응용 계층**에 위치하고, 전송 계층의 TCP를 이용해 통신하는 프로토콜입니다.

■ 웹에서 데이터를 가져올 때 사용된다.

HTTP는 브라우저 등 클라이언트가 웹 서버에 접속해 웹페이지의 데이터를 가져올 때 사용됩니다.

■ 클라이언트-서버형

HTTP는 **클라이언트 서버형** 프로토콜입니다. 주로 브라우저와 같은 클라이언트와 웹 서버 간의 데이터 교환을 담당합니다. 클라이언트는 원하는 데이터를 **리퀘스트(요청)** 형태로 서버에 보내고, 서버는 **리스폰스(응답)** 형태로 데이터를 브라우저에 반환합니다.

■ 무상태성

HTTP의 구조는 매우 단순합니다. 기본적으로는 요청과 그에 대한 응답으로 한 세트의 통신이 성립됩니다. 기본적으로 클라이언트의 상태를 서버에서 기억하는 메커니즘은 없습니다. 클라이언트의 상태를 유지하지 않는 특성을 **무상태성(stateless)**이라고 합니다. 그러나 현재는 쿠키(cookie) 등의 기술을 이용해 클라이언트의 상태를 유지할 수 있습니다.

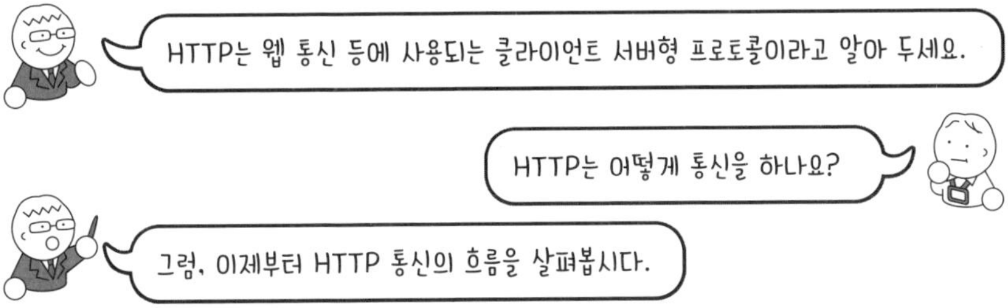
HTTP는 웹 통신 등에 사용되는 클라이언트 서버형 프로토콜이라고 알아 두세요.
HTTP는 어떻게 통신을 하나요?
그럼, 이제부터 HTTP 통신의 흐름을 살펴봅시다.

20-3 HTTP 통신의 흐름

HTTP의 특징을 이해한 후에 실제 HTTP 흐름을 살펴봅시다. HTTP 통신의 주요 흐름은 다음 그림과 같습니다.

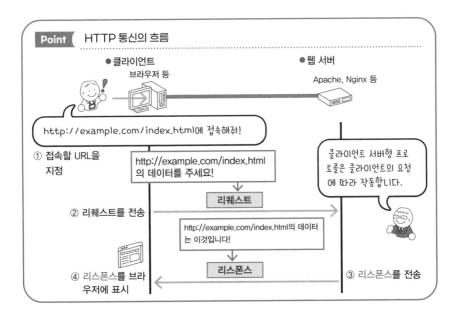

Point HTTP 통신의 흐름

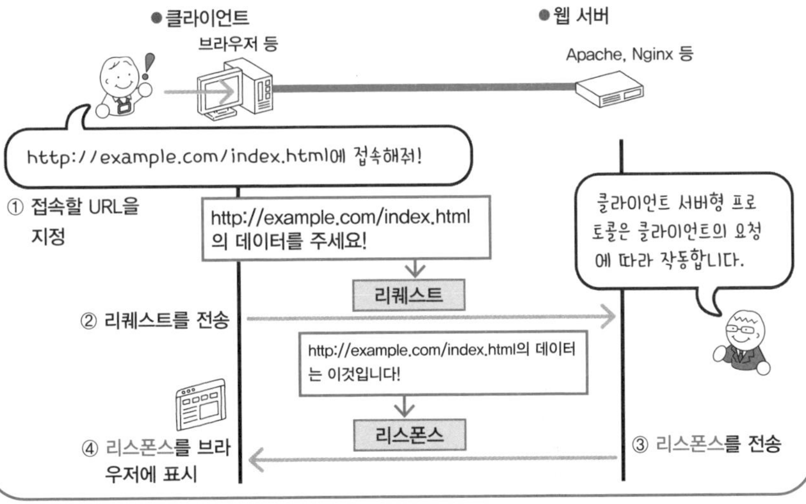
●클라이언트
브라우저 등
●웹 서버
Apache, Nginx 등
http://example.com/index.html에 접속해줘!
① 접속할 URL을 지정
http://example.com/index.html 의 데이터를 주세요!
리퀘스트
② 리퀘스트를 전송
클라이언트 서버형 프로토콜은 클라이언트의 요청에 따라 작동합니다.
http://example.com/index.html의 데이터는 이것입니다!
리스폰스
③ 리스폰스를 전송
④ 리스폰스를 브라우저에 표시

HTTP는 클라이언트 서버형 프로토콜이므로 클라이언트의 요청으로 통신을 시작합니다. 클라이언트는 서버에 필요한 리소스(웹페이지의 데이터 등)를 요청하거나 데이터 변경이나 추가를 요청하기도 합니다. 서버는 클라이언트가 요청하는 리퀘스트에 대해 필요한 데이터를 리스폰스로 반환합니다. 이러한 통신의 흐름을 파악해 둡시다.

이제 통신의 흐름을 확인했으니, 그 안에서 주고받는 리퀘스트와 리스폰스의 내용도 살펴봅시다.

리퀘스트와 리스폰스는 다음과 같은 구조로 되어 있습니다.

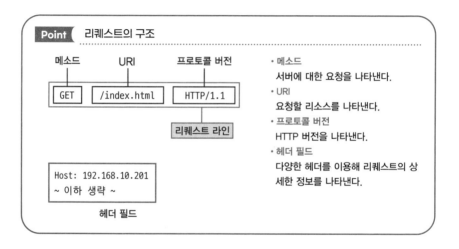

Point 리퀘스트의 구조

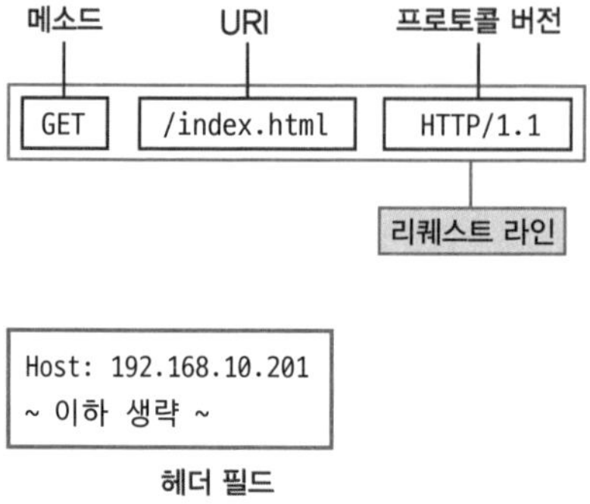
메소드
URI
프로토콜 버전
GET
/index.html
HTTP/1.1
리퀘스트 라인
Host: 192.168.10.201
~ 이하 생략 ~
헤더 필드

- 메소드
  서버에 대한 요청을 나타낸다.
- URI
  요청할 리소스를 나타낸다.
- 프로토콜 버전
  HTTP 버전을 나타낸다.
- 헤더 필드
  다양한 헤더를 이용해 리퀘스트의 상세한 정보를 나타낸다.

Point 리스폰스의 구조

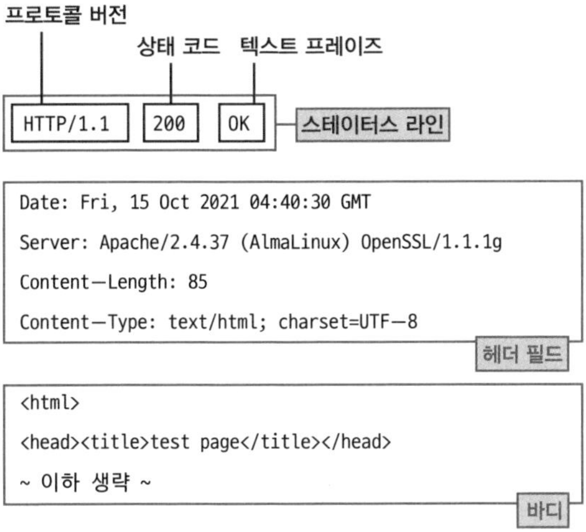
프로토콜 버전
상태 코드
텍스트 프레이즈
HTTP/1.1
200
OK
스테이터스 라인
Date: Fri, 15 Oct 2021 04:40:30 GMT
Server: Apache/2.4.37 (AlmaLinux) OpenSSL/1.1.1g
Content-Length: 85
Content-Type: text/html; charset=UTF-8
헤더 필드
<html>
<head><title>test page</title></head>
~ 이하 생략 ~
바디

- **프로토콜 버전**
  HTTP 버전을 나타낸다.
- **상태 코드**
  요청의 결과를 나타낸다.
- **텍스트 프레이즈**
  상태 코드 설명
- **헤더 필드**
  리퀘스트와 마찬가지로 상세한 정보를 나타낸다.
- **바디**
  리퀘스트로 요청된 리소스 본체

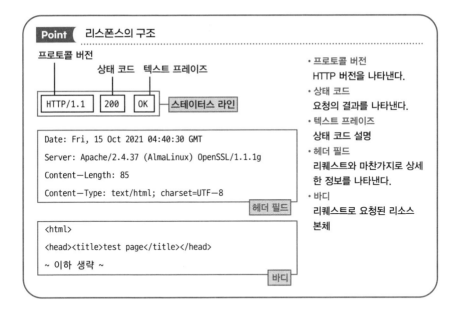

리퀘스트는 다음 두 가지로 구성됩니다.

- 리퀘스트 라인
- 헤더 필드

리스폰스는 다음 세 가지로 구성됩니다.

- 스테이터스 라인
- 헤더 필드
- 바디

그 밖에 POST나 PUT 같은 메소드의 경우 리퀘스트에 바디가 추가되기도 합니다.

HTTP를 학습할 때 헤더의 내용이 중요하지만, 헤더는 통신의 흐름보다는 응용 계층에서의 동작에 더 많은 영향을 미칩니다. 따라서 이 책에서 자세한 설명은 생략합니다.

20-4 HTTP 메소드의 기본

HTTP에서는 서버에 리퀘스트를 전달할 때, 클라이언트가 리소스에 어떤 처리를 원하는지 나타내고자 메소드를 사용합니다. **HTTP/1.1**에는 다음과 같은 8개의 주요 메소드가 준비되어 있습니다.

Point 주요 HTTP 메소드

메소드	역할
GET	지정한 리소스를 가져온다.
POST	클라이언트에서 서버로 새로운 리소스를 추가한다. 폼 입력 등에서 이용된다.
PUT	지정한 리소스를 덮어쓴다.
DELETE	지정한 리소스를 삭제한다.
HEAD	GET과 같으나 메시지 바디를 제외하고 HTTP 헤더만 반환한다.
OPTIONS	지정한 리소스를 지원하는 메소드를 가져온다.
TRACE	요청 메시지를 그대로 반환한다. 최종 목적지까지의 루프백 테스트용으로 사용된다.
CONNECT	HTTP를 사용하는 환경에서 HTTPS 통신을 할 경우에 이용된다.

HTTP 메소드 중에서도 웹에서 자주 사용되는 것은 **GET**과 **POST**입니다. GET은 웹페이지를 조회하거나 웹 서버에서 정보를 가져오는 데 사용됩니다. POST는 클라이언트에서 서버로 정보를 전송해, 서버에 새로운 리소스를 추가하거나 클라이언트 측 정보를 알릴 때 사용됩니다. 예를 들어, 게시판 폼으로 글을 작성하거나 로그인 폼으로 정보를 전송하는 것이 여기에 해당됩니다.

20-5 HTTP의 역사를 살펴보자

HTTP는 1990년대에 탄생했습니다. 현재 주로 사용되는 HTTP 버전은 **HTTP/1.1**과 **HTTP/2**이고, 몇 가지 버전을 거쳐서 지금에 이르렀습니다. 또 이 두 가지 버전에서 더 발전된 버전도 만들어졌습니다.

버전의 변천에 따른 버전별 특징을 간단히 살펴보겠습니다. HTTP는 버전이 올라갈수록 새로운 기능이 추가됩니다.

Point HTTP의 역사

HTTP의 버전은 아래와 같이 발전해 왔습니다.

1991년	HTTP/0.9	HTTP의 탄생
1996년	HTTP/1.0	버전이 정의됐다. 메소드와 상태 코드 탄생
1997년	HTTP/1.1	최초의 표준화/다양한 기능이 추가됐다.
2015년	HTTP/2	이전 버전과 호환성을 유지하면서도 더 빨라졌다.
2018년	HTTPP/3	전송 계층 프로토콜로서 UDP 및 QUIC 사용

현재는 주로 HTTP/1.1과 HTTP/2가 사용됩니다.

Point HTTP 버전의 변천

● HTTP/0.9
- 최초 버전. 처음에는 버전 번호가 없었고 나중에 붙었다.
- 메소드는 GET뿐이고, 리스폰스가 한 줄이라 원라인 프로토콜로 불리기도 했다.
- HTML만 전송할 수 있었다.

↓

● HTTP/1.0
- 버전 정보가 정의되고, 리퀘스트/리스폰스로 전송할 수 있게 됐다.
- 상태 코드가 구현되어 브라우저와 서버가 성공 및 실패를 이해하고, 그에 따른 상태를 알려줄 수 있게 됐다.
- 리퀘스트/리스폰스에 HTTP 헤더가 추가되어, 다양한 정보를 알려줄 수 있게 됐다.
- HTML이 아닌 파일도 전송할 수 있게 됐다.

↓

● HTTP/1.1
- 커넥션을 재사용할 수 있게 됐다. 하나의 커넥션으로 HTML에 포함된 이미지 등을 커넥션을 끊지 않고도 가져올 수 있게 됐다.
- Keep-alive 활성화, 파이프라인 기능 등을 통해 통신을 고속화했다.
- TLS를 지원해 HTTPS로 더 안전하게 통신할 수 있게 됐다.

↓

● HTTP/2
- 스트림을 도입해 한 커넥션 내에서 복수의 리퀘스트를 병렬로 다룰 수 있게 됐다.
- 헤더 압축을 도입함으로써 늘어난 헤더 정보를 압축해 데이터양을 줄일 수 있게 됐다.
- 그 밖의 다양한 방법으로 통신의 고속화를 꾀했다.
- TLS 사용에 조건을 설정하는 등 보안을 강화했다.

20-6 HTTPS란?

HTTPS(HTTP Secure 또는 HTTP over SSL/TLS)는 HTTP 통신을 SSL/TLS(자세한 내용은 7장을 참조하세요)를 이용해 더욱 안전하게 통신하는 방식입니다.

HTTPS 자체는 엄밀히 말해 프로토콜이 아니고, SSL/TLS 프로토콜에서 **암호화**와 **인증**과 같은 기능을 지원하면서 HTTP 통신을 하는 것입니다. 따라서 취급하는 응용 계층의 통신 내용 자체는 HTTP와 크게 다르지 않습니다.

지금까지 설명한 HTTP는 암호화 기능을 갖추고 있지 않습니다. 따라서, 예를 들어 회원 전용 사이트의 로그인 정보나 온라인 쇼핑 사이트에서 입력하는 신용카드 정보 등을 HTTP로 전송해 버리면, 악의적인 제삼자에게 통신을 도청당해 정보가 악용될 가능성이 있습니다.

Point HTTP 통신의 위험성

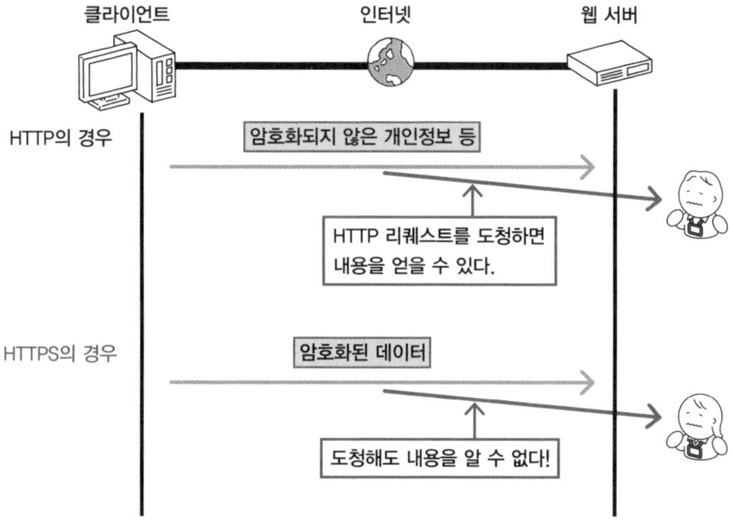
클라이언트
인터넷
웹 서버
HTTP의 경우
암호화되지 않은 개인정보 등
HTTP 리퀘스트를 도청하면
내용을 얻을 수 있다.
HTTPS의 경우
암호화된 데이터
도청해도 내용을 알 수 없다!

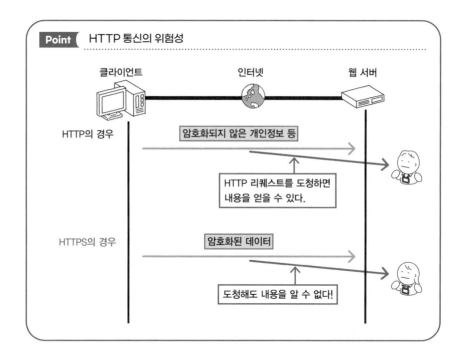

그래서 이런 암호화가 필요한 정보를 다룰 때, 도청에 의한 정보 유출 등을 방지하고자 HTTPS가 사용됩니다.

현재 대부분의 웹사이트가 HTTPS를 지원합니다. 일부러 찾지 않는 이상, HTTPS를 지원하지 않는 사이트를 찾기가 어려울 정도입니다.

브라우저의 URL 입력란 왼쪽 끝을 확인해보세요. HTTPS를 지원하는 웹사이트에는 잠금 아이콘과 같은 표시가 나타납니다. 이는 해당 URL의 서버가 HTTPS를 지원하며 HTTPS로 통신한다는 것을 나타냅니다.

Point HTTPS 통신을 나타내는 표시

HTTPS를 사용해 통신한다는 것을 나타냅니다.
영진닷컴 - IT 전문 출판기업
youngjin.com

※ 구글 크롬의 경우

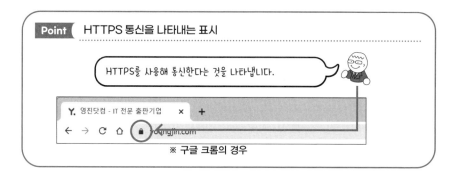

20-7 웹사이트 전체의 HTTPS화

암호화가 필요한 통신만 HTTPS로 하는 게 아니라, 웹사이트 내의 모든 콘텐츠를 HTTPS로 지원하는 것을 **상시 SSL화**라고 합니다. 예전에는 신용카드 정보 입력 등 일부 필요한 부분만 HTTPS로 전환하는 경우가 많았지만, 최근에는 상시 SSL화되는 웹사이트가 늘어나고 있습니다.

HTTPS에는 암호화 기능뿐만 아니라, 인증서를 이용해 인증하는 기능도 있습니다. 통신을 암호화하면 도청에 의한 정보 유출은 막을 수 있습니다. 하지만, 애초에 통신 상대가 부정한 상대라면 전송한 정보가 악용될 우려가 있습니다.

그래서 HTTPS에서는 인증 기능을 사용해 서버와 통신할 때 상대방이 신뢰할 수 있는 상대인지 신분을 증명함으로써 제삼자에 의한 위장을 방지할 수 있습니다.

HTTPS에서 암호화와 인증 기능을 담당하는 것이 **SSL/TLS** 프로토콜입니다. SSL/TLS에 대해서는 7장에서 설명합니다.

21 HTTP와 HTTPS의 패킷을 캡처해 보자

실제 HTTP와 HTTPS의 패킷을 캡처해 통신의 흐름을 확인해 봅시다.

21-1 HTTP 패킷을 캡처해 보자

현재 웹상에서는 HTTP 접속을 허용하는 사이트가 점점 줄어들고 있습니다. 대부분의 사이트는 HTTP로 접속을 시도해도 HTTPS로 유도하기 때문에 HTTP에 대한 확인이 쉽지 않은 상황입니다. 만약 여러분의 환경에서 웹 서버를 손쉽게 구축할 수 있다면, 그 서버에 접속해 캡처한 후 확인해 보시기 바랍니다.

이번에는 필자의 로컬 환경에 구축한 웹 서버에 접속해 캡처한 내용을 살펴보겠습니다. 캡처 파일은 이 책에서 제공하는 학습자료에 포함되어 있습니다. 사용법은 06-11에서 확인하시기 바랍니다.

■ HTTP 요청과 HTTP 응답의 내용

제공된 캡처 파일을 Wireshark로 열고, 프로토콜 란에 HTTP로 표시된 2개의 패킷을 확인해 봅시다. 첫 번째 HTTP 패킷 앞에 표시된 3개의 TCP 패킷은 3-웨이 핸드셰이크의 SYN 패킷, SYN/ACK 패킷, ACK 패킷입니다.

다음 그림의 첫 번째 HTTP 패킷이 클라이언트가 웹 서버에 보내는 **HTTP 리퀘스트**이며, HTTP 리퀘스트는 앞서 살펴본 것처럼 리퀘스트 라인과 헤더 필드로 구성되어 있습니다. 경우에 따라서는 헤더 필드 아래로 추가 값이 이어질 수도 있습니다.

리퀘스트 라인을 살펴보면, **메소드**(이번 예에서는 GET), **리소스 URI**, **HTTP 버**

전으로 구성되어 있는 것을 확인할 수 있습니다.

_HTTP 패킷 캡처 ①: HTTP 리퀘스트

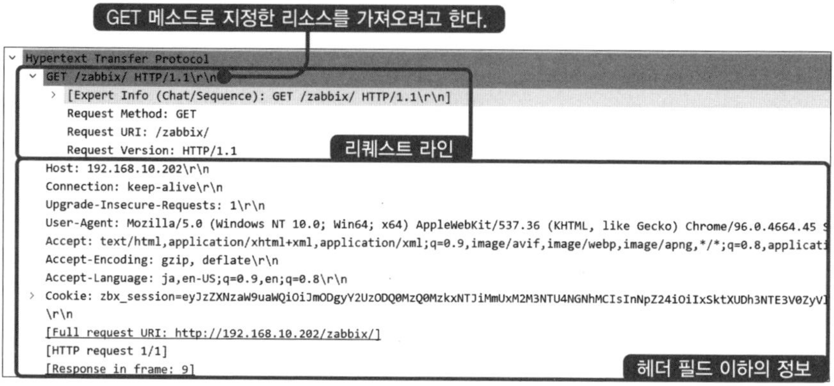
GET 메소드로 지정한 리소스를 가져오려고 한다.
Hypertext Transfer Protocol
GET /zabbix/ HTTP/1.1\r\n
[Expert Info (Chat/Sequence): GET /zabbix/ HTTP/1.1\r\n]
Request Method: GET
Request URI: /zabbix/
Request Version: HTTP/1.1
리퀘스트 라인
Host: 192.168.10.202\r\n
Connection: keep-alive\r\n
Upgrade-Insecure-Requests: 1\r\n
User-Agent: Mozilla/5.0 (Windows NT 10.0; Win64; x64) AppleWebKit/537.36 (KHTML, like Gecko) Chrome/96.0.4664.45
Accept: text/html,application/xhtml+xml,application/xml;q=0.9,image/avif,image/webp,image/apng,*/*;q=0.8,applicat
Accept-Encoding: gzip, deflate\r\n
Accept-Language: ja,en-US;q=0.9,en;q=0.8\r\n
Cookie: zbx_session=eyJzZXNzaW9uaWQiOiJmODgyY2UzODQ0MzQ0MzkxNTJiMmUxM2M3NTU4NGNhMCIsInNpZ24iOiIxSktXUDh3NTE3V0ZyV
\r\n
[Full request URI: http://192.168.10.202/zabbix/]
[HTTP request 1/1]
[Response in frame: 9]
헤더 필드 이하의 정보

[학습자료] 21-01_21-02_http_capture.pcapng

다음 그림의 두 번째 HTTP 패킷은 리퀘스트를 수신한 웹 서버에서 클라이언트에 반환되는 **HTTP 리스폰스**입니다.

_HTTP 패킷 캡처 ②: HTTP 리스폰스

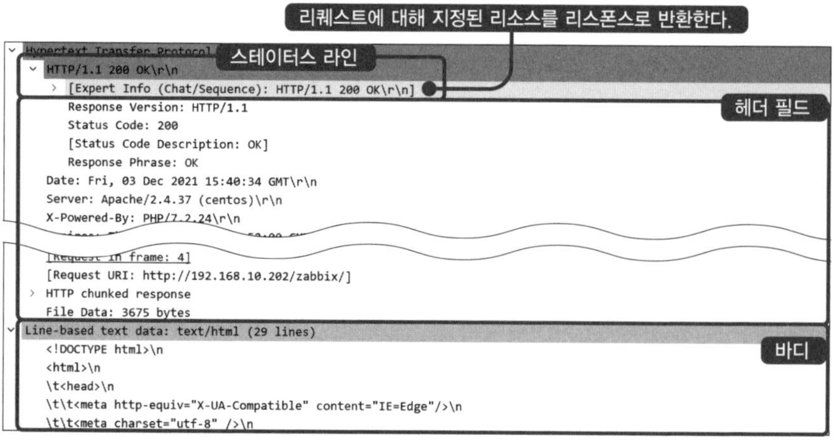
리퀘스트에 대해 지정된 리소스를 리스폰스로 반환한다.
스테이터스 라인
HTTP/1.1 200 OK\r\n
[Expert Info (Chat/Sequence): HTTP/1.1 200 OK\r\n]
헤더 필드
Response Version: HTTP/1.1
Status Code: 200
[Status Code Description: OK]
Response Phrase: OK
Date: Fri, 03 Dec 2021 15:40:34 GMT\r\n
Server: Apache/2.4.37 (centos)\r\n
X-Powered-By: PHP/7.2.24\r\n
[Request URI: http://192.168.10.202/zabbix/]
HTTP chunked response
File Data: 3675 bytes
Line-based text data: text/html (29 lines)
바디
<!DOCTYPE html>\n
<html>\n
\t<head>\n
\t\t<meta http-equiv="X-UA-Compatible" content="IE=Edge"/>\n
\t\t<meta charset="utf-8" />\n

[학습자료] 21-01_21-02_http_capture.pcapng

HTTP 응답은 크게 **스테이터스 라인**과 **헤더 필드**, **바디**로 구성됩니다. 스테이터스 라인을 보면 요청에 대해 어떤 상태의 응답을 반환하고 있는지 알 수 있습니다. 그리고 바디에는 실제 리소스(이 경우 웹페이지 데이터)가 포함됩니다.

이처럼 HTTP 패킷은 클라이언트에서 서버로 보내는 HTTP 리퀘스트와 이에 대한 HTTP 리스폰스로 성립됩니다.

21-2 HTTPS 패킷을 캡처해 보자

다음으로 HTTPS 패킷을 확인해 봅시다. Wireshark로 HTTP를 캡처하면 브라우저가 웹 서버와 주고받는 내용을 그대로 확인할 수 있습니다.

하지만 HTTPS의 경우 Wireshark가 캡처하기 전에 이미 암호화되어 있어 그대로는 내용을 확인할 수 없습니다. HTTPS 패킷을 캡처하면 다음 그림과 같이 TLS로 암호화된 상태로 캡처됩니다.

_ 암호화된 상태의 HTTPS 패킷

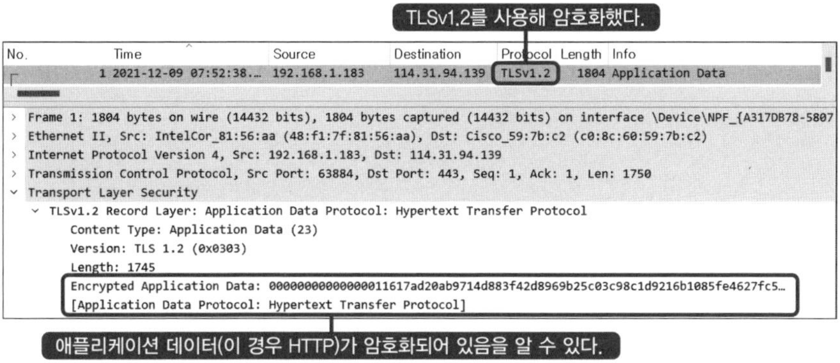
TLSv1.2를 사용해 암호화했다.
No. Time Source Destination Protocol Length Info
1 2021-12-09 07:52:38… 192.168.1.183 114.31.94.139 TLSv1.2 1804 Application Data
> Frame 1: 1804 bytes on wire (14432 bits), 1804 bytes captured (14432 bits) on interface \Device\NPF_{A317DB78-5807
> Ethernet II, Src: IntelCor_81:56:aa (48:f1:7f:81:56:aa), Dst: Cisco_59:7b:c2 (c0:8c:60:59:7b:c2)
> Internet Protocol Version 4, Src: 192.168.1.183, Dst: 114.31.94.139
> Transmission Control Protocol, Src Port: 63884, Dst Port: 443, Seq: 1, Ack: 1, Len: 1750
Transport Layer Security
TLSv1.2 Record Layer: Application Data Protocol: Hypertext Transfer Protocol
Content Type: Application Data (23)
Version: TLS 1.2 (0x0303)
Length: 1745
Encrypted Application Data: 00000000000000011617ad20ab9714d883f42d8969b25c03c98c1d9216b1085fe4627fc5…
[Application Data Protocol: Hypertext Transfer Protocol]
애플리케이션 데이터(이 경우 HTTP)가 암호화되어 있음을 알 수 있다.

[학습자료] 21-03_21-04_https_capture.pcapng

웹 브라우저와 Windows, Wireshark의 설정을 변경하면 암호화된 HTTPS 패킷을 Wireshark로 복호화해 내용을 확인할 수 있습니다. 다만, 이 설정은 OS의 동작에 중대한 영향을 미칠 가능성이 있으므로, 이 책에서는 소개하지 않습니다. 관심 있으신 분들은 직접 알아보고 시도해 보세요.

다음에 나타낸 그림이 HTTPS를 Wireshark로 복호화한 패킷입니다. 덧붙여 이번 패킷 캡처에 대해서는 여러분 환경에서는 복호화할 수 없으므로, 학습 데이터로 제공하지 않습니다. 배포해도 TLS로 암호화된 패킷만 확인할 수 있기 때문입니다.

_ HTTPS 리퀘스트

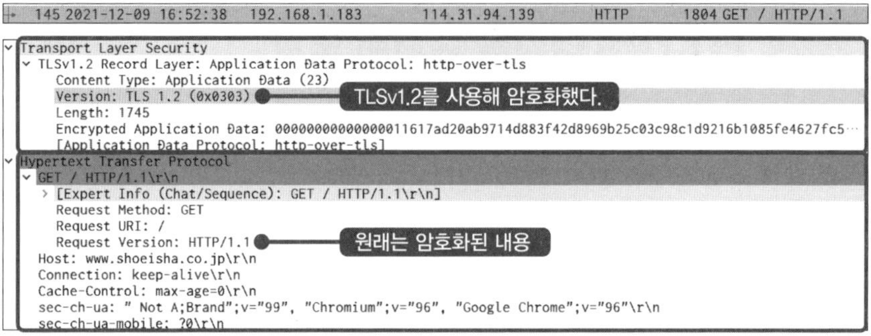

145 2021-12-09 16:52:38 192.168.1.183 114.31.94.139 HTTP 1804 GET / HTTP/1.1
Transport Layer Security
TLSv1.2 Record Layer: Application Data Protocol: http-over-tls
Content Type: Application Data (23)
Version: TLS 1.2 (0x0303)
TLSv1.2를 사용해 암호화했다.
Length: 1745
Encrypted Application Data: 00000000000000011617ad20ab9714d883f42d8969b25c03c98c1d9216b1085fe4627fc5…
[Application Data Protocol: http-over-tls]
Hypertext Transfer Protocol
GET / HTTP/1.1\r\n
[Expert Info (Chat/Sequence): GET / HTTP/1.1\r\n]
Request Method: GET
Request URI: /
Request Version: HTTP/1.1
원래는 암호화된 내용
Host: www.shoeisha.co.jp\r\n
Connection: keep-alive\r\n
Cache-Control: max-age=0\r\n
sec-ch-ua: " Not A;Brand";v="99", "Chromium";v="96", "Google Chrome";v="96"\r\n
sec-ch-ua-mobile: ?0\r\n

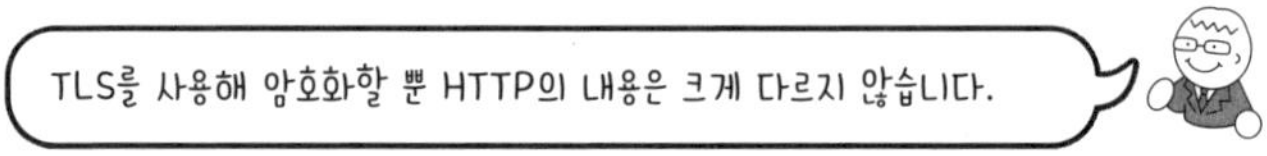

TLS를 사용해 암호화할 뿐 HTTP의 내용은 크게 다르지 않습니다.

HTTPS는 어디까지나 HTTP의 통신이 TLS로 암호화된 패킷이므로 HTTP의 내용 자체는 특별히 바뀌지 않습니다.

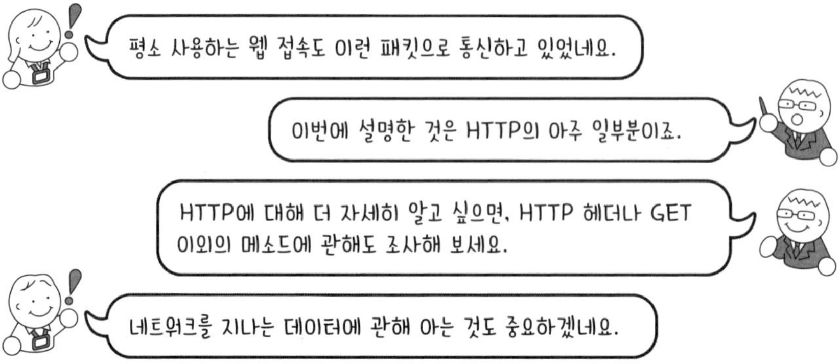

평소 사용하는 웹 접속도 이런 패킷으로 통신하고 있었네요.
이번에 설명한 것은 HTTP의 아주 일부분이죠.
HTTP에 대해 더 자세히 알고 싶으면, HTTP 헤더나 GET 이외의 메소드에 관해도 조사해 보세요.
네트워크를 지나는 데이터에 관해 아는 것도 중요하겠네요.

22 DNS의 기본

DNS는 평소에 그다지 신경 쓰지 않는 프로토콜이지만, 일상에서 꼭 필요한 프로토콜입니다. 어떤 역할을 하는지 알아봅시다.

통신할 때는 통신 상대와 자신을 IP로 표현합니다.
그런데, 웹을 사용할 때 IP 주소를 입력한 적이 없어요..
https://www.google.co.kr/
https://www.youngjin.com/
그건 DNS 덕분이지요.
어떻게 통신하는 걸까요?
www.youngjin.com의 주소를 알려주세요!
인터넷
브라우저
DNS 서버
222.235.64.98입니다!
DNS가 URL 등의 문자열을 IP 주소로 변환해 주는군요!

22-1 문자열과 IP를 이어주는 DNS

웹사이트를 이용할 때 URL을 이용해 접속합니다. 예를 들어, 브라우저의 주소창에 URL을 입력하거나 특정 URL이 설정된 링크를 클릭하는 것이 보통입니다. 웹사이트에 접속하면, 해당 웹사이트의 데이터(HTML, 이미지, 오디오 등)를 서버에서 가져와야 합니다. 서버는 인터넷 상에, 즉 어딘가 네트워크 상에 존재합니다. 2~3장에서 설명한 것처럼 네트워크 상의 단말기에 액세스 하려면 목적지 IP 주소를 지정해야 합니다.

하지만 무수히 많은 웹 서버에 액세스 하기 위해 필요한 IP 주소를 기억해야 하거나, 숫자로 구성된 IP 주소를 사용하면 사람들이 식별하기 어려울 것입니다. 그래서 IP 주소를 우리에게 친숙한 문자열과 연결해 두고 필요할 때 변환해서 웹 서버와 통신할 수 있게 해주는 **DNS**(Domain Name System)라는 이름 해석 프로토콜이 필요합니다.

■ 정방향과 역방향

DNS는 IP 주소와 도메인 이름을 연결해서 기록해 두고, 문의가 오면 기록해 둔 정보를 반환합니다. 예를 들어, 어떤 도메인 이름이나 호스트 이름에 대한 문의해 오면, 그에 연결된 IP 주소를 반환합니다(**정방향**). 또한, IP 주소에 대한 문의가 오면 연결된 호스트 이름을 반환할 수도 있습니다(**역방향**).

Point IP 주소를 도메인으로 변환해 주는 DNS

- DNS 없이 인터넷을 사용하는 경우

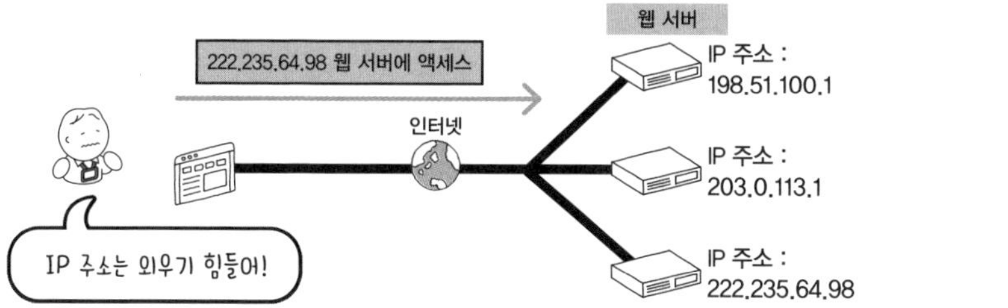
웹 서버
222.235.64.98 웹 서버에 액세스
IP 주소 :
198.51.100.1
인터넷
IP 주소 :
203.0.113.1
IP 주소는 외우기 힘들어!
IP 주소 :
222.235.64.98

- DNS로 인터넷을 사용하는 경우

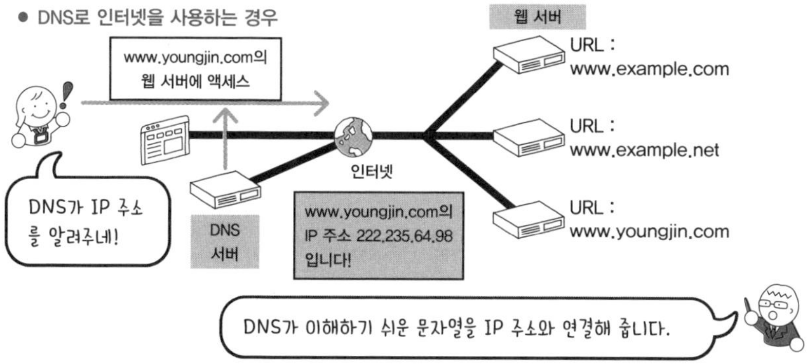
웹 서버
www.youngjin.com의
웹 서버에 액세스
URL :
www.example.com
URL :
www.example.net
인터넷
DNS가 IP 주소
를 알려주네!
DNS
서버
www.youngjin.com의
IP 주소 222.235.64.98
입니다!
URL :
www.youngjin.com
DNS가 이해하기 쉬운 문자열을 IP 주소와 연결해 줍니다.

22-2 도메인 이름, 호스트 이름, FQDN

도메인 이름이란 말이 나왔는데, 그게 뭔가요?

URL과는 또 다른 건가요?

일반적으로 웹사이트를 이용할 때는 특별히 의식하지 않는 용어죠.

도메인 이름과 호스트 이름, URL에 관해 간단히 설명하겠습니다.

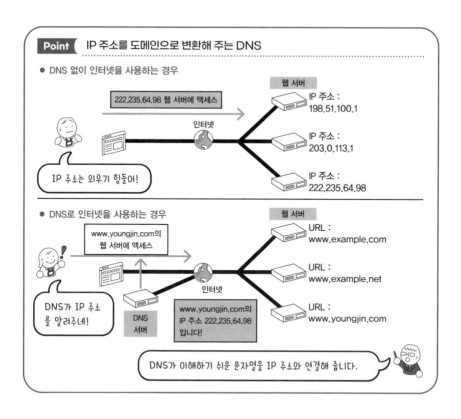

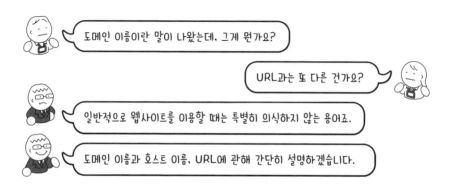

인터넷상에서는 네트워크의 범위에 이름을 붙여서 관리합니다. 분할 관리되는 범위를 **도메인**이라고 부릅니다. 이 도메인의 범위를 식별하는 데 사용되는 것이 **도메인 이름**입니다.

IP 주소와 마찬가지로 이름으로 인터넷상의 단말기에 액세스할 경우는 고유한 이름이 있어야 합니다. 따라서 인터넷에 공개되는 호스트에는 도메인 이름을 사용한 이름을 붙입니다. 웹사이트의 URL이나 이메일 주소에도 도메인 이름이 포함되어 있습니다.

호스트 이름은 도메인 내 단말기를 식별하고자 부여하는 이름입니다. 호스트 이름과 도메인 이름을 결합해 특정 도메인 내에서 고유한 단말기를 나타낼 수 있습니다. 호스트 이름과 도메인 이름을 생략하지 않고 다 표기한 것을 **FQDN**(Fully Qualified Domain Name: **전체 주소 도메인 이름**)이라고 합니다.

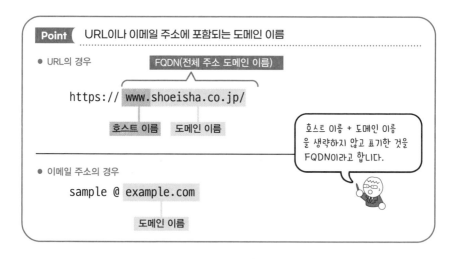

Point URL이나 이메일 주소에 포함되는 도메인 이름

● URL의 경우
FQDN(전체 주소 도메인 이름)
https:// www.shoeisha.co.jp/
호스트 이름
도메인 이름
● 이메일 주소의 경우
sample @ example.com
도메인 이름
호스트 이름 + 도메인 이름을 생략하지 않고 표기한 것을 FQDN이라고 합니다.

22-3 도메인의 계층 구조

도메인은 계층 구조로 되어 있으며, 정점인 **루트 도메인**부터 차례로 **TLD**(Top Level Domain), **2LD**(2nd Level Domain), **3LD**(3rd Level Domain)로 불립니다.

유명한 TLD로는 kr, com, net 등이 있고, 그 아래로 go, co, seoul과 같은 2LD가 관리되고 있습니다.

루트를 정점으로 나무를 거꾸로 세운 듯이 아래쪽으로 퍼져 나가는 구조에 비유해 도메인의 계층 구조를 **트리 구조**, **도메인 트리**라고 부르기도 합니다.

전 세계에는 무수한 도메인이 존재하므로, 모든 도메인을 한 곳에서 관리하기에는 숫자가 너무 많습니다. 따라서 각각 TLD나 2LD로 도메인을 분산해서 관리하는데, 그것이 바로 도메인의 계층 구조입니다.

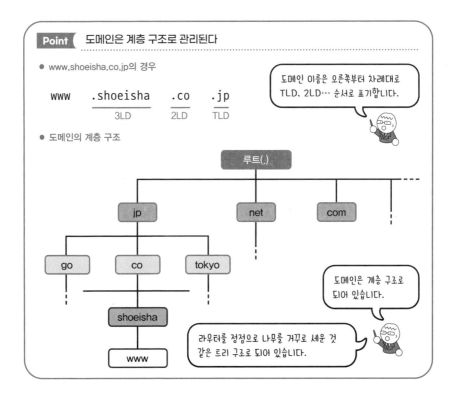

Point 도메인은 계층 구조로 관리된다

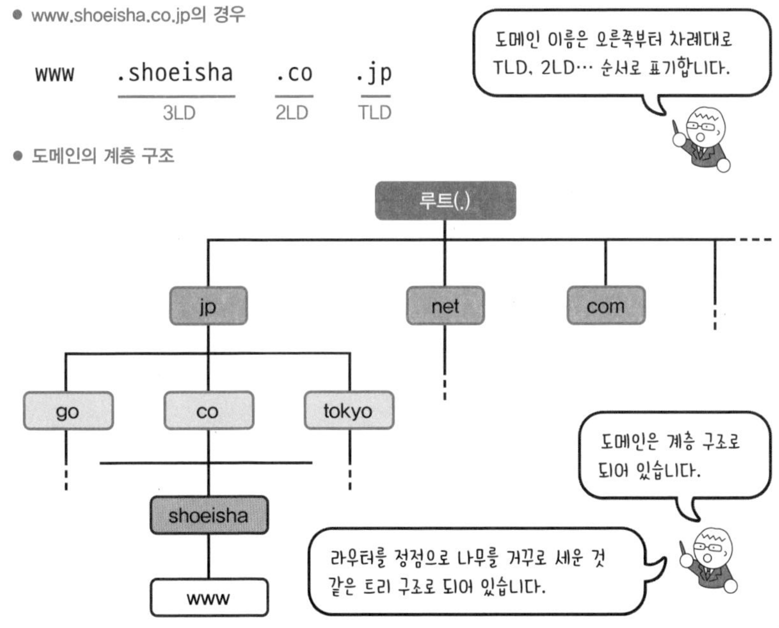

● www.shoeisha.co.jp의 경우
www .shoeisha .co .jp
3LD 2LD TLD
도메인 이름은 오른쪽부터 차례대로 TLD, 2LD… 순서로 표기합니다.
● 도메인의 계층 구조
루트(.)
jp
net
com
go
co
tokyo
shoeisha
www
도메인은 계층 구조로 되어 있습니다.
라우터를 정점으로 나무를 거꾸로 세운 것 같은 트리 구조로 되어 있습니다.

22-4 이름 해석의 원리를 알아보자

그럼, 계층 구조의 구조를 더 깊이 이해하기 위해 DNS가 이름을 해석하는 과정을 살펴봅시다.

DNS는 다음과 같은 흐름으로 이름을 해석합니다.

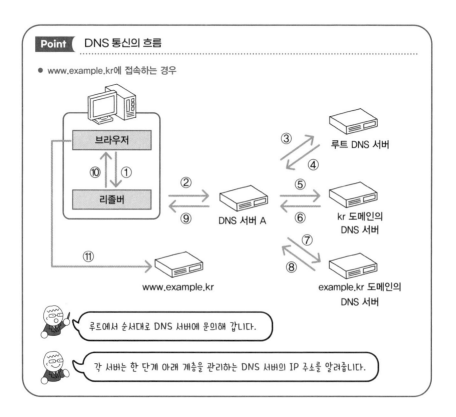

Point DNS 통신의 흐름

● www.example.kr에 접속하는 경우

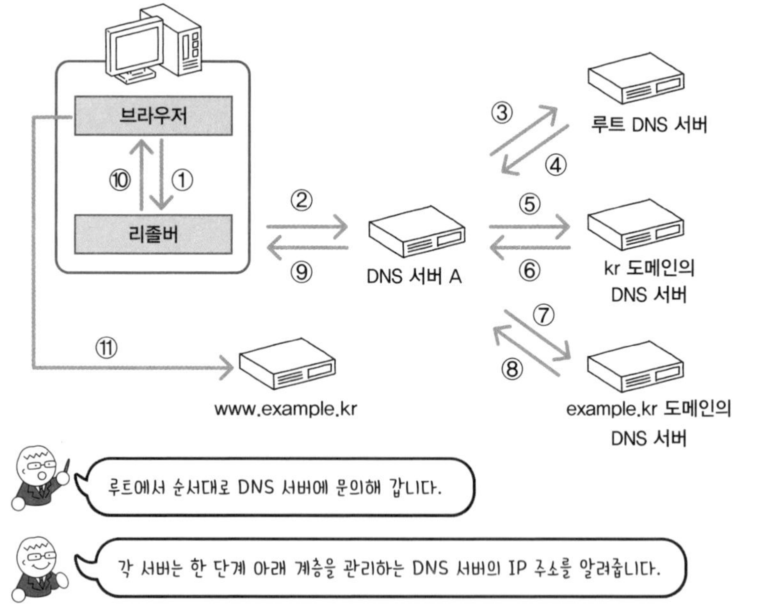

브라우저
⑩
①
리졸버
②
⑨
DNS 서버 A
③
④
루트 DNS 서버
⑤
⑥
kr 도메인의 DNS 서버
⑦
⑧
example.kr 도메인의 DNS 서버
⑪
www.example.kr
루트에서 순서대로 DNS 서버에 문의해 갑니다.
각 서버는 한 단계 아래 계층을 관리하는 DNS 서버의 IP 주소를 알려줍니다.

그림의 흐름을 따라가 봅시다.

① 브라우저가 리졸버에 이름 해석을 부탁한다.

② 리졸버는 DNS 서버 A에 문의한다.

③ DNS 서버 A는 루트 DNS 서버에 문의한다.

④ 루트 DNS 서버는 kr 도메인을 관리하는 DNS 서버의 IP 주소를 DNS 서버 A에 반환한다.

⑤ DNS 서버 A는 kr 도메인의 DNS 서버에 문의한다.

⑥ kr 도메인의 DNS 서버는 example.kr 도메인을 관리하는 DNS 서버의 IP 주소를 DNS 서버 A에 반환한다.

⑦ DNS 서버 A는 example.kr 도메인의 DNS 서버에 문의한다.

⑧ example.kr 도메인의 DNS 서버는 www.example.kr의 IP 주소를 반환한다.

⑨ DNS 서버 A는 획득한 정보를 캐싱하고 리졸버에 응답한다.

⑩ 리졸버는 IP 주소를 브라우저에 응답한다.

⑪ 브라우저는 획득한 IP 주소로 www.example.kr에 접속한다.

리졸버는 OS 등에 있는 이름 해석을 문의하는 프로그램입니다. 이름 해석 과정은 위에서부터 순서대로 아는 서버를 방문하다가 최종적으로 목적지 정보를 알고 있는 DNS 서버에 도달하는 것과 같은 이미지입니다.

이름 해석에 필요한 정보를 하나의 DNS 서버가 가지고 있는 것이 아닙니다. 상위 DNS 서버는 하위 DNS 서버에 도메인 관리를 맡깁니다. 예를 들어, 앞 그림에서 루트 DNS 서버는 kr 도메인의 DNS 서버에 kr 도메인 이하의 관리를 맡기고 있습니다. 다시 kr 도메인의 DNS 서버는 example.kr 도메인의 DNS 서버에 example.kr 도메인 이하의 관리를 맡긴 것입니다.

이처럼 하위 DNS 서버에 도메인 관리를 맡기는 구조를 DNS **위임**이라고 합니다. 위임을 받은 쪽은 해당 도메인 이하의 네임 스페이스를 관리하게 됩니다.

22-5 DNS 패킷을 캡처해 보자

이제 DNS 통신을 캡처해 내용을 확인해 봅시다. 이전과 마찬가지로 Wireshark를 실행해 패킷 캡처를 준비합니다. 캡처를 시작한 상태에서 **19-4**의 UDP 캡처에 사용한 **nslookup** 명령으로 DNS 패킷을 발생시켜 봅시다.

캡처가 완료되면 Wireshark의 디스플레이 필터에 dns라고 입력해 DNS 패킷을 확인해 봅시다.

몇 개의 패킷을 캡처할 수 있었을 거라고 생각하는데, 3~4번째의 패킷을 살펴보겠습니다.

_ DNS 쿼리(문의하는 패킷)

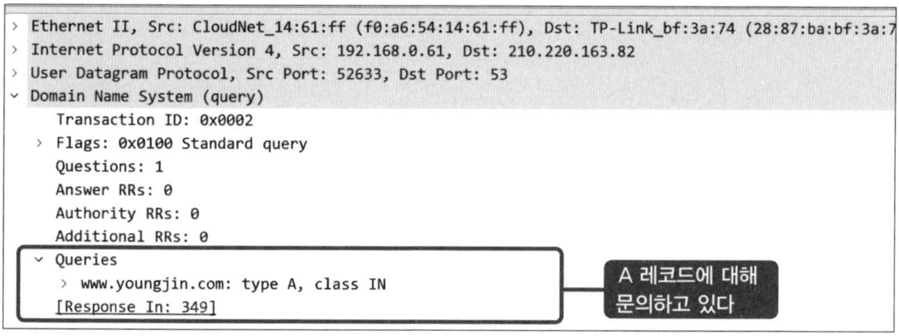

> Ethernet II, Src: CloudNet_14:61:ff (f0:a6:54:14:61:ff), Dst: TP-Link_bf:3a:74 (28:87:ba:bf:3a:7
> Internet Protocol Version 4, Src: 192.168.0.61, Dst: 210.220.163.82
> User Datagram Protocol, Src Port: 52633, Dst Port: 53
Domain Name System (query)
Transaction ID: 0x0002
> Flags: 0x0100 Standard query
Questions: 1
Answer RRs: 0
Authority RRs: 0
Additional RRs: 0
Queries
> www.youngjin.com: type A, class IN
[Response In: 349]
A 레코드에 대해 문의하고 있다

[학습자료] 22-05_dns_capture.pcapng

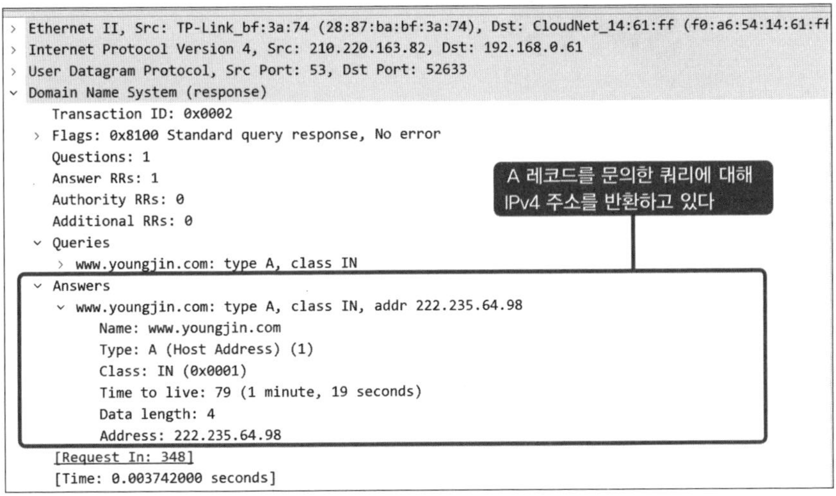
> Ethernet II, Src: TP-Link_bf:3a:74 (28:87:ba:bf:3a:74), Dst: CloudNet_14:61:ff (f0:a6:54:14:61:ff
> Internet Protocol Version 4, Src: 210.220.163.82, Dst: 192.168.0.61
> User Datagram Protocol, Src Port: 53, Dst Port: 52633
⌄ Domain Name System (response)
Transaction ID: 0x0002
> Flags: 0x8100 Standard query response, No error
Questions: 1
Answer RRs: 1
Authority RRs: 0
Additional RRs: 0
⌄ Queries
> www.youngjin.com: type A, class IN
⌄ Answers
⌄ www.youngjin.com: type A, class IN, addr 222.235.64.98
Name: www.youngjin.com
Type: A (Host Address) (1)
Class: IN (0x0001)
Time to live: 79 (1 minute, 19 seconds)
Data length: 4
Address: 222.235.64.98
[Request In: 348]
[Time: 0.003742000 seconds]
A 레코드를 문의한 쿼리에 대해
IPv4 주소를 반환하고 있다

[학습자료] 22-05_dns_capture.pcapng

DNS 서버에는 다양한 정보가 **레코드**라고 불리는 형태로 등록되어 있습니다. 위에 캡처한 DNS 쿼리에서는 www.youngjin.com이라는 이름을 해석하고자 DNS 서버에 IP 주소를 문의하는 패킷을 던졌습니다. 그러자 도메인에 연결된 IPv4 주소 정보를 나타내는 A 레코드의 내용이 답변으로 돌아왔습니다.

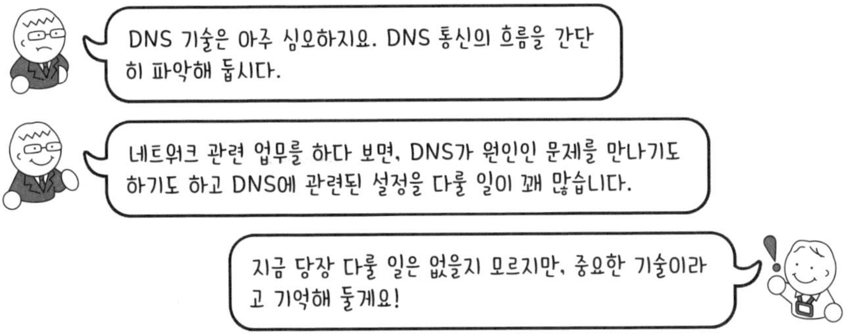
DNS 기술은 아주 심오하지요. DNS 통신의 흐름을 간단히 파악해 둡시다.
네트워크 관련 업무를 하다 보면, DNS가 원인인 문제를 만나기도 하기도 하고 DNS에 관련된 설정을 다룰 일이 꽤 많습니다.
지금 당장 다룰 일은 없을지 모르지만, 중요한 기술이라고 기억해 둘게요!

23 SMTP

일상적으로 사용하는 이메일. 이메일을 보낼 때 사용하는 프로토콜이 SMTP입니다. 메일 시스템과 함께 파악해 둡시다.

23-1 메일을 전송하는 프로토콜

SMTP(Simple Mail Transfer Protocol)는 우리가 작성한 메일을 송신하거나 메일 서버 간에 전송할 때 이용되는 프로토콜입니다.

메일 송수신 구조에는 주로 SMTP, POP, IMAP 세 가지 프로토콜이 관련되어 있습니다. POP와 IMAP에 관해서는 다음 절에서 설명하기로 하고, 여기서는 메일을 전송하는 전체적인 흐름을 확인하면서 SMTP에 관해 설명하겠습니다.

■ 메일 송수신의 흐름

메일을 송수신하는 과정을 살펴보면 다음 그림과 같습니다.

우리가 메일을 보낼 때는 아웃룩(Outlook)이나 썬더버드(Thunderbird)와 같은 메일 클라이언트로 메일을 작성합니다. 그리고 메일 클라이언트는 자신의 도메인을 담당하는 메일 서버에 작성된 메일을 전송합니다. 이때 **SMTP**가 사용됩니다.

자신의 도메인에서 SMTP로 보내진 메일을 다른 메일 서버에 SMTP로 전송하는 메일 서버를 **SMTP 서버**라고 부르기도 합니다. SMTP 서버용 소프트웨어로는 **Postfix** 등의 메일 전송 에이전트가 주로 사용됩니다.

같은 도메인의 메일 클라이언트로부터 메일을 받은 SMTP 서버는 목적지를 보고 전송할 메일 서버를 조사합니다. 목적지 메일 서버의 IP 주소를 조사할 때

DNS를 사용합니다. DNS에는 특정 도메인의 메일 서버를 나타내는 정보로 **MX 레코드**가 등록되어 있습니다.

Point 이메일 송신 시스템

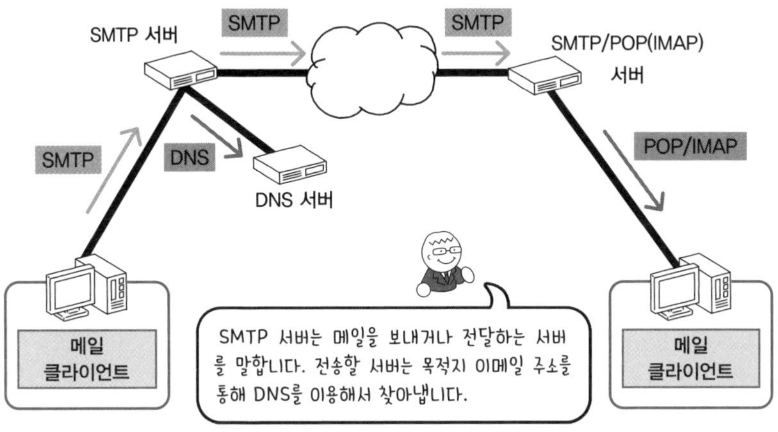

SMTP 서버
SMTP
SMTP
SMTP/POP(IMAP)
서버
SMTP
DNS
DNS 서버
POP/IMAP
메일
클라이언트
SMTP 서버는 메일을 보내거나 전달하는 서버를 말합니다. 전송할 서버는 목적지 이메일 주소를 통해 DNS를 이용해서 찾아냅니다.
메일
클라이언트

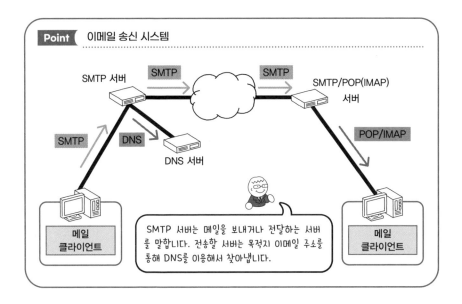

최종 목적지 메일 서버로 전송된 메일은 메일 서버 내 메일박스에 저장됩니다. 메일을 받는 사람은 메일박스에 저장된 메일을 POP 또는 IMAP이라는 프로토콜을 사용해 메일 클라이언트로 열람할 수 있습니다.

■ 웹 메일의 경우

앞의 예에서는 메일 클라이언트에서 메일을 보내는 것을 가정했지만, 요즘은 브라우저로 이메일을 사용하는 경우가 많습니다. 브라우저로 이메일을 보내려면 HTTP나 HTTPS로 웹 메일 서버에 접속합니다.

메일 클라이언트였던 부분이 브라우저로 대체되었고, 클라이언트와 SMTP 서버 사이에 웹 메일 서버가 있다고 생각하면 됩니다.

23-2 SMTP의 특징을 알아보자

그럼, SMTP의 특징을 정리해 보겠습니다.

Point SMTP의 특징

- 메일을 전송하는 프로토콜이다.
- 메일 클라이언트에서 보내는 것뿐만 아니라, 메일 서버 간에 메일을 전송할 때도 SMTP가 사용된다.
- TCP 포트 번호로 25나 465, 587 등을 사용한다.

조금 전 그림에서는 보내는 쪽 메일 서버를 SMTP 서버로 표시했는데, 현재는 단순히 SMTP 기능만 있는 게 아니라 나중에 설명할 POP 서버, IMAP 서버의 기능도 함께 갖춘 경우가 많습니다. 이처럼 이메일과 관련된 다양한 기능을 추가함으로써 다양한 기능을 갖춘 메일 서버로서 동작하게 됩니다.

메일 보내는 과정이 복잡해 보여도, SMTP 서버를 우체통이나 우편함, SMTP를 우체국이라고 생각하면 상상하기 쉬울 거예요.

우리가 우체통에 편지를 넣으면, 우체국 직원이 상대방의 우편함까지 배달해 주는 거군요!

그렇지요. 이메일과 실제 편지를 주고받는 흐름은 거의 같아요.

다음에 이메일을 보낼 때는, 그 이메일이 어떤 서버를 거쳐서 전달되는지 상상해 봐야겠어요!

23-3 SMTP 패킷을 캡처해 보자

SMTP 패킷을 여러분 환경에서 캡처할 수 있을지는 명확히 알 수 없지만, 메일 클라이언트 설정에 따라 가능할 수도 있습니다. 일단 사용 중인 메일 클라이언트로 이메일을 보내고 Wireshark로 캡처해 보시기 바랍니다. 어렵다면 이 책에서 제공하는 캡처 파일을 이용해서 확인하세요.

이번에는 저자의 로컬 환경에 구축한 SMTP 서버로 테스트하겠습니다. 클라이언트 역할을 하는 컴퓨터에 설치된 메일 클라이언트에서 이메일을 보내고 Wireshark로 캡처했습니다. 클라이언트로는 썬더버드를 사용했습니다.

_ SMTP 패킷 캡처

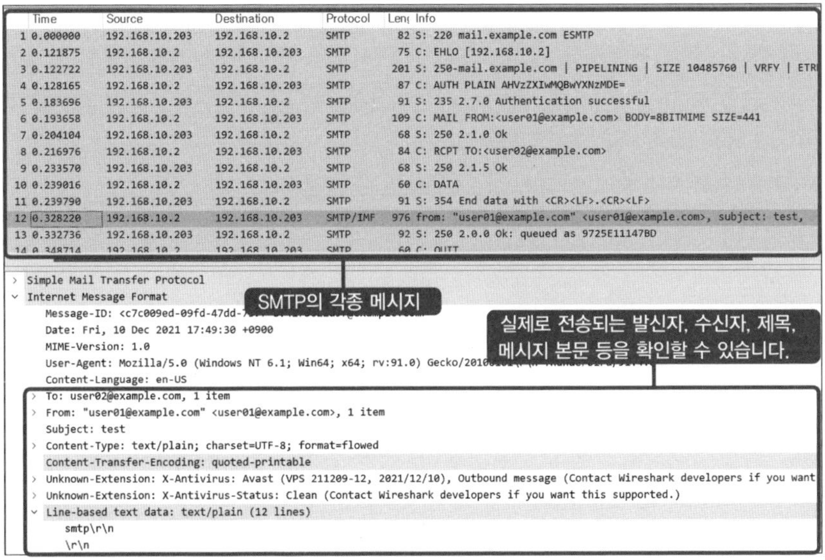
Time Source Destination Protocol Len Info
1 0.000000 192.168.10.203 192.168.10.2 SMTP 82 S: 220 mail.example.com ESMTP
2 0.121875 192.168.10.2 192.168.10.203 SMTP 75 C: EHLO [192.168.10.2]
3 0.122722 192.168.10.203 192.168.10.2 SMTP 201 S: 250-mail.example.com | PIPELINING | SIZE 10485760 | VRFY | ETR
4 0.128165 192.168.10.2 192.168.10.203 SMTP 87 C: AUTH PLAIN AHVzZXIwMQBwYXNzMDE=
5 0.183696 192.168.10.203 192.168.10.2 SMTP 91 S: 235 2.7.0 Authentication successful
6 0.193658 192.168.10.2 192.168.10.203 SMTP 109 C: MAIL FROM:<user01@example.com> BODY=8BITMIME SIZE=441
7 0.204104 192.168.10.203 192.168.10.2 SMTP 68 S: 250 2.1.0 Ok
8 0.216976 192.168.10.2 192.168.10.203 SMTP 84 C: RCPT TO:<user02@example.com>
9 0.233570 192.168.10.203 192.168.10.2 SMTP 68 S: 250 2.1.5 Ok
10 0.239016 192.168.10.2 192.168.10.203 SMTP 60 C: DATA
11 0.239790 192.168.10.203 192.168.10.2 SMTP 91 S: 354 End data with <CR><LF>.<CR><LF>
12 0.328220 192.168.10.2 192.168.10.203 SMTP/IMF 976 from: "user01@example.com" <user01@example.com>, subject: test,
13 0.332736 192.168.10.203 192.168.10.2 SMTP 92 S: 250 2.0.0 Ok: queued as 9725E11147BD
Simple Mail Transfer Protocol
Internet Message Format
SMTP의 각종 메시지
Date: Fri, 10 Dec 2021 17:49:30 +0900
MIME-Version: 1.0
실제로 전송되는 발신자, 수신자, 제목, 메시지 본문 등을 확인할 수 있습니다.
Content-Language: en-US
To: user02@example.com, 1 item
From: "user01@example.com" <user01@example.com>, 1 item
Subject: test
Content-Type: text/plain; charset=UTF-8; format=flowed
Content-Transfer-Encoding: quoted-printable
Unknown-Extension: X-Antivirus: Avast (VPS 211209-12, 2021/12/10), Outbound message (Contact Wireshark developers if you want
Unknown-Extension: X-Antivirus-Status: Clean (Contact Wireshark developers if you want this supported.)
Line-based text data: text/plain (12 lines)
smtp\r\n
\r\n

[학습자료] 23-02_smtp_capture.pcapng

SMTP를 이용한 메일 전송에서는 SMTP 서버와의 연결 확인, 인증, 발신자와 수신자, 본문 정보 등 다양한 메시지가 교환됩니다. 일반 SMTP에서는 메시지 암호화되지 않으므로 패킷을 캡처하면 본문 정보를 포함한 다양한 정보를 얻을 수 있습니다.

■ SMTP 인증과 SMTPS

이번에는 SMTP 서버 쪽에서 인증을 설정했기 때문에, 인증에 관한 메시지(AUTH)도 전송되고 있습니다. SMTP에서는 주로 **SMTP 인증**(SMTP-AUTH)이 사용됩니다.

이번 캡처에서는 본문 등의 정보를 확인할 수 있었지만, 실제 이메일로 주고받는 내용을 제삼자가 확인할 수 있게 되면 곤란합니다.

SMTP로 주고받는 메시지의 암호화에는 **SMTPS**(SMTP over SSL/TLS)가 이용됩니다. SMTPS를 이용하려면, 클라이언트인 메일 소프트웨어와 SMTP 서버가 모두 SMTPS를 지원해야 합니다.

24 POP, IMAP

메일 클라이언트의 전송이나 메일 서버 간의 전달에 SMTP가 사용된다고 설명했습니다. 마찬가지로 메일을 수신할 때 사용되는 프로토콜이 POP와 IMAP입니다.

24-1 메일 수신에 사용되는 두 가지 프로토콜

메일 수신에 관련된 두 가지 프로토콜이 **POP**(Post Office Protocol)와 **IMAP** (Internet Message Access Protocol)입니다.

지금까지 설명한 대로 SMTP는 메일 클라이언트에서 메일 서버로 메일을 보내거나 메일 서버 간에 메일을 전송하는 역할을 합니다. 반면, POP와 IMAP은 메일 서버의 메일박스에 들어온 메일을 수신자의 단말기에서 확인하거나 조작할 수 있게 하는 역할을 합니다. **23-1**에서 사용했던 그림으로 설명하겠습니다.

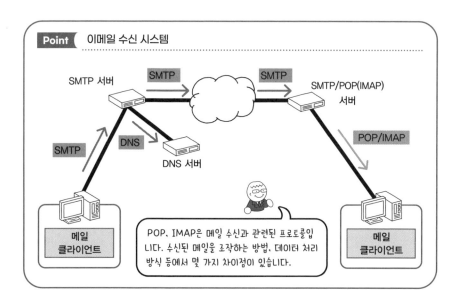

Point 이메일 수신 시스템

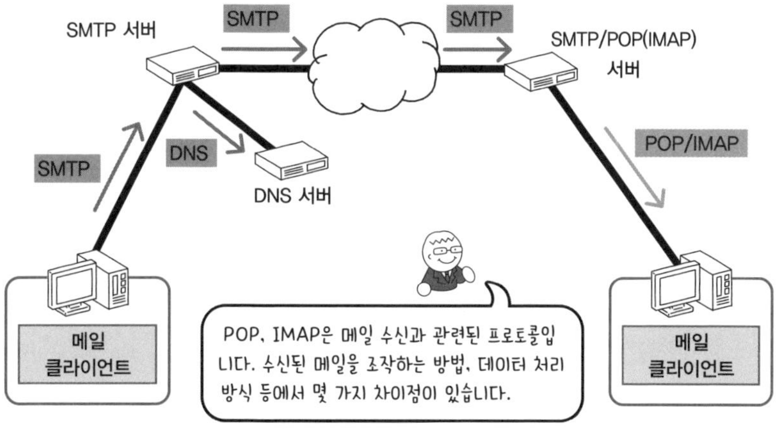
SMTP 서버
SMTP
SMTP
SMTP/POP(IMAP)
서버
SMTP
DNS
DNS 서버
POP/IMAP
메일
클라이언트
POP, IMAP은 메일 수신과 관련된 프로토콜입니다. 수신된 메일을 조작하는 방법, 데이터 처리 방식 등에서 몇 가지 차이점이 있습니다.
메일
클라이언트

그림에서 오른쪽 목적지 메일 서버와 메일 클라이언트 사이에서 작동하는 것이 **POP**와 **IMAP**입니다.

둘 다 메일박스에 도착한 메일을 사용자가 열람할 수 있게 해주는 프로토콜이지만, 작동 방식과 특징이 다릅니다. 각각의 특징을 살펴보겠습니다.

24-2 메일 서버에서 수신된 메일을 가져오는 POP

POP(Post Office Protocol)는 메일 클라이언트가 메일 서버에서 메일을 가져올 때 사용하는 프로토콜입니다. 현재는 일반적으로 **POP3**(POP 버전 3)를 사용합니다.

POP와 IMAP의 공통된 특징으로 **이메일은 메일 서버의 메일박스로 배달된다**는 점을 들 수 있습니다. 메일을 수신하려면 24시간 내내 다른 메일 서버로부터의 전송을 수락할 수 있는 대기 상태에 있어야 합니다. 하지만 일반적인 사용자의 단말기로 그런 기능을 실현하기는 어렵습니다. 그래서 도착한 메일을 메일 서버의 메일박스에 저장해 두고, 메일 클라이언트를 이용해 접근하는 방식으로 시스템을 구성합니다.

POP에서는 메일박스에 들어온 메일을 사용자가 단말기에 다운로드 하면, 다운로드가 완료된 데이터를 기본적으로 서버에서 삭제합니다. 따라서 POP에는 다음과 같은 장점과 단점이 발생합니다.

장점

- 송수신 이외의 조작(로컬에 저장한 메일의 열람 등)은 오프라인에서도 할 수 있다.
- 메일을 로컬에 저장하면 메일 서버에서는 삭제되므로 메일 서버의 용량을 절약할 수 있다.

단점

- 하나의 메일을 한 대의 디바이스에만 저장할 수 있으므로 여러 장치 간의 공유가 어렵다.
- 메일이 로컬에 저장되므로 단말기 고장 등으로 데이터가 사라질 우려가 있다

메일 데이터를 로컬 단말기에 저장해서 처리하는 것이 POP의 기본 동작이므로, 모바일 단말기가 늘어난 현재 환경에는 적합하지 않습니다. 같은 주소로 온 메일들을 여러 장치에서 열람하거나 조작하기가 어렵기 때문입니다. 이러한 단점을 보완하면서 다르게 동작하는 것이 IMAP입니다.

24-3 메일 서버의 이메일을 다루는 IMAP

IMAP(Internet Message Access Protocol)은 메일 서버에 저장된 이메일에 메일 클라이언트가 접근해 조작하는 프로토콜입니다. 현재는 일반적으로 **IMAP4**가 사용됩니다. POP에서는 메일 서버의 메일 박스에 도착한 메일을 로컬 장치에 다운로드하면, 메일 서버 상의 메일을 삭제하는 것이 일반적인 동작이었습니다.

IMAP에서는 메일 서버에 메일을 둔 채로 열람이나 삭제 등의 조작을 할 수 있습니다. 따라서 여러 장치에서 동일한 메일 주소로 온 메일을 읽거나 관리할 수 있습니다. 여러 장치에서 같은 주소로 온 메일을 관리하는 게 당연시되는 현재 환경에서는 POP보다는 IMAP가 적합하다고 할 수 있습니다.

장점

- 복수 단말기에서 메일을 조작할 수 있다.
- POP처럼 로컬 단말기 용량을 소비하지 않는다.

반면에, IMAP에는 다음과 같은 단점도 있습니다.

단점

- 메일 서버에 접속할 수 있는 환경이 필요하다(일부 조작은 오프라인에서도 할 수 있으며, 다음 번에 메일 서버에 접속할 때 처리한다).
- 기본적으로 메일 서버상에 메일 데이터가 계속 남아 있으므로, 용량에 신경을 써야 한다.

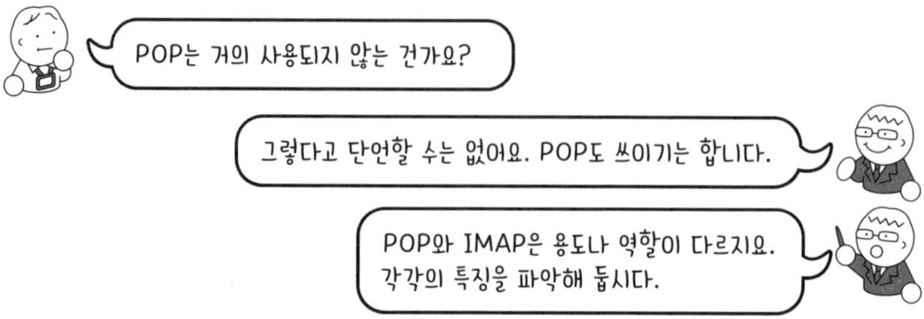
POP는 거의 사용되지 않는 건가요?
그렇다고 단언할 수는 없어요. POP도 쓰이기는 합니다.
POP와 IMAP은 용도나 역할이 다르지요.
각각의 특징을 파악해 둡시다.

Point POP와 IMAP의 특징

- **POP(Post Office Protocol)**
  - 메일 서버에서 메일을 단말기로 다운로드해서 관리하는 프로토콜이다.
  - 메일 서버상에는 메일이 남지 않아 다운로드 받은 단말기에서만 메일을 볼 수 있다.

- **IMAP(Internet Message Access Protocol)**
  - 메일 서버상의 메일을 직접 관리하는 프로토콜이다.
  - 복수의 단말기로 하나의 메일 서버상의 메일박스를 관리할 수 있다.

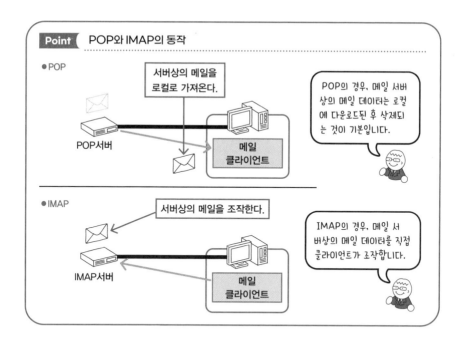

Point POP와 IMAP의 동작

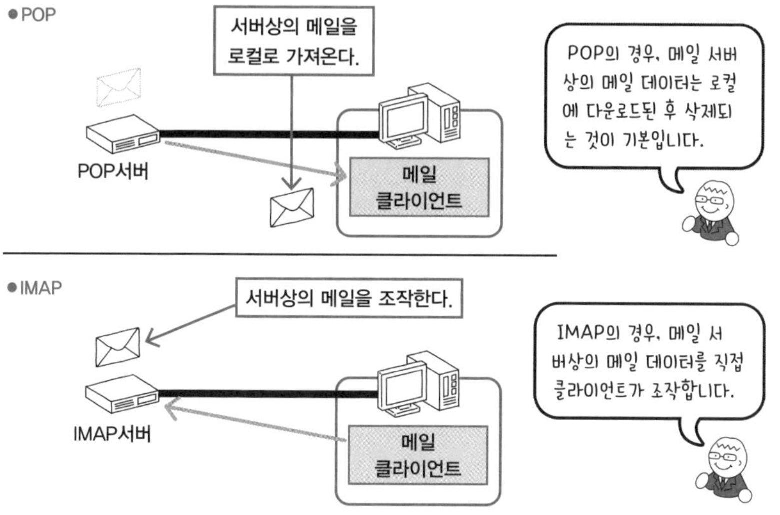

● POP
서버상의 메일을 로컬로 가져온다.
POP의 경우, 메일 서버상의 메일 데이터는 로컬에 다운로드된 후 삭제되는 것이 기본입니다.
POP서버
메일 클라이언트
● IMAP
서버상의 메일을 조작한다.
IMAP의 경우, 메일 서버상의 메일 데이터를 직접 클라이언트가 조작합니다.
IMAP서버
메일 클라이언트

24-4 POP, IMAP 패킷을 캡처해 보자

SMTP처럼 POP 및 IMAP도 메일 클라이언트와 메일 계정 설정에 따라 패킷 캡처가 가능할 수도 있고 불가능할 수도 있습니다. 따라서 자신의 환경에서 재현할 수 없는 경우에는 학습자료로 제공하는 캡처 파일을 열어 확인하세요.

■ POP의 경우

메일 클라이언트에서 POP를 설정한 장치를 준비하고, 메일을 수신할 때 Wireshark를 사용해 POP 패킷을 캡처해 봅시다.

여기서는 필자의 로컬 환경에 준비한 POP 서버와 IMAP 서버에서 메일을 수신하는 모습을 캡처했습니다.

_ POP의 패킷 캡처

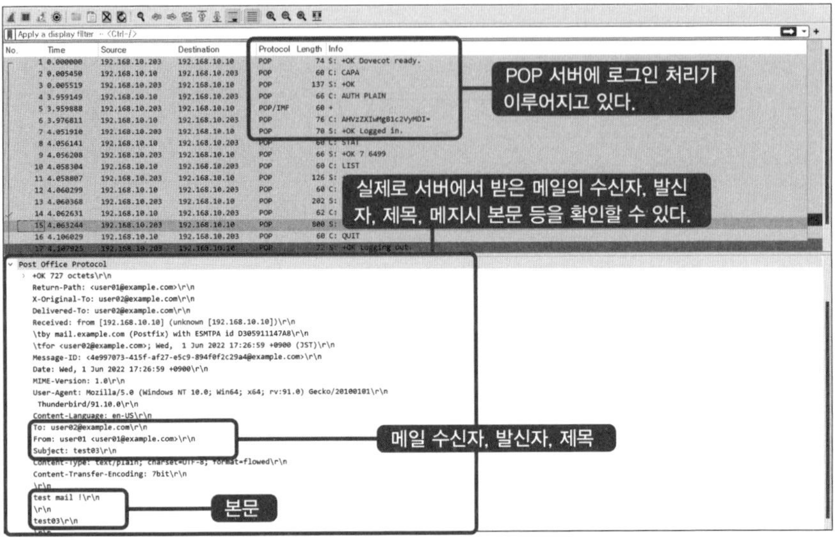
POP 서버에 로그인 처리가 이루어지고 있다.
실제로 서버에서 받은 메일의 수신자, 발신자, 제목, 메지시 본문 등을 확인할 수 있다.
메일 수신자, 발신자, 제목
본문

[학습자료] 24-03_pop_capture.pcapng

POP에서는 POP 서버에 로그인해 메일 서버에 저장된 메일을 클라이언트의 로컬 장치로 다운로드합니다. POP의 경우, 메일 서버에서 메일을 다운로드하면 메일 서버에 저장된 메일 데이터는 삭제됩니다.

POP3에서는 메일을 다운로드하기 위해 여러 개의 POP3 명령을 사용합니다. 이메일 목록을 가져오는 LIST, 이메일 본문을 가져오는 RETR, POP3 통신을 종료하는 QUIT 등이 있습니다.

■ IMAP의 경우

다음으로 POP와 마찬가지로 IMAP을 설정한 장치에서 메일 클라이언트를 준비하고, 메일을 수신할 때 Wireshark로 IMAP 패킷을 캡처해 보겠습니다.

_ IMAP의 패킷 캡처

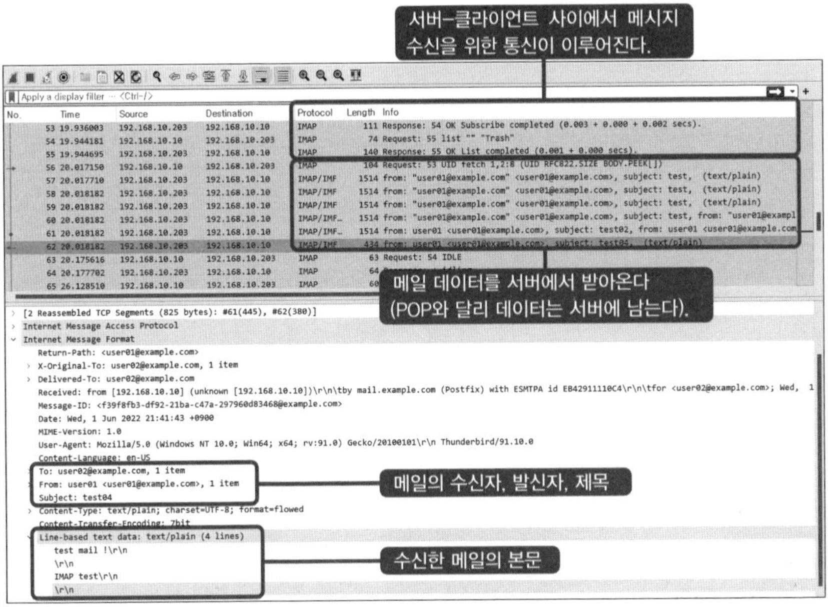
서버-클라이언트 사이에서 메시지 수신을 위한 통신이 이루어진다.
메일 데이터를 서버에서 받아온다 (POP와 달리 데이터는 서버에 남는다).
메일의 수신자, 발신자, 제목
수신한 메일의 본문

[학습자료] 24-04_imap_capture.pcapng

IMAP도 POP와 마찬가지로 메일 서버-클라이언트 간에 인증 처리 등 다양한 통신이 이루어진 후, 수신된 메일 본문의 데이터가 서버에서 클라이언트로 전송됩니다.

POP와 달리 IMAP은 클라이언트 측으로 데이터를 옮기고 서버에서 삭제하는 것이 아니라, 서버 측에 메일 본문 데이터를 남겨두고 그에 대한 처리를 하므로, 여러 클라이언트 단말기에서 동일한 사용자가 수신한 메일을 확인할 수 있다는 장점이 있습니다.

25 PPPoE와 IPoE

이제는 인터넷을 사용하지 않는 날이 없다고 해도 좋을 만큼 인터넷 환경은 보편화되었습니다. 이번에는 인터넷 접속에 이용되는 프로토콜을 설명하겠습니다.

인터넷 접속 서비스는 ISP 등에서 제공합니다.
다양한 혜택이 있는 세트 상품으로 계약?
그러고 보니, 집에서 고정회선을 계약하니 ID와 패스워드가 왔어요.
아, 맞다
서비스를 제공하려면 사용자를 식별해야 하죠. 그 식별에 사용되는 것이 PPPoE입니다.
PPPoE
가정 등
ISP
이더넷 이외의 데이터 링크 계층 프로토콜이군요!
들어 본 적이 있어요
자격시험 준비로 공부했지요

25-1 PPPoE와 IPoE는 인터넷 접속을 지원한다

우리가 집이나 회사 등에서 인터넷을 이용할 때는 **ISP**(Internet Service Provider)와 계약을 체결한 후, **회선 사업자**가 제공한 회선을 통해 인터넷에 접속합니다. ISP는 인터넷 서비스를 제공하는 기업이나 사업자를 가리킵니다. ISP는 인터넷 접속 서비스를 제공하고 사용자를 인증하는 등의 역할을 합니다.

ADSL 회선이나 광섬유 등의 물리적인 회선은 회선 사업자라 불리는 기업이 제공합니다. 집이나 회사까지 물리적으로 회선을 설치하거나 그 이후의 물리적인 회선 설치와 관리 및 유지보수를 담당합니다.

우리가 인터넷을 이용할 때는 회선 사업자가 제공하는 회선을 사용하며, ISP가 제공하는 인터넷 접속 서비스를 통해 인터넷에 접속합니다.

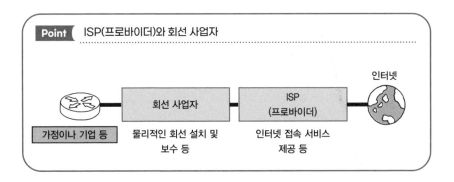

Point ISP(프로바이더)와 회선 사업자

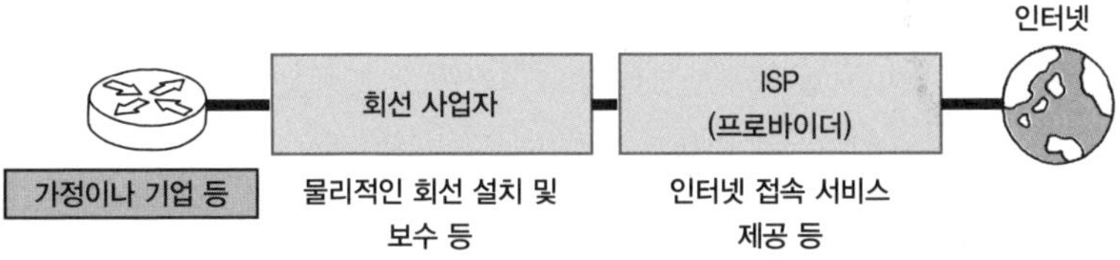

인터넷
회선 사업자
ISP
(프로바이더)
가정이나 기업 등
물리적인 회선 설치 및
보수 등
인터넷 접속 서비스
제공 등

■ 인증이란?

ISP와 계약하고 인터넷에 접속하는 이상, ISP 측에서는 접속하는 사람이 가입자임을 확인할 필요성이 생깁니다. 이 확인 절차가 **인증**입니다. 인증에는 **PPP**, **PPPoE**와 같은 프로토콜이 사용됩니다.

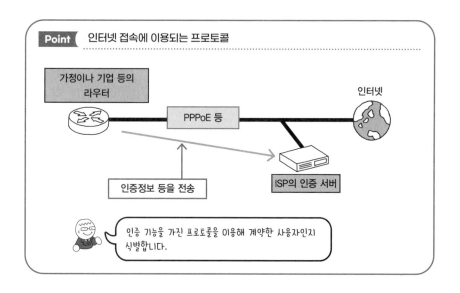

Point 인터넷 접속에 이용되는 프로토콜

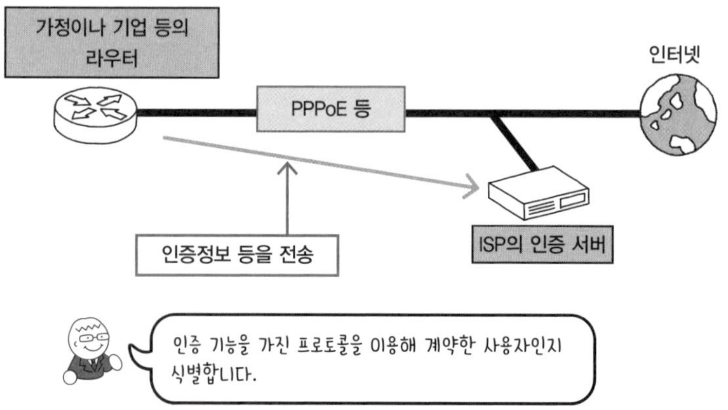

가정이나 기업 등의 라우터
PPPoE 등
인터넷
인증정보 등을 전송
ISP의 인증 서버
인증 기능을 가진 프로토콜을 이용해 계약한 사용자인지 식별합니다.

25-2 PPP와 PPPoE

PPP(Point to Point Protocol)는 전화 회선을 이용한 인터넷 서비스인 다이얼업 접속에 사용되던 데이터 링크 계층의 통신 프로토콜입니다. 이름 그대로 사용자의 장치와 ISP(인터넷 서비스 제공자)의 장치(Point to Point)를 1:1로 논리적인 경로로 연결하고, 그 경로를 L2 헤더로 PPP 헤더를 붙인 IP 패킷이 통과하는 구조로 되어 있습니다.

PPP의 장점은 두 가지가 있습니다. 첫째는 **인증 기능**이 있다는 것이고, 둘째는 **네트워크 연결에 필요한 정보를 제공하는 기능**이 있다는 것입니다. ISP가 제공하는 인터넷 접속에는 사용자 인증이 필요한데, 다이얼업 연결에서는 PPP의 인증 기능을 이용해 사용자를 식별했습니다. 또한, 인터넷 연결을 위해서는 인증뿐만 아니라 인터넷 상에서 중복되지 않는 글로벌 주소(**12-3** 참조)가 필요한데 주소 할당도 PPP의 기능으로 이루어졌습니다.

■ PPP 인증

PPP 인증에는 두 개의 프로토콜이 사용됩니다. 바로 **PAP**(Password Authentication Protocol)과 **CHAP**(Challenge Handshake Authentication Protocol)입니다.

PAP에서는 PPP 클라이언트가 인증을 수행하는 서버(ISP 측)에 ISP와 계약 시 지정된 사용자 ID와 패스워드를 전송합니다. ISP 측은 전송된 사용자 ID와 패스워드를 기반으로 인증을 수행합니다.

PAP의 단점은 인증 정보를 암호화하지 않고 전송한다는 점입니다. PAP는 도청으로 인한 정보 유출의 위험이 있어 현재는 거의 사용되지 않습니다.

그래서 PAP 대신에 사용되는 것이 **CHAP**입니다. CHAP에서는 클라이언트가 직접 사용자 ID와 패스워드를 전송하는 대신, 서버 측에서 전송되는 챌린지라고 불리는 난수와 사용자 ID, 패스워드를 결합해 해시 값을 계산합니다. 클라이언트 측은 계산된 해시 값과 사용자 ID만 서버로 전송합니다.

서버 측에서는 사용자 ID를 기반으로 동일한 계산을 수행하고, 전송된 해시 값과 서버 측에서 계산한 해시 값이 같으면 정상 사용자로 판단합니다.

패스워드를 직접 전송하지 않으므로 도청되더라도 패스워드를 획득할 수 없고, 불법 로그인이 불가능하므로 PAP보다 안전한 인증 방법입니다.

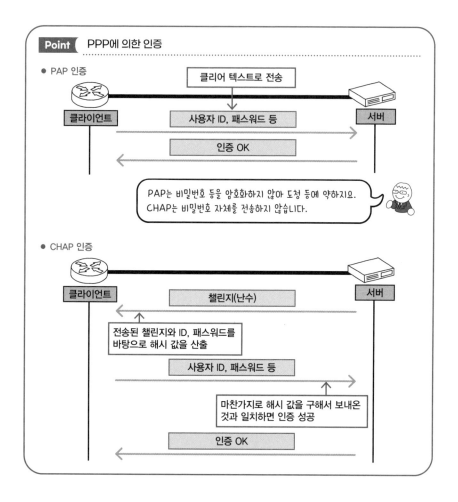

Point PPP에 의한 인증

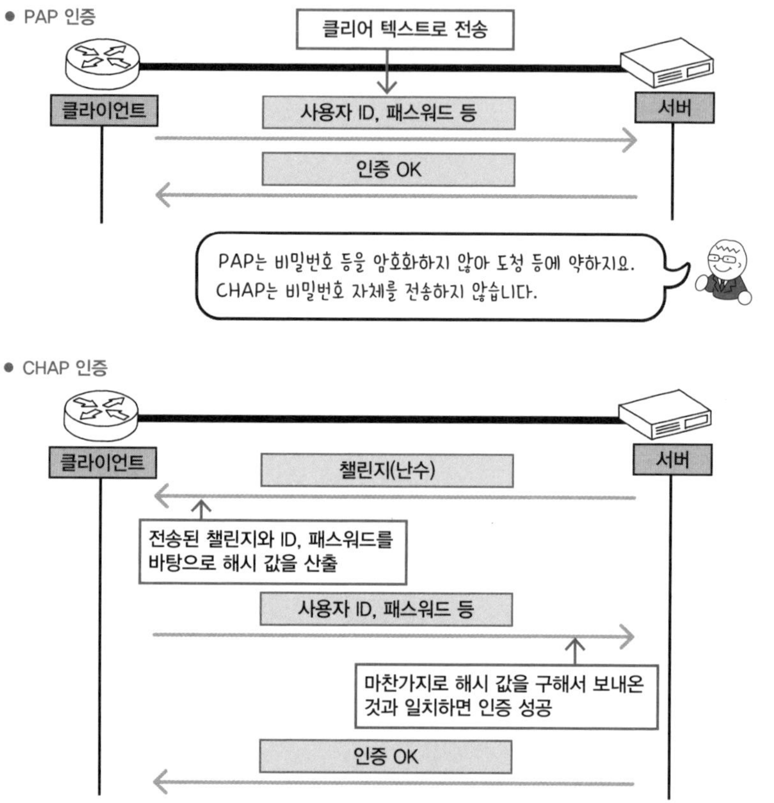
● PAP 인증
클리어 텍스트로 전송
클라이언트
서버
사용자 ID, 패스워드 등
인증 OK
PAP는 비밀번호 등을 암호화하지 않아 도청 등에 약하지요.
CHAP는 비밀번호 자체를 전송하지 않습니다.
● CHAP 인증
클라이언트
서버
챌린지(난수)
전송된 챌린지와 ID, 패스워드를 바탕으로 해시 값을 산출
사용자 ID, 패스워드 등
마찬가지로 해시 값을 구해서 보내온 것과 일치하면 인증 성공
인증 OK

인증을 완료한 PPP는 NCP(Network Control Protocol)라는 프로토콜로 IP 주소와 DNS 서버 주소, 기본 경로의 목적지 등을 알려줍니다. 이렇게 데이터 링크 계층 프로토콜에 PPP를 사용해 인증을 실현한 후 통신할 수 있게 한 것입니다.

■ PPPoE의 인증

하지만 현재는 PPP 자체가 많이 사용되지 않습니다. 데이터 링크 계층의 프로토콜로 가정이나 기업의 네트워크에서 ISP의 종단 장치에 이르기까지 이더넷

을 사용하게 됐기 때문입니다. 하지만 이더넷 자체에는 인증 등의 기능이 없습니다. 그래서 LAN에서 고속 통신이 가능한 이더넷을 사용하면서도 인증 등의 기능을 PPP로 구현한 데이터 링크 계층 프로토콜이 **PPPoE**(Point to Point Protocol over Ethernet)입니다.

PPP에서는 IP 패킷을 데이터 링크 계층 프로토콜인 PPP의 헤더로 캡슐화해 전송했는데, PPPoE에서는 IP 패킷을 PPP로 캡슐화해 PPP의 인증 기능을 사용할 수 있게 하고, 다시 PPPoE 헤더와 이더넷 헤더로 캡슐화해, 마치 이더넷을 데이터 링크 계층의 프로토콜로 사용하는 통신인 것처럼 ISP 측에 접속합니다. 인증 방식이나 인터넷 접속에 필요한 글로벌 주소 발급 등은 PPP의 구조를 그대로 사용합니다.

25-3 PPP, PPPoE를 대체하는 IPoE

일본 NTT에서 제공하는 플레츠(FLET'S)망에 새롭게 도입된 접속 방식으로 **IPoE**(Internet Protocol over Ethernet)가 있습니다.

IPoE는 IPv6 보급에 따라 사용되기 시작한 두 가지 인증 방식 중 하나입니다. IPv6 환경에서는 인터넷 접속에 IPv6 PPPoE 형식과 IPv6 IPoE 형식이 사용됩니다. IPv6 PPPoE 형식은 방금 설명한 PPPoE와 유사한 메커니즘으로 IPv6를 활용합니다.

IPoE에서는 PPPoE와 달리 사용자 ID를 클라이언트 측에서 보내지 않으며, PPP에 의한 캡슐화도 하지 않습니다. LAN에서의 통신과 동일하게 IP 패킷을 이더넷으로 캡슐화해 인터넷을 통해 통신할 수 있기 때문에 네이티브 방식이라고 불립니다. 반면에, PPPoE는 플레츠망의 종단 장치까지 PPP와 PPPoE로 캡슐화되므로 터널 방식이라고 불립니다.

25-4 PPPoE 패킷을 캡처해 보자

LAN에서 PPPoE 프레임을 확인하려면 PPPoE 서버 등을 준비해야 하고, 재현하기가 어렵기 때문에 여기서는 첨부된 캡처 파일을 확인해 보겠습니다. 이번에는 필자의 로컬 환경에 구축한 PPPoE 서버와 PPPoE 클라이언트 간에 주고받는 통신을 캡처했습니다.

PPPoE에서는 클라이언트와 서버 간의 통신을 크게 두 단계로 나눕니다. 첫 번째는 **디스커버리 단계**이고, 두 번째는 **PPP 세션 단계**입니다. 디스커버리 단계에서는 PPP를 사용한 인증이나 IP 주소 발급 등이 이루어지기 전에 클라이언트가 통신 상대(PPPoE 서버)를 찾아 세션을 시작합니다. PPP 세션 단계에서는 PPPoE 서버에서 클라이언트 인증과 IP 주소 발급 등이 이루어집니다.

■ 디스커버리(Discovery) 단계

다음 그림은 디스커버리 단계에서 클라이언트-서버 간에 주고받는 4개의 패킷입니다.

_ PPPoE의 패킷 캡처 ①: PPPoE - Discovery 단계

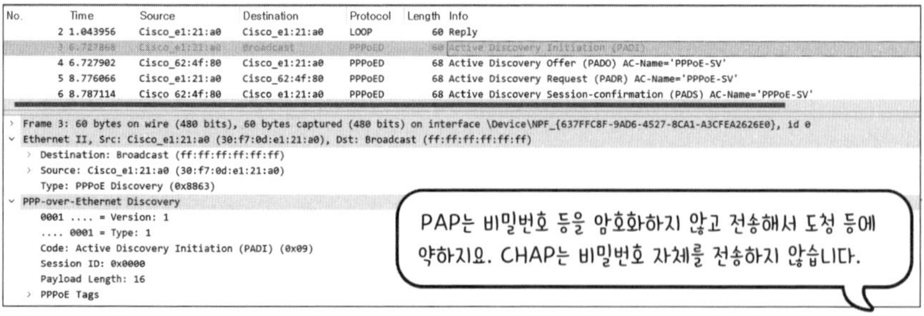

No.	Time	Source	Destination	Protocol	Length	Info
2	1.043956	Cisco_e1:21:a0	Cisco_e1:21:a0	LOOP	60	Reply
3	6.727868	Cisco_e1:21:a0	Broadcast	PPPoED	60	Active Discovery Initiation (PADI)
4	6.727902	Cisco_62:4f:80	Cisco_e1:21:a0	PPPoED	68	Active Discovery Offer (PADO) AC-Name='PPPoE-SV'
5	8.776066	Cisco_e1:21:a0	Cisco_62:4f:80	PPPoED	68	Active Discovery Request (PADR) AC-Name='PPPoE-SV'
6	8.787114	Cisco_62:4f:80	Cisco_e1:21:a0	PPPoED	68	Active Discovery Session-confirmation (PADS) AC-Name='PPPoE-SV'

```
> Frame 3: 60 bytes on wire (480 bits), 60 bytes captured (480 bits) on interface \Device\NPF_{637FFC8F-9AD6-4527-8CA1-A3CFEA2626E0}, id 0
v Ethernet II, Src: Cisco_e1:21:a0 (30:f7:0d:e1:21:a0), Dst: Broadcast (ff:ff:ff:ff:ff:ff)
  > Destination: Broadcast (ff:ff:ff:ff:ff:ff)
  > Source: Cisco_e1:21:a0 (30:f7:0d:e1:21:a0)
    Type: PPPoE Discovery (0x8863)
v PPP-over-Ethernet Discovery
    0001 .... = Version: 1
    .... 0001 = Type: 1
    Code: Active Discovery Initiation (PADI) (0x09)
    Session ID: 0x0000
    Payload Length: 16
  > PPPoE Tags
```

[학습자료] 25-03_25-04_pppoe_capture.pcapng

PAP는 비밀번호 등을 암호화하지 않고 전송해서 도청 등에 약하지요. CHAP는 비밀번호 자체를 전송하지 않습니다.

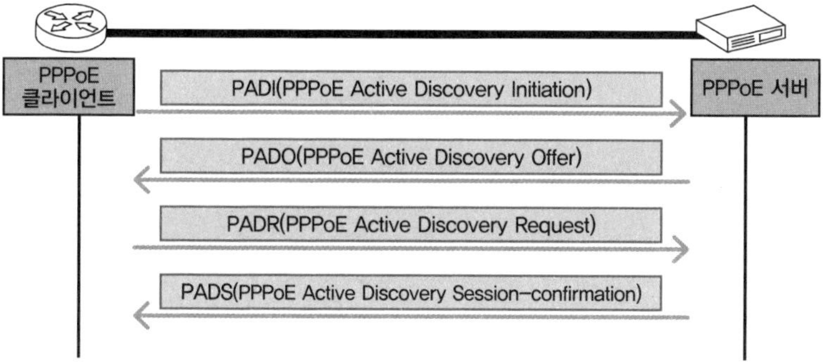
PPPoE
클라이언트
PADI(PPPoE Active Discovery Initiation)
PPPoE 서버
PADO(PPPoE Active Discovery Offer)
PADR(PPPoE Active Discovery Request)
PADS(PPPoE Active Discovery Session-confirmation)

■ PPP 세션 단계

다음으로 PPP 세션 스테이지를 살펴봅시다. 이 부분은 캡처된 수가 조금 많아서 일부만 발췌한 이미지입니다. 자세한 내용은 학습자료로 제공되는 캡처 파일을 참고하세요.

PPP는 **LCP**(Link Control Protocol)와 **NCP**(Network Control Protocol) 두 가지 프로토콜을 이용하여 각종 처리를 수행합니다. LCP는 링크 설정과 앞서 설명한 인증 등을 수행하고, NCP는 상위 프로토콜이 IP인 경우에는 **IPCP**(Internet Protocol Control Protocol)라는 프로토콜이 됩니다. IPCP는 IP 주소 할당 등을 수행합니다.

캡처한 패킷에서도 먼저 LCP와 통신이 이루어지고, 다음으로 CHAP에 의한 인증, 그리고 IPCP에 의한 IP 주소 발급이 이루어지는 것을 확인할 수 있습니다.

_ PPPoE의 패킷 캡처 ②: PPPoE - PPP 세션 단계

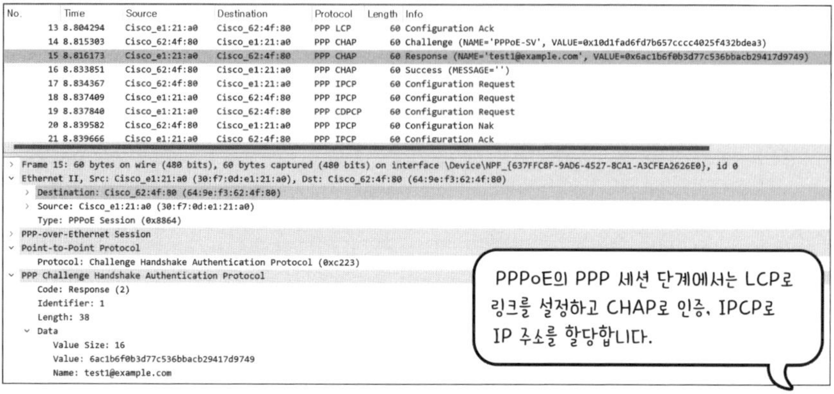

No.	Time	Source	Destination	Protocol	Length	Info
13	8.804294	Cisco_e1:21:a0	Cisco_62:4f:80	PPP LCP	60	Configuration Ack
14	8.815303	Cisco_62:4f:80	Cisco_e1:21:a0	PPP CHAP	60	Challenge (NAME='PPPoE-SV', VALUE=0x10d1fad6fd7b657cccc4025f432bdea3)
15	8.816173	Cisco_e1:21:a0	Cisco_62:4f:80	PPP CHAP	60	Response (NAME='test1@example.com', VALUE=0x6ac1b6f0b3d77c536bbacb29417d9749)
16	8.833851	Cisco_62:4f:80	Cisco_e1:21:a0	PPP CHAP	60	Success (MESSAGE='')
17	8.834367	Cisco_62:4f:80	Cisco_e1:21:a0	PPP IPCP	60	Configuration Request
18	8.837409	Cisco_e1:21:a0	Cisco_62:4f:80	PPP IPCP	60	Configuration Request
19	8.837840	Cisco_e1:21:a0	Cisco_62:4f:80	PPP CDPCP	60	Configuration Request
20	8.839582	Cisco_62:4f:80	Cisco_e1:21:a0	PPP IPCP	60	Configuration Nak
21	8.839666	Cisco_e1:21:a0	Cisco_62:4f:80	PPP IPCP	60	Configuration Ack

```
> Frame 15: 60 bytes on wire (480 bits), 60 bytes captured (480 bits) on interface \Device\NPF_{637FFC8F-9AD6-4527-8CA1-A3CFEA2626E0}, id 0
v Ethernet II, Src: Cisco_e1:21:a0 (30:f7:0d:e1:21:a0), Dst: Cisco_62:4f:80 (64:9e:f3:62:4f:80)
  > Destination: Cisco_62:4f:80 (64:9e:f3:62:4f:80)
  > Source: Cisco_e1:21:a0 (30:f7:0d:e1:21:a0)
    Type: PPPoE Session (0x8864)
> PPP-over-Ethernet Session
v Point-to-Point Protocol
    Protocol: Challenge Handshake Authentication Protocol (0xc223)
v PPP Challenge Handshake Authentication Protocol
    Code: Response (2)
    Identifier: 1
    Length: 38
  v Data
      Value Size: 16
      Value: 6ac1b6f0b3d77c536bbacb29417d9749
      Name: test1@example.com
```

PPPoE의 PPP 세션 단계에서는 LCP로
링크를 설정하고 CHAP로 인증, IPCP로
IP 주소를 할당합니다.

[학습자료] 25-03_25-04_pppoe_capture.pcapng

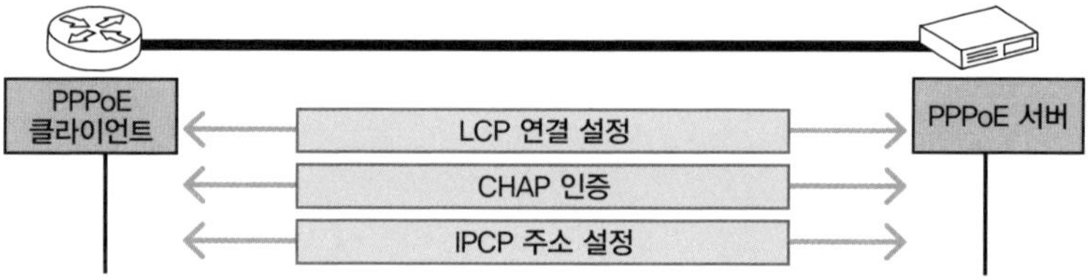
PPPoE 클라이언트
PPPoE 서버
LCP 연결 설정
CHAP 인증
IPCP 주소 설정

PPPoE는 디스커버리 단계와 PPP 세션 단계, 이 두 단계가 완료되면 클라이언트 서버 간 연결이 설정되고, 클라이언트가 인터넷 서비스를 이용할 수 있습니다.

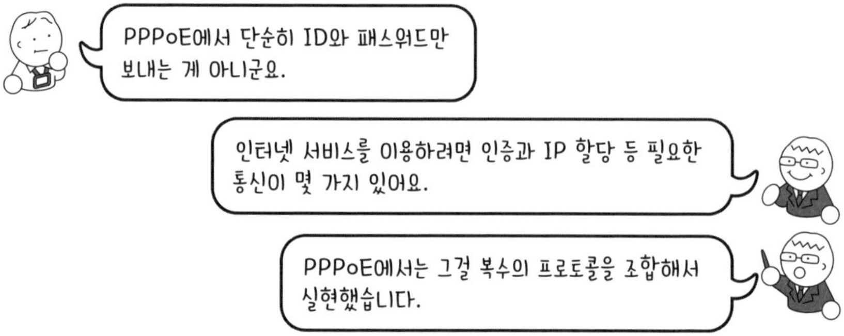
PPPoE에서 단순히 ID와 패스워드만 보내는 게 아니군요.
인터넷 서비스를 이용하려면 인증과 IP 할당 등 필요한 통신이 몇 가지 있어요.
PPPoE에서는 그걸 복수의 프로토콜을 조합해서 실현했습니다.

4장 연습문제

문제 1

HTTP에 대해 바르게 설명한 것은?

① OSI 참조 모델의 전송 계층으로 분류되는 프로토콜이다.

② HTTP는 클라이언트 서버형 프로토콜이다.

③ 메일 송수신에 이용된다.

④ 글로벌 주소 할당에 이용된다.

문제 2

DNS의 구조에 대해 바르게 설명한 것은?

① 도메인은 계층 구조로 되어 있고 분산 관리된다.

② 리졸버란 TLD 도메인을 관리하는 DNS 서버의 총칭이다.

③ 하위 DNS 서버에 도메인의 관리를 맡기는 것을 헌상이라고 한다.

④ DNS에서는 도메인 이름과 포트 번호를 연결한다.

문제 3

PPPoE의 특징에 대해 바르게 설명한 것은?

① 인증에 POP와 IMAP 등의 프로토콜을 사용한다.

② PPP 프로토콜을 그대로 IP 헤더로 캡슐화한다.

③ IPoE를 터널 방식, PPPoE를 네이티브 방식이라고 부른다.

④ 인터넷 서비스 이용에 필요한 인증이나 IP 주소 설정 등에 이용된다.

정답

문제 1 정답은 ②

HTTP는 클라이언트 서버형 프로토콜이다

HTTP는 브라우저 등으로 웹사이트에 액세스할 때 사용되는 응용 계층 프로토콜입니다. 클라이언트 서버형 프로토콜이며, 클라이언트인 브라우저에서 웹 서버에 데이터를 요청하는 HTTP 리퀘스트를 전송하면, 웹 서버는 요청된 데이터를 HTTP 리스폰스로 반환합니다.

문제 2 정답은 ①

도메인은 계층 구조로 되어 있고 분산 관리된다

DNS는 도메인 이름과 호스트 이름을 IP 주소와 매칭해서 관리하는 이름 해석 프로토콜입니다. DNS로 관리되는 도메인은 계층 구조로 되어 있으며, 최상위 루트 도메인부터 차례로 TLD(Top Level Domain), 2LD(2nd Level Domain), 3LD(3rd Level Domain)로 불립니다. 하위 DNS 서버에 도메인 관리를 맡기는 메커니즘을 위임이라고 합니다.

문제 3 정답은 ④

인터넷 서비스 이용에 필요한 인증이나 IP 주소 설정 등에 이용된다

PPPoE는 WAN에서 많이 사용되는 데이터 링크 계층의 프로토콜입니다. 기존에 사용되던 PPP라는 프로토콜을 이더넷 환경에서 사용할 수 있게 만든 프로토콜이 PPPoE입니다. PPPoE는 WAN에 접속해 인터넷 서비스를 이용하려는 사용자를 인증하고 인터넷 접속에 필요한 IP 주소 발급 등을 담당합니다.

5장

네트워크를 지원하는 기술

26 DHCP의 기본

DHCP는 IP 주소를 자동으로 설정하는 프로토콜입니다. 통신할 때 IP 주소가 필요하다는 이야기는 제2장에서 했었는데, IP 주소 설정은 어떻게 이루어지고 있는 걸까요?

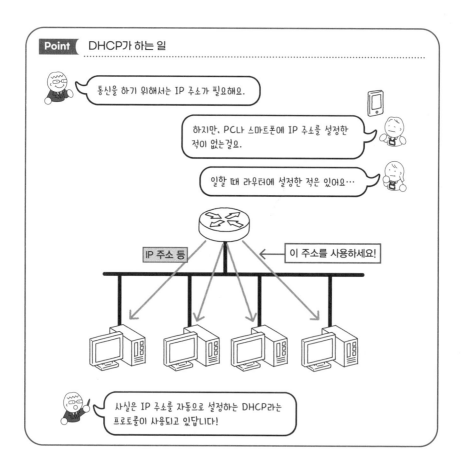

Point DHCP가 하는 일

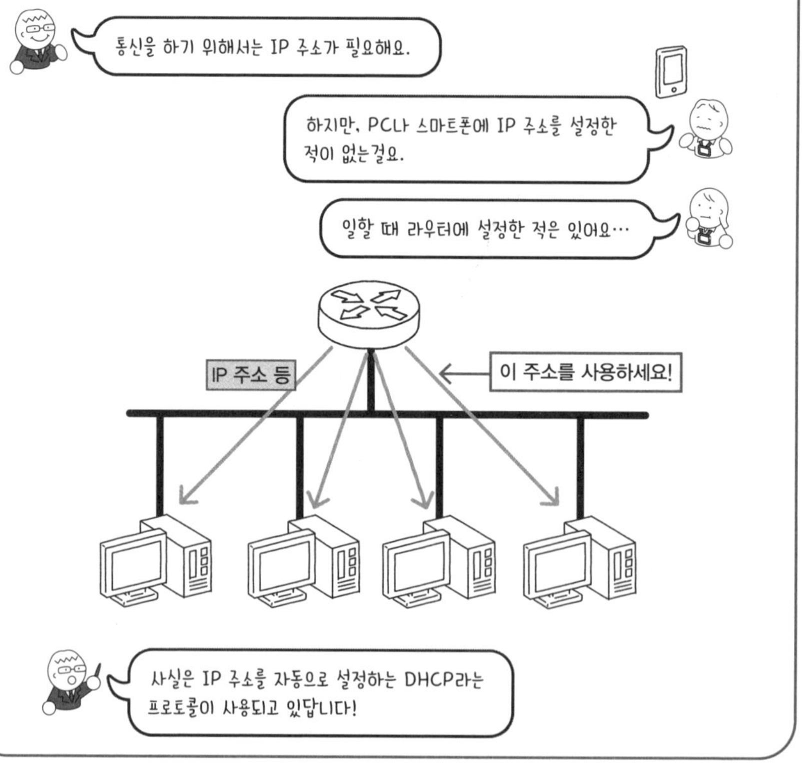

통신을 하기 위해서는 IP 주소가 필요해요.
하지만, PC나 스마트폰에 IP 주소를 설정한 적이 없는걸요.
일할 때 라우터에 설정한 적은 있어요…
IP 주소 등
이 주소를 사용하세요!
사실은 IP 주소를 자동으로 설정하는 DHCP라는 프로토콜이 사용되고 있답니다!

26-1 DHCP는 IP 주소를 배포하고 설정하는 프로토콜

통신할 때는 출발지와 목적지의 IP 주소를 지정해야 합니다. 웹 통신이든 무엇이든 IP를 이용하는 통신에서는 IP 헤더에 출발지와 목적지 IP 주소를 설정한 후에 전송하며, 중간의 라우터 등에서 그 정보를 확인하고 적절한 목적지로 전송합니다.

평소 사용하는 컴퓨터나 스마트폰 등의 단말기에는 IP 주소가 설정되어 있어, 그 주소를 출발지 IP 주소로 사용합니다. 그러나 자신의 단말기에 IP 주소를 직접 설정한 사람은 거의 없을 것입니다.

그렇다면, 누가 어떻게 IP 주소를 설정해 둔 것일까요? 여기서 사용된 것이 **DHCP**(Dynamic Host Configuration Protocol)입니다. DHCP를 이용하면 단말기에 일일이 수동으로 IP 주소나 네트워크 설정을 하지 않아도, DHCP 서버에서 설정한 내용을 네트워크 내 단말기에 배포할 수 있습니다.

DHCP는 **응용 계층**에 속하는 프로토콜입니다.

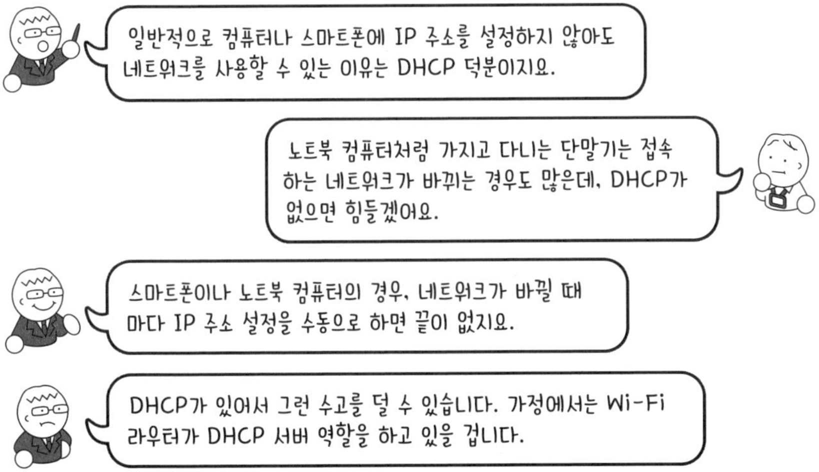
일반적으로 컴퓨터나 스마트폰에 IP 주소를 설정하지 않아도 네트워크를 사용할 수 있는 이유는 DHCP 덕분이지요.
노트북 컴퓨터처럼 가지고 다니는 단말기는 접속하는 네트워크가 바뀌는 경우도 많은데, DHCP가 없으면 힘들겠어요.
스마트폰이나 노트북 컴퓨터의 경우, 네트워크가 바뀔 때마다 IP 주소 설정을 수동으로 하면 끝이 없지요.
DHCP가 있어서 그런 수고를 덜 수 있습니다. 가정에서는 Wi-Fi 라우터가 DHCP 서버 역할을 하고 있을 겁니다.

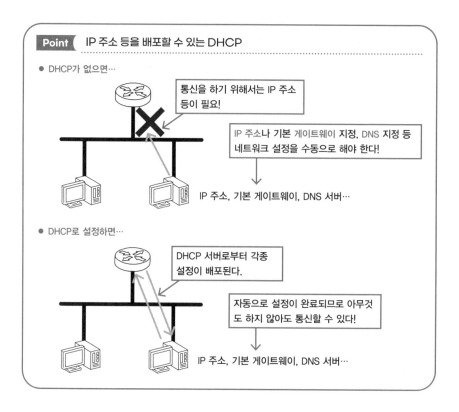

Point IP 주소 등을 배포할 수 있는 DHCP

- DHCP가 없으면…

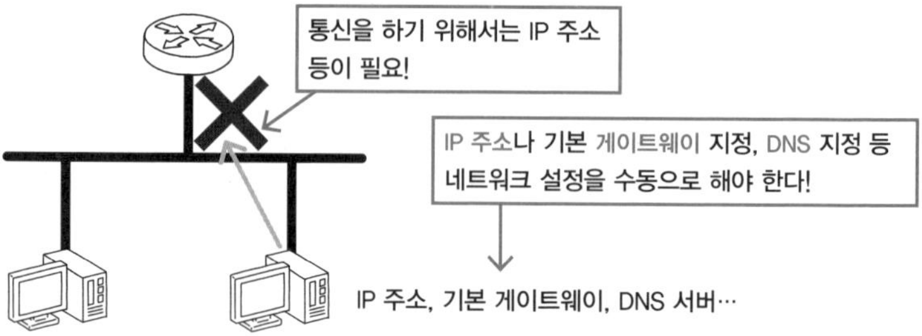
통신을 하기 위해서는 IP 주소 등이 필요!
IP 주소나 기본 게이트웨이 지정, DNS 지정 등 네트워크 설정을 수동으로 해야 한다!
IP 주소, 기본 게이트웨이, DNS 서버…

- DHCP로 설정하면…

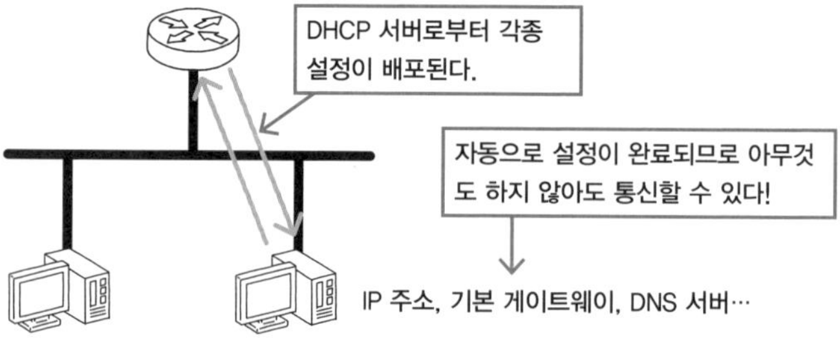
DHCP 서버로부터 각종 설정이 배포된다.
자동으로 설정이 완료되므로 아무것도 하지 않아도 통신할 수 있다!
IP 주소, 기본 게이트웨이, DNS 서버…

또한, DHCP를 이용하면 IP 주소 이외의 정보도 함께 알릴 수 있는 것도 장점 중 하나입니다. 예를 들어, 기본 게이트웨이 주소나 DNS 서버 주소 등 통신에 필요한 IP 주소 이외의 정보도 함께 각 단말기에 배포할 수 있습니다.

26-2 IP 주소를 할당하는 방법

IP 주소를 각 단말기에 할당하는 방법은 두 가지가 있습니다. 수동으로 할당하는 방법과 DHCP를 사용해 동적으로 할당하는 방법입니다.

■ 수동 할당의 장단점

수동으로 할당하는 경우, 각 단말기 사용자가 직접 설정해야 합니다. 네트워크 관리자는 사용자에게 적합한 IP 주소를 할당하고 해당 IP가 사용 중인지 관리해야 합니다. 소규모 네트워크에서는 이 방식으로도 문제가 없으며, IP 주소와 단말기를 명확하게 연결할 수 있는 장점도 있습니다. 그러나 단말기 수가 증가하면 관리가 복잡해져 관리자에게 부담이 됩니다.

■ 동적 할당의 장단점

DHCP를 이용한 동적 할당 방식의 경우, 관리자는 DHCP 서버를 설정하고 각 사용자는 단말기를 켜기만 해도 IP 주소가 할당되어 네트워크를 사용할 수 있게 됩니다.

사용자나 단말기를 셋업하는 사람은 수동으로 설정하지 않아도 되므로 작업을 간소화할 수 있습니다. 또한, 관리자도 DHCP 서버만 설정해 두면, IP 주소를 일일이 관리하지 않아도 되기에 부담을 크게 줄일 수 있습니다.

하지만, DHCP를 이용한 할당 방식에는 IP 주소를 이용해서 장치를 관리하기가 어렵다는 단점도 있습니다. IP 주소를 기반으로 네트워크 접근을 제어하려는 경우, 동적으로 할당되면 제어하려는 단말기의 IP 주소가 바뀌어 알 수 없게 되는 문제가 있습니다.

일반적인 기업이나 가정 등의 LAN에서는 이러한 단점이 크게 문제가 되지 않습니다. 서버나 네트워크 장치 등 IP 주소가 변경되거나 알 수 없으면 곤란한 경우에는 DHCP를 사용하지 않고 수동으로 설정하는 것이 일반적입니다.

Point IP 주소 할당 방법

● 수동 할당

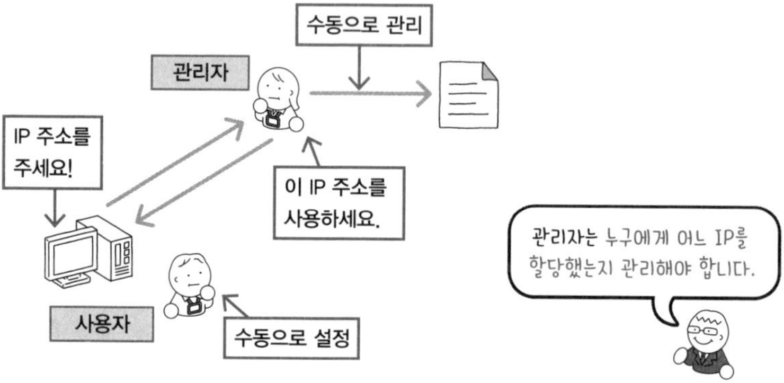

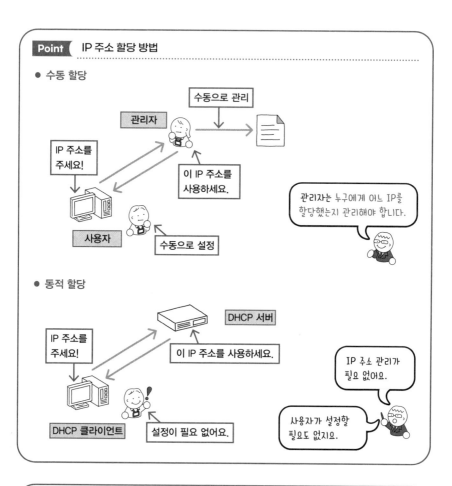

수동으로 관리
관리자
IP 주소를 주세요!
이 IP 주소를 사용하세요.
사용자
수동으로 설정
관리자는 누구에게 어느 IP를 할당했는지 관리해야 합니다.

● 동적 할당

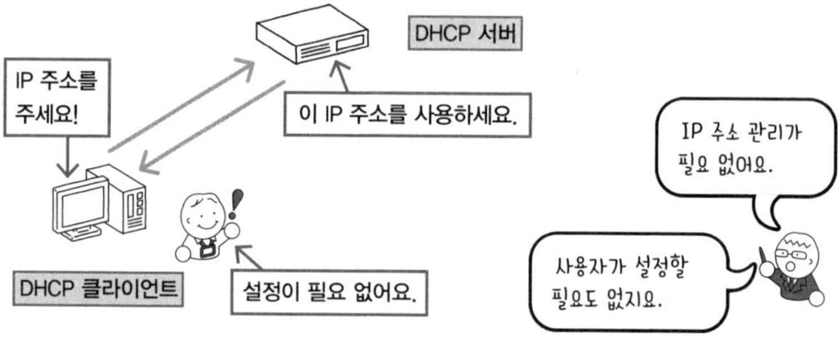

DHCP 서버
IP 주소를 주세요!
이 IP 주소를 사용하세요.
DHCP 클라이언트
설정이 필요 없어요.
IP 주소 관리가 필요 없어요.
사용자가 설정할 필요도 없지요.

Point DHCP를 이용해 IP 주소 할당하기

●장점

- 수동으로 설정하는 수고를 덜 수 있다.
- IP 주소를 일일이 관리할 필요가 없다.
- IP 주소 이외의 정보도 동시에 배포할 수 있다.

●단점

- IP 주소와 단말기를 연결해서 관리하기가 어렵다.

26-3 DHCP의 원리를 알아보자

DHCP는 **클라이언트-서버형** 프로토콜로, DHCP를 통해 IP 주소 등을 제공하는 서버를 **DHCP 서버**, 컴퓨터 등 IP 주소를 받는 단말기를 **DHCP 클라이언트**라고 합니다.

그렇다면 실제로 IP 주소가 할당될 때 어떤 통신이 이루어지고 있을까요? DHCP 서버와 DHCP 클라이언트 사이에서 주고받는 통신을 다음 그림과 같이 따라가 보겠습니다.

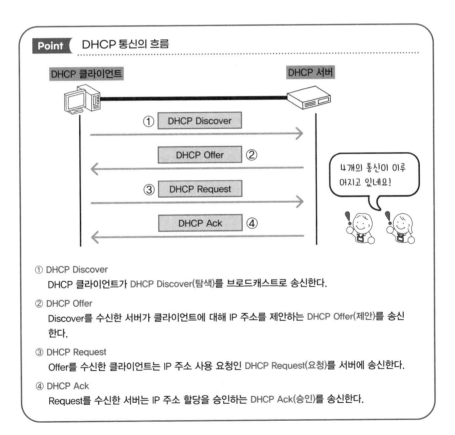

Point DHCP 통신의 흐름

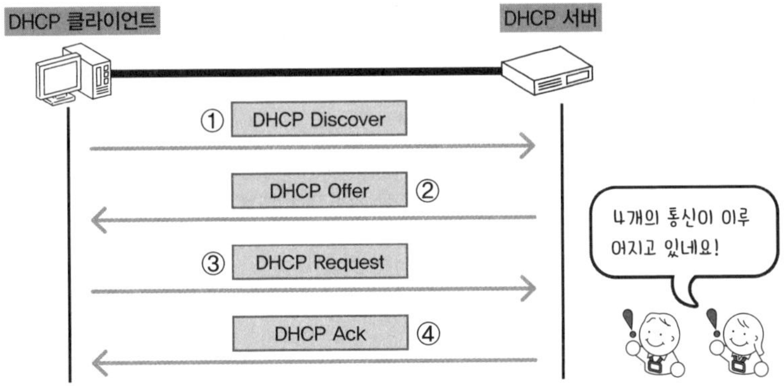
DHCP 클라이언트
DHCP 서버
① DHCP Discover
DHCP Offer ②
③ DHCP Request
DHCP Ack ④
4개의 통신이 이루어지고 있네요!

① DHCP Discover
DHCP 클라이언트가 DHCP Discover(탐색)를 브로드캐스트로 송신한다.

② DHCP Offer
Discover를 수신한 서버가 클라이언트에 대해 IP 주소를 제안하는 DHCP Offer(제안)를 송신한다.

③ DHCP Request
Offer를 수신한 클라이언트는 IP 주소 사용 요청인 DHCP Request(요청)를 서버에 송신한다.

④ DHCP Ack
Request를 수신한 서버는 IP 주소 할당을 승인하는 DHCP Ack(승인)를 송신한다.

DHCP 클라이언트와 DHCP 서버 사이에 4개의 통신이 이루어지고 있습니다. 이 통신을 이용해 DHCP 클라이언트는 서버를 찾고, DHCP 서버는 클라이언트에 IP 주소를 제안 및 제공합니다.

기본적인 DHCP의 구조는 단순합니다. **클라이언트가 서버를 찾고, IP 주소 제안을 받고, 이를 요청하고, 서버가 승인한다**. 이 흐름을 기억해 둡시다.

26-4 DHCP 패킷을 캡처해 보자

실제로 DHCP 패킷을 캡처해 봅시다. 여기서는 Windows 환경에서 DHCP를 이용해 IP 주소가 설정되는 과정을 살펴보겠습니다. Wireshark를 실행하고 캡처를 시작합니다. 여러분의 컴퓨터가 인터넷에 접속할 수 있는 상태라면, 이미 DHCP로 IP 주소가 설정된 것입니다. 따라서, 명령 프롬프트에서 IP 주소를 해제하고 새로 갱신해 봅시다.

Windows 환경에서 명령 프롬프트를 실행해 다음 명령을 차례대로 실행합니다.

```
ipconfig /release
```

```
ipconfig /renew
```

Point DHCP로 IP 주소를 갱신한다

DHCP로 설정된 — IP 주소를 해제한다

```
ipconfig /release
```

명령 프롬프트

```
C:\>ipconfig /release

Windows IP 구성
```

DHCP 서버에 — 새로운 IP 주소를 요청한다

```
ipconfig /renew
```

명령 프롬프트

```
C:\>ipconfig /renew

Windows IP 구성
```

IP 주소를 의도적으로 해제하고 새로 요청할 수 있어요.
보통은 컴퓨터를 부팅할 때 이런 방식으로 진행됩니다.

Wireshark로 캡처하면서 이 명령어를 실행하면, DHCP 패킷이 어떻게 흐르는지 확인할 수 있습니다.

이제 Wireshark 화면을 살펴보겠습니다.

_DHCP로 IP 주소 갱신

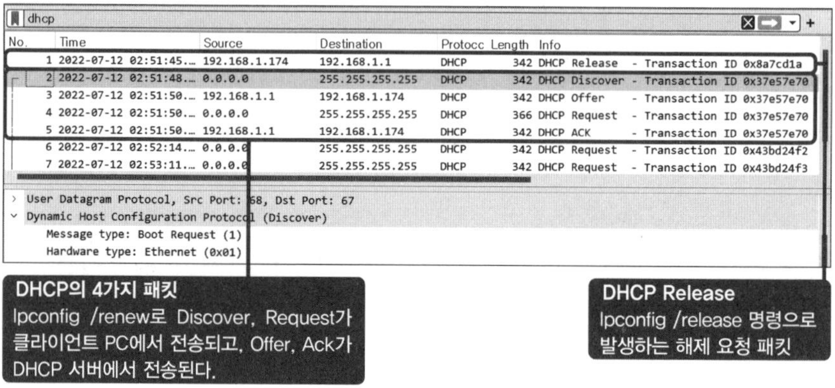
dhcp
No. Time Source Destination Protocol Length Info
1 2022-07-12 02:51:45.… 192.168.1.174 192.168.1.1 DHCP 342 DHCP Release - Transaction ID 0x8a7cd1a
2 2022-07-12 02:51:48.… 0.0.0.0 255.255.255.255 DHCP 342 DHCP Discover - Transaction ID 0x37e57e70
3 2022-07-12 02:51:50.… 192.168.1.1 192.168.1.174 DHCP 342 DHCP Offer - Transaction ID 0x37e57e70
4 2022-07-12 02:51:50.… 0.0.0.0 255.255.255.255 DHCP 366 DHCP Request - Transaction ID 0x37e57e70
5 2022-07-12 02:51:50.… 192.168.1.1 192.168.1.174 DHCP 342 DHCP ACK - Transaction ID 0x37e57e70
6 2022-07-12 02:52:14.… 0.0.0.0 255.255.255.255 DHCP 342 DHCP Request - Transaction ID 0x43bd24f2
7 2022-07-12 02:53:11.… 0.0.0.0 255.255.255.255 DHCP 342 DHCP Request - Transaction ID 0x43bd24f3
User Datagram Protocol, Src Port: 68, Dst Port: 67
Dynamic Host Configuration Protocol (Discover)
Message type: Boot Request (1)
Hardware type: Ethernet (0x01)
DHCP의 4가지 패킷
Ipconfig /renew로 Discover, Request가 클라이언트 PC에서 전송되고, Offer, Ack가 DHCP 서버에서 전송된다.
DHCP Release
Ipconfig /release 명령으로 발생하는 해제 요청 패킷

[학습자료] 26-05_dhcp_capture_new.pcapng

이처럼 DHCP에서 할당된 IP 주소를 해제하고 새로 갱신할 때 총 다섯 개의 패킷이 흐르는 것을 볼 수 있습니다. 환경에 따라 다르지만, 일반적인 가정 네트워크의 경우 가정용 라우터 등이 DHCP 서버의 기능을 담당하는 경우가 많습니다.

이 메커니즘 덕분에 IP 주소를 설정하지 않아도 네트워크를 사용할 수 있는 거군요.

그렇지요. DHCP 서버 쪽 설정은 환경이 갖추어져 있으면 생각보다 쉽게 할 수 있어요.

DHCP 서버 구축이나 라우터를 이용한 DHCP 서버 기능 설정 등 환경을 직접 준비할 수 있는 사람은 실제로 해보세요.

27 NAT, NAPT의 기본

NAT는 우리가 인터넷을 사용할 때 빼놓을 수 없는 중요한 기술입니다. 조금 복잡한 부분도 있지만, 개요를 확실히 파악해 둡시다.

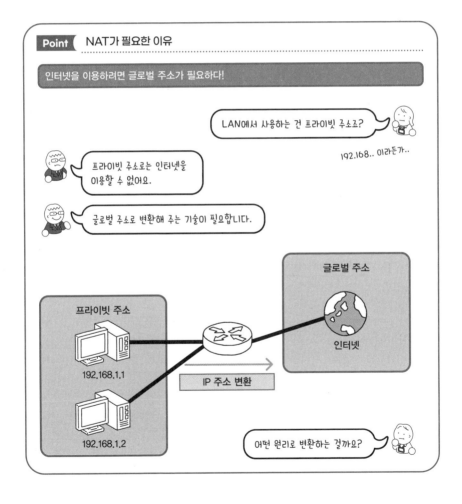

Point NAT가 필요한 이유

인터넷을 이용하려면 글로벌 주소가 필요하다!

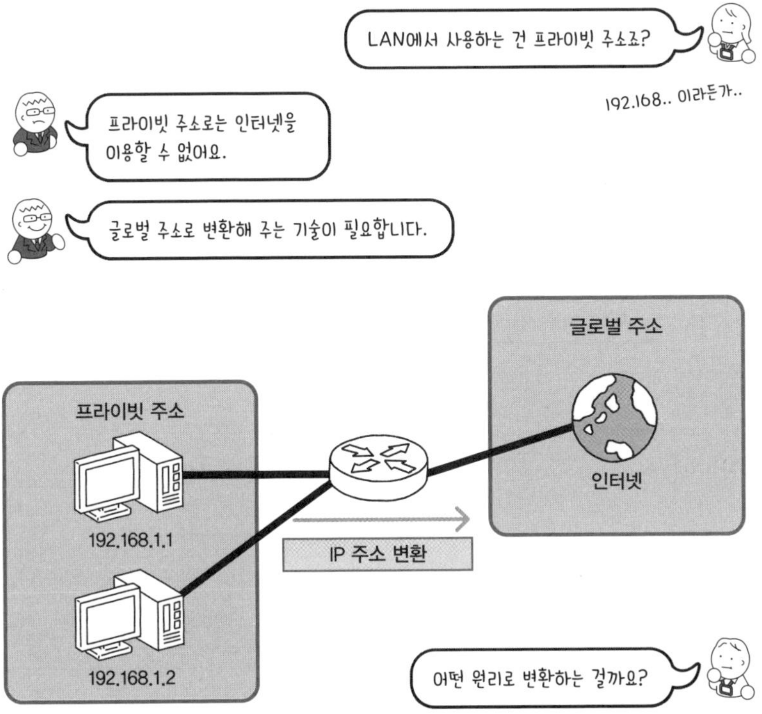
LAN에서 사용하는 건 프라이빗 주소죠?
192.168.. 이라든가..
프라이빗 주소로는 인터넷을 이용할 수 없어요.
글로벌 주소로 변환해 주는 기술이 필요합니다.
글로벌 주소
프라이빗 주소
192.168.1.1
192.168.1.2
인터넷
IP 주소 변환
어떤 원리로 변환하는 걸까요?

27-1 IP 주소에는 한계가 있다

2장에서 설명한 것처럼 우리가 평소 사용하는 IP 주소는 **글로벌 주소**와 **프라이빗 주소** 두 가지 종류가 있습니다. 글로벌 주소는 인터넷상에서 고유한(중복되지 않는) 주소로 정의되어 있는 주소 범위입니다. 프라이빗 주소는 기업이나 가정 등 LAN에서 자유롭게 값을 정해 사용할 수 있는 주소 범위입니다.

인터넷상의 단말기, 예를 들어 어떤 웹 서버와 통신하기 위해서는 우리가 다루는 출발지 단말기에도 고유한 주소가 있어야 합니다. 출발지 단말기에 고유한 주소가 없으면, 서버가 어디로 응답할지 지정할 수 없기 때문입니다.

그러나 IP 주소에는 한계가 있습니다. 지금까지 일반적으로 사용되던 IPv4 주소는 약 42억 개뿐이며, 그중 우리가 사용하는 장치에 할당할 수 있는 주소의 수도 제한되어 있습니다. 전 세계적으로 IP 주소가 필요한 단말기는 해마다 증가하고 있어, 이제 42억 개로는 부족한 상태입니다.

27-2 NAT는 IP 주소를 변환하는 기술

그래서 LAN 안에 있는 단말기가 인터넷을 통해 통신할 때는 단말기가 가진 있는 프라이빗 주소를 해당 LAN의 출입구가 가진 하나의 글로벌 주소로 변환해 통신합니다. LAN 안의 여러 단말기가 하나의 글로벌 주소를 공유하므로 IP 주소를 절약할 수 있습니다.

이때 사용되는 IP 주소 변환 기술을 **NAT**(Network Address Translation)라고 합니다.

LAN 내부에서 외부로 통신할 때는 출발지 IP 주소를 프라이빗 주소에서 글로벌 주소로 변환합니다. 반대로 외부에서 통신이 돌아올 때는 목적지 IP 주소를 글로벌 주소에서 프라이빗 주소로 변환합니다.

Point NAT에 의한 IP 주소 변환

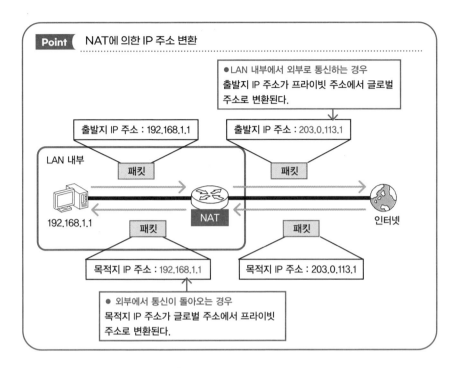

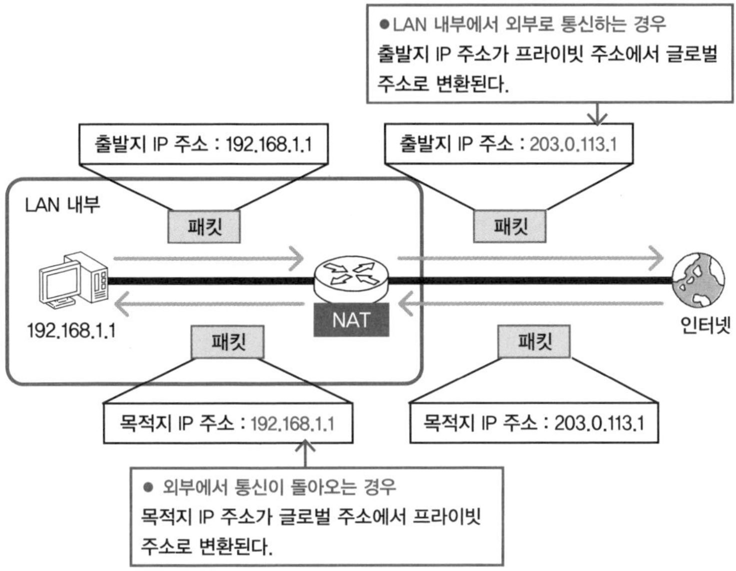

●LAN 내부에서 외부로 통신하는 경우
출발지 IP 주소가 프라이빗 주소에서 글로벌 주소로 변환된다.
출발지 IP 주소 : 192.168.1.1
출발지 IP 주소 : 203.0.113.1
LAN 내부
패킷
패킷
192.168.1.1
NAT
인터넷
패킷
패킷
목적지 IP 주소 : 192.168.1.1
목적지 IP 주소 : 203.0.113.1
● 외부에서 통신이 돌아오는 경우
목적지 IP 주소가 글로벌 주소에서 프라이빗 주소로 변환된다.

NAT가 없으면 IP 주소가 부족해집니다.

확실히 제 주변에도 인터넷에 연결되는 단말기가 아주 많아요. 스마트폰, 컴퓨터, 게임기, TV까지…

최근에는 IoT 장치 등도 인터넷을 사용해서 IP 주소가 필요한 단말기가 점점 늘어나고 있지요.

그래서 NAT가 필요한 거군요.

27-3 NAT, NAPT의 원리를 알아보자

NAT(Network Address Translation)는 이름이 나타내는 것처럼 IP 주소를 변환하는 기술입니다. 유입된 IP 패킷의 헤더에 포함된 주소를 미리 정해진 규칙에 따라 다른 주소로 변환합니다. NAT에는 **정적 NAT**와 **동적 NAT**가 있습니다.

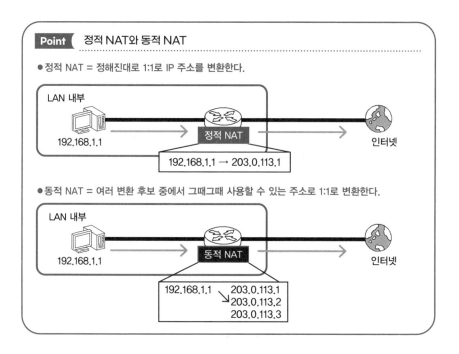

Point 정적 NAT와 동적 NAT

● 정적 NAT = 정해진대로 1:1로 IP 주소를 변환한다.

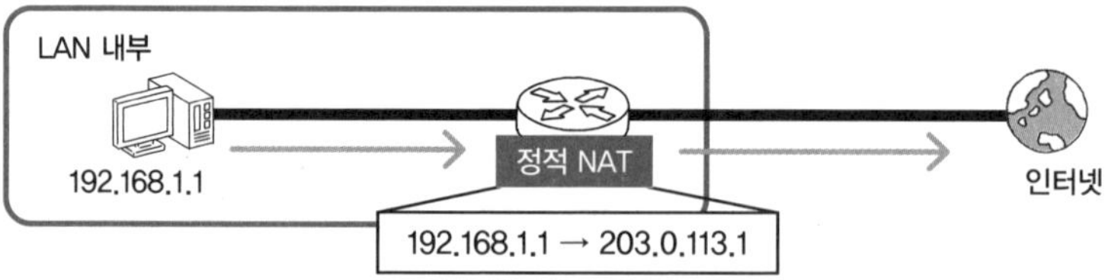
LAN 내부
192.168.1.1
정적 NAT
인터넷
192.168.1.1 → 203.0.113.1

● 동적 NAT = 여러 변환 후보 중에서 그때그때 사용할 수 있는 주소로 1:1로 변환한다.

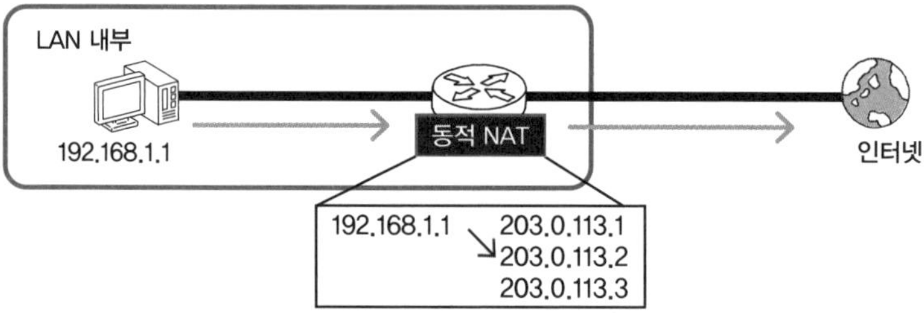
LAN 내부
192.168.1.1
동적 NAT
인터넷
192.168.1.1
203.0.113.1
203.0.113.2
203.0.113.3

정적 NAT와 동적 NAT는 IP 주소를 1:1로 변환하는데, NAT를 통해 인터넷에서 통신을 하려면 사설 주소 하나당 글로벌 주소를 하나 더 할당해야 합니다. 이렇게 되면 글로벌 주소의 수가 통신하고자 하는 단말기 대수만큼 필요하게 되므로 IP 주소를 절약할 수 없습니다.

그래서 IP 주소 이외에 포트 번호도 변환 대상에 추가해 하나의 글로벌 주소를 여러 개의 프라이빗 주소에서 공유할 수 있게 하고 있습니다. 이 기술을 **NAPT**(Network Address Port Translation)라고 합니다.

인터넷에 접속할 때는 일반적으로 NAPT를 사용합니다. 가정용 라우터에서는 NAPT를 가리켜 NAT라고 부르는 경우가 많습니다. 또한, 리눅스 등에서는 NAPT를 IP Masquerade라고 부르기도 합니다.

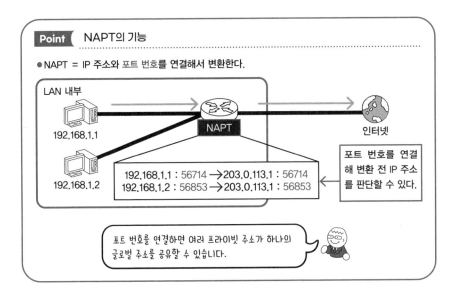

Point NAPT의 기능

● NAPT = IP 주소와 포트 번호를 연결해서 변환한다.

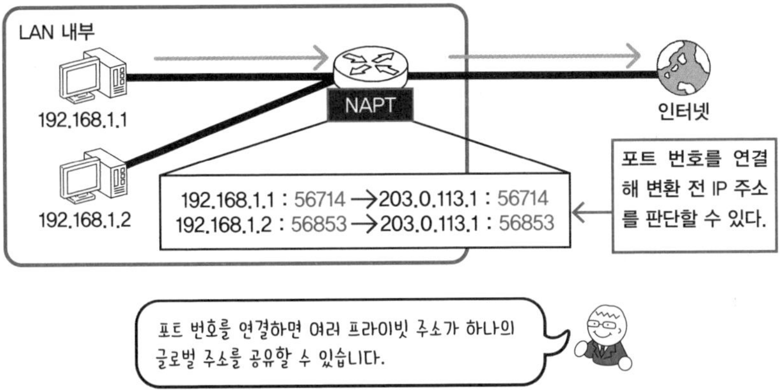

LAN 내부
192.168.1.1
192.168.1.2
NAPT
인터넷
192.168.1.1 : 56714 → 203.0.113.1 : 56714
192.168.1.2 : 56853 → 203.0.113.1 : 56853
포트 번호를 연결해 변환 전 IP 주소를 판단할 수 있다.
포트 번호를 연결하면 여러 프라이빗 주소가 하나의 글로벌 주소를 공유할 수 있습니다.

Point NAT, NAPT의 특징

● NAT(Network Address Translation)

- IP 주소를 변환한다.
- IP 주소를 규칙에 따라 일대일로 변환한다.

● NAPT(Network Address Port Translation)

- IP 주소 변환에 포트 번호를 연결한다(포트 번호도 변환되는 경우가 있다).
- 하나의 글로벌 주소를 여러 프라이빗 주소에서 공유할 수 있다.

27-4 일반적인 NAT의 구성 사례를 살펴보자

여기서는 NAT의 일반적인 네트워크 구성 사례 두 가지를 살펴봅시다.

첫 번째는 LAN 내부에서 인터넷에 접속하는 경우의 구성이고, 두 번째는 LAN 내부에 있는 단말기를 인터넷에 공개하는 경우의 구성입니다.

■ LAN 내부에서 인터넷에 접속하는 경우

동적 NAPT가 가장 일반적인 구성입니다. 예를 들어, 가정이나 기업 등의 네트워크에서 인터넷에 접속하는 경우가 이에 해당합니다. 이 경우 NAPT는 외부와 연결된 라우터가 담당하는 경우가 많습니다.

Point LAN 내부에서 인터넷을 연결하는 예

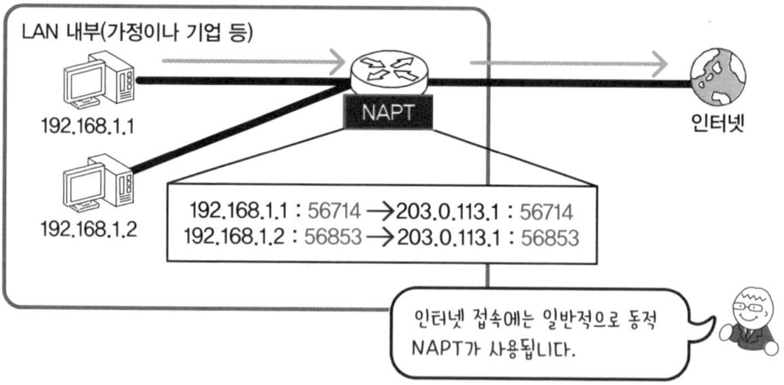

LAN 내부(가정이나 기업 등)
192.168.1.1
192.168.1.2
NAPT
인터넷
192.168.1.1 : 56714 → 203.0.113.1 : 56714
192.168.1.2 : 56853 → 203.0.113.1 : 56853
인터넷 접속에는 일반적으로 동적 NAPT가 사용됩니다.

※ 동적 NAPT: IP 주소와 포트를 미리 연결하지 않고, 일정 범위에서 비어 있는 것을 할당하는 방식

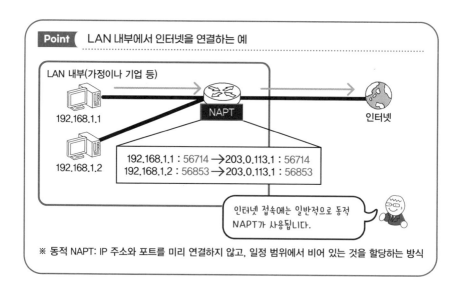

■ LAN 내부 단말기를 인터넷에 공개하는 경우

LAN 내부 단말기를 인터넷에 공개하는 경우, **정적 NAPT**를 사용해 사전에 LAN 내의 IP 주소와 포트 번호를 연결해 두고, 인터넷상에서 들어오는 통신에 대해 NAPT를 수행합니다.

LAN 내부 단말기를 외부에 공개하는 방법은 여러 가지이므로 하나의 예시로만 참고하세요.

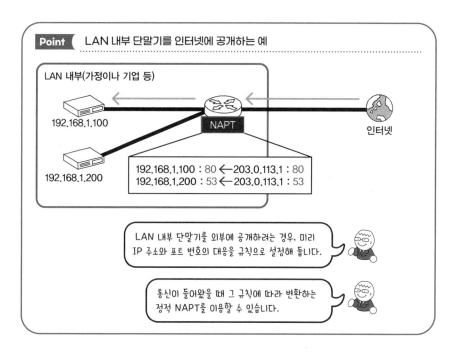

Point LAN 내부 단말기를 인터넷에 공개하는 예

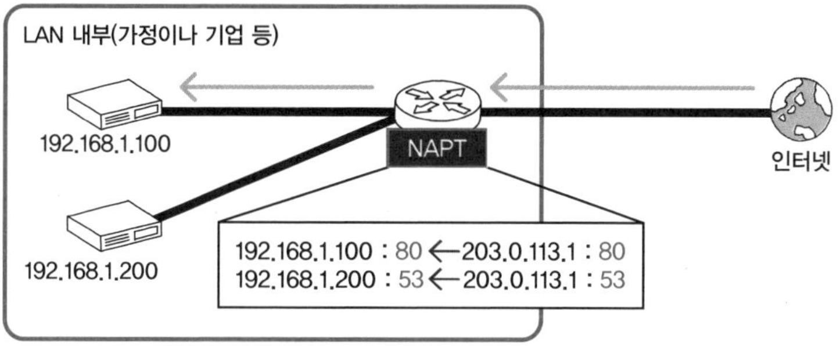

LAN 내부(가정이나 기업 등)
192.168.1.100
192.168.1.200
NAPT
인터넷
192.168.1.100 : 80 ← 203.0.113.1 : 80
192.168.1.200 : 53 ← 203.0.113.1 : 53

LAN 내부 단말기를 외부에 공개하려는 경우, 미리 IP 주소와 포트 번호의 대응을 규칙으로 설정해 둡니다.

통신이 들어왔을 때 그 규칙에 따라 변환하는 정적 NAPT를 이용할 수 있습니다.

NAPT는 좀 어렵네요…

기본적으로 'NAT는 IP 주소 변환', 'NAPT는 IP 주소에 포트 번호 연결'이라고 기억하면 되겠어요.

NAT나 NAPT는 장비 제조사나 버전에 따라 동작이나 설정이 달라지는 경우가 있어요. 실제로 테스트할 때는 잘 알아보고 다뤄야 하지요.

28 NTP의 기본

컴퓨터나 네트워크 장치에서는 정확한 시간을 설정하는 것이 중요합니다. 네트워크를 통해 시간을 맞추는 프로토콜 NTP를 살펴보겠습니다.

28-1 NTP는 장치의 시간을 맞춰주는 프로토콜

우리가 평소 사용하는 컴퓨터나 스마트폰은 항상 정확한 시간을 표시합니다. 그러나 실제로는 컴퓨터나 스마트폰, 그리고 인프라에 이용되는 네트워크 장비 등도 시계처럼 오래 쓰다 보면 조금씩 시간이 안 맞는 경우가 있습니다.

서버와 네트워크 장비에서는 로그를 기록해 두고 나중에 내용을 확인해야 하는 경우가 종종 있습니다. 로그에는 타임스탬프로 이벤트 발생 시간을 기록하는데, 만약 장치마다 시간이 맞지 않으면 로그에 정확한 시간이 반영되지 않아, 여러 장비의 로그를 확인할 때 시간 순서를 정확히 파악할 수 없게 됩니다.

이런 이유로 컴퓨터나 네트워크 장비는 항상 정확한 시간을 맞춰야 합니다. 하지만, 한 대라면 몰라도 수동으로 여러 장비의 시간을 0.1초 단위로 정확히 맞추기는 불가능합니다.

그래서 시간을 정확하게 맞추기 위해 컴퓨터와 네트워크 장비는 **NTP**(Network Time Protocol)라는 프로토콜을 이용합니다. NTP를 이용해 인터넷이나 LAN 등에 존재하는 NTP 서버와 시간을 동기화함으로써 각 장비는 시간을 정확하게 유지할 수 있게 됩니다.

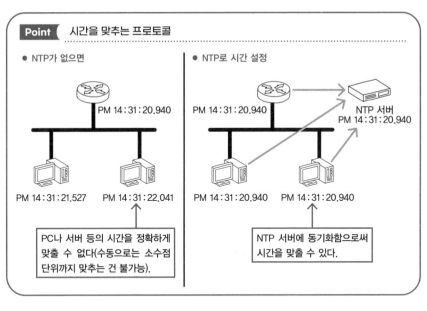

Point 시간을 맞추는 프로토콜

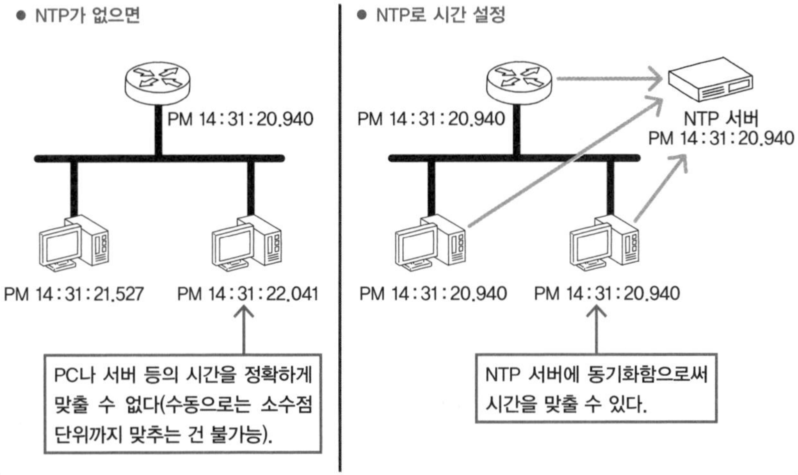
● NTP가 없으면
PM 14:31:20.940
PM 14:31:21.527
PM 14:31:22.041
PC나 서버 등의 시간을 정확하게 맞출 수 없다(수동으로는 소수점 단위까지 맞추는 건 불가능).
● NTP로 시간 설정
PM 14:31:20.940
NTP 서버
PM 14:31:20.940
PM 14:31:20.940
PM 14:31:20.940
NTP 서버에 동기화함으로써 시간을 맞출 수 있다.

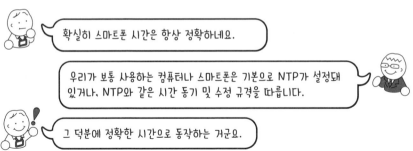

확실히 스마트폰 시간은 항상 정확하네요.

우리가 보통 사용하는 컴퓨터나 스마트폰은 기본으로 NTP가 설정돼 있거나, NTP와 같은 시간 동기 및 수정 규격을 따릅니다.

그 덕분에 정확한 시간으로 동작하는 거군요.

28-2 NTP의 계층 구조를 알아보자

NTP가 동작하는 메커니즘을 살펴보겠습니다. NTP에서는 **NTP 서버와 NTP 클라이언트**가 서로 통신하면서, **NTP 서버로부터 받은 시간 정보를 바탕으로 클라이언트의 시간을 수정**합니다.

NTP 서버가 보내는 정보에는 서버 시간뿐만 아니라, 네트워크 지연 및 서버 측 처리에 걸리는 시간을 고려한 정보가 포함되어 있습니다. 이를 바탕으로 정확한 시간을 추정해 시간을 설정합니다. NTP는 UDP의 포트 번호 123을 사용합니다.

NTP 서버도 계층 구조로 동작하며, 각 계층을 나타내는 값을 **stratum(스트라텀)**이라고 합니다. stratum은 0부터 15까지 정의되어 있습니다.

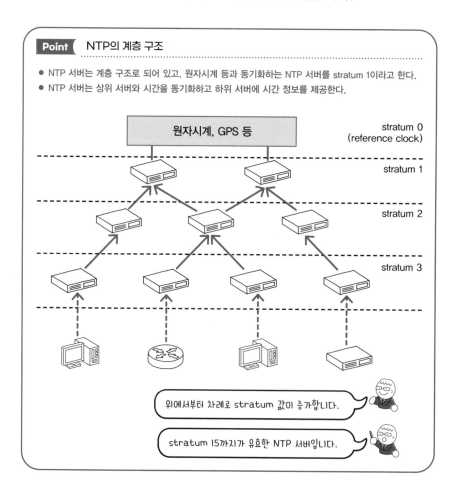

Point NTP의 계층 구조

- NTP 서버는 계층 구조로 되어 있고, 원자시계 등과 동기화하는 NTP 서버를 stratum 1이라고 한다.
- NTP 서버는 상위 서버와 시간을 동기화하고 하위 서버에 시간 정보를 제공한다.

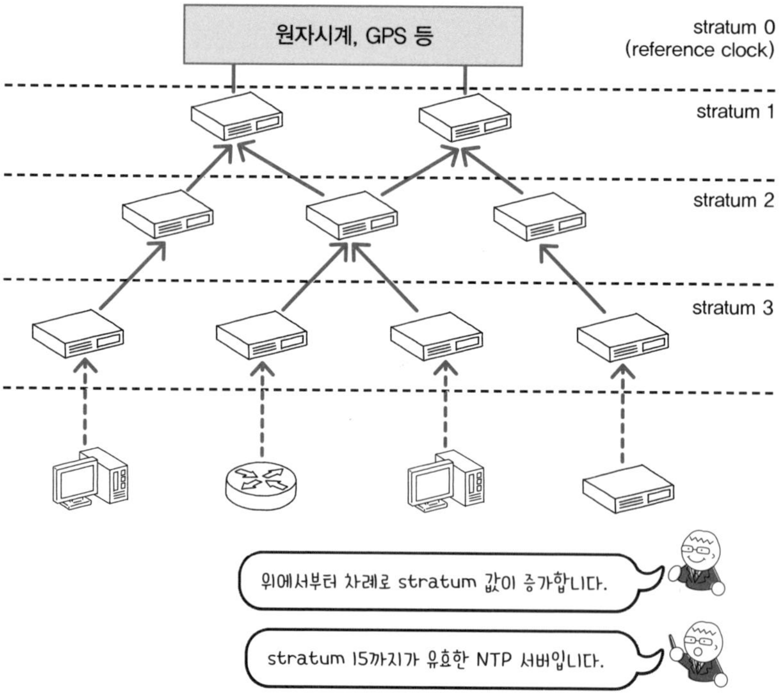
원자시계, GPS 등
stratum 0
(reference clock)
stratum 1
stratum 2
stratum 3
위에서부터 차례로 stratum 값이 증가합니다.
stratum 15까지가 유효한 NTP 서버입니다.

stratum 0은 원자시계나 GPS처럼 매우 정밀한 시간을 유지하는 매체로, 이러한 것들을 **reference clock**이라고도 부릅니다. 그 아래로 stratum 0과 동기화하는 stratum 1 NTP 서버가 있고, stratum 1 아래에는 stratum 2가 있으며, 2 아래에는 stratum 3 NTP 서버가 있습니다. 이처럼 stratum 0부터 NTP 서버를 경유할 때마다 stratum 번호가 증가하는 구조로 되어 있습니다.

국내외의 다양한 기관에서 stratum 1이나 2의 NTP 서버가 공개되어 있습니다. 한국에서는 KRISS(한국 표준과학연구원, time2.kriss.re.kr)나 LG유플러스(time.bora.net) 등에서 무료로 이용할 수 있는 NTP 서버를 공개하고 있습니다

LAN 내에서 여러 서버나 네트워크 장비를 운용하는 경우, 외부 NTP 서버와 동기화하는 장치를 1대 준비하고, 다른 장치들은 외부와 동기화하고 있는 NTP 서버에 대해 동기화하는 구성을 취할 수 있습니다.

28-3 NTP 패킷을 캡처해 보자

이제 NTP를 사용해 시간을 동기화할 때 등에 오가는 패킷을 확인해 보겠습니다.

Windows의 경우, [제어판] 〉 [날짜 및 시간] 〉 [인터넷 시간] 탭에서 동기화할 NTP 서버를 지정할 수 있습니다.

이번에는 Windows의 기본 설정에서 유플러스가 공개한 NTP 서버 주소로 변경해 보겠습니다. Wireshark로 패킷을 캡처하는 상태에서 [지금 업데이트] 버튼을 눌러 NTP 패킷을 발생시켜 봅시다.

다음 예시는 Windows 11에서의 방법을 안내하고 있습니다. 캡처한 패킷을 연속으로 게시했습니다.

① 제어판을 열고 [날짜 및 시간]을 클릭합니다.

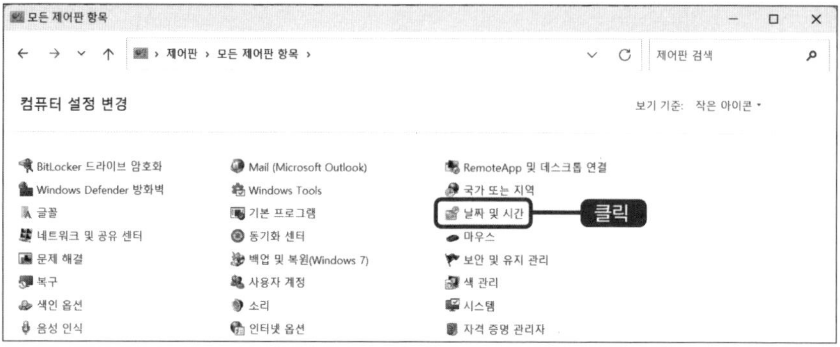
모든 제어판 항목
제어판 › 모든 제어판 항목 ›
제어판 검색
컴퓨터 설정 변경
보기 기준: 작은 아이콘
BitLocker 드라이브 암호화
Windows Defender 방화벽
글꼴
네트워크 및 공유 센터
문제 해결
복구
색인 옵션
음성 인식
Mail (Microsoft Outlook)
Windows Tools
기본 프로그램
동기화 센터
백업 및 복원(Windows 7)
사용자 계정
소리
인터넷 옵션
RemoteApp 및 데스크톱 연결
국가 또는 지역
날짜 및 시간
클릭
마우스
보안 및 유지 관리
색 관리
시스템
자격 증명 관리자

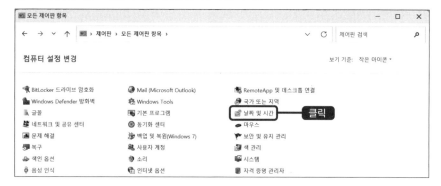

② [인터넷 시간] 탭에서 [설정 변경] 버튼을 클릭합니다.

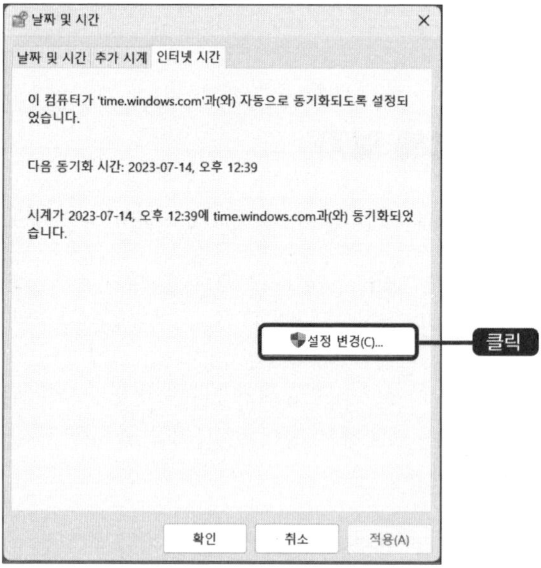
날짜 및 시간
날짜 및 시간
추가 시계
인터넷 시간
이 컴퓨터가 'time.windows.com'과(와) 자동으로 동기화되도록 설정되었습니다.
다음 동기화 시간: 2023-07-14, 오후 12:39
시계가 2023-07-14, 오후 12:39에 time.windows.com과(와) 동기화되었습니다.
설정 변경(C)...
클릭
확인
취소
적용(A)

③ 서버란에 'time.bora.net'을 입력하고 [지금 업데이트]를 클릭합니다.

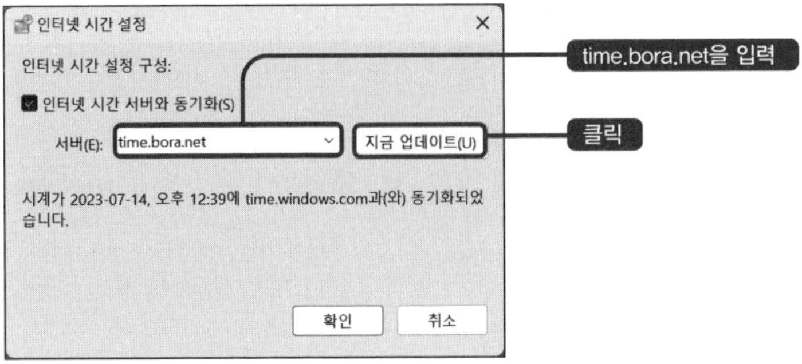

인터넷 시간 설정
인터넷 시간 설정 구성:
인터넷 시간 서버와 동기화(S)
서버(E): time.bora.net
지금 업데이트(U)
시계가 2023-07-14, 오후 12:39에 time.windows.com과(와) 동기화되었습니다.
확인
취소
time.bora.net을 입력
클릭

_ 클라이언트 → NTP 서버

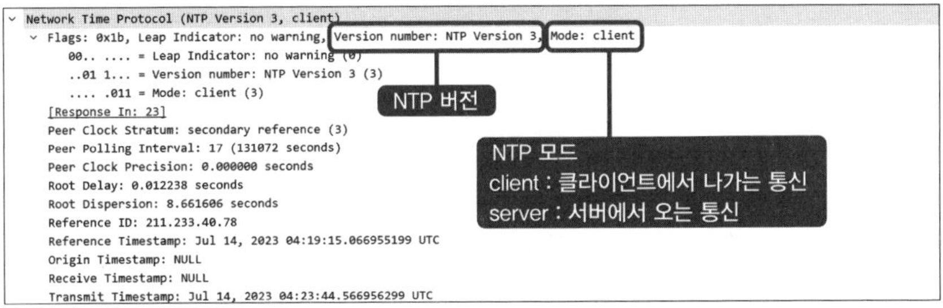

Network Time Protocol (NTP Version 3, client)
Flags: 0x1b, Leap Indicator: no warning, Version number: NTP Version 3, Mode: client
00.. .... = Leap Indicator: no warning (0)
..01 1... = Version number: NTP Version 3 (3)
.... .011 = Mode: client (3)
[Response In: 23]
Peer Clock Stratum: secondary reference (3)
Peer Polling Interval: 17 (131072 seconds)
Peer Clock Precision: 0.000000 seconds
Root Delay: 0.012238 seconds
Root Dispersion: 8.661606 seconds
Reference ID: 211.233.40.78
Reference Timestamp: Jul 14, 2023 04:19:15.066955199 UTC
Origin Timestamp: NULL
Receive Timestamp: NULL
Transmit Timestamp: Jul 14, 2023 04:23:44.566956299 UTC
NTP 버전
NTP 모드
client : 클라이언트에서 나가는 통신
server : 서버에서 오는 통신

[학습자료] 28-04_ntp_capture.pcapng

_ NTP 서버 → 클라이언트

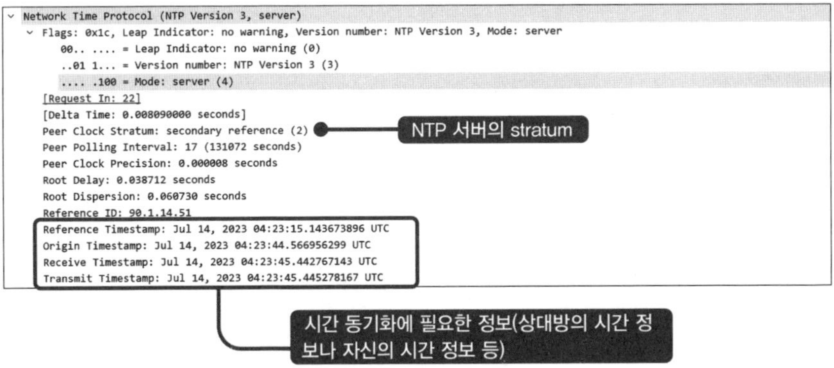

Network Time Protocol (NTP Version 3, server)
Flags: 0x1c, Leap Indicator: no warning, Version number: NTP Version 3, Mode: server
00.. .... = Leap Indicator: no warning (0)
..01 1... = Version number: NTP Version 3 (3)
.... .100 = Mode: server (4)
[Request In: 22]
[Delta Time: 0.008090000 seconds]
Peer Clock Stratum: secondary reference (2)
Peer Polling Interval: 17 (131072 seconds)
Peer Clock Precision: 0.000008 seconds
Root Delay: 0.038712 seconds
Root Dispersion: 0.060730 seconds
Reference ID: 90.1.14.51
Reference Timestamp: Jul 14, 2023 04:23:15.143673896 UTC
Origin Timestamp: Jul 14, 2023 04:23:44.566956299 UTC
Receive Timestamp: Jul 14, 2023 04:23:45.442767143 UTC
Transmit Timestamp: Jul 14, 2023 04:23:45.445278167 UTC
NTP 서버의 stratum
시간 동기화에 필요한 정보(상대방의 시간 정보나 자신의 시간 정보 등)

[학습자료] 28-04_ntp_capture.pcapng

클라이언트에서 NTP 서버로 보내는 패킷에는 NTP 버전, 자신이 클라이언트임을 나타내는 모드 정보, 자신이 상대에게 NTP 패킷을 전송한 시간 등이 포함됩니다.

NTP 서버에서 클라이언트로 보내는 패킷에는 NTP 버전, 자신이 서버임을 나타내는 모드, NTP 서버의 stratum 값, 시간 동기에 필요한 몇 가지 시간 정보 등이 포함됩니다.

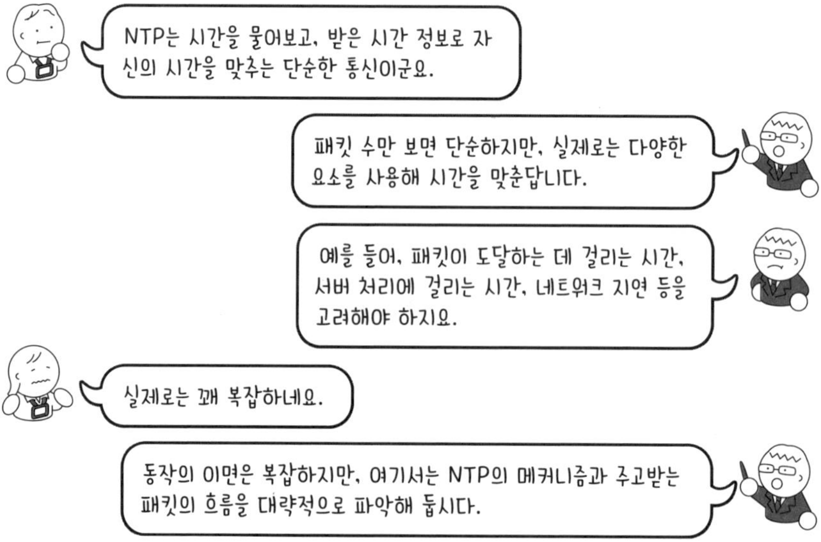
NTP는 시간을 물어보고, 받은 시간 정보로 자신의 시간을 맞추는 단순한 통신이군요.
패킷 수만 보면 단순하지만, 실제로는 다양한 요소를 사용해 시간을 맞춘답니다.
예를 들어, 패킷이 도달하는 데 걸리는 시간, 서버 처리에 걸리는 시간, 네트워크 지연 등을 고려해야 하지요.
실제로는 꽤 복잡하네요.
동작의 이면은 복잡하지만, 여기서는 NTP의 메커니즘과 주고받는 패킷의 흐름을 대략적으로 파악해 둡시다.

토막상식 - 스마트폰의 시간 동기화

스마트폰에서는 NTP 대신 **NITZ**(Network Identity and Time Zone)라는 표준을 사용하는 곳도 있습니다. NITZ는 통신사업자로부터 제공되는 시간 정보 등을 기지국을 통해 수신해서 시간을 보정하는 표준입니다. 일본에서는 통신사에서 모두 NITZ를 지원하고, MVNO를 포함한 회선도 NITZ를 지원합니다.

29 ARP의 기본

인터넷으로 통신하기 위해서는 두 개의 주소가 반드시 필요합니다. 두 개의 주소를 연결하는 프로토콜에 관해서 설명하겠습니다.

29-1 ARP는 IP 주소와 MAC 주소를 연결한다

컴퓨터 등으로 어떤 장치와 통신하려고 할 때, 대부분 IP 주소나 DNS를 사용해 해석 가능한 호스트 이름을 목적지로 지정합니다. 웹사이트를 탐색할 때도 DNS를 사용해 URL을 IP 주소로 변환해서 통신합니다. 이는 22절에서 DNS를 설명할 때 언급했습니다.

하지만 실제로 통신을 하려면 목적지 IP 주소만으로는 부족합니다. 데이터 링크 계층의 헤더로 캡슐화해야 하므로 **목적지 MAC 주소** 정보도 필요합니다. 그래서 목적지 IP 주소를 이용해 목적지의 MAC 주소를 구하는 방법이 만들어졌습니다. 그것이 **ARP**(Address Resolution Protocol, 주소 해석 프로토콜)입니다.

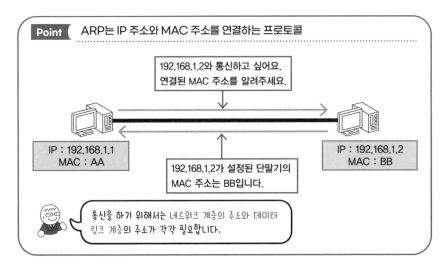

Point ARP는 IP 주소와 MAC 주소를 연결하는 프로토콜

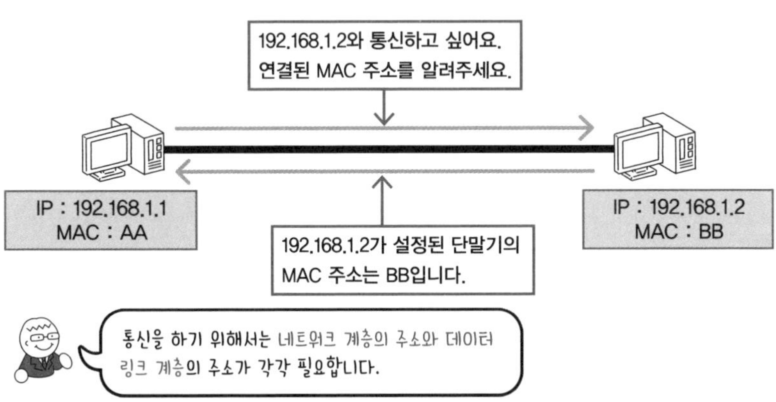
192.168.1.2와 통신하고 싶어요.
연결된 MAC 주소를 알려주세요.
IP : 192.168.1.1
MAC : AA
IP : 192.168.1.2
MAC : BB
192.168.1.2가 설정된 단말기의
MAC 주소는 BB입니다.
통신을 하기 위해서는 네트워크 계층의 주소와 데이터 링크 계층의 주소가 각각 필요합니다.

29-2 왜 ARP가 필요할까?

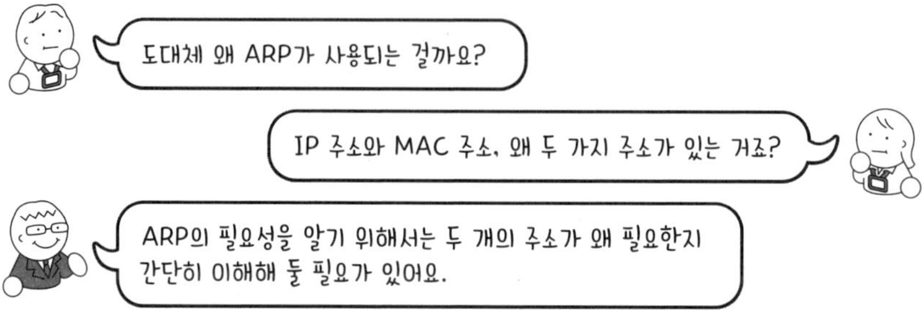
도대체 왜 ARP가 사용되는 걸까요?
IP 주소와 MAC 주소, 왜 두 가지 주소가 있는 거죠?
ARP의 필요성을 알기 위해서는 두 개의 주소가 왜 필요한지 간단히 이해해 둘 필요가 있어요.

IP 주소는 네트워크 계층의 프로토콜인 **IP**에서 정의된 주소입니다. 그리고 MAC 주소는 데이터 링크 계층의 프로토콜인 **이더넷**에서 정의된 주소입니다. 통신할 때 왜 이 두 가지 주소가 필요할까요?

■ IP 주소와 MAC 주소의 차이

우선, IP 주소와 MAC 주소는 관리하는 기관이 다릅니다.

IP 주소는 IANA에서, MAC 주소는 IEEE에서 관리 및 배포합니다. IP 주소의 경우, 글로벌 주소는 IANA가 지역별로 적절한 주소를 배포하고 프라이빗 주소는 해당 네트워크의 관리자가 관리합니다. 따라서 IP 주소는 네트워크 상의 **위치를 나타내는 정보**로서 효율적으로 관리하거나 통신에 사용할 수 있게 되어 있습니다.

하지만 IP 주소는 하드웨어가 아닌 소프트웨어적으로 단말기에 나중에 정의하는 값이므로 하나의 단말기를 영구적으로 가리키는 용도로 쓸 수는 없습니다.

반면에 MAC 주소는 IEEE가 관리하며 전반부 24bit를 기업에 할당하고, 후반부 24bit를 기업이 정의해서 NIC에 할당합니다. 제조 시에 하드웨어에 할당되므로 이후에 어떤 MAC 주소가 어디에서 사용되는지 확인할 수 있는 방법은 없습니다. 따라서 MAC 주소로 네트워크 상의 위치를 효율적으로 관리할 수 없습니다. 하지만 MAC 주소는 하드웨어와 연결되어 있으므로, IP 주소와 달리 설정 등에 영향을 받지 않고 **하나의 하드웨어**를 나타낼 수 있습니다.

■ IP 주소와 MAC 주소의 역할 분담

위와 같이 IP 주소는 네트워크상의 위치나 최종 목적지를 나타내고, MAC 주소는 다음에 통신할 단말기를 나타내도록 역할이 나눠져 있습니다. 데이터 링크 계층이나 네트워크 계층의 프로토콜이 IP나 이더넷이 아닌 다른 프로토콜로 바뀌고 주소의 정의가 바뀌더라도 이 개념 자체는 크게 달라지지 않습니다.

Point IP 주소와 MAC 주소의 차이

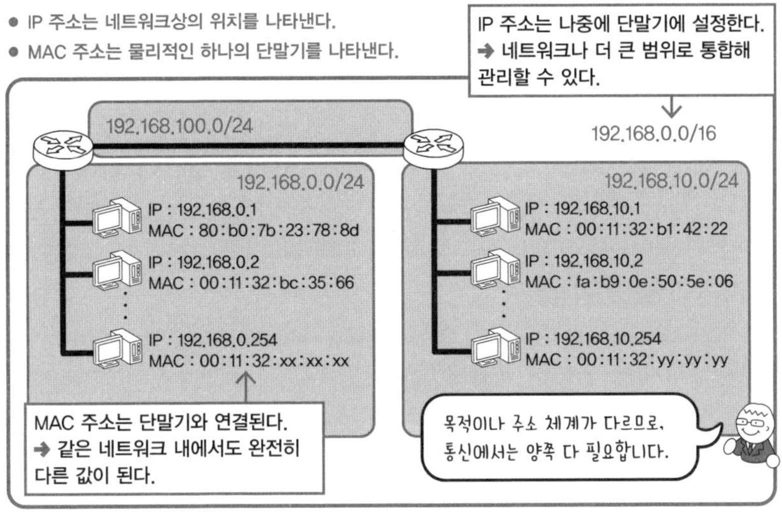
● IP 주소는 네트워크상의 위치를 나타낸다.
● MAC 주소는 물리적인 하나의 단말기를 나타낸다.
IP 주소는 나중에 단말기에 설정한다.
➜ 네트워크나 더 큰 범위로 통합해 관리할 수 있다.
192.168.100.0/24
192.168.0.0/16
192.168.0.0/24
IP : 192.168.0.1
MAC : 80:b0:7b:23:78:8d
IP : 192.168.0.2
MAC : 00:11:32:bc:35:66
IP : 192.168.0.254
MAC : 00:11:32:xx:xx:xx
192.168.10.0/24
IP : 192.168.10.1
MAC : 00:11:32:b1:42:22
IP : 192.168.10.2
MAC : fa:b9:0e:50:5e:06
IP : 192.168.10.254
MAC : 00:11:32:yy:yy:yy
MAC 주소는 단말기와 연결된다.
➜ 같은 네트워크 내에서도 완전히 다른 값이 된다.
목적이나 주소 체계가 다르므로, 통신에서는 양쪽 다 필요합니다.

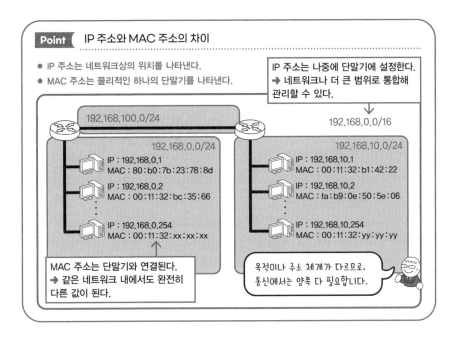

IP 주소만으로는 하드웨어를 계속해서 나타낼 수 없고, MAC 주소만으로는 목적지를 효율적으로 관리할 수 없습니다. 이 둘을 함께 사용해야 인터넷과 같은 방대한 네트워크에서 효율적으로 단말기와 주소를 관리할 수 있습니다.

따라서 통신을 하기 위해서는 네트워크 계층의 주소와 데이터 링크 계층의 주소가 모두 필요하며, 이를 연결하기 위해 ARP가 필요한데, ARP에서는 IP나 이더넷 이외의 프로토콜로 정의된 주소도 다룰 수 있습니다.

29-3 ARP 패킷을 캡처해 보자

그럼, 실제로 ARP 패킷을 확인하면서 ARP의 작동 원리를 학습해 보겠습니다.

ARP는 ARP 요청(**ARP Request**)과 ARP 응답(**ARP Reply**) 두 개의 패킷으로 구성됩니다. ARP 요청을 브로드캐스트해 목적지 MAC 주소를 조회하고, ARP 응답으로 목적지로부터 응답을 받아 각각의 내용을 확인합니다.

Wireshark로 패킷 캡처하는 상태에서 웹사이트에 접속해 보겠습니다. 인터넷에 접속하기 위해서는 LAN에서 인터넷으로 나갈 때 기본 게이트웨이를 통과해야 하므로, 기본 게이트웨이의 MAC 주소를 알아내기 위해 ARP 통신이 발생합니다.

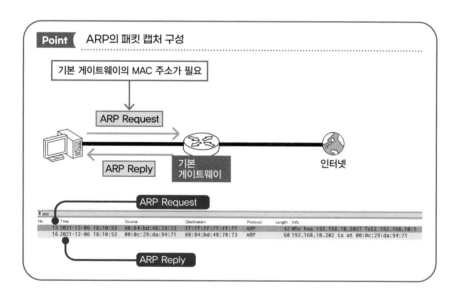

Point ARP의 패킷 캡처 구성

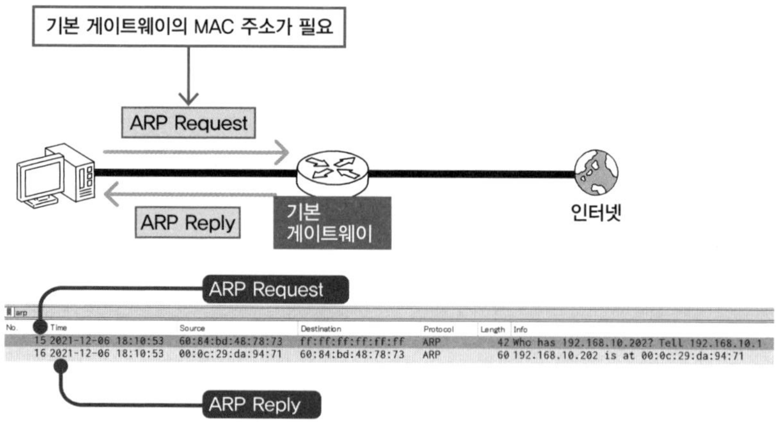

기본 게이트웨이의 MAC 주소가 필요
ARP Request
ARP Reply
기본 게이트웨이
인터넷
ARP Request
arp
No. Time Source Destination Protocol Length Info
15 2021-12-06 18:10:53 60:84:bd:48:78:73 ff:ff:ff:ff:ff:ff ARP 42 Who has 192.168.10.202? Tell 192.168.10.1
16 2021-12-06 18:10:53 00:0c:29:da:94:71 60:84:bd:48:78:73 ARP 60 192.168.10.202 is at 00:0c:29:da:94:71
ARP Reply

■ ARP Request

ARP Request는 브로드캐스트로 전송되므로 이더넷 헤더에 브로드캐스트 주소를 나타내는 값(ff:ff:ff:ff:ff:ff:ff:ff)이 설정되어 있습니다. ARP의 데이터 부분에는 자신을 나타내는 출발지 MAC 주소와 출발지 IP 주소, 목적지를 나타내는 목적지 MAC 주소와 목적지 IP 주소 항목이 있습니다. 목적지 MAC 주소를 찾는 것이 ARP Request의 목적이므로 목적지 MAC 주소는 공백(00:00:00:00:00:00:00:00)으로 설정되어 있습니다.

_ APP Request

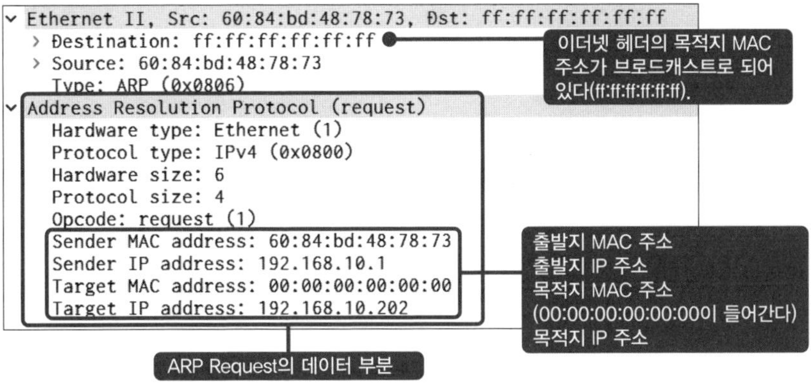

Ethernet II, Src: 60:84:bd:48:78:73, Dst: ff:ff:ff:ff:ff:ff
Destination: ff:ff:ff:ff:ff:ff
Source: 60:84:bd:48:78:73
Type: ARP (0x0806)
Address Resolution Protocol (request)
Hardware type: Ethernet (1)
Protocol type: IPv4 (0x0800)
Hardware size: 6
Protocol size: 4
Opcode: request (1)
Sender MAC address: 60:84:bd:48:78:73
Sender IP address: 192.168.10.1
Target MAC address: 00:00:00:00:00:00
Target IP address: 192.168.10.202
이더넷 헤더의 목적지 MAC 주소가 브로드캐스트로 되어 있다(ff:ff:ff:ff:ff:ff).
출발지 MAC 주소
출발지 IP 주소
목적지 MAC 주소
(00:00:00:00:00:00이 들어간다)
목적지 IP 주소
ARP Request의 데이터 부분

[학습자료] 29-03_29-04_29-05_arp_capture.pcapng

■ ARP Reply

이어서 ARP Reply를 살펴보겠습니다. ARP Reply는 Request를 보낸 목적지로부터 유니캐스트로 자신에게 돌아옵니다. Reply의 경우 Sender에 들어 있는 것이 응답해 온 단말기의 정보, 즉 이번에 ARP로 알아보고 싶었던 목적지 정보입니다.

_ APP Reply

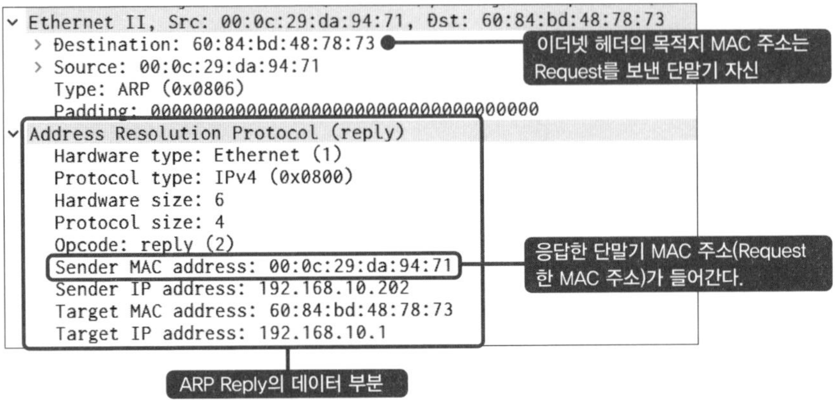

Ethernet II, Src: 00:0c:29:da:94:71, Dst: 60:84:bd:48:78:73
Destination: 60:84:bd:48:78:73
Source: 00:0c:29:da:94:71
Type: ARP (0x0806)
Padding: 000000000000000000000000000000000000
Address Resolution Protocol (reply)
Hardware type: Ethernet (1)
Protocol type: IPv4 (0x0800)
Hardware size: 6
Protocol size: 4
Opcode: reply (2)
Sender MAC address: 00:0c:29:da:94:71
Sender IP address: 192.168.10.202
Target MAC address: 60:84:bd:48:78:73
Target IP address: 192.168.10.1
이더넷 헤더의 목적지 MAC 주소는 Request를 보낸 단말기 자신
응답한 단말기 MAC 주소(Request 한 MAC 주소)가 들어간다.
ARP Reply의 데이터 부분

[학습자료] 29-03_29-04_29-05_arp_capture.pcapng

이처럼 두 패킷을 사용해 목적지 MAC 주소를 확인할 수 있습니다. ARP로 조회한 MAC 주소를 이용해서, 본래의 목적인 통신을 하는 것입니다.

30 라우팅 프로토콜

광대한 인터넷에서 목적지에 도착하기 위해서는 길 안내가 필요합니다. 네트워크에서 경로 정보를 생성하는 프로토콜을 살펴봅시다.

30-1 라우팅은 네트워크의 내비게이션

인터넷은 다양한 단체가 관리하는 네트워크 집합체입니다. 많은 장치가 인터넷에 접속해 전 세계를 연결하는 통신망을 실현했습니다. 우리가 인터넷 어딘가에 있는 서버 등과 통신하기 위해서는 네트워크의 길안내가 필요합니다.

2장에서도 설명했지만 **IP(Internet Protocol)의 중요한 역할 중 하나로 라우팅이 있습니다. 라우팅**이란 멀리 떨어진 네트워크의 단말기끼리 통신할 때 목적지 IP 주소까지 패킷을 전달하기 위한 기능입니다.

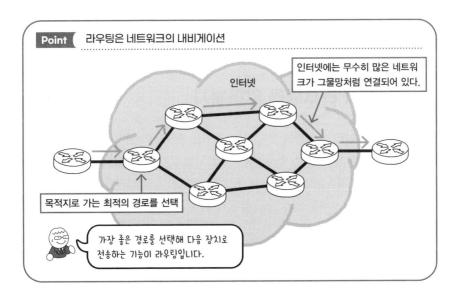

Point 라우팅은 네트워크의 내비게이션

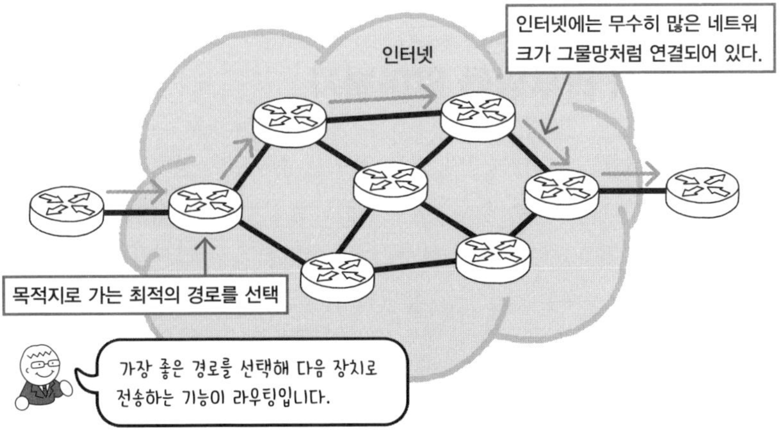
인터넷
인터넷에는 무수히 많은 네트워크가 그물망처럼 연결되어 있다.
목적지로 가는 최적의 경로를 선택
가장 좋은 경로를 선택해 다음 장치로 전송하는 기능이 라우팅입니다.

크고 작은 다양한 네트워크가 서로 연결된 공간에서 통신하려면 상대방에게 도달할 수 있는 경로를 알아야만 합니다. 어떤 네트워크와 어떤 장비를 통과하는 것이 최단 거리이고 최적의 경로일까요? 이를 판단하는 것이 라우팅의 역할입니다.

30-2 라우팅에는 두 가지 방법이 있다

이제 라우팅의 내용을 살펴보겠습니다. 실제로 통신이 이루어질 때, 라우터와 같은 네트워크 계층의 역할을 하는 장치는 자신의 **라우팅 테이블**에 기재된 정보를 바탕으로 들어온 패킷을 다음 장치로 전송합니다.

라우팅 테이블에는 경로 정보가 담겨 있습니다. 경로 정보란 목적지 네트워크와 **넥스트 홉** 정보, 기타 몇 가지 상세한 내용 등이 포함된 정보입니다. 넥스트 홉은 다음에 어떤 장비로 전달할지 알려주는 정보입니다. 아무것도 하지 않으면 L3 장치 자체에 직접 연결된 네트워크의 경로 정보만 얻을 수 있습니다. 따라서 어떤 방법을 써서 장치에 경로 정보를 학습시켜야 합니다.

각 장치에 네트워크 정보를 학습시키는 방법은 **정적 라우팅**과 **동적 라우팅** 크게 둘로 나눌 수 있습니다.

30-3 정적 라우팅을 알아보자

정적(static) 라우팅은 특정 목적지 경로 정보를 **수동**으로 장치에 등록하는 방법입니다. 네트워크 관리자는 특정 목적지에 도달하기 위한 정보를 각각의 네트워크 장치에 등록합니다. 등록한 내용은 장치의 라우팅 테이블에 반영되어 해당 목적지로 향하는 패킷 전송에 사용됩니다.

경로 정보를 하나하나 수작업으로 등록해야 하므로, 대규모 네트워크를 스태틱 라우팅으로 설정하기는 현실적으로 불가능합니다. 정적 라우팅은 중소규모 네트워크나 인터넷 방향으로의 액세스에 사용되는 디폴트 라우트 설정 등에 이용됩니다.

정적 라우팅으로 설정한 경로 정보는 장애 등으로 해당 경로를 쓸 수 없어도 계속 이용됩니다. 그러므로 장애에 대응해서 경로를 변경하는 방식으로 유연하게 대응할 수는 없습니다.

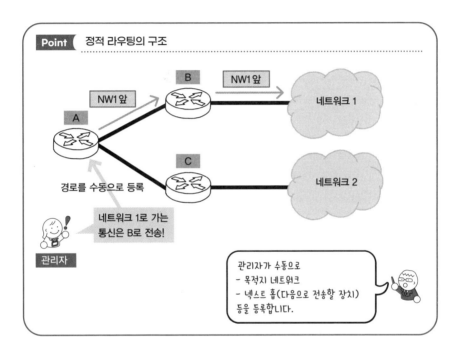

Point 정적 라우팅의 구조

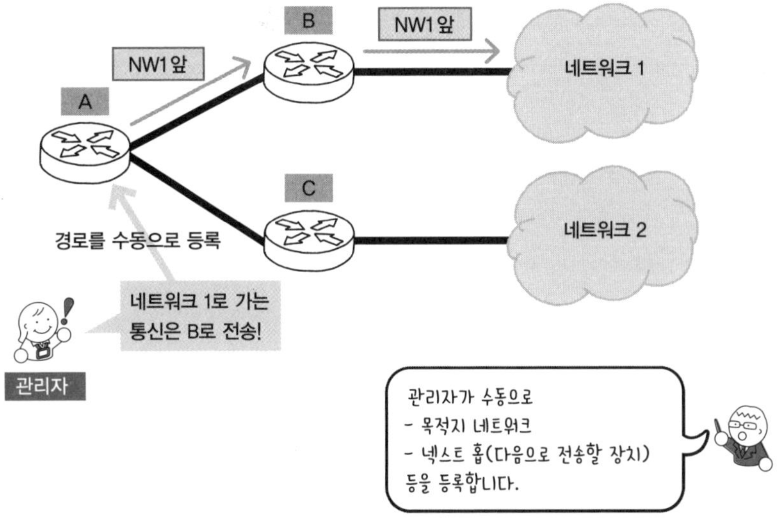
B
NW1앞
NW1앞
A
네트워크 1
C
네트워크 2
경로를 수동으로 등록
네트워크 1로 가는 통신은 B로 전송!
관리자
관리자가 수동으로
- 목적지 네트워크
- 넥스트 홉(다음으로 전송할 장치)
등을 등록합니다.

Point 정적 라우팅의 특징

- 경로 정보를 수동으로 등록한다.
- 라우터에 부하가 작다.
- 문제가 발생했을 자동으로 전환할 수 없다.
- 관리자 부담이 크다.

30-4 동적 라우팅을 알아보자

동적(dynamic) 라우팅은 이름 그대로 경로 정보를 동적으로 학습시키는 방법입니다. 인접한 라우터 등 L3 장치 간에 정보를 교환해 경로 정보를 학습하고 라우팅 테이블에 반영합니다. 이때 사용되는 **라우팅 프로토콜**은 정보 교환 규칙이나 정보 종류 등을 규정합니다.

동적 라우팅을 이용하면, 관리자는 각 장치에 라우팅 프로토콜 설정만 하면 되고 경로 정보를 일일이 등록할 필요가 없습니다. 대규모 네트워크에서는 경로 정보 수가 많으므로 동적 라우팅을 사용합니다. 더불어 동적 라우팅의 경우, 장애 등이 발생하면 그 정보도 장치 간에 공유되어 대체 경로를 자동으로 생성합니다.

반면에, 장치 간 정보 교환이나 획득한 정보로 경로를 생성하는 처리가 추가되기 때문에 장치에 부하가 발생합니다. 경로 정보가 많을수록 장치에 가해지는 부하도 증가합니다.

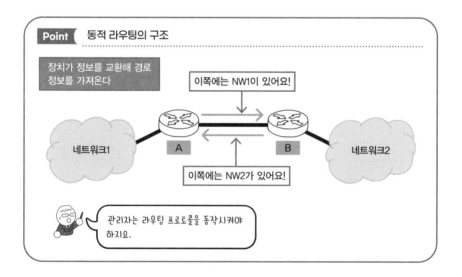

Point 동적 라우팅의 구조

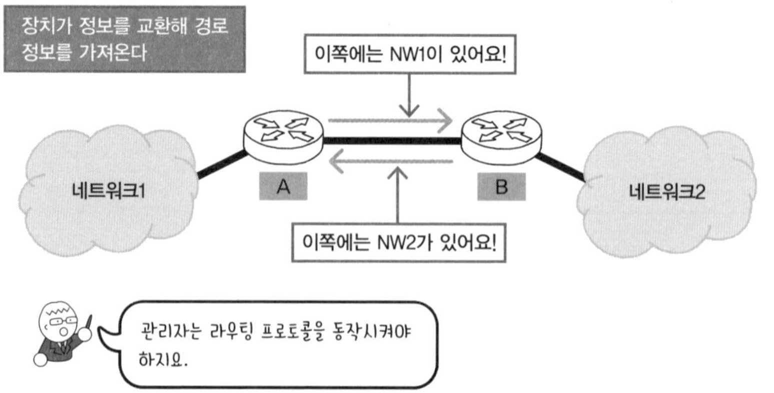
장치가 정보를 교환해 경로 정보를 가져온다
이쪽에는 NW1이 있어요!
네트워크1
A
B
네트워크2
이쪽에는 NW2가 있어요!
관리자는 라우팅 프로토콜을 동작시켜야 하지요.

> **Point** 동적 라우팅의 특징
>
> - 장치끼리 정보를 교환해 자동으로 경로 정보를 생성한다.
> - 라우팅 프로토콜에 따라 정보를 교환한다.
> - 경로 정보 교환이나 경로 정보 작성 등 장치에 부하가 발생한다.
> - 장애가 발생하면 자동으로 전환된다.

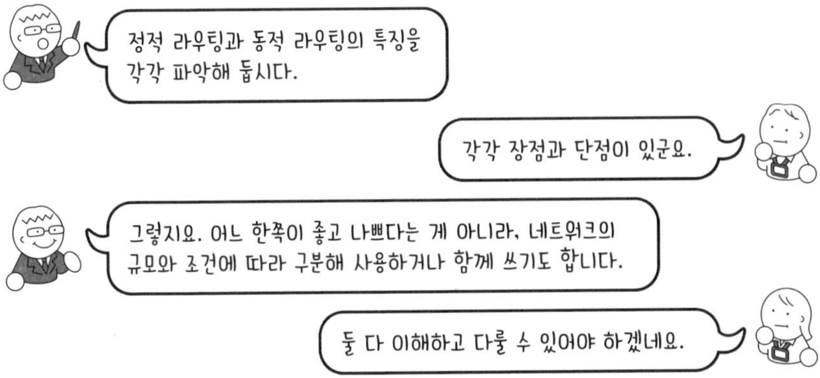

정적 라우팅과 동적 라우팅의 특징을 각각 파악해 둡시다.
각각 장점과 단점이 있군요.
그렇지요. 어느 한쪽이 좋고 나쁘다는 게 아니라, 네트워크의 규모와 조건에 따라 구분해 사용하거나 함께 쓰기도 합니다.
둘 다 이해하고 다룰 수 있어야 하겠네요.

30-5 라우팅 프로토콜의 종류를 알아보자

이제 동적 라우팅에 이용되는 **라우팅 프로토콜**에 관해서 알아봅시다.

라우팅 프로토콜은 장치 간 정보 교환을 하기 위한 프로토콜입니다. 각 장치는 직접 연결된 네트워크에 대한 정보를 가지고 있습니다. 이러한 정보를 장치 간에 교환함으로써 경로 생성에 필요한 정보를 공유합니다. 교환 과정에서 어떤 정보를 어떤 형식으로 교환할지 정의한 것이 라우팅 프로토콜입니다.

라우팅 프로토콜은 크게 두 가지로 분류할 수 있습니다. **EGP**(Exterior Gateway Protocol: 외부 게이트웨이 프로토콜)와 **IGP**(Interior Gateway Protocol: 내부 게이트웨이 프로토콜)입니다.

네트워크는 다양한 조직이 관리하는 중소규모 네트워크의 집합체입니다. 각 조직이 운영 관리하는 네트워크를 **AS**(Autonomous System: 자율 시스템)라고 합니다. AS 간의 경로 정보 교환을 위한 프로토콜 분류를 **EGP**라고 합니다. 원래는 EGP라는 동일한 이름의 라우팅 프로토콜이 AS 간에 사용됐는데, 현재는 **BGP**라는 프로토콜로 대체되었습니다.

IGP는 각 조직이 관리하는 AS 내에서 경로 정보를 교환하는 프로토콜입니다. IGP에는 다양한 프로토콜이 포함되어 있는데, **OSPF**나 **IS-IS**와 같은 링크 상태(Link State) 프로토콜, **RIP**나 **EIGRP**와 같은 거리 벡터(Distance Vector) 프로토콜 등이 있습니다.

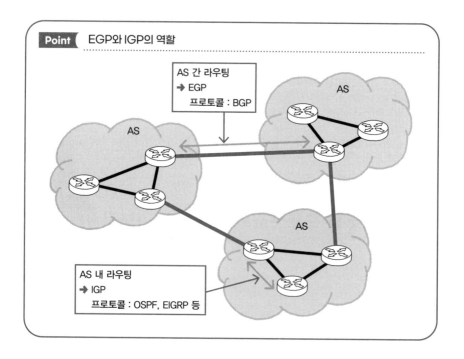

Point EGP와 IGP의 역할

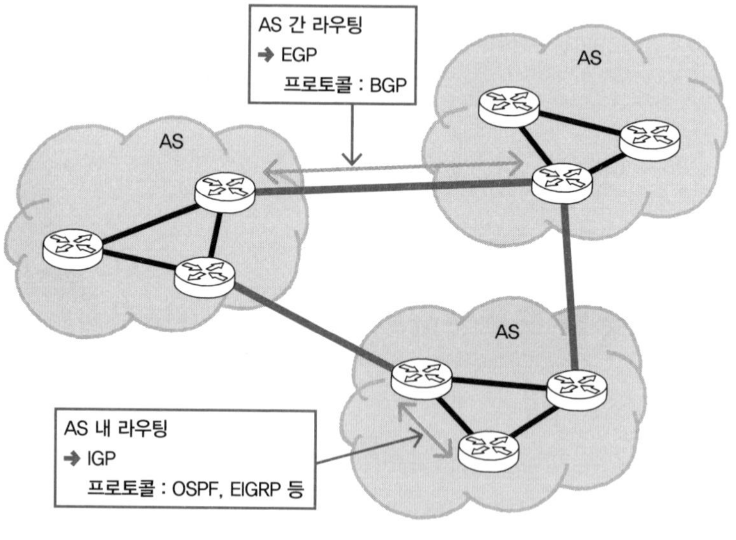
AS 간 라우팅
➔ EGP
프로토콜 : BGP
AS
AS
AS
AS 내 라우팅
➔ IGP
프로토콜 : OSPF, EIGRP 등

30-6 BGP는 AS 간의 경로 정보를 교환하는 프로토콜

여기서는 라우팅 프로토콜 중 비교적 자주 사용되는 BGP와 OSPF에 대해 간단히 소개하겠습니다. 먼저 EGP로 분류되는 BGP를 살펴보겠습니다.

BGP(Border Gateway Protocol)는 AS 간 경로 정보를 교환하기 위해 사용되는 라우팅 프로토콜입니다. 여러 AS에 걸친 라우팅에서 어떤 AS를 경유하는 것이 최단 경로인지 알아내기 위해 인접한 AS의 장치 간 정보를 교환합니다.

BGP에서 다루는 AS의 정보는 **AS 번호**라는 중복되지 않는 번호로 관리됩니다. AS 번호는 **IANA(ICANN)**라는 조직에서 관리되고 있고, IANA에서 각 지역의 관리 조직인 RIR(Regional Internet Registry)로 분배됩니다. 그리고 다시 RIR에서 NIR(National Internet Registry: 국가 인터넷 레지스트리)에 분배됩니다. 한국의 경우 NIR인 KRNIC(한국인터넷정보센터)가 관리하고 있습니다.

Point BGP와 AS 번호의 관계

● BGP

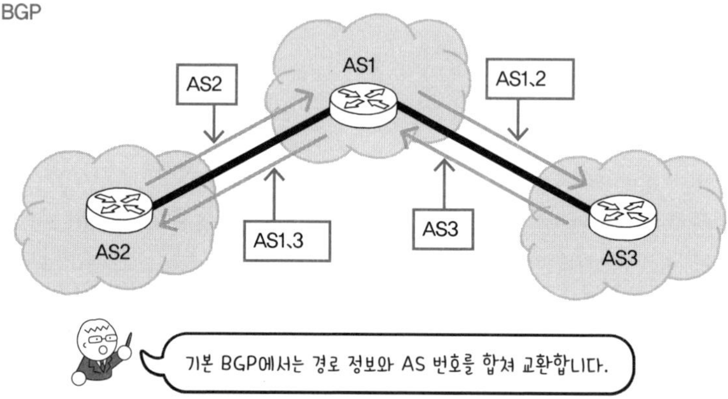
AS1
AS2
AS1、2
AS2
AS1、3
AS3
AS3
기본 BGP에서는 경로 정보와 AS 번호를 합쳐 교환합니다.

● AS 번호

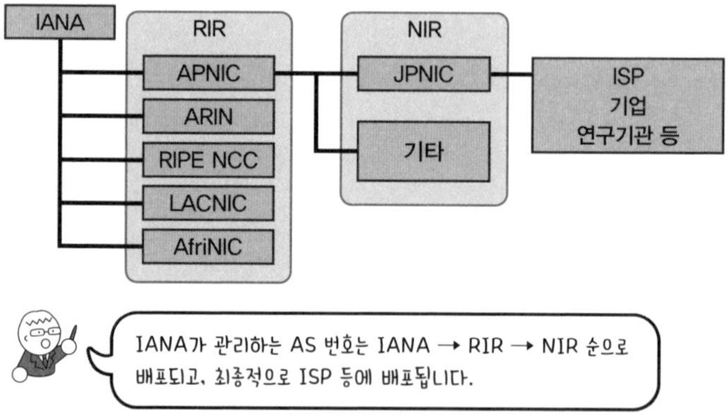
IANA
RIR
APNIC
ARIN
RIPE NCC
LACNIC
AfriNIC
NIR
JPNIC
기타
ISP
기업
연구기관 등
IANA가 관리하는 AS 번호는 IANA → RIR → NIR 순으로
배포되고, 최종적으로 ISP 등에 배포됩니다.

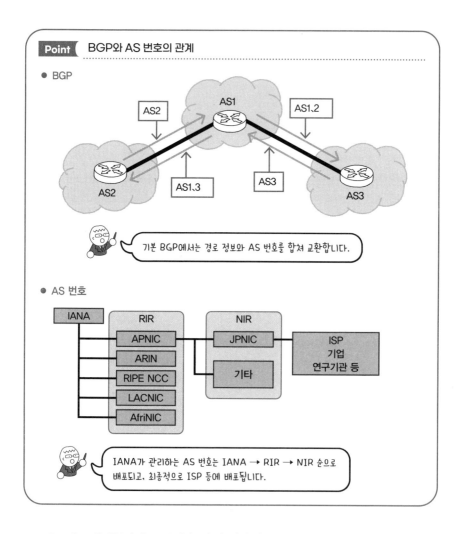

BGP는 **경로 벡터형**이라는 특징을 가진 라우팅 프로토콜입니다. 경로 정보를 전송할 때 다양한 속성을 부여한 후 인접한 AS의 장치로 전송합니다.

이때 부여하는 속성을 가리켜 **경로 속성(Path Attribute)**이라고 합니다. 다양한 경로 속성을 이용해 경로 정보에 우선순위 등을 부여할 수 있습니다. 기본적으로 AS_PATH라는 속성을 사용하고, 목적지까지 경유하는 AS 수가 가장 적은 경로를 최적의 경로로 선택하도록 되어 있습니다.

Point BGP의 특징

- EGP로 분류되는 라우팅 프로토콜이다.
- 경로 속성을 이용해 경로를 제어할 수 있다(경로 벡터형).
- TCP로 정보를 교환한다.
- 네트워크에 변경이 생기면 변경된 부분만 업데이트한다.

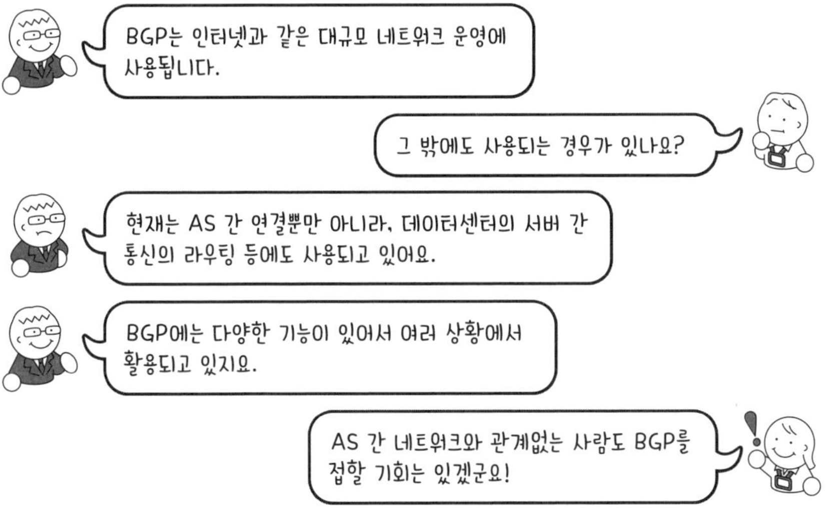
BGP는 인터넷과 같은 대규모 네트워크 운영에 사용됩니다.
그 밖에도 사용되는 경우가 있나요?
현재는 AS 간 연결뿐만 아니라, 데이터센터의 서버 간 통신의 라우팅 등에도 사용되고 있어요.
BGP에는 다양한 기능이 있어서 여러 상황에서 활용되고 있지요.
AS 간 네트워크와 관계없는 사람도 BGP를 접할 기회는 있겠군요!

30-7 OSPF는 AS 내의 경로 정보를 교환하는 프로토콜

다음은 IGP에서 사용되는 라우팅 프로토콜 OSPF에 대해 살펴보겠습니다.

OSPF(Open Shortest Path First)는 AS 내에서 경로 정보 교환에 이용하는 라우팅 프로토콜로, 링크 상태 프로토콜로 분류됩니다. 같은 링크 상태 프로토콜로 **IS-IS**(Intermediate System to Intermediate System) 등이 있습니다.

링크 상태 프로토콜에서는 경로 정보 자체를 직접 교환하는 게 아니라, 각 장치가 자신에게 연결된 네트워크 및 상태를 교환합니다. 수집된 정보는 장치 전체에서 공유되고, 각 장치마다 목적지로 가는 최적의 경로가 생성됩니다.

네트워크 전체 정보를 모든 장치에서 공유하기 때문에 처음 정보 공유에 시간이 걸릴 수 있다는 단점이 있지만, 라우팅 루프가 발생하는 경우가 적고, 장애가 발생했을 때 경로 재구성에 걸리는 시간이 적다는 장점이 있습니다.

이런 특징에 더해, OSPF는 네트워크를 여러 영역으로 분할하고 영역 내 상세 경로 정보를 획득함으로써 불필요한 프로토콜 교환을 줄일 수 있고, 각 링크의 대역폭을 기반으로 하는 코스트라는 가중치를 부여할 수도 있습니다.

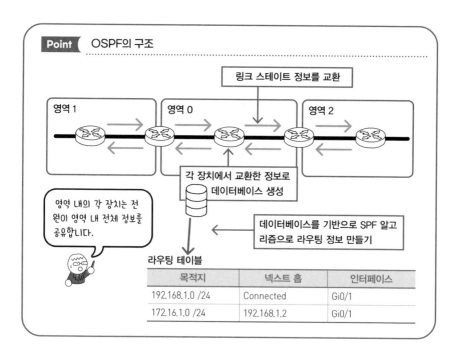

Point OSPF의 구조

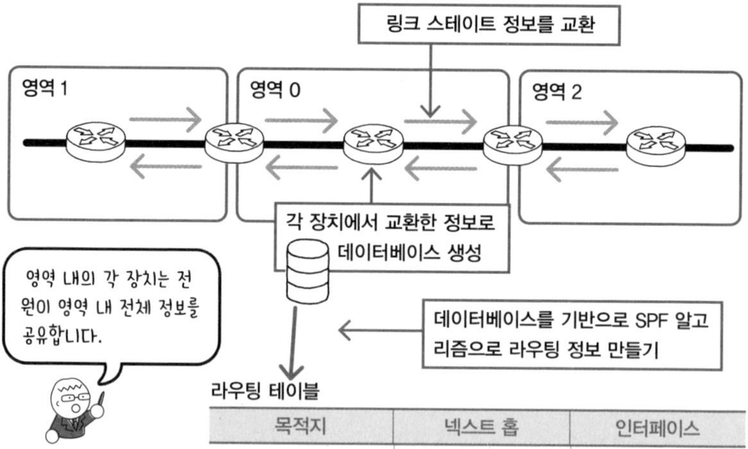

링크 스테이트 정보를 교환
영역 1
영역 0
영역 2
각 장치에서 교환한 정보로 데이터베이스 생성
영역 내의 각 장치는 전원이 영역 내 전체 정보를 공유합니다.
데이터베이스를 기반으로 SPF 알고리즘으로 라우팅 정보 만들기
라우팅 테이블

목적지	넥스트 홉	인터페이스
192.168.1.0 /24	Connected	Gi0/1
172.16.1.0 /24	192.168.1.2	Gi0/1

Point OSPF의 특징

- IGP로 분류되는 라우팅 프로토콜이다.
- 장치가 연결된 링크의 상태를 교환한다(링크 스테이트형).
- 라우팅 루프 발생이 적다.
- 장애 발생 시 경로 재구축에 걸리는 시간이 적다.
- 네트워크를 영역으로 분할할 수 있어 불필요한 정보 교환을 줄일 수 있다.

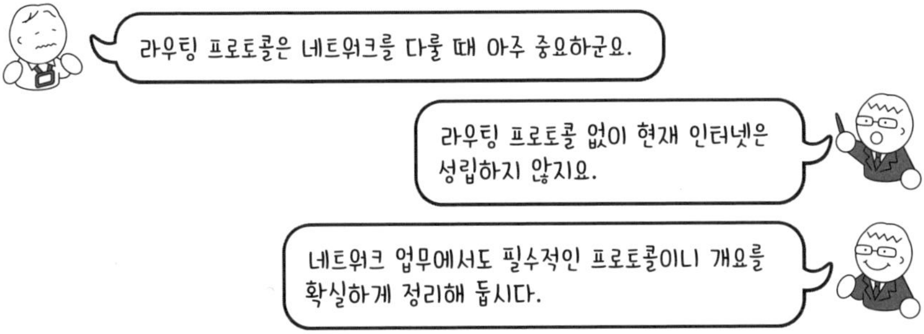
라우팅 프로토콜은 네트워크를 다룰 때 아주 중요하군요.
라우팅 프로토콜 없이 현재 인터넷은 성립하지 않지요.
네트워크 업무에서도 필수적인 프로토콜이니 개요를 확실하게 정리해 둡시다.

31 TELNET, SSH

물리적으로 떨어진 네트워크 장치를 조작할 때 매번 그 장치 앞까지 가야 한다면 너무 번거로울 것입니다. 먼 곳에 있는 장치에 원격으로 로그인하고 조작할 때 이용하는 프로토콜을 살펴보겠습니다.

31-1 원격 로그인을 실현하는 프로토콜

기업에서 사용하는 네트워크 장비나 서버는 일반적으로 서버실이나 데이터센터에 배치돼 있고, 잠금장치가 있는 랙에 보관됩니다. 아무나 쉽게 접근할 수 있는 장소에 있으면, 악의를 가진 누군가가 접근해 부정한 조작을 할 수도 있습니다.

하지만, 장치가 먼 곳에 있으면 매번 랙을 열고 콘솔에 접속하는 데 많은 시간과 노력이 필요합니다. 그래서, 원격으로 장비의 CLI에 접속하는 프로토콜이 준비되어 있습니다. 바로 **TELNET**과 **SSH**입니다.

TELNET과 SSH는 모두 응용 계층 프로토콜로, 전송 계층으로는 TCP를 이용합니다. TELNET이나 SSH를 이용하면 현재 작업 중인 컴퓨터에서 네트워크를 통해 네트워크 장치나 서버 등에 로그인해 조작할 수 있습니다.

두 프로토콜은 같은 용도로 이용되지만, 명확한 차이가 있습니다. 각각의 특징을 확인해 보겠습니다.

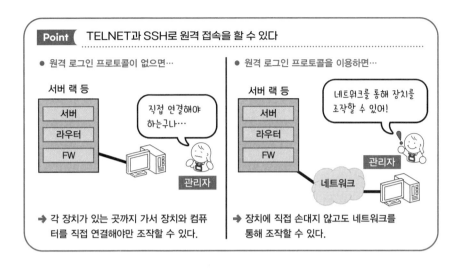

Point TELNET과 SSH로 원격 접속을 할 수 있다

● 원격 로그인 프로토콜이 없으면…

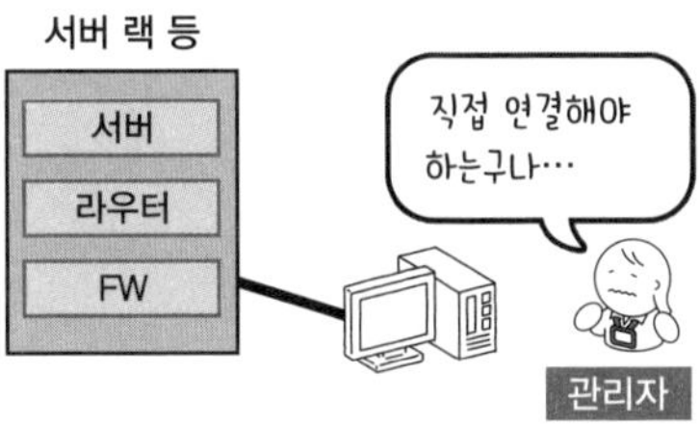
서버 랙 등
서버
라우터
FW
직접 연결해야 하는구나…
관리자

➔ 각 장치가 있는 곳까지 가서 장치와 컴퓨터를 직접 연결해야만 조작할 수 있다.

● 원격 로그인 프로토콜을 이용하면…

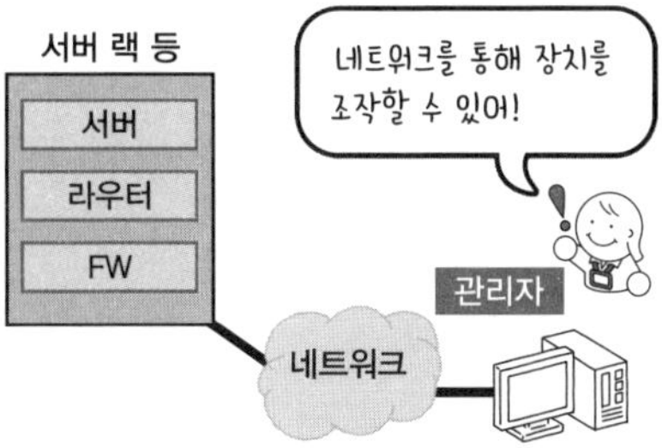
서버 랙 등
서버
라우터
FW
네트워크를 통해 장치를 조작할 수 있어!
관리자
네트워크

➔ 장치에 직접 손대지 않고도 네트워크를 통해 조작할 수 있다.

31-2 TELNET은 통신을 암호화하지 않는다

TELNET은 원격 로그인 프로토콜 중 하나로 그 구조는 매우 단순합니다. TCP 23번 포트로 네트워크를 통해 원격지 장치에 접속하고 장치의 CLI에 로그인합니다. 로그인 후에는 장치와 TELNET 클라이언트 간의 모든 통신은 평문으로 이루어집니다.

TELNET 통신은 암호화되지 않고 사용자 이름, 비밀번호, 조작 내용 등이 모두 그대로 네트워크를 통해 전달됩니다. 따라서 비밀번호나 조작 내용을 모두 도청당할 위험이 있어, 인터넷 등에서 TELNET으로 원격 접속하는 것은 권장하지 않습니다.

원격 로그인 이외의 용도로는 포트 번호를 변경해 상태를 확인하는 것을 들 수 있습니다. TELNET의 포트 번호를 다른 프로토콜에서 사용하는 포트 번호로 변경한 후 TELNET으로 접속하면, 대상 서버의 해당 포트가 접속 가능한 상태인지 확인할 수 있습니다. 예를 들어, 웹 서버는 80번, POP3는 110번 등으로 TELNET의 포트 번호를 변경한 후 접속해 보면 서버의 해당 포트가 사용 가능한 상태인지 판단할 수 있습니다.

Point TELNET의 구조

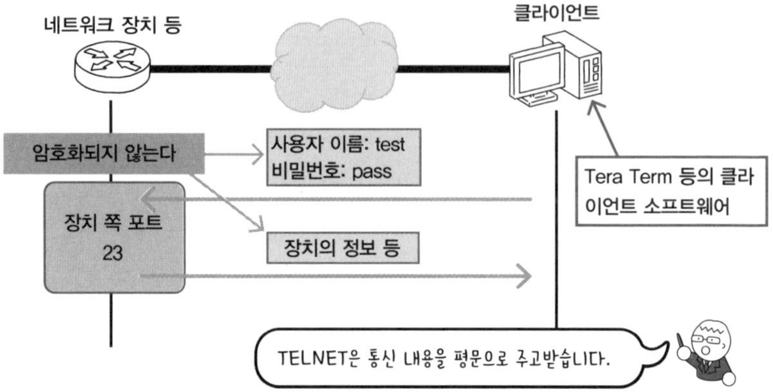
네트워크 장치 등
클라이언트
암호화되지 않는다
사용자 이름: test
비밀번호: pass
장치 쪽 포트
23
장치의 정보 등
Tera Term 등의 클라이언트 소프트웨어
TELNET은 통신 내용을 평문으로 주고받습니다.

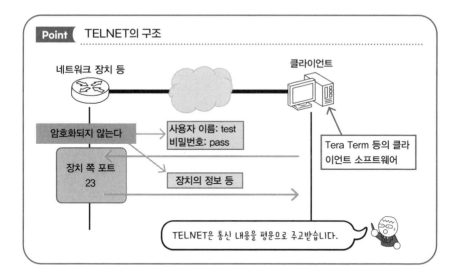

Point TELNET의 특징

- 원격 로그인에 이용되는 프로토콜이다.
- TCP 포트 23번을 사용한다.
- 통신을 암호화하지 않기 때문에 도청 위험성이 있다.
- 포트 번호를 변경해 서버의 열려 있는 포트를 확인할 수 있다.

31-3 SSH로 안전하게 원격 로그인할 수 있다

SSH(Secure Shell)는 원격 로그인 프로토콜 중 하나입니다. 암호화 통신과 인증 등의 기능이 있어 원격지 네트워크 상의 장치를 안전하게 조작할 수 있습니다. SSH는 TCP의 22번 포트를 사용합니다.

앞에서 설명한 바와 같이 원격 로그인에 사용되는 TELNET은 로그인 시 비밀번호 등을 포함한 모든 통신을 암호화하지 않고 전송하기 때문에 인터넷 등에서 도청 위험이 있습니다. 그래서 인증 부분을 포함해 **통신 전체가 암호화**되는 SSH가 사용되게 되었습니다.

Point SSH의 구조

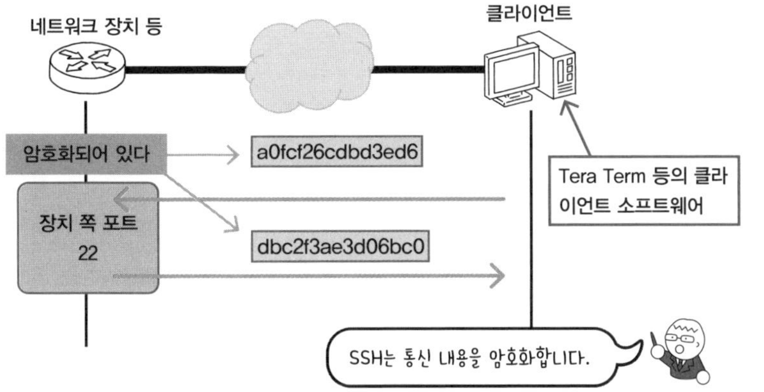

네트워크 장치 등
클라이언트
암호화되어 있다
a0fcf26cdbd3ed6
장치 쪽 포트
22
dbc2f3ae3d06bc0
Tera Term 등의 클라이언트 소프트웨어
SSH는 통신 내용을 암호화합니다.

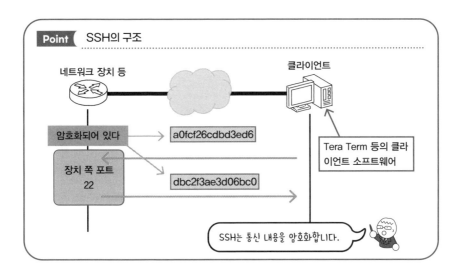

■ SSH 인증 방식

SSH는 기본적으로 접속할 때 사용자 인증을 합니다. 인증 방식으로는 **비밀번호 인증 방식**과 **공개키 인증 방식**이 주로 사용됩니다. 비밀번호 인증 방식은 원격으로 로그인하는 사용자를 사용자 이름과 비밀번호로 인증합니다. SSH 클라이언트에서 전송되는 정보들은 암호화되므로 도청을 통해 로그인 정보가 제삼자에게 노출될 위험은 적어집니다.

공개키 인증 방식에서는 클라이언트의 공개키와 개인키 쌍을 사용해 인증합니다. 이 과정은 복잡하기 때문에 자세한 설명 대신, 간단히 하면 다음과 같습니다.

클라이언트 측에서 미리 준비한 공개키와 개인키 중 공개키를 SSH로 접속할 서버 측에 등록합니다. 클라이언트는 공개키와 개인키로 전자 서명을 작성해 서버 측에 보냅니다. 서버 측에서는 전송된 전자 서명을 미리 등록된 클라이언트의 공개키로 검증합니다. 검증에 성공하면 클라이언트를 정당한 사용자라고 판단합니다.

또한 SSH에서는 안전한 원격 로그인뿐만 아니라, 이를 활용한 파일 전송, 포트 포워딩 등의 기능도 제공합니다.

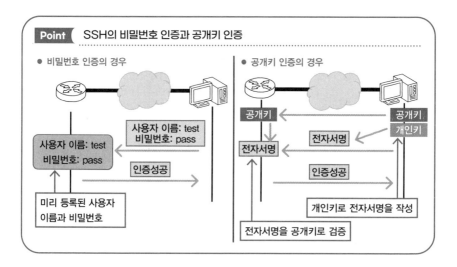

Point SSH의 비밀번호 인증과 공개키 인증

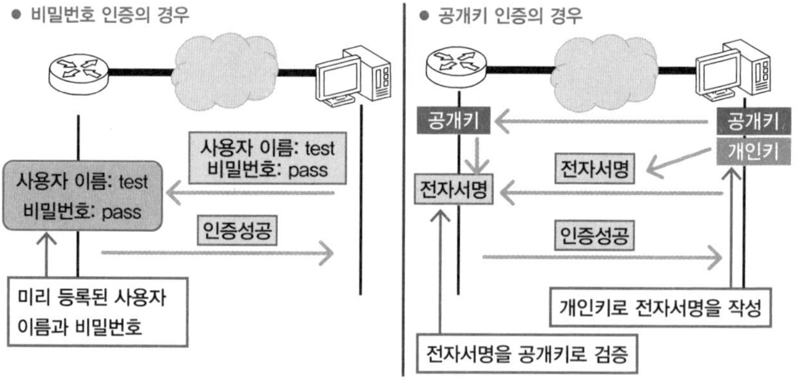
● 비밀번호 인증의 경우
사용자 이름: test
비밀번호: pass
사용자 이름: test
비밀번호: pass
인증성공
미리 등록된 사용자 이름과 비밀번호
● 공개키 인증의 경우
공개키
공개키
개인키
전자서명
전자서명
인증성공
개인키로 전자서명을 작성
전자서명을 공개키로 검증

Point SSH의 특징

- 원격 로그인에 사용되는 프로토콜이다.
- TCP의 포트 번호 22번을 사용한다.
- 인증을 포함한 통신 전체를 암호화하므로 도청 위험성이 적다.
- 파일 전송 등 SSH를 이용한 기능이 준비되어 있다.

31-4 TELNET과 SSH 패킷을 캡처해 보자

그럼, TELNET과 SSH 패킷을 살펴봅시다. 여러분이 직접 환경을 준비할 수 있으면, 실제로 캡처해 보세요.

여기에서는 Windows에 설치한 Tera Term을 이용해서 Linux 서버에 TELNET과 SSH로 로그인하는 모습을 캡처했습니다.

토막상식 Tera Term

Tera Term은 Windows에서 실행되는 오픈 소스 원격 로그인 클라이언트입니다. Telnet이나 SSH와 같은 원격 로그인 및 네트워크 장치에 대한 콘솔 로그인 등에 사용됩니다.

■ TELNET의 패킷

먼저 TELNET 패킷을 살펴보겠습니다. TELNET에서는 통신 내용이 암호화되지 않기 때문에 TELNET 서버의 CLI에 표시되는 내용이나 클라이언트에서 보낸 암호 등이 모두 일반 텍스트로 전송됩니다.

_TLENET의 패킷 캡처

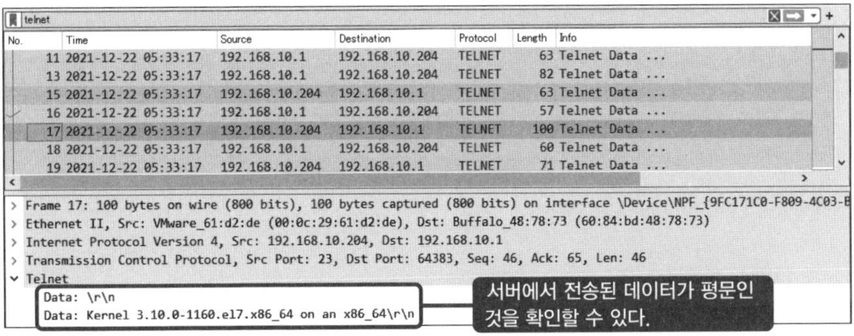

telnet
No. Time Source Destination Protocol Length Info
11 2021-12-22 05:33:17 192.168.10.1 192.168.10.204 TELNET 63 Telnet Data ...
13 2021-12-22 05:33:17 192.168.10.1 192.168.10.204 TELNET 82 Telnet Data ...
15 2021-12-22 05:33:17 192.168.10.204 192.168.10.1 TELNET 63 Telnet Data ...
16 2021-12-22 05:33:17 192.168.10.1 192.168.10.204 TELNET 57 Telnet Data ...
17 2021-12-22 05:33:17 192.168.10.204 192.168.10.1 TELNET 100 Telnet Data ...
18 2021-12-22 05:33:17 192.168.10.1 192.168.10.204 TELNET 60 Telnet Data ...
19 2021-12-22 05:33:17 192.168.10.204 192.168.10.1 TELNET 71 Telnet Data ...
Frame 17: 100 bytes on wire (800 bits), 100 bytes captured (800 bits) on interface \Device\NPF_{9FC171C0-F809-4C03-B
Ethernet II, Src: VMware_61:d2:de (00:0c:29:61:d2:de), Dst: Buffalo_48:78:73 (60:84:bd:48:78:73)
Internet Protocol Version 4, Src: 192.168.10.204, Dst: 192.168.10.1
Transmission Control Protocol, Src Port: 23, Dst Port: 64383, Seq: 46, Ack: 65, Len: 46
Telnet
Data: \r\n
Data: Kernel 3.10.0-1160.el7.x86_64 on an x86_64\r\n
서버에서 전송된 데이터가 평문인 것을 확인할 수 있다.

[학습자료] 31-05_telnet_capture.pcapng

이 책에서 학습자료로 제공하는 캡처 파일을 보면 실제로 송수신하는 내용이 그대로 패킷에 담겨 있는 것을 확인할 수 있습니다. 클라이언트의 데이터는 잘게 쪼개져 있어 이해하기 어렵지만, 서버의 데이터는 한 덩어리로 전송되고 있어 쉽게 이해할 수 있습니다.

이처럼 TELNET을 이용한 원격 로그인은 통신 내용을 도청당할 위험성이 있으므로, 현재는 인터넷을 경유하는 원격 로그인 등에서 잘 사용하지 않습니다.

■ SSH의 패킷

다음으로 SSH 패킷을 살펴봅시다. 아쉽게도 이 부분은 암호화되어 있어 자세한 내용은 확인할 수 없습니다.

_SSH의 패킷 캡처

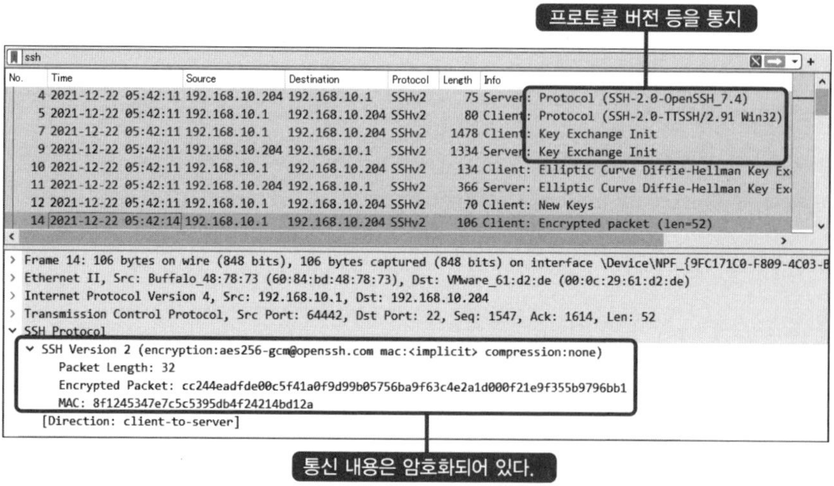

프로토콜 버전 등을 통지
ssh
No. Time Source Destination Protocol Length Info
4 2021-12-22 05:42:11 192.168.10.204 192.168.10.1 SSHv2 75 Server: Protocol (SSH-2.0-OpenSSH_7.4)
5 2021-12-22 05:42:11 192.168.10.1 192.168.10.204 SSHv2 80 Client: Protocol (SSH-2.0-TTSSH/2.91 Win32)
7 2021-12-22 05:42:11 192.168.10.1 192.168.10.204 SSHv2 1478 Client: Key Exchange Init
9 2021-12-22 05:42:11 192.168.10.204 192.168.10.1 SSHv2 1334 Server: Key Exchange Init
10 2021-12-22 05:42:11 192.168.10.1 192.168.10.204 SSHv2 134 Client: Elliptic Curve Diffie-Hellman Key Ex
11 2021-12-22 05:42:11 192.168.10.204 192.168.10.1 SSHv2 366 Server: Elliptic Curve Diffie-Hellman Key Ex
12 2021-12-22 05:42:11 192.168.10.1 192.168.10.204 SSHv2 70 Client: New Keys
14 2021-12-22 05:42:14 192.168.10.1 192.168.10.204 SSHv2 106 Client: Encrypted packet (len=52)
Frame 14: 106 bytes on wire (848 bits), 106 bytes captured (848 bits) on interface \Device\NPF_{9FC171C0-F809-4C03-E
Ethernet II, Src: Buffalo_48:78:73 (60:84:bd:48:78:73), Dst: VMware_61:d2:de (00:0c:29:61:d2:de)
Internet Protocol Version 4, Src: 192.168.10.1, Dst: 192.168.10.204
Transmission Control Protocol, Src Port: 64442, Dst Port: 22, Seq: 1547, Ack: 1614, Len: 52
SSH Protocol
SSH Version 2 (encryption:aes256-gcm@openssh.com mac:<implicit> compression:none)
Packet Length: 32
Encrypted Packet: cc244eadfde00c5f41a0f9d99b05756ba9f63c4e2a1d000f21e9f355b9796bb1
MAC: 8f1245347e7c5c5395db4f24214bd12a
[Direction: client-to-server]
통신 내용은 암호화되어 있다.

[학습자료] 31-06_ssh_capture.pcapng

전체 통신의 시작 부분을 보면, Protocol과 Key 교환이 이루어지는 것을 확인할 수 있습니다. SSH에서는 통신을 시작할 때 서로의 SSH 버전과 암호화 알고리즘 등 필요한 정보를 교환합니다.

이처럼 SSH를 통한 원격 로그인은 통신을 암호화해서 송수신하므로 도청 위험성이 줄어듭니다.

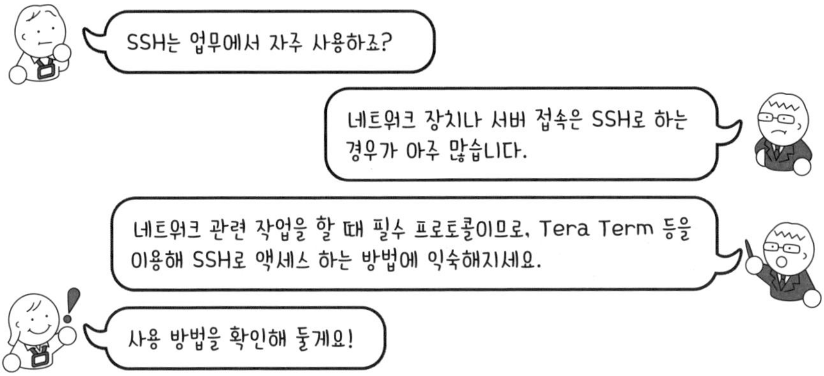
SSH는 업무에서 자주 사용하죠?
네트워크 장치나 서버 접속은 SSH로 하는 경우가 아주 많습니다.
네트워크 관련 작업을 할 때 필수 프로토콜이므로, Tera Term 등을 이용해 SSH로 액세스 하는 방법에 익숙해지세요.
사용 방법을 확인해 둘게요!

32 SNMP

네트워크 장치는 장기간 동작하기 때문에 항상 그 상태를 파악해 둘 필요가 있습니다. 장치의 상태를 감시하는 프로토콜을 살펴보겠습니다.

32-1 SNMP는 네트워크 장치와 서버를 모니터링하는 프로토콜

네트워크 장치나 서버는 인프라라고 불리듯, 24시간 365일 계속해서 동작하는 것도 많습니다. 당연히 장치에 고장 등이 발생하면 서비스 유지에 영향을 미치게 됩니다. 그러므로 장치 상태를 모니터링하고 이상이 있으면 경고해 주는 기능이 필요합니다. 이런 용도로 사용되는 프로토콜 중 하나가 **SNMP**(Simple Network Management Protocol)입니다.

SNMP는 응용 계층의 프로토콜로, 라우터나 스위치와 같은 네트워크 장치부터 서버까지 다양한 장치를 네트워크를 통해 모니터링할 수 있습니다. SNMP로 항상 모니터링을 하면 장애 발생을 신속하게 감지하거나, 향후 문제가 될 수 있는 증상을 포착해 대응할 수 있게 됩니다.

SNMP로 수집할 수 있는 정보는 다양해서, CPU나 메모리 사용률, 인터페이스 상태, 트래픽 양, 그리고 장치의 온도까지 수집할 수 있습니다.

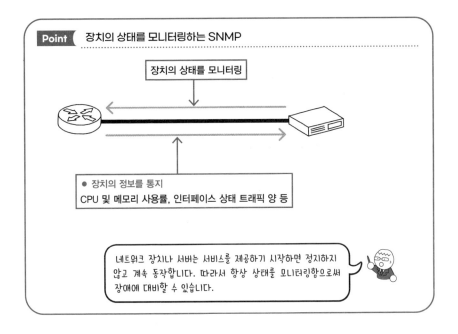

Point 장치의 상태를 모니터링하는 SNMP

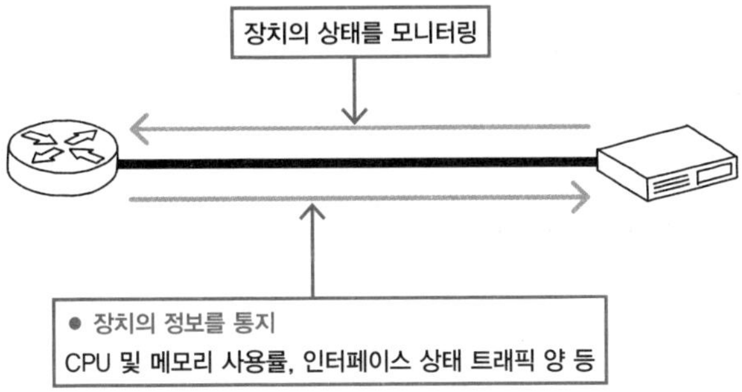

장치의 상태를 모니터링
● 장치의 정보를 통지
CPU 및 메모리 사용률, 인터페이스 상태 트래픽 양 등

네트워크 장치나 서버는 서비스를 제공하기 시작하면 정지하지 않고 계속 동작합니다. 따라서 항상 상태를 모니터링함으로써 장애에 대비할 수 있습니다.

32-2 SNMP 매니저와 SNMP 에이전트

SNMP에서는 관리하는 장치나 소프트웨어를 **SNMP 매니저**, 관리되는 장치를 **SNMP 에이전트**라고 합니다. SNMP 매니저에서는 UDP 162번, SNMP 에이전트에서는 UDP 161번이 통신을 받아들이는 포트로 사용됩니다.

매니저는 각종 서버나 컴퓨터가 해당되며, 상용 소프트웨어부터 오픈소스 소프트웨어까지 폭넓게 존재합니다. 유명한 것으로는 Zabbix, Nagios 등을 들 수 있습니다. SNMP 에이전트는 네트워크 장비나 서버 등이 해당하는데, 에이전트 측은 네트워크 장치에 미리 구현되어 있는 경우가 많습니다.

SNMP로 매니저와 에이전트 사이에서 장치 정보를 주고받고, 매니저가 수집한 정보를 관리자가 확인합니다. 매니저는 수집한 정보를 GUI로 표시하는 기능을 갖춘 경우가 많고, 네트워크에 존재하는 전체 장치를 통합적으로 관리할 수 있습니다.

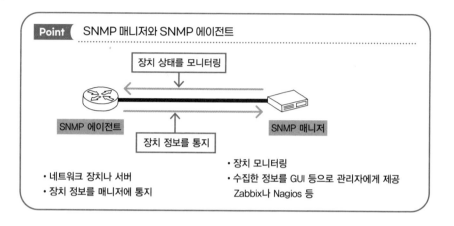

Point SNMP 매니저와 SNMP 에이전트

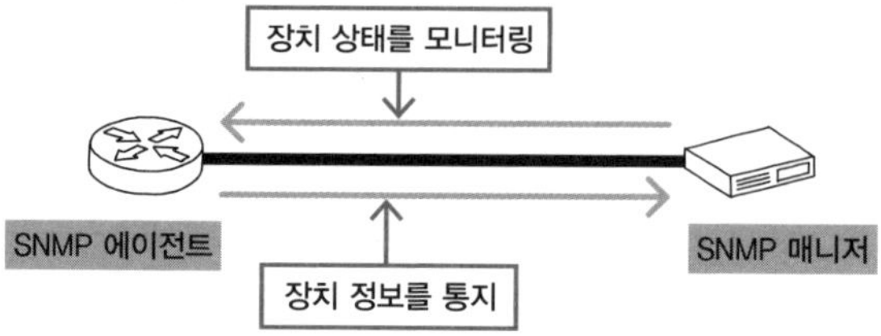
장치 상태를 모니터링
SNMP 에이전트
SNMP 매니저
장치 정보를 통지

- 네트워크 장치나 서버
- 장치 정보를 매니저에 통지

- 장치 모니터링
- 수집한 정보를 GUI 등으로 관리자에게 제공
  Zabbix나 Nagios 등

32-3 SNMP에서 발생하는 통신은 크게 두 가지

SNMP에서는 매니저와 에이전트 사이에서 크게 두 종류의 통신이 발생합니다. 매니저에서 에이전트를 향해 요청을 보내고 정보를 수집하는 **폴링**과 에이전트에서 매니저에게 정보를 통지하는 **트랩**입니다.

■ 폴링

매니저는 장치 상태를 알아보기 위해 에이전트에 대해 정기적으로 요청을 보내고, 에이전트는 자신이 가진 정보를 매니저에 반환합니다. 이 통신이 **폴링**(polling)입니다.

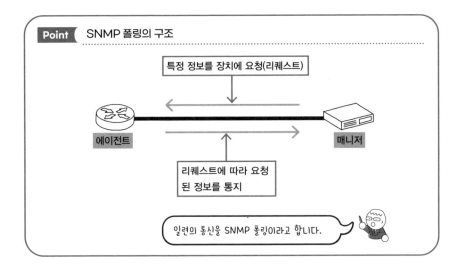

Point SNMP 폴링의 구조

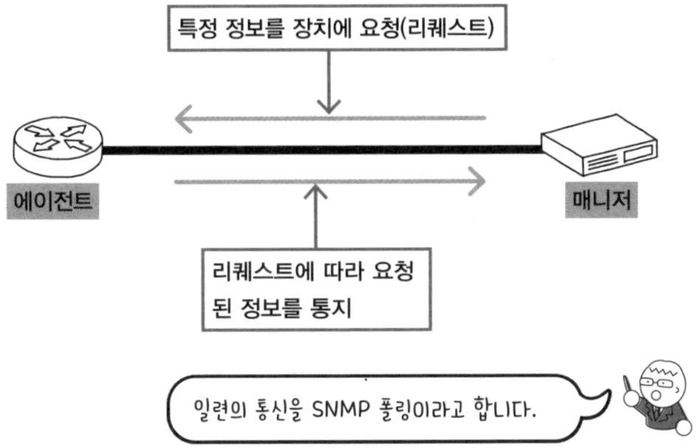
특정 정보를 장치에 요청(리퀘스트)
에이전트
매니저
리퀘스트에 따라 요청된 정보를 통지
일련의 통신을 SNMP 폴링이라고 합니다.

■ 트랩

폴링은 매니저 쪽에서 시작되는 통신이지만, 에이전트 쪽에서 자발적으로 정보를 전송하는 통신이 **트랩**입니다. 에이전트 장치에서 특정 이벤트가 발생했을 때 매니저에 이벤트가 발생했음을 알려줍니다. 예를 들어, 장비의 인터페이스가 예기치 않은 다운 상태로 전환되는 것과 같은 오류와 유사한 것이 많습니다.

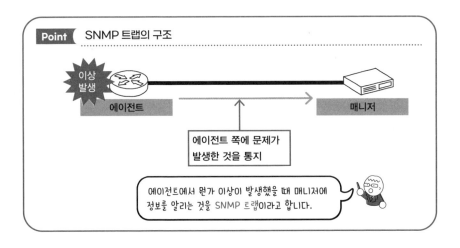

Point SNMP 트랩의 구조

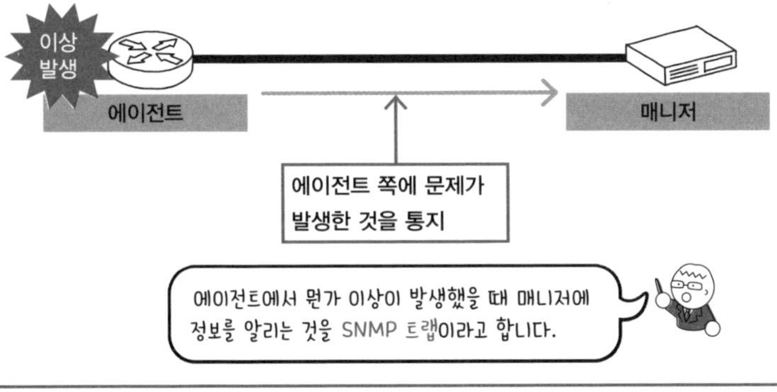
이상 발생
에이전트
매니저
에이전트 쪽에 문제가 발생한 것을 통지
에이전트에서 뭔가 이상이 발생했을 때 매니저에 정보를 알리는 것을 SNMP 트랩이라고 합니다.

■ 폴링과 트랩에서 사용되는 메시지

폴링과 트랩 사이에서는 다음과 같은 메시지를 주고받습니다.

Point SNMP에서 사용되는 메시지

메시지	보내는 쪽	설명
GetRequest	매니저	에이전트에 OID를 지정해서 정보를 요청
GetNextRequest	매니저	에이전트에 지정한 OID의 다음 정보를 요청
GetBulkRequest	매니저	에이전트에 복수의 OID 정보를 요청
SetRequest	매니저	에이전트에 OID 정보 갱신을 요청
GetResponse	에이전트	매니저가 요청한 OID 정보를 반환
Trap	에이전트	에이전트에 특정 상태 변화가 일어났을 때 자발적으로 매니저에 정보를 알림
InformRequest	에이전트	Trap과 마찬가지로 에이전트가 자발적으로 매니저에 정보를 알림. Trap과 달리 매니저에 응답을 요청

■ 에이전트의 정보를 수집한 MIB

폴링이나 트랩에서 다루는 에이전트 정보는 각 장치의 트리 구조로 된 데이터베이스에 담겨 있습니다. 이를 **MIB**(Management Information Base)라고 합니다. MIB에 저장된 정보를 **오브젝트**라고 하며, 트리 구조를 위에서부터 따라가면서 각 오브젝트를 나타내는 **OID**(**Object ID**)가 정의됩니다. 매니저는 폴링 시, 에이전트에 대해 MIB의 OID를 지정함으로써 필요한 정보를 수집합니다.

Point MIB의 구조

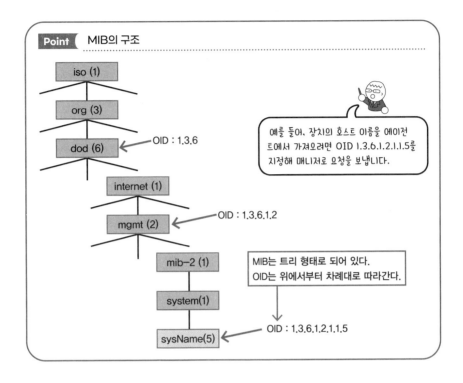

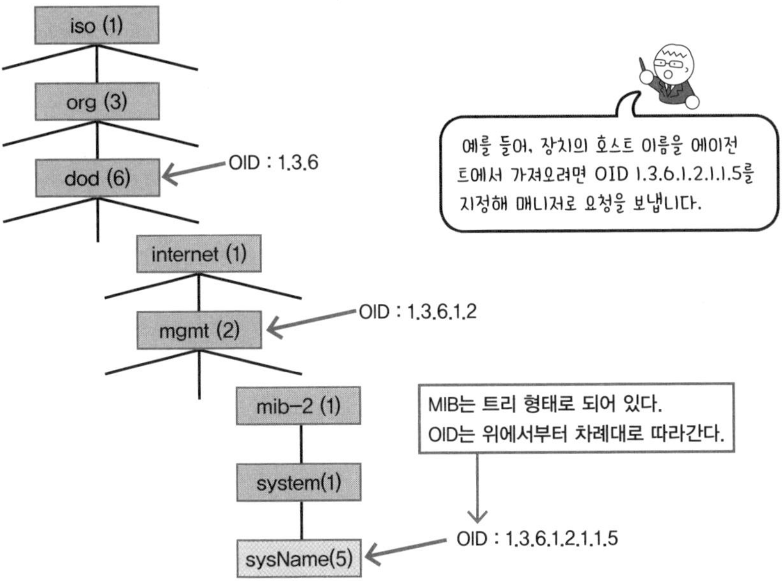
iso (1)
org (3)
dod (6)
OID : 1.3.6
internet (1)
mgmt (2)
OID : 1.3.6.1.2
mib-2 (1)
system(1)
sysName(5)
OID : 1.3.6.1.2.1.1.5
MIB는 트리 형태로 되어 있다.
OID는 위에서부터 차례대로 따라간다.
예를 들어, 장치의 호스트 이름을 에이전트에서 가져오려면 OID 1.3.6.1.2.1.1.5를 지정해 매니저로 요청을 보냅니다.

32-4 SNMP 패킷을 캡처해 보자

이제 SNMP 패킷을 살펴봅시다. 학습자료로 제공된 패킷 캡처 파일은 무료 모니터링 소프트웨어인 Zabbix를 SNMP 관리자로 하고, 시스코 스위치를 SNMP 에이전트로 설정한 후 모니터링한 패킷입니다.

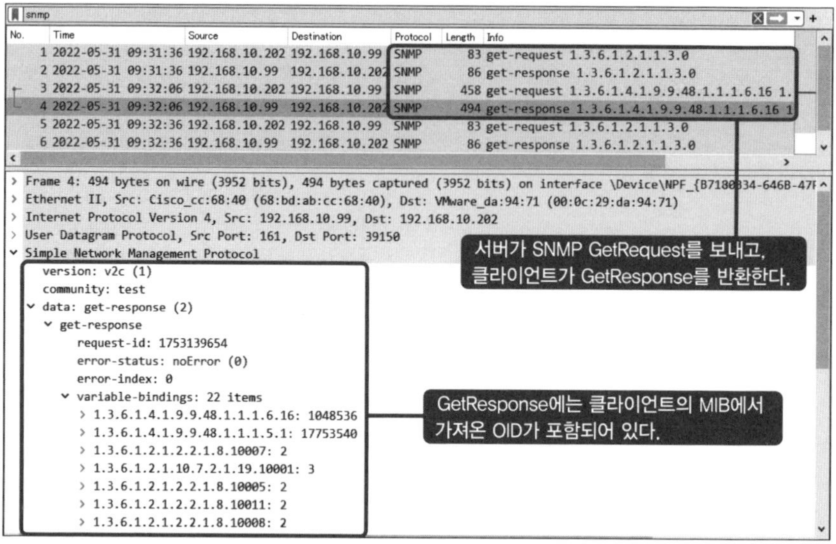
snmp
No. Time Source Destination Protocol Length Info
1 2022-05-31 09:31:36 192.168.10.202 192.168.10.99 SNMP 83 get-request 1.3.6.1.2.1.1.3.0
2 2022-05-31 09:31:36 192.168.10.99 192.168.10.202 SNMP 86 get-response 1.3.6.1.2.1.1.3.0
3 2022-05-31 09:32:06 192.168.10.202 192.168.10.99 SNMP 458 get-request 1.3.6.1.4.1.9.9.48.1.1.1.6.16 1.
4 2022-05-31 09:32:06 192.168.10.99 192.168.10.202 SNMP 494 get-response 1.3.6.1.4.1.9.9.48.1.1.1.6.16 1
5 2022-05-31 09:32:36 192.168.10.202 192.168.10.99 SNMP 83 get-request 1.3.6.1.2.1.1.3.0
6 2022-05-31 09:32:36 192.168.10.99 192.168.10.202 SNMP 86 get-response 1.3.6.1.2.1.1.3.0
Frame 4: 494 bytes on wire (3952 bits), 494 bytes captured (3952 bits) on interface \Device\NPF_{B7180834-646B-47F
Ethernet II, Src: Cisco_cc:68:40 (68:bd:ab:cc:68:40), Dst: VMware_da:94:71 (00:0c:29:da:94:71)
Internet Protocol Version 4, Src: 192.168.10.99, Dst: 192.168.10.202
User Datagram Protocol, Src Port: 161, Dst Port: 39150
Simple Network Management Protocol
version: v2c (1)
community: test
data: get-response (2)
get-response
request-id: 1753139654
error-status: noError (0)
error-index: 0
variable-bindings: 22 items
1.3.6.1.4.1.9.9.48.1.1.1.6.16: 1048536
1.3.6.1.4.1.9.9.48.1.1.1.5.1: 17753540
1.3.6.1.2.1.2.2.1.8.10007: 2
1.3.6.1.2.1.10.7.2.1.19.10001: 3
1.3.6.1.2.1.2.2.1.8.10005: 2
1.3.6.1.2.1.2.2.1.8.10011: 2
1.3.6.1.2.1.2.2.1.8.10008: 2
서버가 SNMP GetRequest를 보내고, 클라이언트가 GetResponse를 반환한다.
GetResponse에는 클라이언트의 MIB에서 가져온 OID가 포함되어 있다.
[학습자료] 32-07_snmp_capture.pcapng

192.168.10.202는 매니저의 IP 주소이고, 192.168.10.99는 에이전트의 IP 주소입니다. 캡처를 보면, 매니저가 GetRequest를 보내 에이전트에 정보를 요청하고 있는 것을 알 수 있습니다. 또 그에 대해 에이전트가 GetResponse를 보내 요청된 정보를 반환하고 있음을 알 수 있습니다.

이처럼 매니저는 에이전트에 **32-3**에서 설명한 패킷을 사용해 정보를 요청합니다. 에이전트는 자신의 MIB에 있는 정보를 매니저에게 반환합니다. 매니저는 에이전트로부터 수집된 정보로 에이전트의 상태를 모니터링합니다.

33 FTP

웹페이지 공개 등 서버에 파일을 업로드하거나 다운로드하는 기회는 자주 있습니다. 파일 전송에 사용되는 프로토콜을 살펴보겠습니다.

33-1 FTP는 파일을 전송하는 프로토콜

개인 간에 파일을 주고받으려면 일반적으로 이메일에 첨부해서 보내거나 파일 전송 서비스를 이용하거나 온라인 저장소를 공유해 파일을 업로드 및 다운로드 하는 방법을 사용합니다.

개인과 개인의 파일 교환에는 이런 방법들을 사용되지만, 로컬 컴퓨터에 있는 데이터를 어떤 서버의 특정 위치에 업로드할 때는 어떻게 해야 할까요?

예를 들어, 웹페이지를 공개하려면 필요한 HTML 파일이나 이미지 파일 데이터를 웹 서버에 업로드해야 합니다. 대량의 데이터를 처리하는 서버에서는 CSV 등으로 만든 데이터를 서버에 업로드해야 할 수도 있습니다. 이때 클라이언트 컴퓨터에서 서버로 파일을 업로드하거나 서버에서 파일을 다운로드할 때 사용되는 것이 **FTP**(File Transfer Protocol)입니다.

FTP는 TCP의 포트번호 20번과 21번을 사용해 통신을 제어하고 데이터를 전송합니다.

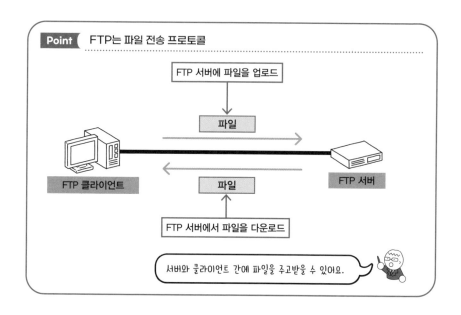

Point FTP는 파일 전송 프로토콜

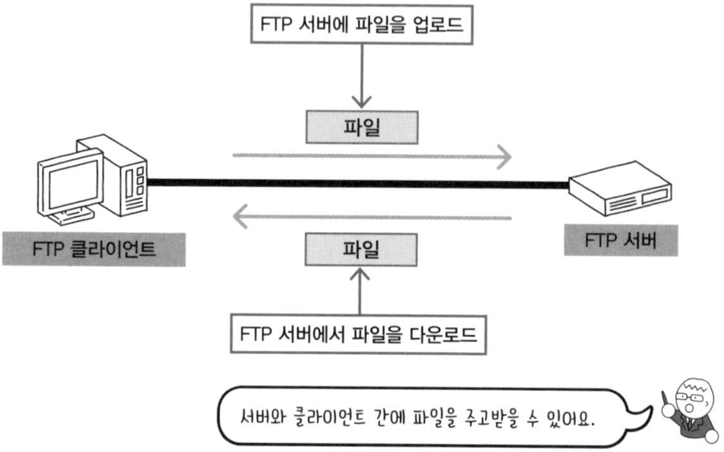
FTP 서버에 파일을 업로드
파일
FTP 클라이언트
파일
FTP 서버
FTP 서버에서 파일을 다운로드
서버와 클라이언트 간에 파일을 주고받을 수 있어요.

33-2 FTP의 원리를 알아보자

이제 FTP의 작동 방식에 대해 자세히 알아보겠습니다.

■ 두 개의 TCP 커넥션

FTP는 **제어용 커넥션**과 **데이터용 커넥션**으로 두 개의 TCP 커넥션을 사용해 통신합니다.

제어용 커넥션에서는 로그인을 위한 통신, 로그인 후 파일 업로드 및 다운로드 지시, 기타 FTP 명령을 주고받기 위해 TCP 포트 21번을 사용합니다.

데이터용 커넥션에서는 제어용 커넥션으로 전달된 내용에 따라 데이터가 송수신됩니다. 데이터용 커넥션의 포트 번호는 TCP 클라이언트로 접속한 경우 주로 20번을 사용하지만, 다른 번호를 사용할 수도 있습니다. 이는 FTP의 모드에 따라 달라집니다.

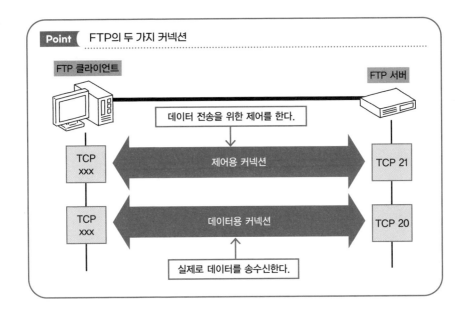

Point FTP의 두 가지 커넥션

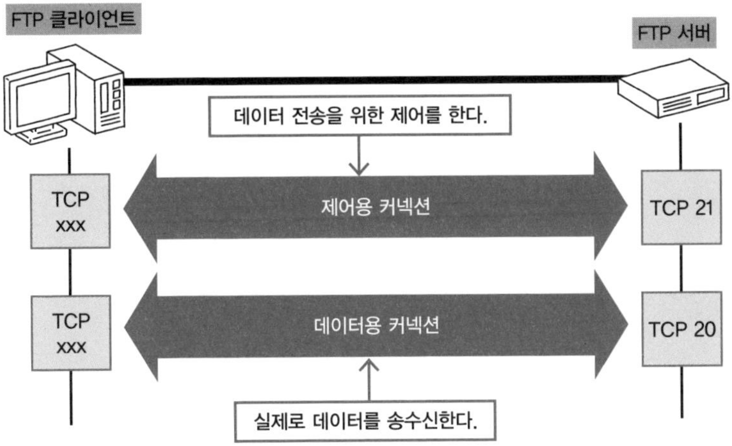

FTP 클라이언트
FTP 서버
데이터 전송을 위한 제어를 한다.
TCP
xxx
제어용 커넥션
TCP 21
TCP
xxx
데이터용 커넥션
TCP 20
실제로 데이터를 송수신한다.

■ FTP의 두 가지 전송 모드

FTP에는 **액티브 모드**와 **패시브 모드**라는 전송 모드가 있습니다. 액티브 모드에서는 클라이언트가 제어용 커넥션 연결을 요청하고, FTP 서버는 이에 대응해 데이터용 커넥션을 연결합니다. 데이터용 커넥션에서 서버가 접속할 클라이언트의 포트 번호는 제어용 커넥션에서 클라이언트가 알려준 것을 사용합니다. 서버의 출발지 포트 번호는 FTP의 20번이 됩니다.

패시브 모드에서는 클라이언트가 제어용 커넥션 연결을 요청합니다. 그리고 제어용 커넥션 중 서버가 알려준 서버 측 포트 번호로 클라이언트가 데이터용 커넥션을 연결합니다.

액티브 모드와 패시브 모드는 데이터용 커넥션을 어느 쪽에서 연결하는가에 차이가 있습니다. 액티브 모드에서는 FTP 서버 측에서 TCP 커넥션을 연결하므로, 방화벽 등으로 외부 연결을 거부하는 경우 데이터용 커넥션을 연결할 수 없습니다. 따라서 이런 경우에는 패시브 모드를 사용해 클라이언트에서 서버로 커넥션을 연결합니다.

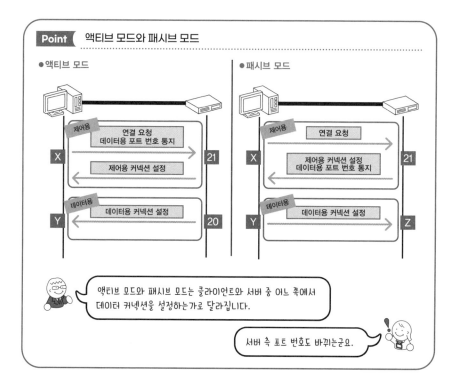

Point 액티브 모드와 패시브 모드

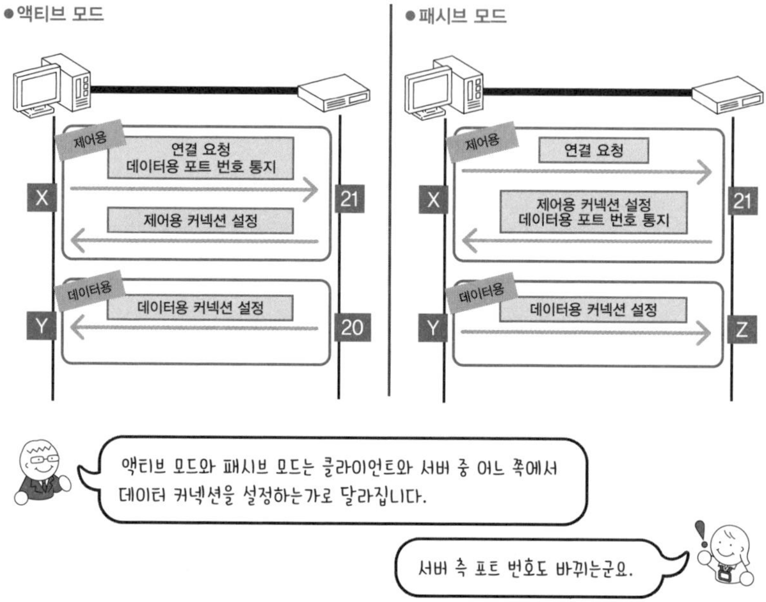
●액티브 모드
제어용
연결 요청
데이터용 포트 번호 통지
X
21
제어용 커넥션 설정
데이터용
데이터용 커넥션 설정
Y
20
●패시브 모드
제어용
연결 요청
X
21
제어용 커넥션 설정
데이터용 포트 번호 통지
데이터용
데이터용 커넥션 설정
Y
Z
액티브 모드와 패시브 모드는 클라이언트와 서버 중 어느 쪽에서 데이터 커넥션을 설정하는가로 달라집니다.
서버 측 포트 번호도 바뀌는군요.

■ FTP와 SFTP

FTP에는 인증 기능은 있지만, 통신을 암호화하는 기능은 없습니다. 따라서 좀 더 안전하게 암호화해서 파일을 전송하려면 SFTP(SSH File Transfer Protocol)라는 SSH 메커니즘을 이용한 파일 전송 프로토콜을 사용합니다(이름이 FTP와 거의 같지만, 엄밀히 말해 FTP는 아닙니다).

Point FTP의 특징

- TCP의 20번, 21번 포트를 사용하는 파일 전송 프로토콜이다.
- 제어용 커넥션과 데이터용 커넥션 두 가지를 이용한다.
- 액티브 모드와 패시브 모드라는 두 가지 전송 모드가 있다.
- 통신 암호화 기능이 없다.

33-3 FTP 패킷을 캡처해 보자

그럼, FTP 패킷을 살펴봅시다. 이번 캡처는 필자의 로컬 환경에 구축한 FTP 서버와 무료 FTP 클라이언트인 WinSCP로 파일 전송을 했을 때의 모습입니다

_ FTP 패킷 캡처

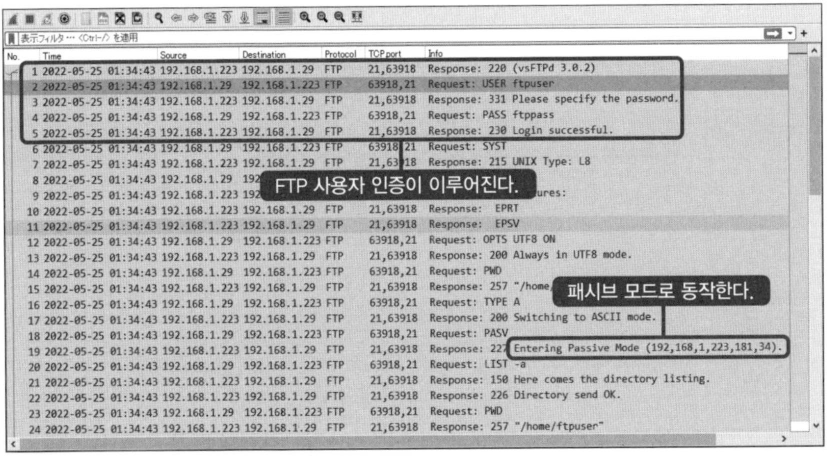

FTP 사용자 인증이 이루어진다.
패시브 모드로 동작한다.

[학습자료] 33-04_ftp_capture.pcapng

이 그림은 패시브 모드로 동작하는 FTP를 캡처한 예입니다. 로그인한 후 서버에 있는 test.txt라는 파일을 클라이언트로 다운로드했습니다(이 그림에선 보이지 않습니다. **[학습자료]** 파일을 열어 확인하세요).

캡처 파일 상단에서 FTP 사용자 인증이 이루어지는 것을 확인할 수 있습니다. 로그인에 사용한 사용자 이름과 비밀번호가 평문으로 전송되어, 캡처한 패킷에서 그대로 볼 수 있습니다.

FTP에서는 클라이언트가 서버에 다양한 요청을 하기 위한 수단으로 FTP 명령을 정의했습니다. 예를 들어, 이번 캡처에서 나온 것으로는 로그인 시 사용자 이름을 전송하는 USER 명령, 패시브 모드로 전환하는 PASV 명령, 서버에서 파일을 다운로드하는 RETR 명령 등을 들 수 있습니다.

평소에는 FTP를 볼 기회가 별로 없지만, 네트워크와 서버를 다루는 업무에선 자주 사용됩니다.

집계용 데이터를 서버에 모으기 위해 사용한 적이 있어요!

일상적인 파일 전송과는 조금 다르네요.

클라이언트끼리가 아니라, 클라이언트와 서버 간에 파일을 전송하는 게 FTP의 역할이지요.

34 ICMP

멀리 떨어진 단말기까지 통신이 도달하는지 확인해야 하는 상황은 종종 있습니다. 통신이 도달하는지 확인하거나 도달하지 않았을 때 이유를 알려주는 프로토콜을 살펴보겠습니다.

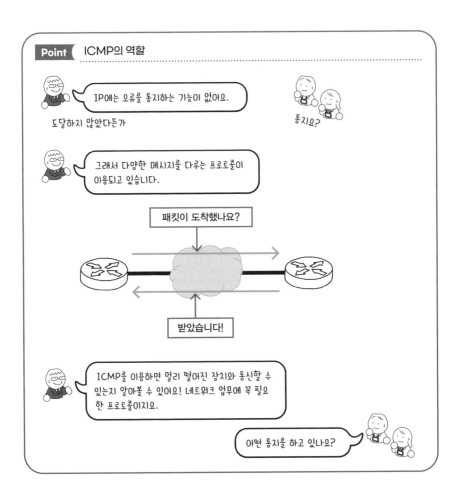

Point ICMP의 역할

IP에는 오류를 통지하는 기능이 없어요.
도달하지 않았다든가
통지요?
그래서 다양한 메시지를 다루는 프로토콜이 이용되고 있습니다.
패킷이 도착했나요?
받았습니다!
ICMP를 이용하면 멀리 떨어진 장치와 통신할 수 있는지 알아볼 수 있어요! 네트워크 업무에 꼭 필요한 프로토콜이지요.
어떤 통지를 하고 있나요?

34-1 ICMP는 메시지를 통지하는 프로토콜

네트워크 업무 중에서는 특정 목적지에 통신이 도달하는지 확인하는 일이 종종 있습니다. 이러한 확인 작업을 통신 확인(연결 테스트)이라고도 합니다. 이때 사용되는 프로토콜이 **ICMP**(Internet Control Message Protocol)입니다. IP는 네트워크 계층 프로토콜로서 멀리 떨어진 네트워크 간 통신에 대해 규정하고 있는데, 목적지까지 통신할 수 없을 때 출발지로 어떤 정보를 알려주는 기능은 없습니다. **IP**는 어디까지나 목적지에 통신을 보내는 역할만 하고, 통신이 도달했는지 여부는 출발지에 알려주지 않습니다. 실제 응용 프로그램이나 상위 계층 프로토콜에서는 TCP의 재전송 제어 기능을 이용해 이 부분을 처리합니다. ICMP를 사용하면 전송 계층 이상의 프로토콜을 사용하지 않고 목적지까지의 연결을 확인하거나 도달할 수 없을 때 그 원인이나 어디까지 도달했는지 등을 ICMP 메시지로 가져올 수 있습니다. 그래서 ICMP는 연결 테스트나 문제 해결에 자주 사용됩니다.

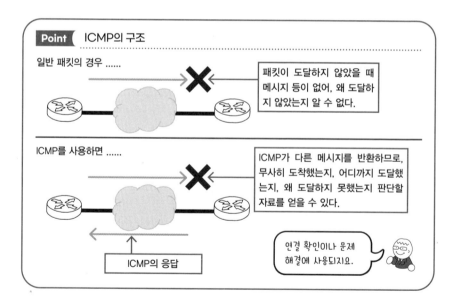

Point ICMP의 구조

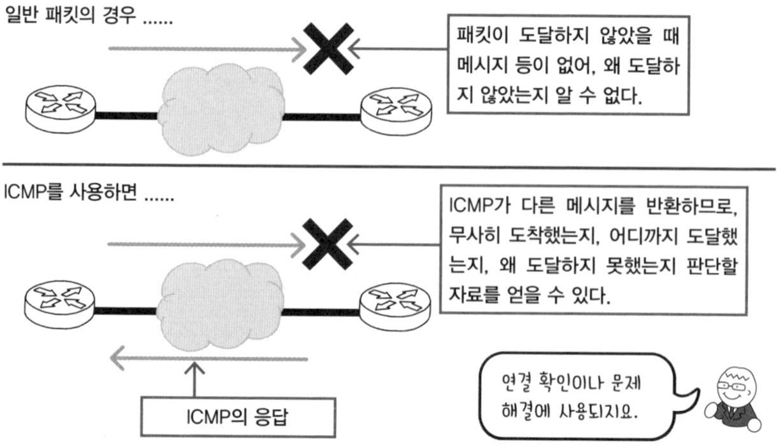
일반 패킷의 경우 ......
패킷이 도달하지 않았을 때 메시지 등이 없어, 왜 도달하지 않았는지 알 수 없다.
ICMP를 사용하면 ......
ICMP가 다른 메시지를 반환하므로, 무사히 도착했는지, 어디까지 도달했는지, 왜 도달하지 못했는지 판단할 자료를 얻을 수 있다.
ICMP의 응답
연결 확인이나 문제 해결에 사용되지요.

34-2 Type과 Code에 관해 알아보자

ICMP로 전송되는 메시지는 크게 **Query**와 **Error** 두 가지로 나뉩니다.

Query는 특정 대상에 대해 통신 상태 등을 확인하는 문의 메시지입니다. 후술할 Echo Request나 Echo Reply 등이 이에 해당합니다.

Error는 IP 통신에 뭔가 장애가 발생했을 때 이를 알려주는 오류 메시지입니다. 후술할 Destination Unreachable 등이 이에 해당합니다.

ICMP의 메시지는 **Type**이라는 번호로 세분화되어 있는데, 이를 크게 두 가지로 나눈 것이 Query와 Error입니다. Type은 다음과 같이 분류할 수 있습니다. 여기서는 일반적으로 흔히 볼 수 있는 것만 골라서 설명합니다.

Point ICMP 메시지: Type에 의한 분류

종류	Type	내용	설명
Query	0	Echo Reply	ping 등에 의한 에코 응답(리스폰스)
Error	3	Destination Unreachable	지정한 목적지에 도달할 수 없다.
Error	5	Redirect	다른 최적 경로가 있으면 그쪽으로 변경을 지시한다.
Query	8	Echo Request	ping 등에 의한 에코 요청(리퀘스트)
Error	11	Time Exceeded	TTL이 중간에 0이 되고 패킷이 폐기됐음을 나타낸다.

Type 중에서도 일부 메시지는 **Code**로 더 세분화되어 있습니다. 예를 들어, 목적지까지 도달하지 못했다고 알려주는 Destination Unreachable은 다음과 같은 Code로 구성되어 있습니다.

Point ICMP 메시지: Destination Unreachable-Code의 상세 분류

Code	내용	설명
0	network unreachable	네트워크 도달 불가. 넥스트 홉이 다운되어 arp를 통한 해결이 불가능한 경우 등
1	host unreachable	호스트 도달 불가. 호스트가 다운되어 arp를 통한 해결이 불가능한 경우 등
3	port unreachable	포트 도달 불가. 목적지 단말기까지 도달했지만, 단말기의 TCP/UDP 포트를 사용할 수 없는 경우 등
4	fragmentation needed and DF set	단편화가 필요하지만, IP 헤더의 DF 비트가 설정되어 있다.
6	destination network unknown	목적지 네트워크 경로 정보가 존재하지 않는다.
13	communication administratively prohibited by filtering	목적지 네트워크로 가는 통신이 ACL 등으로 차단된다.

이처럼 ICMP에서는 다양한 메시지가 정의되어 있습니다. 네트워크 상황에 맞게 위에서 설명한 Type이나 Code로 메시지를 반환해 연결이나 오류를 확인할 수 있도록 되어 있습니다.

34-3 ping과 traceroute는 ICMP를 이용한 프로그램

ICMP를 이용한 프로그램으로는 일상에서 자주 사용하는 **ping**과 **traceroute (tracert)**가 있습니다.

■ ping

ping은 지정한 IP 주소에 도달할 수 있는지를 ICMP로 확인하는 프로그램입니다. ping은 주로 Type8인 Echo Request와 Type0인 Echo Reply를 사용해 통신 연결 상태를 확인합니다.

ping 명령을 실행하면 지정한 목적지로 Echo Request를 보냅니다. 목적지에서

는 수신한 Echo Request에 대해 Echo Reply를 반환합니다. 경로 중간에 어떤 이유로 인해 목적지에 도달하지 못하는 경우, 해당 이유가 오류 메시지로 반환됩니다.

Point ping의 구조

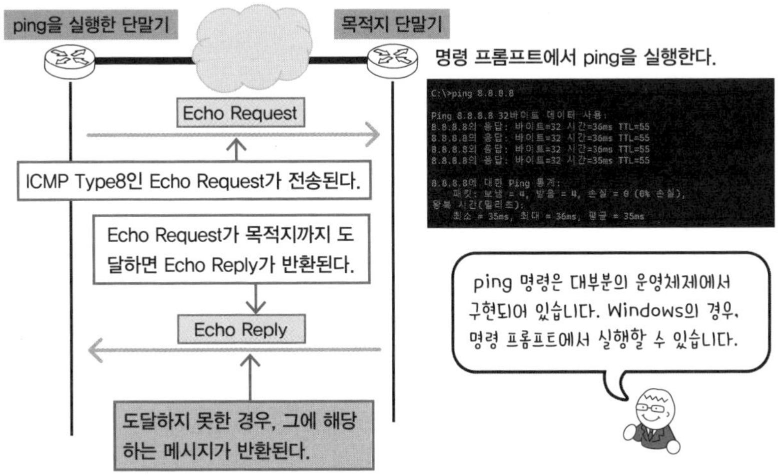
ping을 실행한 단말기
목적지 단말기
명령 프롬프트에서 ping을 실행한다.
C:\>ping 8.8.8.8
Ping 8.8.8.8 32바이트 데이터 사용:
8.8.8.8의 응답: 바이트=32 시간=36ms TTL=55
8.8.8.8의 응답: 바이트=32 시간=36ms TTL=55
8.8.8.8의 응답: 바이트=32 시간=36ms TTL=55
8.8.8.8의 응답: 바이트=32 시간=35ms TTL=55
8.8.8.8에 대한 Ping 통계:
패킷: 보냄 = 4, 받음 = 4, 손실 = 0 (0% 손실),
왕복 시간(밀리초):
최소 = 35ms, 최대 = 36ms, 평균 = 35ms
Echo Request
ICMP Type8인 Echo Request가 전송된다.
Echo Request가 목적지까지 도달하면 Echo Reply가 반환된다.
Echo Reply
도달하지 못한 경우, 그에 해당하는 메시지가 반환된다.
ping 명령은 대부분의 운영체제에서 구현되어 있습니다. Windows의 경우, 명령 프롬프트에서 실행할 수 있습니다.

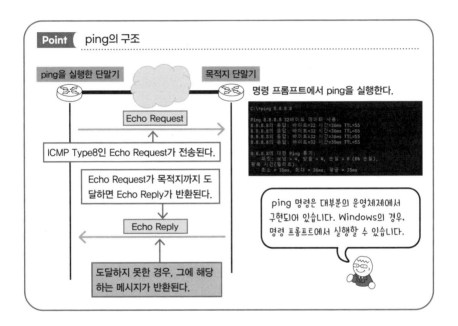

■ traceroute

traceroute는 지정한 목적지까지 어떤 경로를 거쳐 도달하는지를 알려주는 프로그램입니다. 우선, 지정한 목적지로 TTL을 1로 설정한 패킷을 보냅니다. 그러면 첫 번째로 도달하는 라우터에서 TTL이 0이 되고, ICMP의 Time exceeded가 돌아옵니다. Time exceeded를 보낸 곳을 확인하면 처음에 도달한 라우터의 IP 주소를 알 수 있습니다. 거기서부터 TTL을 2, 3, 4로 하나씩 늘리면서 패킷을 전송해서, 목적지까지 어떤 장치를 거치는 조사하는 것입니다.

다만, traceroute는 구현 방식에 따라 사용하는 프로토콜이 다릅니다. Windows에서 구현된 tracert 명령은 ICMP를 사용합니다. Linux나 Cisco 라우터 등에서 구현된 traceroute 명령은 ICMP가 아닌 UDP를 사용합니다. 동작 자체는 크게 다르지 않지만, 사용하는 프로토콜이 다른 점은 알아 둡시다.

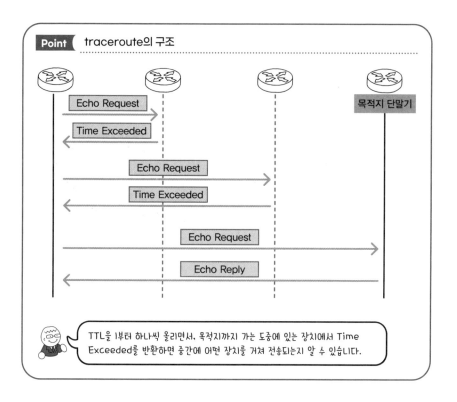

Point traceroute의 구조

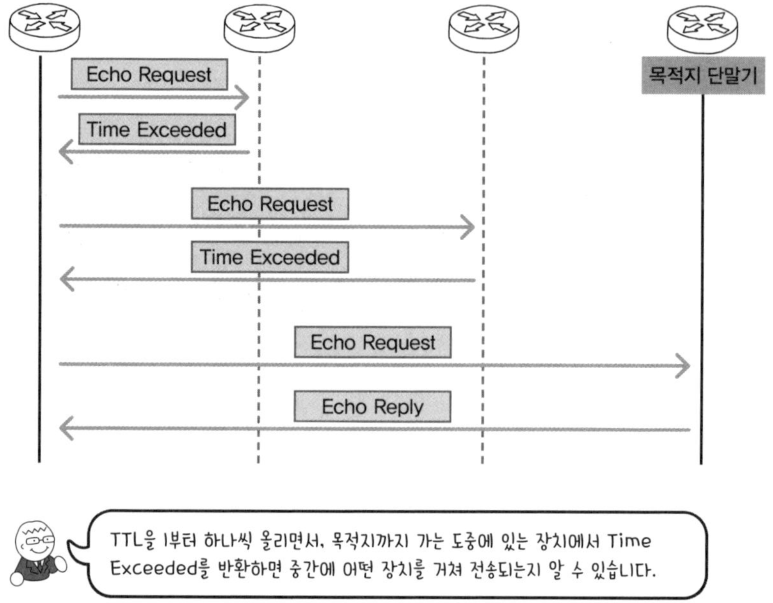
Echo Request
Time Exceeded
Echo Request
Time Exceeded
Echo Request
Echo Reply
목적지 단말기
TTL을 1부터 하나씩 올리면서, 목적지까지 가는 도중에 있는 장치에서 Time Exceeded를 반환하면 중간에 어떤 장치를 거쳐 전송되는지 알 수 있습니다.

34-4 ICMP 패킷을 캡처해 보자

이제 ICMP 패킷을 캡처해 봅시다. 여기서는 ping을 이용해 인터넷상의 IP 주소로 Echo Request를 전송하고, Echo Reply가 돌아오는 모습을 확인합니다.

인터넷에 연결된 Windows 컴퓨터에서 명령 프롬프트를 열고 ping 명령을 실행해 봅시다.

_ 명령 프롬프트로 ping 명령을 실행한다

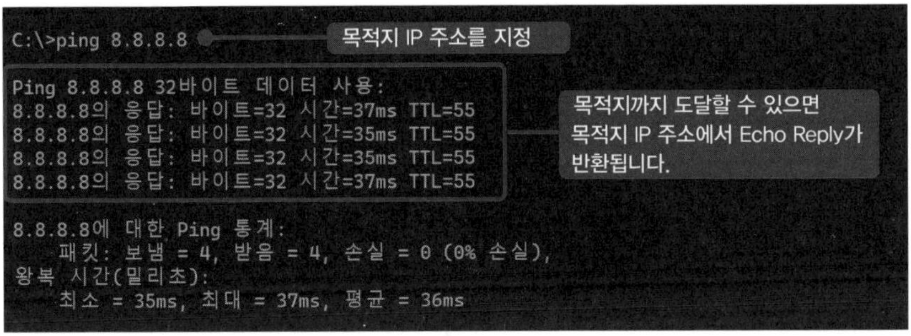
C:\>ping 8.8.8.8
목적지 IP 주소를 지정
Ping 8.8.8.8 32바이트 데이터 사용:
8.8.8.8의 응답: 바이트=32 시간=37ms TTL=55
8.8.8.8의 응답: 바이트=32 시간=35ms TTL=55
8.8.8.8의 응답: 바이트=32 시간=35ms TTL=55
8.8.8.8의 응답: 바이트=32 시간=37ms TTL=55
목적지까지 도달할 수 있으면 목적지 IP 주소에서 Echo Reply가 반환됩니다.
8.8.8.8에 대한 Ping 통계:
패킷: 보냄 = 4, 받음 = 4, 손실 = 0 (0% 손실),
왕복 시간(밀리초):
최소 = 35ms, 최대 = 37ms, 평균 = 36ms

위 내용을 Wireshark로 패킷을 캡처한 것이 아래 그림입니다.

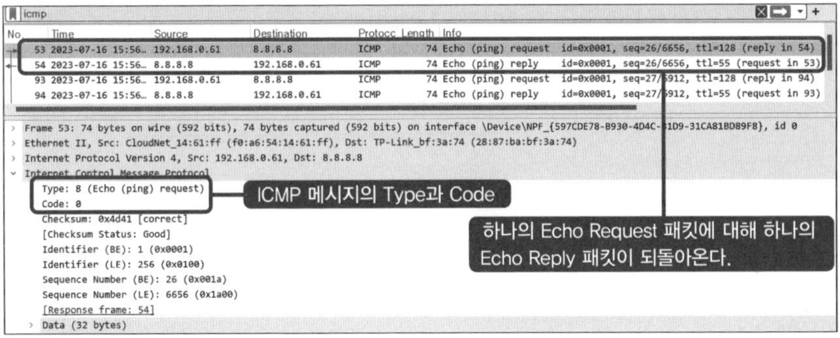
icmp
No. Time Source Destination Protocol Length Info
53 2023-07-16 15:56… 192.168.0.61 8.8.8.8 ICMP 74 Echo (ping) request id=0x0001, seq=26/6656, ttl=128 (reply in 54)
54 2023-07-16 15:56… 8.8.8.8 192.168.0.61 ICMP 74 Echo (ping) reply id=0x0001, seq=26/6656, ttl=55 (request in 53)
93 2023-07-16 15:56… 192.168.0.61 8.8.8.8 ICMP 74 Echo (ping) request id=0x0001, seq=27/6912, ttl=128 (reply in 94)
94 2023-07-16 15:56… 8.8.8.8 192.168.0.61 ICMP 74 Echo (ping) reply id=0x0001, seq=27/6912, ttl=55 (request in 93)
Internet Control Message Protocol
Type: 8 (Echo (ping) request)
Code: 0
Checksum: 0x4d41 [correct]
[Checksum Status: Good]
Identifier (BE): 1 (0x0001)
Identifier (LE): 256 (0x0100)
Sequence Number (BE): 26 (0x001a)
Sequence Number (LE): 6656 (0x1a00)
[Response frame: 54]
Data (32 bytes)
ICMP 메시지의 Type과 Code
하나의 Echo Request 패킷에 대해 하나의 Echo Reply 패킷이 되돌아온다.
[학습자료] 34-07_icmp_capture.pcapng

ping을 실행하는 단말기의 IP 주소를 출발지(Source)로 설정하고, ping으로 지정한 IP 주소가 목적지(Destination)로 설정된 ICMP 패킷이 전송되는 것을 확인할 수 있습니다. 또한, 목적지로 지정한 IP 주소로부터 Echo Reply가 돌아오고 있습니다. 이처럼 ping을 사용해 지정한 목적지 IP 주소까지 통신이 가능한지 확인할 수 있습니다.

ping은 업무에서 사용한 적이 있어요!

ping으로 연결을 확인하거나, ping을 지정한 횟수만큼 전송해 패킷 손실이 없는지 확인할 수도 있어요. 네트워크 현장에서는 매우 자주 사용되는 명령어이므로 사용 방법을 기억해 둡시다.

ICMP에 대해선 잘 몰랐어요.

우리가 아무렇지 않게 사용하는 프로그램 뒤에서 이런 프로토콜들이 활약하고 있었네요!

그렇지요. 통신을 하는 프로그램은 기본적으로 통신 프로토콜, 즉 이런 규칙에 따라 동작하지요.

규칙을 잘 이해하는 것은 아주 중요합니다.

5장 연습문제

문제 1

DHCP의 역할로 바른 게 설명한 것은?

① IP 주소와 MAC 주소를 연결한다.

② IP 주소를 변환한다.

③ 오류 메시지를 통지한다.

④ 단말기에 동적으로 IP 주소를 할당한다.

문제 2

정적 라우팅과 동적 라우팅에 관해 바르게 설명한 것은?

① 정적 라우팅을 설정하면, 장애가 발생했을 때 자동으로 경로 정보를 갱신할 수 있다.

② 동적 라우팅 설정을 해서 장치 간에 정보를 교환하고 경로 정보를 생성한다.

③ OSPF는 AS 간 경로 정보 교환에 이용되는 프로토콜이다.

④ 동적 라우팅에서는 장치에 부하가 거의 걸리지 않는다.

문제 3

TELNET과 SSH에 관해 바르게 설명한 것은?

① TCP 포트 번호는 TELNET이 22번, SSH가 23번을 사용한다.

② TELNET은 통신 내용을 암호화하지 않고 평문으로 전송한다.

③ SSH는 인증을 하지 않으므로 인터넷 상에서 이용하기에는 위험이 따른다.

④ 공개키 인증은 사용자 이름과 암호를 클라이언트에서 서버로 전송해 인증한다.

정답

문제 1 정답은 ④

단말기에 동적으로 IP 주소를 할당한다.

DHCP는 IP 주소를 동적으로 할당하는 프로토콜입니다. 컴퓨터 등이 네트워크에서 통신할 수 있도록 필요한 정보를 DHCP 서버에서 배포하고 설정할 수 있습니다.

문제 2 정답은 ②

동적 라우팅 설정을 해서 장치 간에 정보를 교환하고 경로 정보를 생성한다.

동적 라우팅에서는 라우팅 프로토콜을 이용해 장치끼리 다양한 정보를 교환합니다. 교환한 정보를 바탕으로 경로 정보를 생성해 라우팅 테이블에 저장합니다.

문제 3 정답은 ②

TELNET은 통신 내용을 암호화하지 않고 평문으로 전송한다.

TELNET은 통신 내용을 암호화하지 않고 평문 그대로 전송합니다. 반면에, SSH에서는 통신이 암호화되므로 도청되더라도 통신 내용이 누설될 위험이 줄어듭니다.

6장

물리 계층과 관련된 기술

35 프로토콜과 물리 계층의 관계

6장에서는 LAN 케이블이나 광섬유 케이블, 무선 LAN 등 물리 계층에 가까운 분야를 알아보겠습니다.

35-1 통신 관련 업무에서 물리 계층 지식이 필요한 이유

5장까지는 통신에 이용되는 각종 프로콜에 관해 설명했습니다. 통신의 원리를 파악하고, 정상적으로 통신을 하고 문제를 해결하기 위해선 어떤 지식이 필요한지 그 출발점을 안내했습니다.

하지만, 통신 내용과 원리를 알고 있어도 네트워크 관련 업무에 실제로 종사하는 엔지니어의 지식으로는 부족한 분야가 있습니다. 바로 **물리 계층**, 즉 케이블이나 무선 등 **통신 매체**의 세계입니다.

통신은 눈에 보이지 않지만, 물리적인 케이블이나 다양한 전파 등을 타고 송수신됩니다. 일단 케이블 등을 사용하는 이상, 관련 지식을 전혀 습득하지 않고 업무를 시작할 수는 없습니다.

따라서 6장에서는 이더넷에서 쓰이는 LAN 케이블, 광섬유 케이블, 무선 LAN 등 통신 매체의 기본 지식과 규격에 관해 소개하겠습니다.

36 LAN 케이블

LAN 케이블은 회사나 가정 등 어디서나 이용됩니다. 어떤 규격의 케이블이 있고 어떻게 사용되고 있을까요?

기재실에서 실습용 LAN 케이블을 가져왔어요!
고마워요
아, 카테고리는 확인했나요?
확인을 못했어요…
LAN 케이블은 IEEE에서 정의된 규격과 카테고리 등, 다양한 요소로 분류되지요.
어떻게 구분해서 사용하죠?
UTP · STP
카테고리
IEEE802.3u
IEEE802.3ab

36-1 트위스트 페어 케이블이란?

네트워크에 관련된 일을 하지 않아도 **LAN 케이블**을 본 적이 있거나 다뤄본 적이 있는 사람은 매우 많을 것입니다. LAN 케이블은 일반적으로 이더넷에서 사용하는 케이블을 의미합니다. 기업이나 가정 등 소규모 네트워크 환경을 비롯해 데이터센터 등 대규모 네트워크까지 거점 내 배선에 많이 사용됩니다.

현재 가장 널리 보급된 케이블은 **트위스트 페어 케이블**입니다. 트위스트 페어, 즉 금속 선을 꼬아 여러 다발로 만들고 고무 등의 피복재로 감싼 케이블을 가리킵니다.

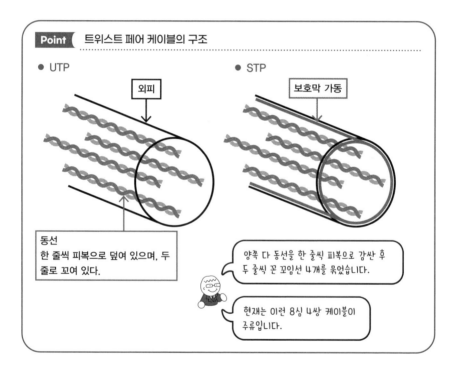

Point 트위스트 페어 케이블의 구조

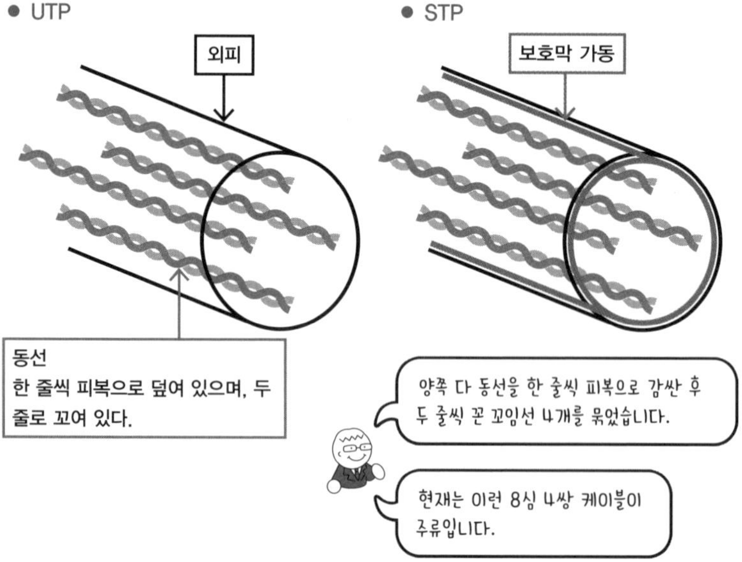

● UTP
외피
동선
한 줄씩 피복으로 덮여 있으며, 두 줄로 꼬여 있다.
● STP
보호막 가동
양쪽 다 동선을 한 줄씩 피복으로 감싼 후 두 줄씩 꼰 꼬임선 4개를 묶었습니다.
현재는 이런 8심 4쌍 케이블이 주류입니다.

트위스트 페어 케이블에는 **UTP**와 **STP** 두 가지 종류가 있습니다.

UTP(Unshielded Twist Pair) 케이블은 일반적으로 LAN 케이블로 불리고 트위

스트 페어 케이블의 특징을 가지고 있습니다. 가전제품 판매점 등에서 판매되며, 기업이나 가정을 가리지 않고 널리 사용되고 있습니다.

STP(Shielded Twist Pair) 케이블은 트위스트 페어 케이블의 동선에 다시 알루미늄 막 등으로 전체를 덮어 노이즈 영향을 억제한 케이블입니다. 공장이나 데이터 센터 등 노이즈가 많이 발생하는 특수한 환경에서 사용되는 경우가 많습니다.

LAN 케이블에서는 케이블과 장치의 연결부인 커넥터에 **RJ-45** 규격이 사용됩니다.

36-2 LAN 케이블의 IEEE802.3 규격이란?

이더넷에서 표준화된 규격 중 하나로 IEEE에 의해 정해진 IEEE802.3이 있습니다. 2장에서도 설명한 것처럼 IEEE802.3이 보급되기 전에 같은 이더넷 규격인 이더넷II가 정착되어 버려, 현재 이더넷이라고 할 때는 대부분 이더넷II 규격을 말합니다.

이더넷에서 사용되는 케이블의 물리적 규격은 IEEE802.3을 기반으로 합니다. 이 규격에는 IEEE802.3u나 IEEE802.3ab 등 IEEE802.3 뒤에 알파벳이 붙습니다. 일반적으로는 그 내용을 나타내는 별칭으로 불리는 경우가 많습니다. 예를 들어, 1000BASE-T는 IEEE802.3ab를 가리키고 100BASE-TX는 IEEE802.3u를 가리킵니다.

■ IEEE 규격과 네이밍 규칙

현재 널리 사용되는 LAN 케이블의 IEEE 규격은 다음 표와 같습니다. LAN 케이블 규격에는 이름을 붙이는 규칙이 있습니다. 어떤 규칙으로 이름을 붙이지 알아 두면, 해당 규격이나 케이블에 어떤 특징이 있는지 이름으로 판단할 수 있습니다.

네이밍 규칙으로는 전송 속도, 전송 방식, 케이블 종류와 부호화 방식, 이 3가지가 규격 이름에 포함되어야 합니다.

Point LAN 케이블의 규격

IEEE802.3 규격	별칭	전송 속도
802.3i	10BASE-T	10Mbps
802.3u	100BASE-TX	100Mbps
802.3ab	1000BASE-T	1Gbps
802.3an	10GBASE-T	10Gbps

Point 별칭 표기의 네이밍 규칙

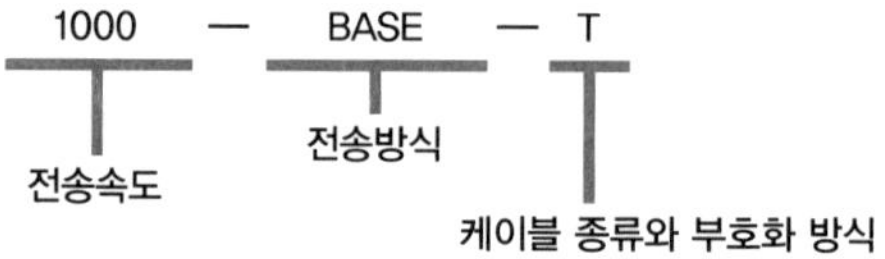
1000 — BASE — T
전송속도
전송방식
케이블 종류와 부호화 방식

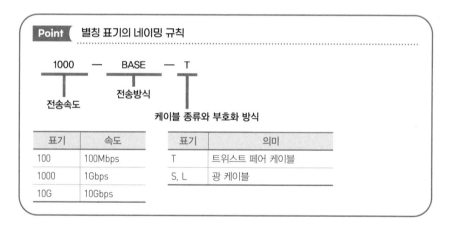

표기	속도
100	100Mbps
1000	1Gbps
10G	10Gbps

표기	의미
T	트위스트 페어 케이블
S, L	광 케이블

Point IEEE802.3 규격

- 이더넷 규격
- IEEE802.3○○라는 세부적인 그룹 분류와 별칭이 존재한다.
- 1000BASE-T라는 별칭은 규격으로 정해진 내용을 나타낸다.

36-3 LAN 케이블의 카테고리

EEE802.3 규격 이외에도 LAN 케이블의 분류로 일반에게 더 널리 보급된 것이 바로 **카테고리**입니다.

카테고리는 케이블이나 커넥터 등 케이블 자체의 특성이나 사용 용도 등에 따라 LAN 케이블을 분류한 것입니다. TIA 규격, EIA 규격, ANSI 규격 등의 형태로 표기되는데, 이는 TIA(미국통신산업협회)와 EIA(미국전자산업협회)가 책정하고 ANSI(미국국가표준협회)가 승인한 규격임을 나타냅니다.

■ 카테고리 세부 정보

카테고리는 카테고리 1부터 순서대로 숫자가 매겨져 있으며, 숫자가 클수록 전송 대역이 넓어지고 전송속도가 빨라집니다. 여기서 말하는 **전송 대역**은 데이터 전송에 사용하는 주파수의 폭을 나타냅니다. 단위는 Hz(헤르츠)를 사용하며, 대역폭이라고 부르기도 합니다. 전송 대역이 클수록 한 번에 보낼 수 있는 데이터 양이 많아집니다.

전송 속도는 데이터를 전송하는 속도를 나타냅니다. 단위로는 **bps**(bits per second)를 사용하며, 1초 동안 몇 비트의 데이터를 보낼 수 있는지를 나타냅니다.

전송 대역과 전송속도를 표현하기 위해 흔히 도로나 수도관을 예로 듭니다. 도로에 비유하면, 도로 폭이나 차선 수가 전송 대역, 도로의 제한 속도가 전송 속도에 해당합니다. 차선이 많거나 제한 속도가 높으면 더 많은 자동차가 달릴 수 있습니다. LAN 케이블 위를 흐르는 데이터도 마찬가지입니다.

Point 전송 대역과 전송 속도

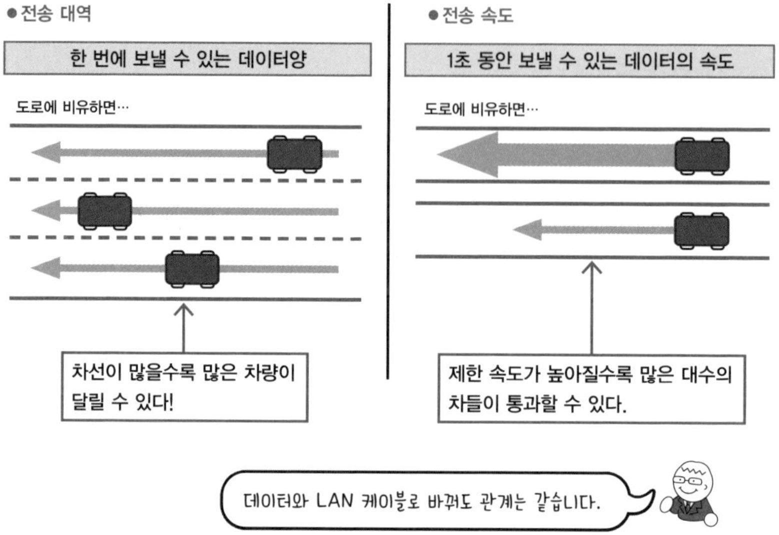

●전송 대역
한 번에 보낼 수 있는 데이터양
도로에 비유하면…
차선이 많을수록 많은 차량이 달릴 수 있다!
●전송 속도
1초 동안 보낼 수 있는 데이터의 속도
도로에 비유하면…
제한 속도가 높아질수록 많은 대수의 차들이 통과할 수 있다.
데이터와 LAN 케이블로 바꿔도 관계는 같습니다.

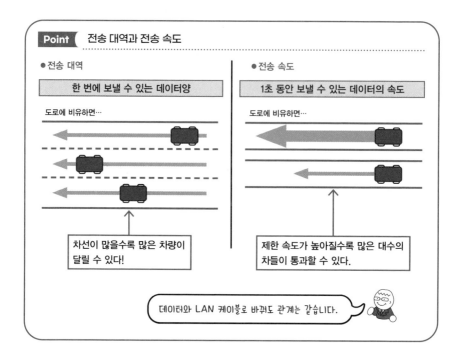

카테고리는 과거에 사용되었던 1~5와 현재 일반적으로 이용되는 5e~6A까지 정의되어 있습니다. 그 밖에도 데이터센터 등에서 사용되는 STP 케이블이 분류되는 카테고리 7도 있습니다. LAN 케이블의 카테고리를 전송 대역과 전송 속도, 케이블의 종류 및 용도로 정리하면 다음 표와 같습니다.

Point LAN 케이블의 카테고리

카테고리	케이블	전송 속도	설명
카테고리 2	UTP/STP	4Mbps	ISDN 등에서 사용됐던 4심 케이블
카테고리 3	UTP/STP	16Mbps	4심이지만 이더넷 케이블로 사용할 수 있다.
카테고리 4	UTP/STP	20Mbps	토큰 링 등에서 사용됐다.
카테고리 5	UTP/STP	100Mbps	100BASE-TX 등에서 이용된다.
카테고리 5e	UTP/STP	1G~5Gbps	1000BASE-T 등에서 이용된다. 카테고리 5와는 전송 속도가 다르다.
카테고리 6	UTP/STP	1G~10Gbps	케이블 내부에 비틀림 등을 방지하는 십자형 개재가 들어 있다.
카테고리 6A	UTP/STP	10Gbps	카테고리 6 케이블에 다시 노이즈 대책을 시행했다.
카테고리 7	STP	10Gbps	케이블은 STP만 사용하고, RJ-45를 지원하지 않는다.

현재 일반적으로 사용되는 것은 카테고리 5e, 6, 6A입니다. 카테고리 이외에도 케이블 형태나 재료 등으로 분류하기도 하지만, 이들은 표준화된 규격이 아니라 각 제조사가 독자적으로 정의한 규격입니다.

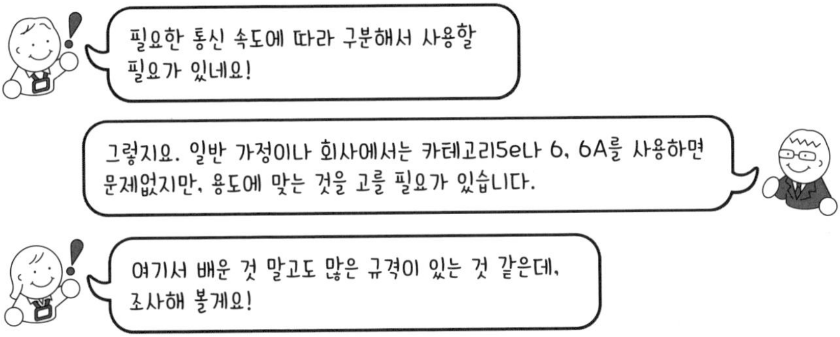
필요한 통신 속도에 따라 구분해서 사용할 필요가 있네요!
그렇지요. 일반 가정이나 회사에서는 카테고리5e나 6, 6A를 사용하면 문제없지만, 용도에 맞는 것을 고를 필요가 있습니다.
여기서 배운 것 말고도 많은 규격이 있는 것 같은데, 조사해 볼게요!

37 광섬유 케이블

LAN 케이블과 마찬가지로 광섬유 케이블도 데이터를 송수신하는 데 이용되는 케이블 중 하나입니다. 광섬유 케이블의 특징을 살펴보겠습니다.

37-1 광섬유 케이블이란?

광섬유 케이블(Optical fiber Cable)도 네트워크에서 데이터를 송수신하는 데 사용되는 케이블로, 석영 유리나 플라스틱으로 만들어집니다. 전기 신호에서 광 신호로 변환된 데이터는 코어라고 불리는 광섬유 케이블의 중심부를 통과해서 전달됩니다.

LAN 케이블과 광섬유 케이블은 데이터를 운반한다는 네트워크상의 역할은 동일하지만, 일반적으로 LAN 케이블로 불리는 UTP와 광섬유 케이블은 케이블 자체의 특성에서 차이가 있습니다.

37-2 광섬유 케이블의 특징을 알아보자

앞서 언급했듯이 광섬유 케이블은 석영 유리와 플라스틱으로 만들어졌습니다. 중심부 **코어**와 코어를 둘러싼 **클래드**의 **이층 구조**가 특징입니다. 코어와 클래드는 굴절률이 다른 재료로 이루어져 있어, 코어를 통과하는 광신호는 코어와 클래드의 경계에서 전반사되므로 광신호가 코어 외부로 새어 나가지 않게 되어 있습니다.

클래드와 코어를 실리콘 수지 등으로 피복한 것을 **소선**이라고 하고, 소선을 다시 나일론수지 등으로 피복한 것을 **심선**이라고 합니다.

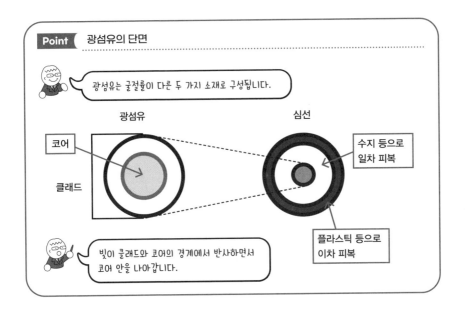

Point 광섬유의 단면

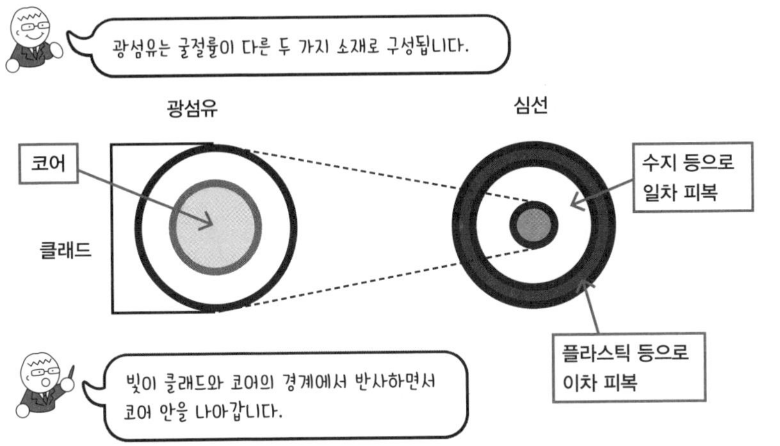
광섬유는 굴절률이 다른 두 가지 소재로 구성됩니다.
광섬유
심선
코어
클래드
수지 등으로 일차 피복
플라스틱 등으로 이차 피복
빛이 클래드와 코어의 경계에서 반사하면서 코어 안을 나아갑니다.

실제 광섬유 케이블은 심선을 여러 개 묶고, 그 바깥쪽을 피복으로 덮어 한 줄의 케이블로 만듭니다. 용도에 따라 다양한 종류가 있습니다.

■ 광섬유 케이블의 종류

광섬유 케이블은 코어에 들어오는 빛의 각도에 따라 빛의 반사 방식, 전달 방식이 달라집니다. 그 하나하나를 **모드**라고 합니다. 모드를 다루는 방식에 따라 광섬유 케이블을 **SMF(Single Mode Fiber)**와 **MMF(Multi Mode Fiber)** 크게 두 가지로 분류할 수 있습니다.

SMF는 코어 지름이 가늘고 빛의 입사각이 여러 개로 분산되지 않아 하나의 모드만 발생하고, MMF는 코어 지름이 굵고 빛의 입사각이 분산돼 여러 가지 모드가 발생합니다. 모드가 많아지면 빛의 전달 방식, 전달에 걸리는 시간 등에 차이가 생겨, 광신호를 제대로 수신할 수 없게 될 가능성이 생깁니다.

SMF 쪽이 광신호를 바르게 수신할 수 있고, 장거리 전송에 더 적합하므로 네트워크상에서는 SMF가 광섬유 케이블로 많이 사용되고 있습니다.

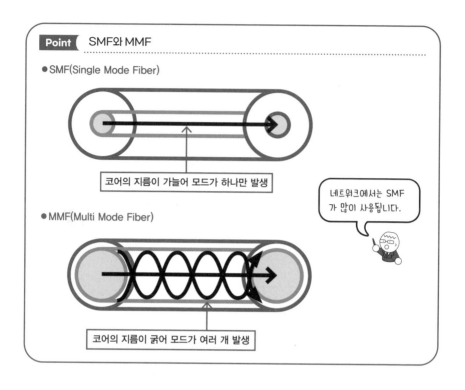

Point SMF와 MMF

- SMF(Single Mode Fiber)

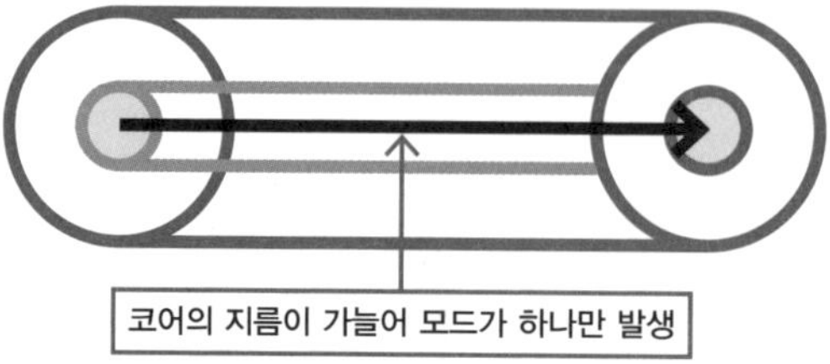
코어의 지름이 가늘어 모드가 하나만 발생

네트워크에서는 SMF
가 많이 사용됩니다.

- MMF(Multi Mode Fiber)

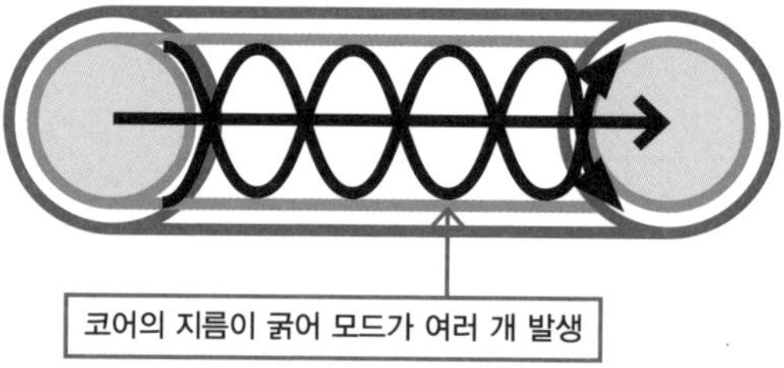
코어의 지름이 굵어 모드가 여러 개 발생

37-3 광섬유 케이블의 커넥터 종류

광섬유 케이블의 커넥터에는 **SC 커넥터**(Square-shaped Connector), **LC 커넥터**(Lucent Connector), **MPO 커넥터**(Multi-fiber Push On) 등 여러 가지가 있습니다. LAN 케이블에서는 기본적으로 RJ-45 커넥터가 사용됐지만, 광섬유에서는 심선 개수에 따라 커넥터가 달라집니다.

SC 커넥터와 LC 커넥터는 단심입니다. 송수신에 사용되는 2가닥의 심선을 나란히 연결합니다. MPO 커넥터는 4가닥 또는 8가닥 등 여러 개의 심선을 한꺼번에 연결할 수 있게 설계되어 있으며, 40기가비트 이더넷과 같은 환경에서 사용됩니다.

37-4 광섬유 케이블을 연결하는 장치

광섬유 케이블을 연결하는 장치 쪽에는 **광 트랜시버**(Transceiver) 또는 **트랜시버 모듈** 등으로 불리는, 광신호를 전기 신호로 변환해 주는 모듈이 필요합니다. 일반적으로 광섬유 케이블을 지원하는 장치의 포트는 RJ-45 포트처럼 직접 커넥터를 연결할 수 있는 형태가 아니며, 트랜시버를 사이에 끼워서 연결하도록 되어 있습니다.

트랜시버에는 **SFP**(Small Form-Factor Pluggable), **SFP+**, **QSFP**(Quad Small Form-Factor Pluggable) 등 다양한 규격이 존재하며, 연결하는 케이블의 커넥터 형태와 규격에 맞추어 트랜시버를 사용합니다.

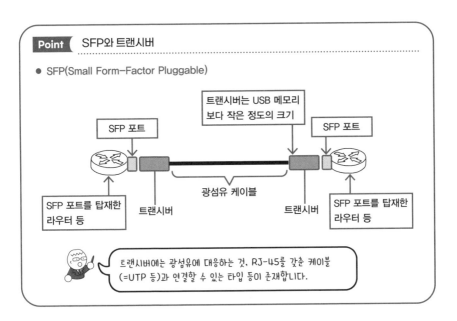

Point SFP와 트랜시버

- SFP(Small Form-Factor Pluggable)

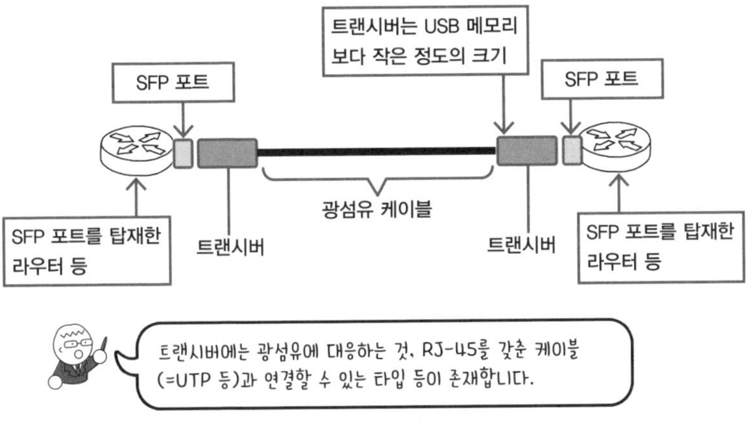

트랜시버는 USB 메모리 보다 작은 정도의 크기
SFP 포트
SFP 포트
광섬유 케이블
SFP 포트를 탑재한 라우터 등
트랜시버
트랜시버
SFP 포트를 탑재한 라우터 등
트랜시버에는 광섬유에 대응하는 것, RJ-45를 갖춘 케이블(=UTP 등)과 연결할 수 있는 타입 등이 존재합니다.

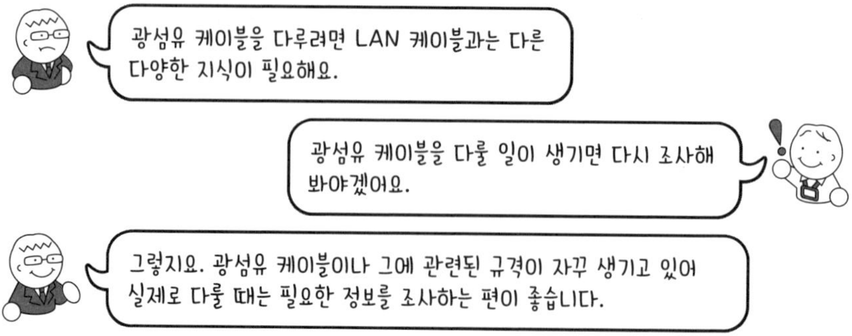
광섬유 케이블을 다루려면 LAN 케이블과는 다른 다양한 지식이 필요해요.
광섬유 케이블을 다룰 일이 생기면 다시 조사해 봐야겠어요.
그렇지요. 광섬유 케이블이나 그에 관련된 규격이 자꾸 생기고 있어 실제로 다룰 때는 필요한 정보를 조사하는 편이 좋습니다.

38 무선 LAN

무선 LAN은 이미 우리 생활에 밀접하게 연결되어 있습니다. 어떤 기술과 규격이 있는지 간단히 살펴봅시다.

38-1 무선 LAN이란?

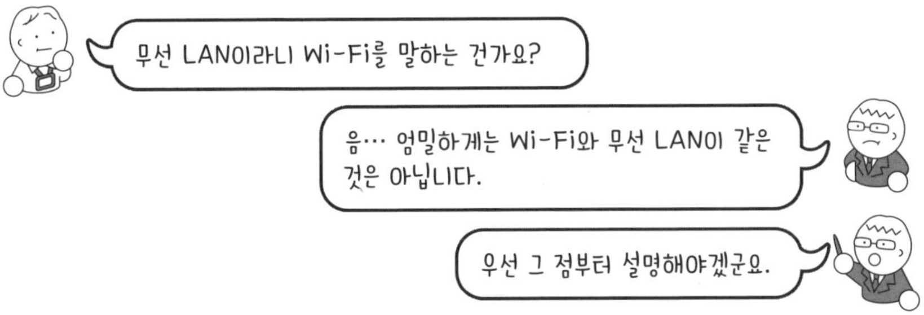
무선 LAN이라니 Wi-Fi를 말하는 건가요?
음… 엄밀하게는 Wi-Fi와 무선 LAN이 같은 것은 아닙니다.
우선 그 점부터 설명해야겠군요.

무선 LAN은 전파를 사용해 장치 간에 데이터를 교환하는 통신 방식을 채용한 LAN을 가리킵니다. 가정에서부터 회사까지 현재는 널리 사용되고 있습니다.

무선 LAN의 표준은 **IEEE 802.11**로 표준화되어 있습니다. IEEE 802.11에서는 물리적 측면에서 무선 LAN에 필요한 통신 방식, 데이터 형식, 주파수 대역 및 보안 등에 관해 다양한 정의를 합니다. 또한, IEEE 802.11로 정의된 무선 LAN에서는 네트워크 계층보다 상위 계층에서 일반 유선 LAN과 동일하게 IP, TCP, UDP 등을 사용할 수 있으므로, 유선 LAN이 주류였던 환경에서 무선 LAN이 급속도로 확산할 수 있었습니다.

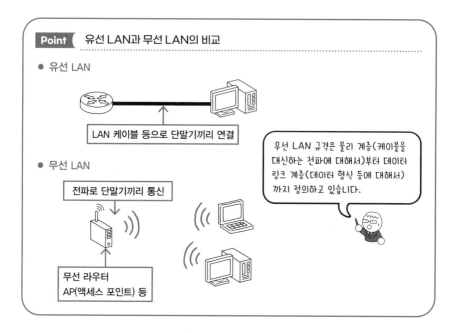

Point 유선 LAN과 무선 LAN의 비교

- 유선 LAN

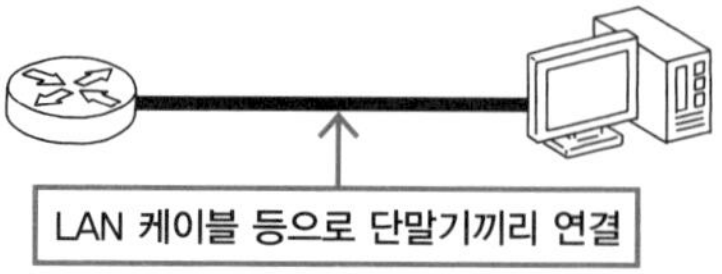

LAN 케이블 등으로 단말기끼리 연결

- 무선 LAN

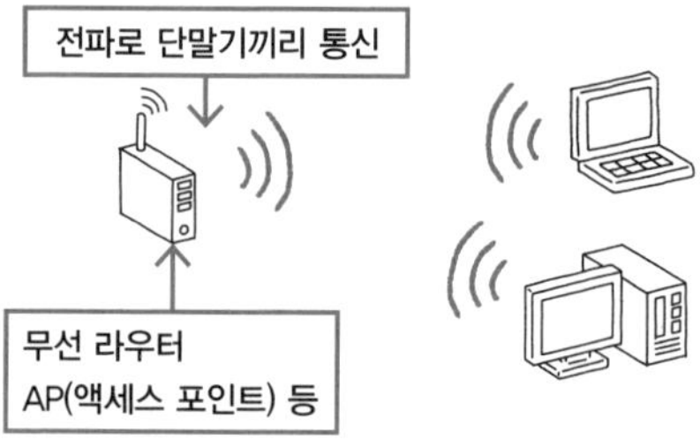

전파로 단말기끼리 통신
무선 라우터
AP(액세스 포인트) 등

무선 LAN 규격은 물리 계층(케이블을 대신하는 전파에 대해서)부터 데이터 링크 계층(데이터 형식 등에 대해서)까지 정의하고 있습니다.

■ 그렇다면 Wi-Fi란?

Wi-Fi는 이러한 정의나 표준을 나타내는 것이 아니라, 무선 네트워크 관련 기업이 만든 단체인 **Wi-Fi Alliance**에서 만든 인증의 명칭입니다. Wi-Fi Alliance가 실시하는 상호 연결성 등의 테스트를 통과한 무선 LAN 제품들이 이 인증을 받을 수 있고, IEEE802.11을 준수하고 있음을 나타냅니다.

따라서 엄밀히 말해 무선 LAN이 Wi-Fi는 아니지만, IEEE802.11을 준수하는 제품이라는 관점에서 보면 무선 LAN이 Wi-Fi와 같다는 표현이 완전히 틀린 것도 아닙니다.

38-2 무선 LAN의 특징을 학습하자

그럼, 무선 LAN의 특징을 확인해 보겠습니다.

다음에 예로 든 특징에서 알 수 있듯이 유선 LAN보다 다루기 쉽고 편리해 보이는 무선 LAN이지만, 적절하게 다루기 위해서는 알아야 할 지식이 많이 있습니다. 무선 LAN도 넓고 깊은 분야이므로, 그중에서 이 책에서는 무선 LAN의 규격과 몇 가지 관련 기술 등으로 범위를 좁혀 설명하겠습니다.

Point 무선 LAN의 특징

- LAN 케이블 없이 통신하는 물리 계층 ~ 데이터 링크 계층의 통신방식이다.
- 선을 연결할 필요가 없기 때문에 전파가 닿는 범위에서 장치를 자유롭게 배치할 수 있다.
- 전파 간섭 등이 발생할 수 있어, 유선보다 안정감이나 통신 품질은 떨어진다.
- 도청 등의 위험이 있어 보안 대책이 필요하다.
- 무선 LAN은 IEEE802.11로 표준화됐다.

38-3 무선 LAN의 규격이란?

무선 LAN 표준은 IEEE802.11로 표준화됐지만, 실제로는 더 세분화된 규격이 프로토콜로 사용되고 있습니다. 전송 표준으로 정의된 주요 규격은 다음과 같습니다.

Point IEEE802.11 규격

규격	주파수 대역	최대 전송 속도	고속화 기술
802.11b	2.4GHz	11Mbps	
802.11a	5GHz	54Mbps	
802.11g	2.4GHz	54Mbps	
802.11n	2.4GHz/5GHz	600Mbps	채널 본딩, MIMO
802.11ac	5GHz	6.93Gbps	채널 본딩, MIMO
802.11ax	2.4GHz/5GHz	9.6Gbps	채널 본딩, MU-MIMO

이 책의 집필 시점에서 일반적인 가정용 Wi-Fi 라우터 등에서 사용되는 것은 **IEEE802.11n**과 **IEEE802.11ac**입니다. 새로운 규격으로 2021년에 책정된 것이 **IEEE802.11ax**이며, **Wi-Fi6**라고도 불립니다. 더 새로운 규격으로 IEEE802.11ax의 후속으로 표준화가 진행되고 있는 **IEEE802.11be(Wi-Fi7)**도 있습니다.

지원하는 주파수 대역이나 최대 전송 속도, 주변 기술 등은 규격에 따라 다르지만, 기본적으로 새로운 규격일수록 최대 전송 속도가 증가하고 다양한 고속화 기술이 사용됩니다.

집에서 Wi-Fi 공유기를 이용하는 경우, Wi-Fi 공유기가 들어있던 상자나 설명서에 IEEE802.11○○ 지원과 같은 문구가 적혀 있는 것을 확인할 수 있을 것입니다.

38-4 2.4GHz와 5GHz의 특징을 알아보자

무선 LAN에서는 2.4GHz 대역과 5GHz 대역의 2개 주파수를 여러 채널로 분할해 이용하고 있습니다. 각각 특징이 다르므로 확인해 봅시다.

Point 2.4GHz와 5GHz의 특징

● 2.4GHz의 특징

- ISM 밴드로 불리며, 무선 LAN 이외에 블루투스, 전자레인지 등에도 사용되는 주파수이다.
- 다양한 장치가 사용하므로 전파 간섭이 발생하기 쉽다.
- 벽 등 장애물에 강해 더 먼 곳까지 도달한다.

● 5GHz의 특징

- 무선 LAN 전용 주파수이다.
- 채널이 중복되지 않고 분할되어 전파 간섭이 잘 일어나지 않고, 통신 속도가 2.4GHz보다 빠르다.
- 벽 등 장애물에 약해 2.4GHz보다 통신 가능한 거리가 짧다.

2.4GHz와 5GHz는 전파 간섭의 발생 가능성, 장애물에 대한 강도, 통신 가능 거리 등에서 다릅니다. 일반적인 Wi-Fi 라우터에서는 2.4GHz와 5GHz 모두 선택할 수 있는 것이 많습니다. 일반적인 용도라면 5GHz를 많이 사용할 것입니다.

■ 2.4GHz와 5GHz의 차이점

또한 두 대역의 차이로 채널 분할 방식도 들 수 있습니다. 2.4GHz에서는 20MHz씩 13개 채널로 분할해 사용합니다. 그러나 채널끼리 약간 겹치기 때문에, 실제 사용할 때는 겹치지 않는 3개 채널을 사용하게 됩니다.

5GHz에서도 20MHz씩 분할한 채널을 사용하지만, 각 채널은 겹치지 않도록 분할되어 있어 모든 채널을 동시에 사용할 수 있습니다. 또한, 총 20개의 채널은 W52, W53, W56이라는 세 그룹으로 나누어져 있습니다.

Point 2.4GHz와 5GHz

● 2.4GHz

802.11g의 경우

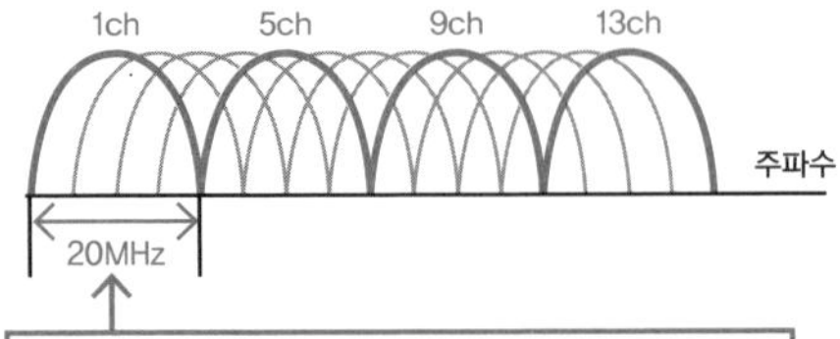

1ch
5ch
9ch
13ch
주파수
20MHz

- 채널이 겹치지 않도록 조정해서 사용한다.
- 802.11g의 경우 2.4GHz 대역을 13개로 분할해 동시에 4개 채널을 사용할 수 있다.

802.11g에서는 실제로 1, 6, 11처럼 3개 채널을 동시 사용하는 것을 권장합니다.

● 5GHz

802.11ac의 경우

5GHz에서는 채널이 겹치지 않기 때문에 모든 채널을 효율적으로 이용할 수 있다.

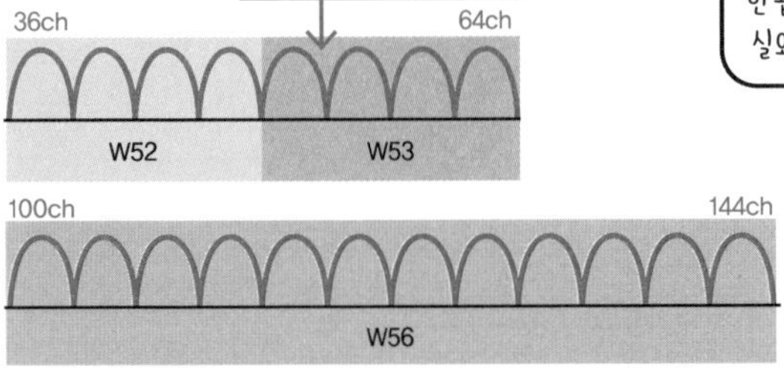

36ch
64ch
W52
W53
100ch
144ch
W56

5GHz 대역은 실외 사용이 제한됩니다. 기본적으로 W56만 실외에서 사용할 수 있지요.

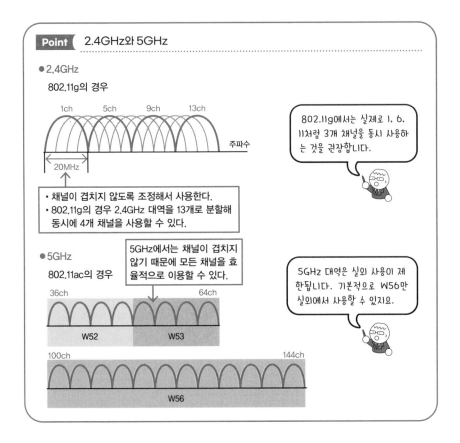

38-5 무선 LAN 고속화 기술

다음으로 무선 LAN 속도를 높이기 위해 발전해 온 몇 가지 기술에 대해 간단히 살펴보겠습니다.

■ 채널 본딩(Channel Bonding)

채널 본딩은 인접한 두 채널을 묶어 하나의 통신에 사용함으로써 더 빠른 통신을 가능하게 하는 기술입니다. 원래 20MHz씩 분할된 채널로 데이터를 보냈는

데, 20MHz를 두 개 묶어 40MHz 채널로 만들어 더 빠른 속도로 전송할 수 있게 만드는 것입니다. 채널 본딩은 IEEE802.11n 이후 규격에서 사용할 수 있습니다.

단, 여러 채널을 묶어 대역폭을 넓힌 것이므로, 상황에 따라서 간섭이 발생하기 쉬워지는 점은 주의해야 합니다.

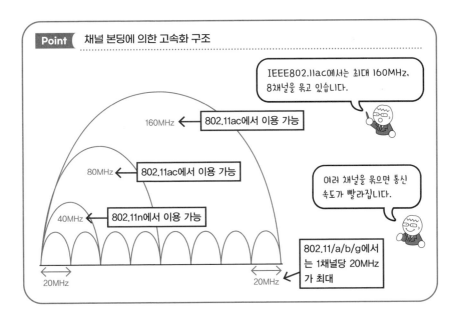

Point 채널 본딩에 의한 고속화 구조

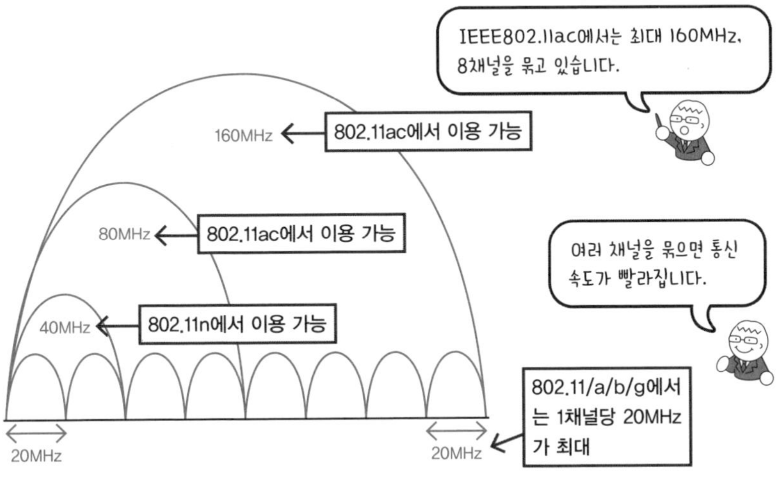

IEEE802.11ac에서는 최대 160MHz, 8채널을 묶고 있습니다.
160MHz
802.11ac에서 이용 가능
80MHz
802.11ac에서 이용 가능
여러 채널을 묶으면 통신 속도가 빨라집니다.
40MHz
802.11n에서 이용 가능
802.11/a/b/g에서는 1채널당 20MHz가 최대
20MHz
20MHz

■ MIMO, MU-MIMO

MIMO(Multi–Input Multi–Output)는 여러 개의 안테나를 이용해 동일한 주파수로 동시에 데이터를 전송함으로써 통신 속도 등을 향상하는 기술입니다. 안테나 개수만큼 데이터를 동시에 송수신할 수 있습니다. 예를 들어, Wi–Fi 공유기와 컴퓨터에 각각 여러 개의 안테나를 장착하고 있다면 그만큼 전송 속도가 증가합니다.

일반적인 MIMO를 **SU–MIMO**(Single User MIMO)라고도 합니다. 한 대의 무선 단말기가 한 대의 클라이언트와 1:1로 여러 개의 안테나를 사용해 통신하

는 방식입니다. 이 경우, 사용하는 안테나 개수는 장착된 안테나가 적은 단말기에 맞춰 조정합니다. 무선 단말기가 여러 개의 안테나를 가지고 있어도 클라이언트 쪽이 안테나를 한 개만 가지고 있다면 한 개의 안테나로만 통신할 수 있습니다.

그래서 **MU-MIMO**(Multi User MIMO)에서는 다른 클라이언트와의 통신에 남는 안테나를 사용할 수 있도록 했습니다. 예를 들어, 4개의 안테나를 가진 무선 단말기는 2개의 안테나를 가진 클라이언트와 1개의 안테나를 가진 클라이언트 2대를 연결해 총 3대의 클라이언트와 동시에 통신할 수 있습니다.

MU-MIMO는 IEEE 802.11ac와 IEEE 802.11ax에서 지원하는데, IEEE 802.11ac에서 지원하는 것은 다운로드 MU-MIMO로, 다시 말해 클라이언트를 향해 하향 통신만 지원하는 MU-MIMO입니다.

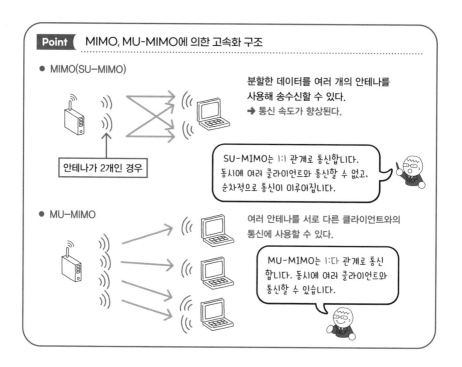

Point MIMO, MU-MIMO에 의한 고속화 구조

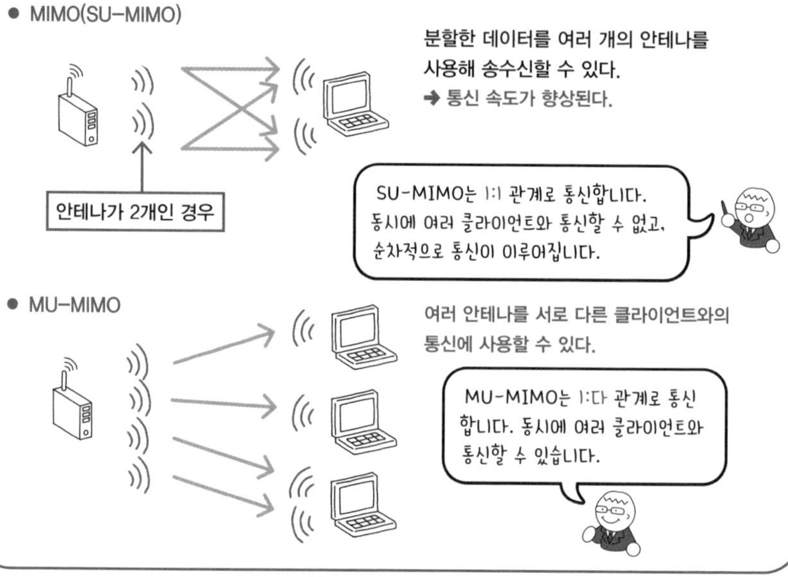

● MIMO(SU-MIMO)
분할한 데이터를 여러 개의 안테나를 사용해 송수신할 수 있다.
➜ 통신 속도가 향상된다.
안테나가 2개인 경우
SU-MIMO는 1:1 관계로 통신합니다. 동시에 여러 클라이언트와 통신할 수 없고, 순차적으로 통신이 이루어집니다.
● MU-MIMO
여러 안테나를 서로 다른 클라이언트와의 통신에 사용할 수 있다.
MU-MIMO는 1:다 관계로 통신합니다. 동시에 여러 클라이언트와 통신할 수 있습니다.

■ 빔포밍

MIMO 등을 구사해 무선 통신 속도를 높이려고 해도, 단말기에 적절히 전파를 전달할 수 없으면 의미가 없습니다. 무선 전파는 송신 단말기로부터 사방으로 날아가 버리는데, 전파를 수신 단말기 방향으로 빔처럼 좁혀 집중시키면 통신 품질이 향상됩니다. 이 기술을 **빔포밍**이라고 합니다.

전파를 집중시키면 강도가 높아지고 통신 품질이 향상되어 불필요한 전파가 줄어들게 되므로, 다른 장치와의 전파 간섭을 억제할 수 있습니다. 빔포밍은 IEEE802.11ac부터 표준으로 지원됩니다.

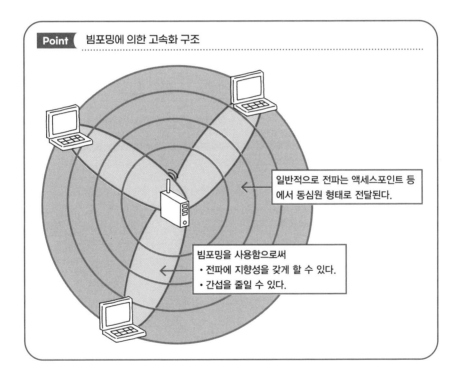

Point 빔포밍에 의한 고속화 구조

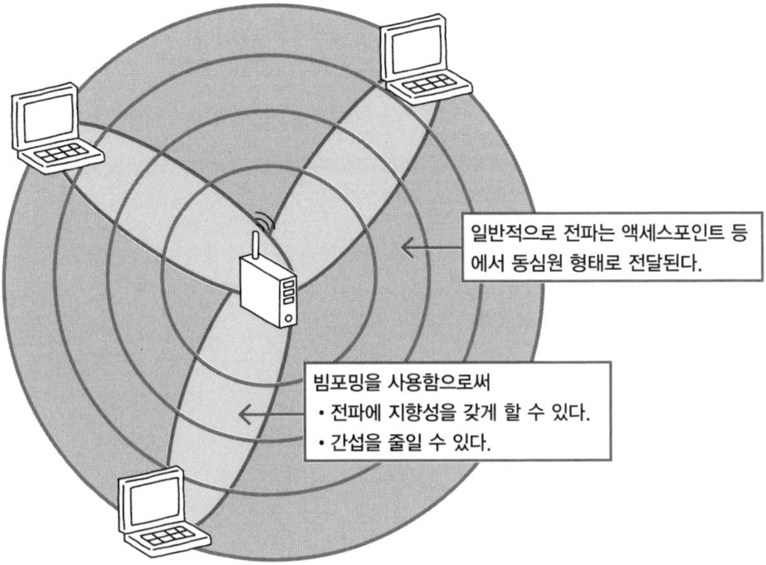

일반적으로 전파는 액세스포인트 등에서 동심원 형태로 전달된다.
빔포밍을 사용함으로써
• 전파에 지향성을 갖게 할 수 있다.
• 간섭을 줄일 수 있다.

이러한 기술 이외에도 각각의 통신 규격에서 데이터 변조 방식을 바꾸거나 프레임을 다중화해 통신 효율 향상을 도모하고 있습니다. 다양한 기술과 구조에 의해 무선 LAN 통신의 효율화 및 고속화가 실현되고 있습니다.

평소 당연한 것처럼 사용하는 무선 LAN에도 다양한 규격이 있네요.

여기서 소개한 내용 말고도, 보안이나 QoS 등 무선 LAN 관련 규격이나 기술이 많이 있습니다.

실제로 업무에서 사용하게 된다면 좀 더 깊이 있는 공부가 필요합니다.

6장 연습문제

문제 1

트위스트 페어 케이블에 관한 설명으로 바른 것은?

① 중심에 코어라고 불리는 유리관이 지난다.

② 노출된 구리선을 여러 개 묶어 1개의 케이블을 형성한다.

③ STP는 집이나 회사 사무실 등에서 자주 이용된다.

④ 복수의 금속선을 피복으로 감싼 선을 꼬아서 만든다.

문제 2

다음 2개의 빈칸에 들어갈 알맞은 용어를 ①~④ 중에서 고르세요.

광섬유 케이블의 중심은 코어와 [A]로 구성되는데, 그것을 다시 실리콘이나 수지로 이중으로 감싼 것을 [B]이라고 부른다.

① 심선　　② MPO　　③ 클래드　　④ 카테고리

문제 3

무선 LAN에 관해 바르게 설명한 것은?

① 독자적인 네트워크 계층 프로토콜을 사용한다.

② 표준화된 최신 규격은 802.11b이다.

③ 5GHz 주파수 대역은 ISM 밴드라고도 불린다.

④ 2.5GHz 대역은 무선 LAN 이외에도 전자레인지 등 다양한 장치에서 사용된다.

정답

문제 1 정답은 ④

복수의 금속선을 피복으로 감싼 선을 꼬아서 만든다.

트위스트 페어 케이블은 피복으로 덮은 여러 개의 동선을 꼬아서 다시 외피로 덮은 것입니다.

문제 2 정답은 ③, ①

A는 클래드, B는 심선

광섬유 케이블의 중심부는 코어와 클래드로 구성되고, 코어 안을 빛이 통과합니다. 클래드와 코어를 실리콘 등으로 덮은 상태를 소선, 소선을 수지 등으로 다시 덮은 상태를 심선이라고 합니다.

문제 3 정답은 ④

2.5GHz 대역은 무선 LAN 이외에도 전자레인지 등 다양한 장치에서 사용된다.

무선 LAN 통신 규격은 물리 계층부터 데이터 링크 계층까지 정의합니다. 802.11n, 802.11ac 등의 규격이 사용되며, 표준화된 최신 규격은 802.11ax입니다. 2.4GHz와 5GHz 주파수 대역이 사용되는데, 2.4GHz는 장애물에 강하지만 전파 간섭이 발생하기 쉽고, 5GHz는 장애물에 약하고 거리는 짧지만 통신 속도가 빠릅니다.

7장

보안에 관련된 기술

39 정보 보안의 기본

우리의 생활은 수많은 정보로 이루어져 있습니다. 이를 위협하는 모든 것으로부터 정보를 보호하는 정보 보안의 기본에 관해 확인해 보겠습니다.

정보 보안의 기초를 복습해 봅시다.
잘 부탁드려요!
개인정보나 기업의 정보는 항상 다양한 위협에 노출되어 있습니다.
24시간 365일 주말, 휴일 무관하게!
위협을 인식해 두는 게 중요하군요!
정보 보안은 우리의 정보 자산을 악의적인 제삼자와 위협으로부터 보호하는 것
바이러스, 해킹, etc
악의적인 제삼자
공격!
정보 유출 파괴 등
기업이나 개인
구체적인 위협이나 수법을 공부해서 중요한 정보를 확실하게 지킵시다.
기업이나 개인

39-1 정보 보안이란?

7장에서는 네트워크를 업무와 관련이 많은 보안 기술에 관해 소개하겠습니다. 우선 IT와 관련된 내용이므로 정보 보안의 기본 개념에 대해 다시 확인해 봅시다.

오늘날 우리 일상에서 인터넷을 떼어놓을 수는 없습니다. 보안 측면에서 생각하면, 인터넷을 통해 수많은 중요한 정보를 주고받고 있다는 사실에 주목해야 합니다. 개인정보는 물론이고 기업이 보유한 고객 정보나 기업 자체의 기밀 사항도 인터넷상에서 오가고 있습니다. 이런 정보들은 항상 다양한 위협에 노출되고 있습니다.

어떤 위협으로부터 우리의 정보 자산을 보호하는 것. 이것이 **정보 보안**입니다. 정보 보안은 정보 자산을 보호하기 위한 대책입니다.

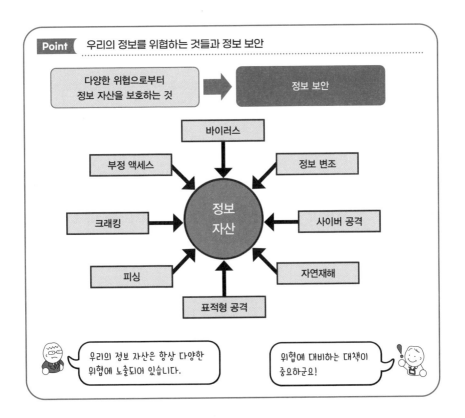

Point 우리의 정보를 위협하는 것들과 정보 보안

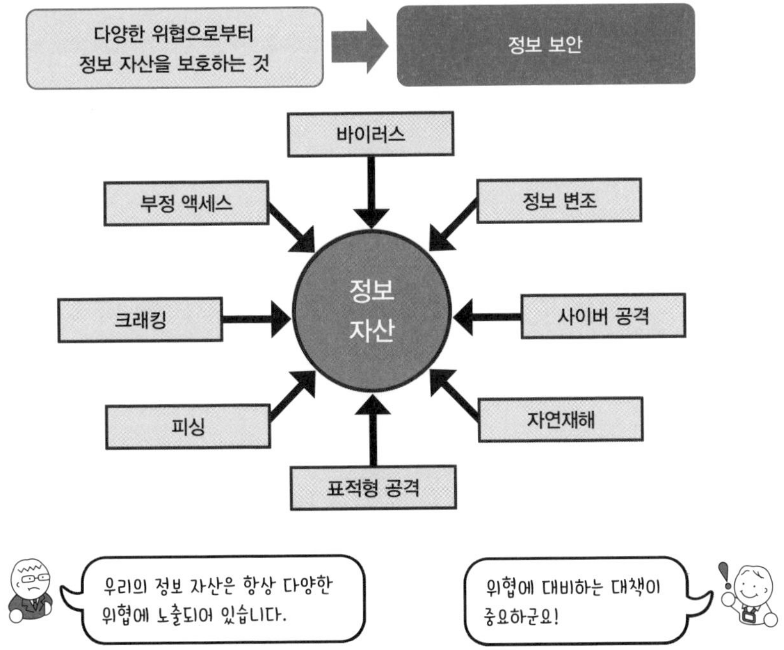

다양한 위협으로부터
정보 자산을 보호하는 것
정보 보안
바이러스
부정 액세스
정보 변조
크래킹
정보
자산
사이버 공격
피싱
자연재해
표적형 공격
우리의 정보 자산은 항상 다양한
위협에 노출되어 있습니다.
위협에 대비하는 대책이
중요하군요!

토막상식 정보 자산

정보 자산은 일반적으로 기업이나 조직 등이 보유, 운용하는 정보 전반을 의미합니다. 직원의 개인정보, 고객 정보 등 모든 데이터가 포함되며, 컴퓨터나 시스템에서 처리되는 데이터뿐만 아니라 HDD, SSD, USB 메모리 등 정보가 담긴 매체나 종이 등도 정보 자산에 해당합니다. 개인이 보유한 정보도 정보 자산으로 포함하는 경우가 있습니다.

39-2 정보 보안의 3대 요소

앞에서 설명한 것처럼 정보 보안은 정보 자산을 위협하는 존재로부터 정보를 보호하는 것, 그리고 정보를 보호하기 위한 대책을 말합니다. 좀 더 구체적으로 말하면 **정보의 기밀성(Confidentiality), 무결성(Integrity), 가용성(Availability)을 유지함으로써 정보 자산을 보호하는 것이라고 표현할 수 있습니다.** 기밀성, 무결성, 가용성을 정보 보안의 3대 요소라고 합니다. 영문 머리글자를 따서 **'정보의 CIA'**라고도 합니다.

그렇다면 정보 보안의 3대 요소란 도대체 어떤 것들일까요? 하나하나 살펴보겠습니다.

■ 기밀성(Confidentiality)

기밀성이란 허가받은 사람만 해당 정보에 접근할 수 있도록 하는 것입니다.

개인정보나 기업 내부 정보 등 기밀성이 높은 정보는 다양합니다. 개인정보라면 본인 이외에는 허가 없이 접근할 수 없도록 하고, 기업 정보라면 제한된 직원만 접근할 수 있도록 조치하는 것이 기밀성에 해당합니다.

예를 들어, 시스템이나 컴퓨터에 로그인 비밀번호를 설정하거나 방의 출입을 관리하고, 사용자에게 권한을 부여해 각각 접근 가능한 정보를 권한에 따라 제한하는 등 기밀성을 확보하는 수단은 다양합니다. 통신을 암호화해 도청으로부터 보호하는 것도 기밀성을 확보하는 대책이라고 할 수 있습니다.

■ 무결성(Integrity)

무결성이란 정보를 파괴, 변조 등으로부터 보호하는 것입니다.

정보를 보호하기 위해서는 기밀성을 확보해서 부정하게 열람, 취득하지 못하도록 하는 것은 물론이고, 제삼자가 정보를 무단으로 변경하거나 삭제하지 못하도록 보호해야 합니다. 이를 정보의 무결성이라고 합니다.

통신이나 데이터가 변조되어 무결성을 잃게 되면 데이터의 정확성과 신뢰성을 잃게 됩니다. 무결성을 위한 대책으로는 디지털 서명이나 해시 함수를 이용한 데이터 변조 탐지, 접근 및 변경 이력 보관, 정기적인 백업 등이 있습니다.

■ 가용성(Availability)

가용성이란 정보를 이용하는 사람이 필요할 때 필요한 정보 자산에 접근할 수 있도록 하는 것입니다.

정보나 시스템을 언제라도 필요할 때 사용할 수 있는 상태로 유지해 두고, 안전하게 접근할 수 있는 것을 가용성이라고 합니다. 시스템이나 인프라 등에서는 다중화를 통해 장애 등에 대비함으로써 가용성을 높이고 있습니다.

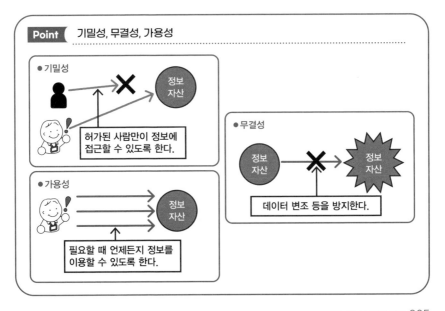

Point 기밀성, 무결성, 가용성

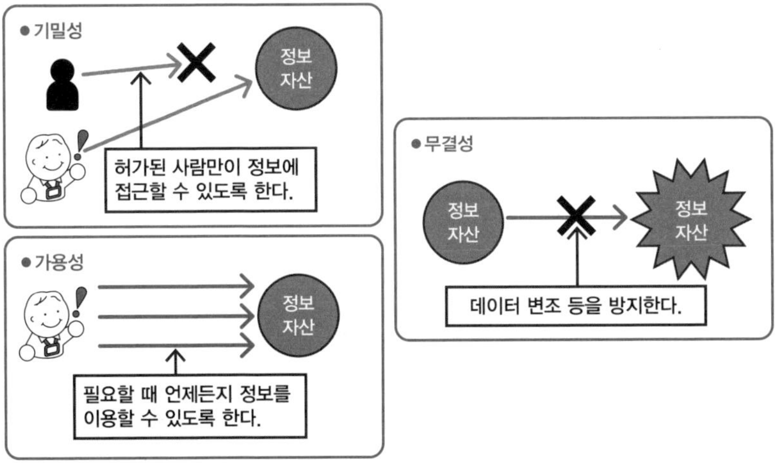

● 기밀성
정보 자산
허가된 사람만이 정보에 접근할 수 있도록 한다.
● 가용성
정보 자산
필요할 때 언제든지 정보를 이용할 수 있도록 한다.
● 무결성
정보 자산
정보 자산
데이터 변조 등을 방지한다.

이 3대 요소에 4개 요소를 더 추가해 정보 보안의 7요소라고 하기도 합니다.

Point 정보 보안의 3대 요소와 7요소

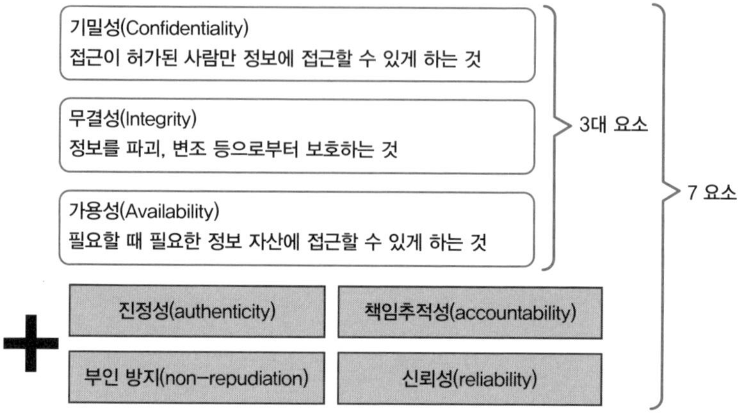
기밀성(Confidentiality)
접근이 허가된 사람만 정보에 접근할 수 있게 하는 것
무결성(Integrity)
정보를 파괴, 변조 등으로부터 보호하는 것
가용성(Availability)
필요할 때 필요한 정보 자산에 접근할 수 있게 하는 것
3대 요소
7 요소
진정성(authenticity)
책임추적성(accountability)
부인 방지(non-repudiation)
신뢰성(reliability)

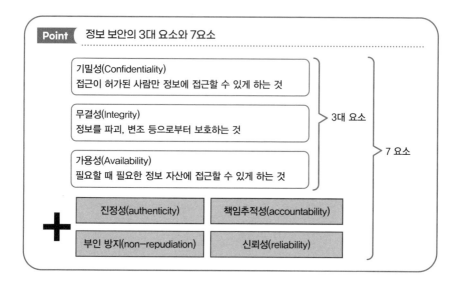

39-3 정보 자산을 위협하는 형태

정보 보안의 목적인 기밀성, 무결성, 가용성에 대해 설명했습니다. 그렇다면 이러한 목적을 방해하고 위협하는 형태에는 어떤 것이 있는지 알아봅시다.

위협이란 정보 보안으로 보호되는 정보 자산을 파괴하거나 공격하는 것을 가리킵니다. 다양한 형태의 위협이 있지만 크게 인적 위협, 물리적 위협, 기술적 위협으로 나눌 수 있습니다.

■ 인적 위협

인적 위협은 사람의 행동을 원인으로 발생하는 위협을 말합니다.

정보를 다루는 작업자에 의한 실수와 같이 의도하지 않게 발생하는 위협과 악의적으로 이루어지는 위협으로 나눌 수 있습니다.

전자는 예를 들어 작업 실수로 데이터를 유출하거나, 데이터가 담긴 장치를 분실하는 경우입니다. 후자의 경우에는 숄더 서핑이라고 불리는 비밀번호 등을 훔쳐보는 행위나 피싱, 직원에 의한 내부 정보의 부정 유출 등을 들 수 있습니다. 사람의 심리와 행동의 틈을 노려 기밀 정보를 부정하게 손에 넣는 기법을 **소셜 엔지니어링**이라고 합니다.

인적 위협에 대한 대책으로는 사내 보안 규칙 설계 및 시행, 보안 교육 등의 인적 대책, 정보 접근 제한(기밀성 확보) 등의 기술적 대책 등이 있습니다.

■ 물리적 위협

물리적 위협은 장비 고장, 천재지변 등 물리적으로 발생하는 위협을 말합니다.

물리적 위협으로는 장비의 노후화나 낙하 등으로 인한 물리적 고장, 지진이나 낙뢰, 화재 등으로 인한 물리적 정보 자산의 파괴, 그리고 정보 자산의 도난 등을 들 수 있습니다.

물리적 위협에는 대응하기 어려운 천재지변도 포함됩니다. 일반적으로 물리적 위협 전반으로부터 데이터 손실을 방지하는 대책으로 들 수 있는 것은 정기적인 백업입니다. 천재지변 등으로 인해 데이터나 시스템에 장애가 발생하더라도 백업이 정상적으로 이루어지고 있다면 문제없이 시스템을 계속 운영할 수 있습니다.

■ 기술적 위협

기술적 위협은 프로그램이나 네트워크, 컴퓨터 등에서 발생하는 데이터 파괴 또는 변조 등의 위협을 말합니다.

소프트웨어나 프로그램의 버그, 바이러스나 스파이웨어 등을 총칭하는 멀웨어, 불법 액세스 등이 기술적 위협의 예라고 할 수 있습니다.

기술적 위협은 나날이 진화하고 있기 때문에 대응하기 어려워지고 있습니다. 보안 소프트웨어를 도입하고 사용 중인 운영체제와 장치의 업데이트, 접근 제어 등을 통해 기밀성을 높이는 것을 대책으로 꼽을 수 있습니다.

Point 정보 자산을 위협하는 3가지 형태

위협	내용	예
인적 위협	인위적인 행동에 의해 피해를 초래한다.	• 조작 실수 • 사기 • 소셜 엔지니어링
물리적 위협	서버와 네트워크 장치의 파괴나 고장 등 물리적인 피해를 초래한다.	• 장치의 고장 • 정전 • 재해
기술적 위협	프로그램의 버그나 멀웨어 등 기술에 기인한 피해를 초래한다.	• 도청 • 변조 • 피싱 • 컴퓨터 바이러스 • 부정 액세스 • 외부 공격

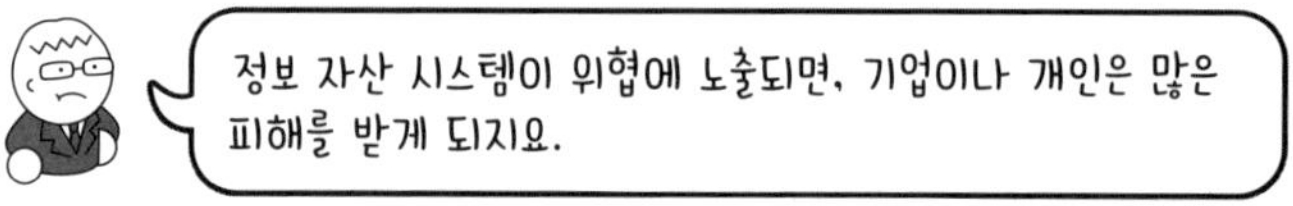
정보 자산 시스템이 위협에 노출되면, 기업이나 개인은 많은 피해를 받게 되지요.

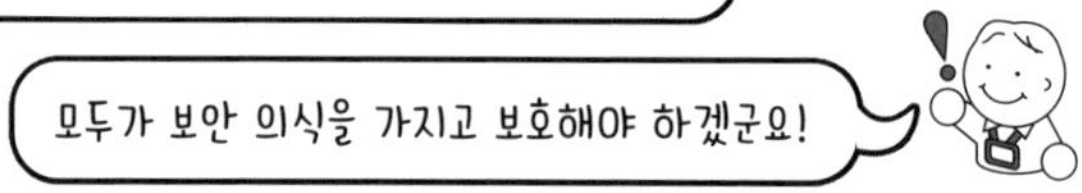
모두가 보안 의식을 가지고 보호해야 하겠군요!

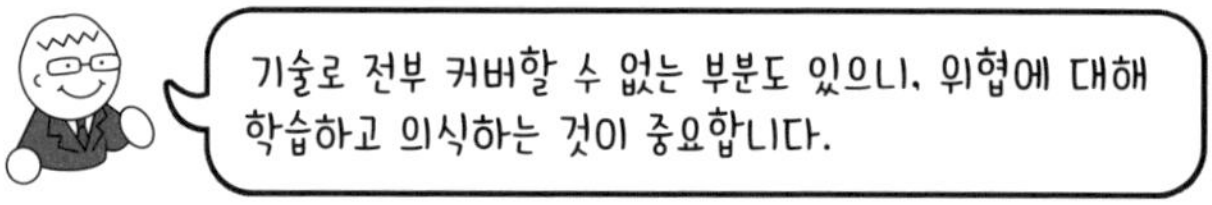
기술로 전부 커버할 수 없는 부분도 있으니, 위협에 대해 학습하고 의식하는 것이 중요합니다.

40 SSL/TLS

인터넷상에는 많은 정보가 오가고 있습니다. 누구나 접속할 수 있는 환경에 그대로 정보를 내보낼 수는 없습니다. 암호화 등을 담당하는 기술을 알아보겠습니다.

40-1 SSL/TLS란?

앞에서 정보 보안의 기본을 확인했습니다. 개인정보로 대표되는 정보 자산은 항상 다양한 위협에 노출되어 있으며, 보안을 고려해서 다뤄야 한다는 것을 다시 한번 확인할 수 있었으리라 생각됩니다. 여기서는 실제로 정보 보안을 실천하기 위한 기술에 관해 구체적으로 살펴보겠습니다.

정보 자산을 다루는 것은 우리 생활과 밀접한 관련이 있습니다. 특히 현대에는 네트워크를 통해 정보 자산을 주고받는 일이 보편화되어 있습니다. 예를 들어, 웹에서 쇼핑할 때 신용카드 정보를 입력해 본 경험이 있을 것입니다.

신용카드 정보처럼 중요한 개인정보를 인터넷상에서 주고받을 때, 내용이 노출된 채 데이터가 전송되면 누군가가 훔쳐볼 수도 있습니다.

그런 데이터 도청을 방지하는 대책으로 **데이터 암호화**와 **인증**이 있습니다. 송수신하는 데이터를 암호화하면, 만약 인터넷상에서 도청당하더라도 해독할 수 없어 내용을 알 수 없는 상태로 만들 수 있습니다. 또한 통신 상대를 인증함으로써 부정한 상대와의 통신을 방지할 수 있습니다.

웹 등에서 데이터를 암호화해 전송하는 프로토콜로 **SSL/TLS**(Secure Sockets Layer/Transport Layer Security)가 있습니다. HTTP나 FTP 통신 등 다양한 상황에서 기밀성이 높은 데이터를 SSL/TLS로 암호화함으로써 안전하게 주고받을 수 있습니다.

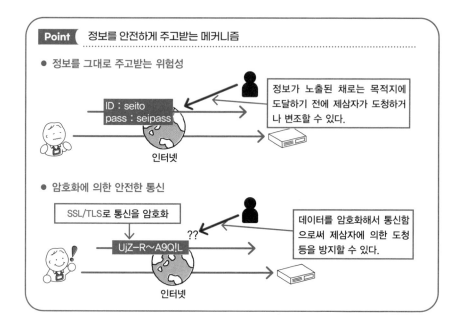

Point 정보를 안전하게 주고받는 메커니즘

● 정보를 그대로 주고받는 위험성

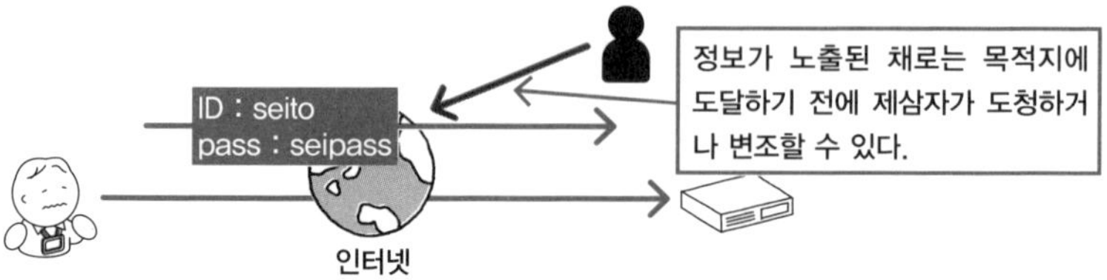
ID : seito
pass : seipass
정보가 노출된 채로는 목적지에 도달하기 전에 제삼자가 도청하거나 변조할 수 있다.
인터넷

● 암호화에 의한 안전한 통신

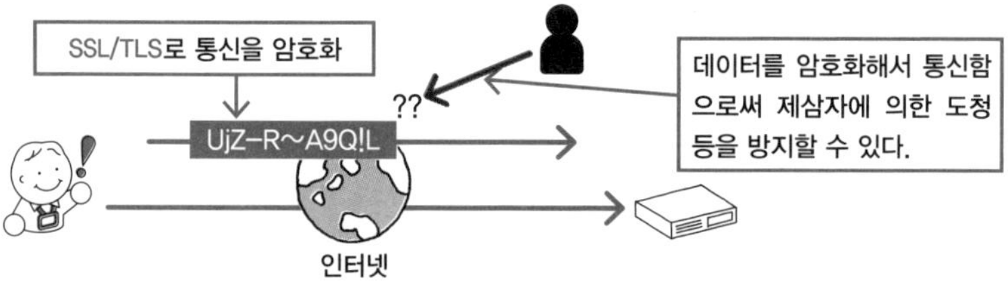
SSL/TLS로 통신을 암호화
??
UjZ-R~A9Q!L
데이터를 암호화해서 통신함으로써 제삼자에 의한 도청 등을 방지할 수 있다.
인터넷

SSL/TLS는 **SSL**과 **TLS**라고 하는 별개의 프로토콜입니다. TLS는 SSL의 뒤를 잇는 프로토콜로 SSL을 기반으로 표준화된 프로토콜입니다. 현재는 일반적으로 TLS가 사용되며, SSL은 사용되지 않습니다.

다만, SSL이라는 명칭이 넓게 사용되고 있었기 때문에 TLS를 SSL/TLS로 표기하는 게 일반적입니다.

40-2 SSL/TLS의 역사를 살펴보자

앞에서 언급한 대로 TLS는 SSL의 후속 프로토콜입니다. 처음에는 1990년대에 SSL2.0으로 웹 통신을 보호하기 위해 만들어졌습니다(1.0은 발표 전 취약점이 발견되어 공개되지 않았습니다). 그 후 기술이 발전함에 따라 SSL 버전이 업데이트됐고, 1999년에는 SSL3.0을 기반으로 한 프로토콜 TLS1.0이 발표됐습니다. 현재 SSL2.0, SSL3.0, TLS1.0 및 TLS1.1은 보안상의 문제로 사용을 권장하지 않습니다.

SSL/TLS로 현재 이용되는 버전은 TLS1.2와 최신 버전인 TLS1.3입니다.

Point SSL/TLS의 버전

버전	설명
SSL1.0 SSL2.0	• SSL1.0은 발표 전 취약점이 발견되어 공개되지 않았다. • SSL2.0은 1994년에 Netscape Communications가 공개 • 이후 취약점이 발견되어 2011년에 사용이 금지됐다.
SSL3.0	• 2.0의 취약점에 대응한 버전 • 2014년에 POODLE 공격 취약점이 발견되어 사용이 금지됐다.
TLS1.0	• 1999년에 IETF에 의해 공개 • 기능 자체는 SSL3.0과 크게 다르지 않지만 안전성이 향상됐다. • 2020년 주요 브라우저에서 비활성화되는 것으로 발표됐다.
TLS1.1	• 2006년에 표준화 • TLS1.0의 취약점(BEAST 공격)에 대한 대응 등 안전성 향상이 이루어졌다. • TLS1.0과 마찬가지로 2020년에 주요 브라우저에서 비활성화되는 것으로 발표됐다.
TLS1.2	• 현재 가장 많이 사용되는 버전 • 2008년에 표준화. 지원하는 해시 함수의 증가와 새로운 암호화 방식에 대한 대응 등 • 안전성 향상을 위한 다양한 대처가 이루어지고 있다.
TLS1.3	• 2018년에 표준화 • 점차 TLS1.3으로의 전환이 시작되고 있다. • 더욱 강력한 해시 함수나 암호화 방식을 지원한다.

40-3 SSL/TLS의 동작방식을 알아보자

그럼, SSL/TLS가 어떻게 통신을 암호화하는지 확인해 보겠습니다. 너무 깊게 들어가면 이해하기 어려워지므로 이 책에서는 간단히 설명하겠습니다. 여기서는 일반적으로 자주 사용되는 TLS1.2를 예로 들어 동작방식을 살펴보겠습니다.

TLS에서는 크게 세 가지 처리를 수행합니다. **인증**, **키 교환**, **통신 암호화**입니다.

그림으로 표시한 웹 사이트에 액세스 하는 예를 바탕으로 TLS를 사용한 통신의 흐름을 살펴봅시다.

Point TLS 통신의 흐름

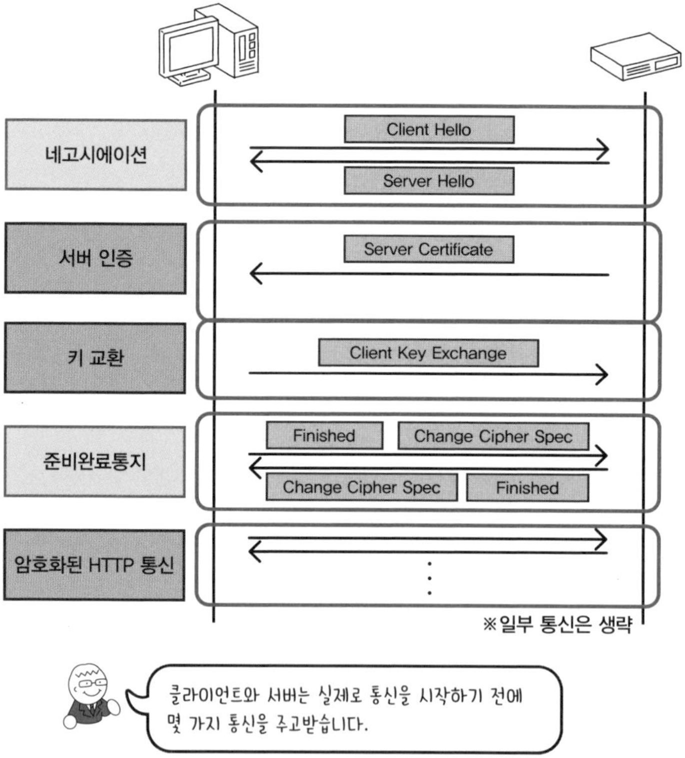
네고시에이션
Client Hello
Server Hello
서버 인증
Server Certificate
키 교환
Client Key Exchange
준비완료통지
Finished
Change Cipher Spec
Change Cipher Spec
Finished
암호화된 HTTP 통신
※일부 통신은 생략
클라이언트와 서버는 실제로 통신을 시작하기 전에 몇 가지 통신을 주고받습니다.

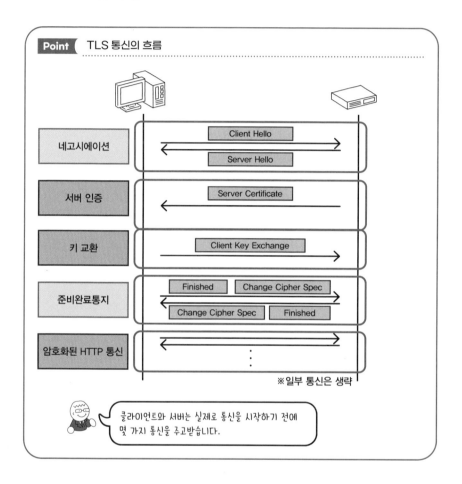

다음 **Point** 의 그림을 봐주세요. 우선 ① **인증** 부분을 설명하겠습니다. 인증에서는 클라이언트가 접속하는 서버가 정말 올바른 상대인지 검증합니다. 접속할 때, 서버에서 SSL 인증서를 제공합니다. 인증서는 상위 **인증기관**에서 서명해 해당 서버를 제공하는 서버의 소유자나 기업, 단체 등을 증명해 줍니다. 클라이언트는 수신한 인증서 내용을 검증해 상대방이 올바른 통신 상대인지 확인합니다.

다음으로 키 교환과 통신 암호화를 설명하겠습니다. 통신을 암호화/복호화하기 위해서는 공통 키가 필요합니다. 하지만 키 데이터를 암호화하지 않고 전달하면 제삼자에게 키를 도청당할 우려가 있습니다.

그래서 **공개키 암호 방식**을 사용합니다. 공통 키를 생성하는 데 필요한 정보를 공개키 암호 방식으로 안전하게 전달합니다. 이 키를 전달하는 과정이 ② **키 교환** 부분입니다.

그리고 전달받은 정보로 생성된 공통 키를 이용해 통신을 암호화하는 것을 대칭 키 암호 방식이라고 합니다. 이것이 ③ **통신 암호화** 부분입니다.

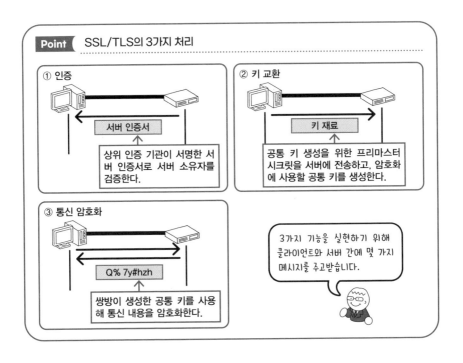

Point SSL/TLS의 3가지 처리

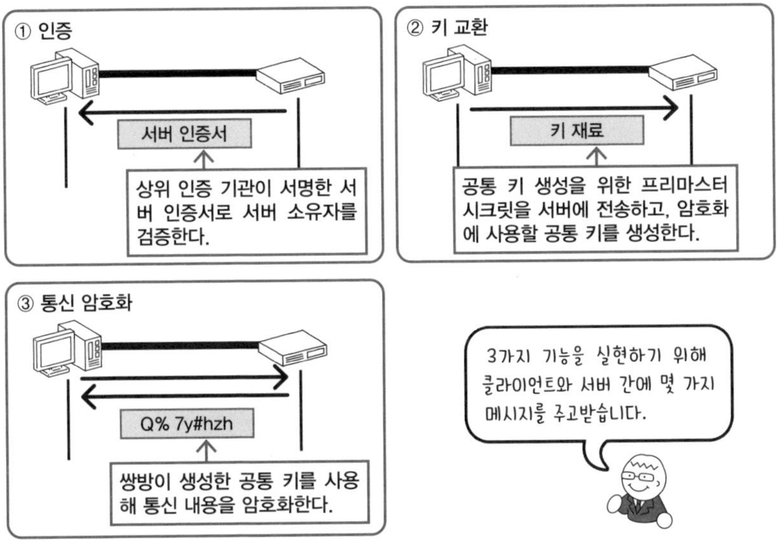

① 인증
서버 인증서
상위 인증 기관이 서명한 서버 인증서로 서버 소유자를 검증한다.
② 키 교환
키 재료
공통 키 생성을 위한 프리마스터 시크릿을 서버에 전송하고, 암호화에 사용할 공통 키를 생성한다.
③ 통신 암호화
Q% 7y#hzh
쌍방이 생성한 공통 키를 사용해 통신 내용을 암호화한다.
3가지 기능을 실현하기 위해 클라이언트와 서버 간에 몇 가지 메시지를 주고받습니다.

40-4 SSL/TLS의 핸드셰이크

SSL/TLS를 이용한 통신을 실현하기 위해 사용되는 메시지를 살펴보겠습니다. TLS에서는 클라이언트와 서버 사이에 TLS 핸드셰이크라는 메시지를 주고받으며 인증, 키 교환 및 통신 암호화에 필요한 정보를 양쪽에서 공유합니다. 암호화된 통신을 하기까지의 과정은 다음과 같습니다.

Point TLS의 메시지

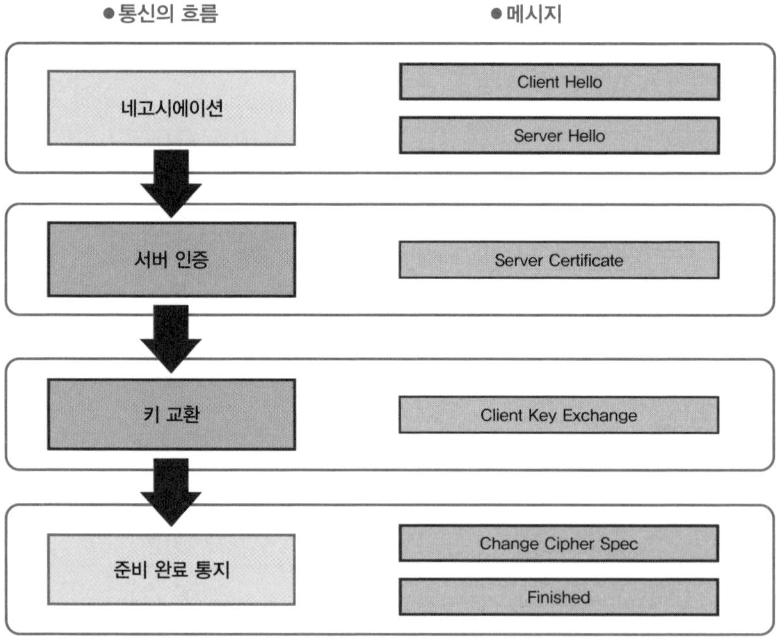

●통신의 흐름
●메시지
네고시에이션
Client Hello
Server Hello
서버 인증
Server Certificate
키 교환
Client Key Exchange
준비 완료 통지
Change Cipher Spec
Finished

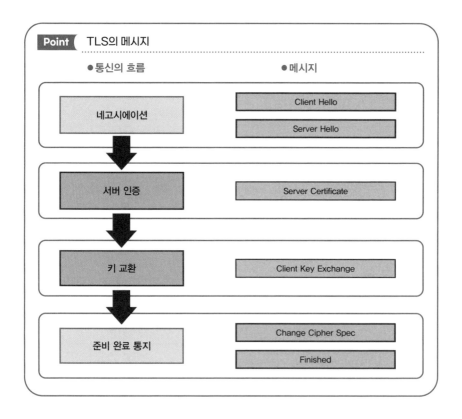

이어서 각각의 메시지에 대해 간단히 설명하겠습니다. **40-3**의 그림도 함께 참고하세요.

■ Client Hello

Client Hello는 TLS 통신의 시작을 클라이언트가 서버에 알리는 메시지입니다. 이 메시지에는 SSL/TLS 버전, 난수, 세션 ID, 클라이언트 측에서 사용 가능한 암호화 및 압축 방식 등의 정보가 포함됩니다.

■ Server Hello

Server Hello는 전송된 Client Hello를 기반으로 서버 측에서 사용할 암호화 및 해시 함수 알고리즘을 결정해 클라이언트에게 알려줍니다. Client Hello와 마찬가지로 서버 측의 정보가 포함됩니다.

■ Server Certificate

Server Certificate는 서버에서 클라이언트로 SSL 인증서를 전송합니다. 인증서에는 액세스할 서버 인증에 필요한 정보, 인증서를 발급한 인증기관 정보 및 서버의 공개키 등이 포함됩니다. 메시지 자체가 생략되기도 합니다.

■ Client Key Exchange

Client Key Exchange는 통신을 암호화/복호화하기 위해 사용할 공통 키를 생성하기 위한 정보인 프리마스터 시크릿을 클라이언트 측에서 생성해서 전송합니다. 전송할 때는 인증서에 포함된 서버의 공개 키로 암호화한 후 전송합니다.

■ Change Cipher Spec

Change Cipher Spec은 교환한 난수와 프리마스터 시크릿을 사용해 마스터 시크릿을 생성하고, 이를 이용해 공통 키를 생성합니다. 이후에는 생성된 공통 키를 사용해 암호화된 통신한다는 메시지를 클라이언트와 서버가 서로 전송합니다.

■ Finished

Finished는 클라이언트가 서버 인증에 성공했고 공통 키를 공유했다고 서버에 알리는 핸드셰이크 완료 메시지입니다. 클라이언트와 서버가 서로에게 보냅니다.

이러한 메시지 교환을 핸드셰이크로 수행함으로써 클라이언트와 서버 사이에 암호화된 통신을 할 수 있게 됩니다.

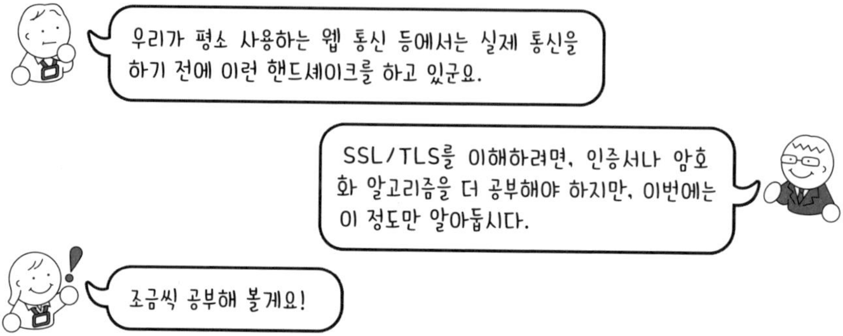
우리가 평소 사용하는 웹 통신 등에서는 실제 통신을 하기 전에 이런 핸드셰이크를 하고 있군요.
SSL/TLS를 이해하려면, 인증서나 암호화 알고리즘을 더 공부해야 하지만, 이번에는 이 정도만 알아둡시다.
조금씩 공부해 볼게요!

41 VPN

원격으로 근무할 일이 많아진 요즘, VPN이라는 단어를 자주 접하게 됩니다. 기업 보안에 필수적인 VPN에 대해 살펴보겠습니다.

41-1 VPN은 텔레워크에 반드시 필요한 기술

IT 업계뿐만 아니라 재택근무 등의 텔레워크를 시행하는 기업이 늘고 있습니다. 하지만 집이나 외부에서는 회사에 있는 서버나 사내 시스템에 접근할 수 없어 불편한 경우가 많습니다. 또한, 텔레워크뿐만 아니라 여러 거점 간 통신을 할 때 일반 인터넷 회선으로는 보안상 문제가 발생할 우려도 있습니다.

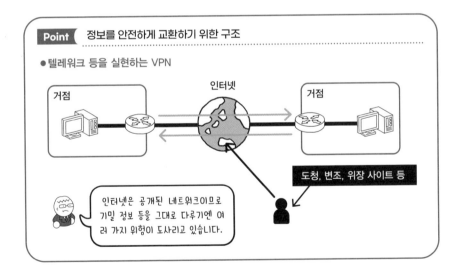

Point 정보를 안전하게 교환하기 위한 구조

● 텔레워크 등을 실현하는 VPN

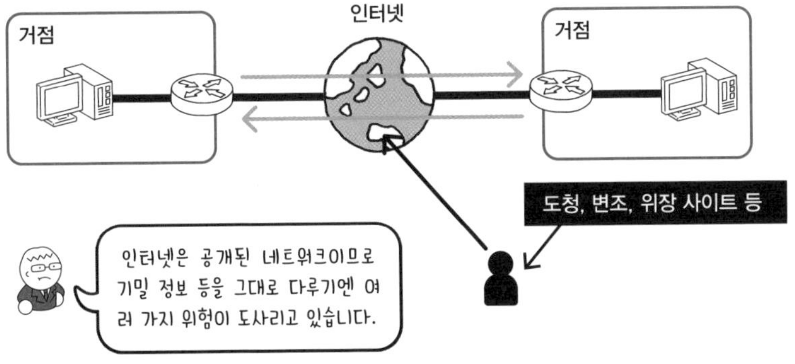
인터넷
거점
거점
도청, 변조, 위장 사이트 등
인터넷은 공개된 네트워크이므로 기밀 정보 등을 그대로 다루기엔 여러 가지 위험이 도사리고 있습니다.

그래서, 거점 간 통신이나 외부에서의 액세스를 안전하게 실현하는 기술이 **VPN**입니다. VPN(Virtual Private Network)은 통신사업자가 제공하는 폐쇄형 네트워크나 인터넷과 같은 공중 네트워크상에서 만들어지는 가상의 전용선을 의미합니다.

■ 기존의 전용선과 VPN

원래는 거점과 거점을 연결하는 통신에 전용선을 사용했습니다. 전용선은 말 그대로 전용 통신 회선을 끌어와서 물리적으로 다른 사용자와 격리된 회선을 사용해 통신하는 것으로, 보안 강화 및 안정적인 통신 품질 등의 이점을 얻을 수 있는 서비스입니다. 대기업이나 금융 기관처럼 고도의 안전성과 통신 품질이 요구되는 환경에서는 통신사업자가 제공하는 전용선 서비스를 이용했습니다.

다만, 전용선은 일반 인터넷 회선보다 비용이 많이 듭니다. 그래서 일반 인터넷 회선으로도 기업의 거점 간이나 재택근무 시 직원의 컴퓨터와 거점 네트워크 사이 등을 안전하게 연결할 수 있는 방법이 개발됐습니다. 바로 **VPN**을 사용해서 연결하는 방식입니다. VPN을 사용하면 전용선이 없어도 보안을 배려한 안전한 통신을 구현할 수 있습니다.

통신사업자가 제공하는 VPN에는 인터넷 회선 대신, 사업자가 제공하는 폐쇄형 네트워크를 이용하는 서비스도 있습니다. 이런 서비스는 인터넷 회선보다 고품질 환경을 제공하는 경우가 많아, 안전성뿐만 아니라 전용선과 비슷한 통신 품질을 유지할 수 있습니다.

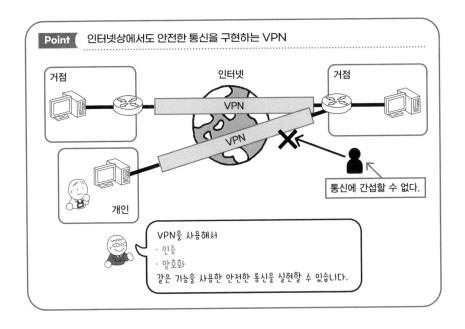

Point 인터넷상에서도 안전한 통신을 구현하는 VPN

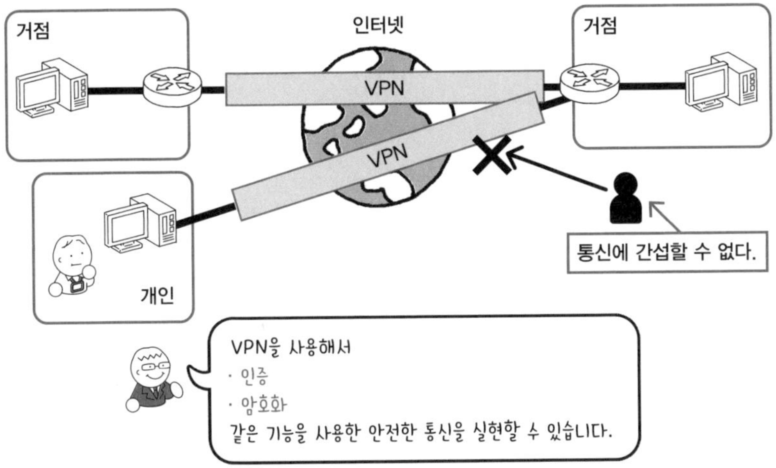

거점
인터넷
거점
VPN
VPN
통신에 간섭할 수 없다.
개인
VPN을 사용해서
· 인증
· 암호화
같은 기능을 사용한 안전한 통신을 실현할 수 있습니다.

41-2 VPN의 세 가지 요소

39절에서 설명한 대로, 현대의 통신은 항상 다양한 위험에 노출되어 있습니다. 기업이 주고받는 통신에는 기밀성이 높은 정보가 많이 포함됩니다. 도청으로 정보가 유출되는 일이 발생하면 피해는 엄청나게 커질 수 있습니다.

VPN을 사용하면 거점 간 통신이나 외부에서의 접속을 안전하게 할 수 있습니다. 대체 어떻게 해서 안전한 통신을 실현할 수 있었을까요?

대부분의 VPN에서는 다음 3가지 요소를 지원함으로써 안전한 통신을 가능하게 합니다.

세 가지 요소는 **터널링**, **암호화**, **인증**입니다.

■ 터널링

가상의 전용선인 VPN을 실현하는 기술이 터널링입니다. VPN을 지원하는 장치 사이에 가상의 터널을 만들고, 이를 통해 오가는 패킷을 캡슐화합니다. 캡슐화함으로써 떨어져 있는 거점끼리 인터넷을 거치지 않고 연결된 것처럼 보이게 할 수 있습니다.

그래서 클라이언트는 사내 네트워크별 거점 네트워크에 액세스 하기도 하고, 사외에서 사내 네트워크에 액세스 할 수도 있게 됩니다.

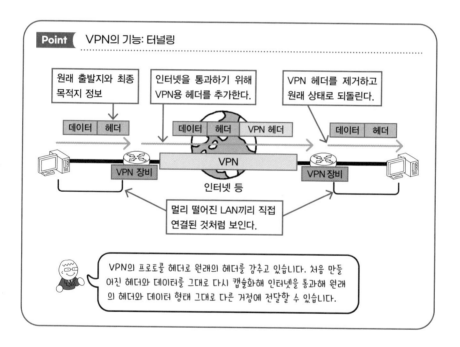

Point VPN의 기능: 터널링

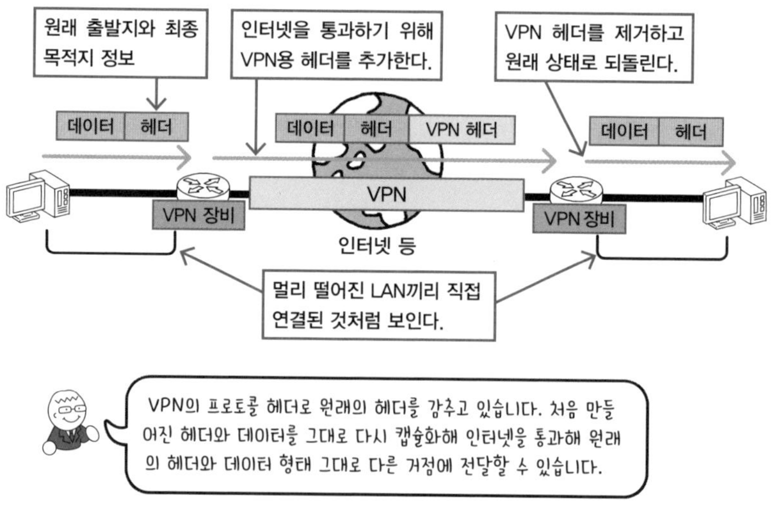

원래 출발지와 최종 목적지 정보
인터넷을 통과하기 위해 VPN용 헤더를 추가한다.
VPN 헤더를 제거하고 원래 상태로 되돌린다.
데이터
헤더
VPN 헤더
VPN
VPN 장비
인터넷 등
멀리 떨어진 LAN끼리 직접 연결된 것처럼 보인다.
VPN의 프로토콜 헤더로 원래의 헤더를 감추고 있습니다. 처음 만들어진 헤더와 데이터를 그대로 다시 캡슐화해 인터넷을 통과해 원래의 헤더와 데이터 형태 그대로 다른 거점에 전달할 수 있습니다.

■ 암호화

VPN 통신은 일반 인터넷 회선을 통과하기도 합니다. 인터넷상의 통신은 제삼자에게 도청당할 가능성이 있으므로 이를 방지하기 위한 대책을 강구할 필요가 있습니다.

VPN에서는 통신 내용을 다양한 암호화 기술을 사용해 암호화해 통신 상대만 이 복호화할 수 있게 함으로써 제삼자가 도청을 해도 내용을 엿볼 수 없습니다.

Point VPN의 기능: 암호화

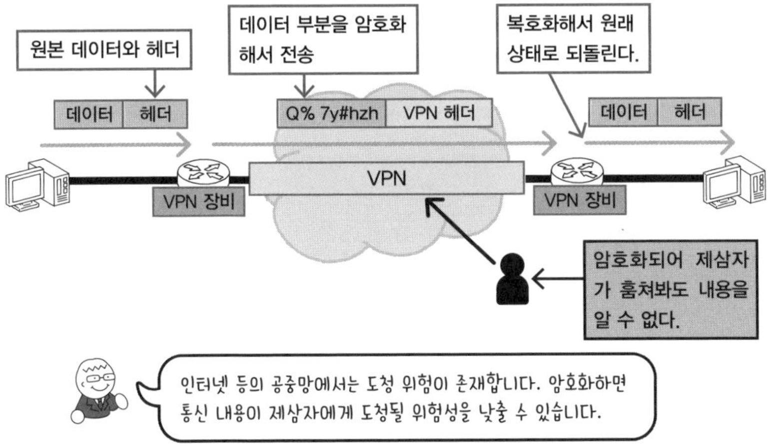

원본 데이터와 헤더
데이터
헤더
데이터 부분을 암호화 해서 전송
Q% 7y#hzh
VPN 헤더
복호화해서 원래 상태로 되돌린다.
데이터
헤더
VPN
VPN 장비
VPN 장비
암호화되어 제삼자가 훔쳐봐도 내용을 알 수 없다.
인터넷 등의 공중망에서는 도청 위험이 존재합니다. 암호화하면 통신 내용이 제삼자에게 도청될 위험성을 낮출 수 있습니다.

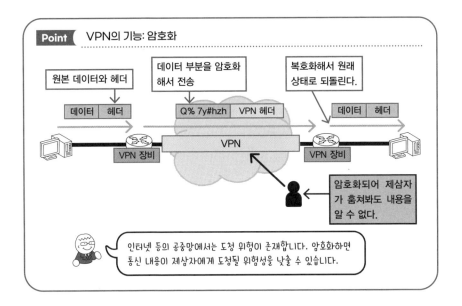

■ 인증

터널링과 암호화를 이용해서 인터넷과 같은 공중망도 안전하게 통과할 수 있게 됐습니다. 하지만, 애초에 통신 상대가 부정한 상대라면 아무리 암호화 등의 대책을 취하더라도 의미가 없을 것입니다.

VPN에서는 데이터 송신자와 수신자가 서로 상대방이 올바른 통신 상대인지 확인하고, 즉 인증을 거친 후에 통신을 시작합니다. 이처럼 인증을 거침으로써 제삼자의 피싱에 의한 정보 유출 등을 피할 수 있습니다.

Point VPN의 기능: 인증

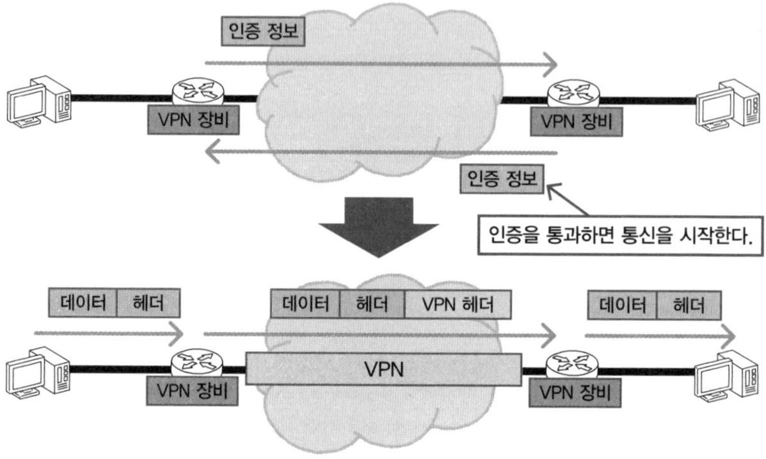
인증 정보
VPN 장비
VPN 장비
인증 정보
인증을 통과하면 통신을 시작한다.
데이터 헤더
데이터 헤더 VPN 헤더
데이터 헤더
VPN
VPN 장비
VPN 장비

VPN 장비끼리 서로 인증해서 VPN 연결을 만들었습니다. 사전에 인증을 수행함으로써 서로 허가된 통신 상대임을 확인할 수 있고, 제삼자에 의한 위장 등을 방지할 수 있습니다.

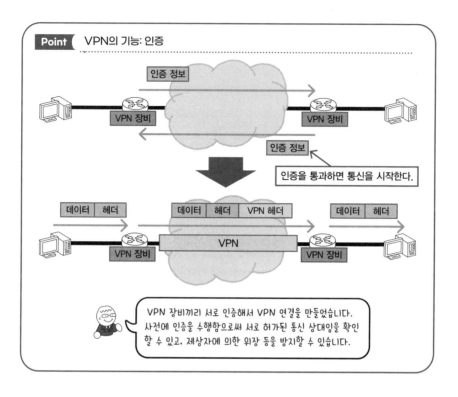

42 다양한 VPN

VPN이라고 해도 용도에 따라 몇 가지 종류가 있습니다. 일반적으로 자주 이용되는 VPN의 분류를 살펴보겠습니다.

42-1 용도에 따른 2종류의 VPN

다양한 상황에서 이용되는 VPN이지만, 용도에 따라 크게 두 종류로 분류할 수 있습니다. 그것은 **인터넷 VPN**과 통신사업자가 제공하는 **폐역망을 이용한 VPN**입니다.

여기서는 이 둘의 차이를 파악해 둡시다.

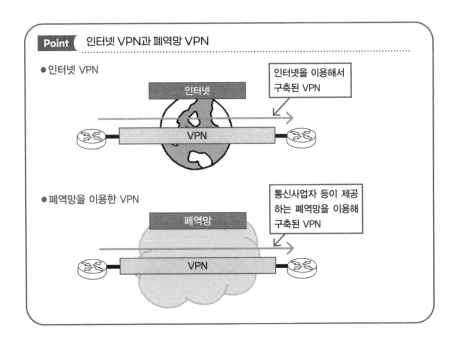

Point 인터넷 VPN과 폐역망 VPN

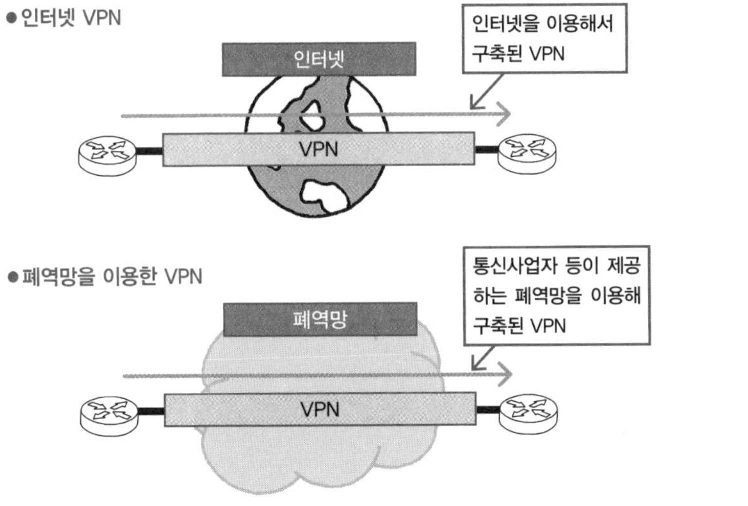
● 인터넷 VPN
인터넷
인터넷을 이용해서 구축된 VPN
VPN
● 폐역망을 이용한 VPN
폐역망
통신사업자 등이 제공하는 폐역망을 이용해 구축된 VPN
VPN

42-2 일반적인 회선을 사용하는 인터넷 VPN

인터넷 VPN은 일반 인터넷 회선을 이용한 VPN입니다. 기존 인터넷 회선을 이용하는 것이므로 통신사에 별도의 서비스를 신청하거나 할 필요가 없습니다.

인터넷 VPN은 용도에 따라 거점끼리 연결하는 **사이트 간 VPN**과 외부에서 회사 등에 접속할 수 있는 **원격 접속 VPN**의 두 가지로 분류할 수 있습니다.

■ 사이트 간 VPN

사이트 간 VPN은 기업의 거점 간 통신을 VPN으로 할 때 사용됩니다. 거점 간 VPN을 사용하면 마치 여러 거점이 직접 연결된 네트워크인 것처럼 각 거점 내 서버나 사내 시스템 등의 자원을 다룰 수 있습니다. 물론 암호화, 인증과 같은 처리를 하므로 안전성 측면도 고려한 통신을 할 수 있습니다.

사이트 간 VPN에서는 각 거점에 VPN을 처리할 수 있는 장치를 설치해야 합니다. 사용하고자 하는 VPN을 지원하는 라우터나 방화벽 등 네트워크 장치를 설치하고 필요한 설정을 해야 합니다. 그 대신 VPN의 터널링, 암호화, 인증 등의 처리는 라우터나 방화벽 같은 네트워크 장치가 담당합니다. 다른 거점으로 접속하는 LAN 내 컴퓨터에 VPN 클라이언트 소프트웨어를 설치할 필요가 없기 때문에 클라이언트 입장에서는 부담 없이 사용할 수 있는 VPN이라고 할 수 있습니다.

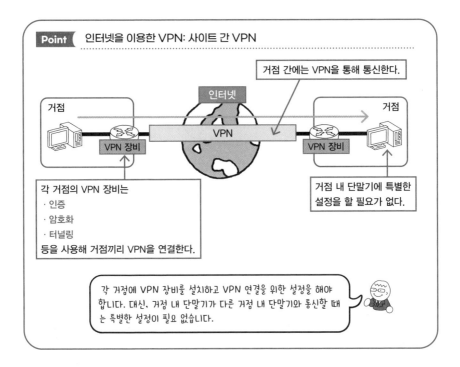

Point 인터넷을 이용한 VPN: 사이트 간 VPN

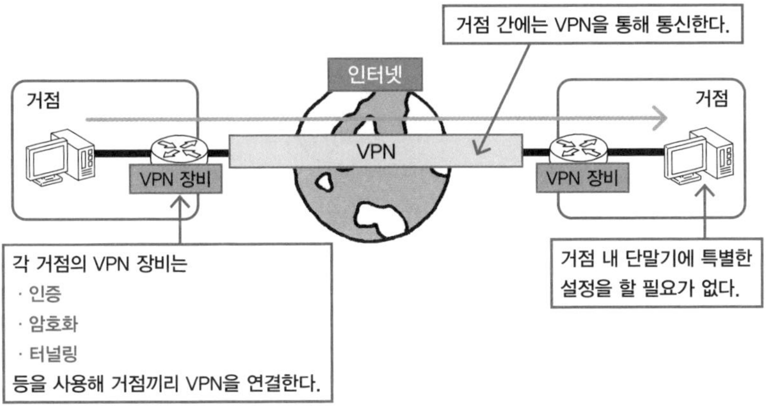
거점 간에는 VPN을 통해 통신한다.
인터넷
거점
VPN
VPN 장비
거점
VPN 장비
각 거점의 VPN 장비는
· 인증
· 암호화
· 터널링
등을 사용해 거점끼리 VPN을 연결한다.
거점 내 단말기에 특별한 설정을 할 필요가 없다.

각 거점에 VPN 장비를 설치하고 VPN 연결을 위한 설정을 해야 합니다. 대신, 거점 내 단말기가 다른 거점 내 단말기와 통신할 때는 특별한 설정이 필요 없습니다.

■ 원격 접속 VPN

원격 접속 VPN은 기업의 거점과 VPN 클라이언트 소프트웨어가 설치된 클라이언트 단말기 사이를 VPN으로 연결하기 위해 사용됩니다. 예를 들어, 재택근무를 위해 회사의 서버나 시스템에 접속할 때 사용됩니다.

사이트 간 VPN과 다르게, 원격 접속 VPN에서는 거점의 VPN 장비에 연결할 때 각 클라이언트 단말기에 설치된 VPN 클라이언트 소프트웨어에서 터널링 및 암호화 등의 처리를 합니다. 따라서 해당 VPN을 지원하는 클라이언트 소프트웨어 설치나 운영체제 설정이 필요합니다.

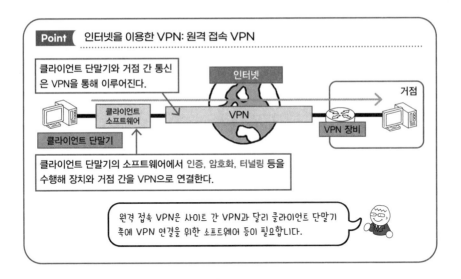

Point 인터넷을 이용한 VPN: 원격 접속 VPN

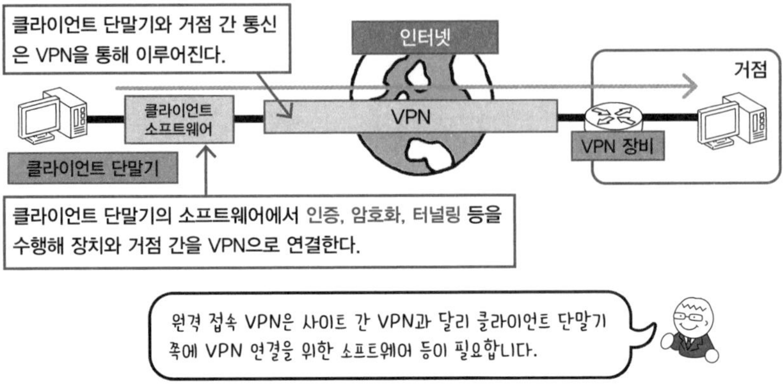

클라이언트 단말기와 거점 간 통신은 VPN을 통해 이루어진다.
인터넷
거점
클라이언트 소프트웨어
VPN
VPN 장비
클라이언트 단말기
클라이언트 단말기의 소프트웨어에서 인증, 암호화, 터널링 등을 수행해 장치와 거점 간을 VPN으로 연결한다.
원격 접속 VPN은 사이트 간 VPN과 달리 클라이언트 단말기 쪽에 VPN 연결을 위한 소프트웨어 등이 필요합니다.

42-3 인터넷을 이용한 VPN에서 사용되는 방식

인터넷 VPN에서는 **IPSec-VPN**과 **SSL-VPN**의 두 가지 방식을 주로 사용됩니다. IPSec과 SSL은 모두 통신 암호화 및 인증과 같은 보안 기능을 구현하기 위해 만들어진 프로토콜입니다. VPN에서는 둘 다 VPN에 필요한 기능을 가진 프로토콜로 포함하고 있지만, 용도는 각각 다릅니다.

여기서는 두 방식의 특징을 정리해 보겠습니다.

■ IPSec-VPN

IPSec-VPN은 **사이트 간 VPN**에서 자주 사용되는 방식입니다. 각 거점에 설치한 VPN 장비로 터널링 및 암호화해서 통신합니다. 사이트 간 VPN에 사용되는 IPSec-VPN에서는 클라이언트 단말기에서 통신이 전송된 시점에서 암호화되는 게 아니라, 거점의 VPN 장비에서 WAN으로 나갈 때 터널링 및 암호화가 이루어집니다. 수신 측 거점의 VPN 장비에서 수신 시 복호화해 목적지 단말기에 전달합니다.

IPSec-VPN에서 사용되는 네트워크 계층 프로토콜인 **IPSec**(Internet Protocol Security)는 RFC1825에서 표준화되어 RFC6071에서 현재의 이름이 된 IP의 보안을 제공하는 프로토콜 군입니다.

ESP(Encapsulating Security Payload) 프로토콜과 **AH**(Authentication Header) 프로토콜, **IKE**(The Internet Key Exchange) 프로토콜 등 여러 프로토콜로 구성되어 있습니다.

ESP는 패킷을 암호화하고 패킷 변조까지 검사해 도청이나 변조를 방지하는 역할을 합니다. AH는 암호화는 하지 않고 변조 검사만 수행합니다. 현재 AH는 거의 사용되지 않으며, 기본적으로 ESP가 사용됩니다.

Point IPSec-VPN의 구조

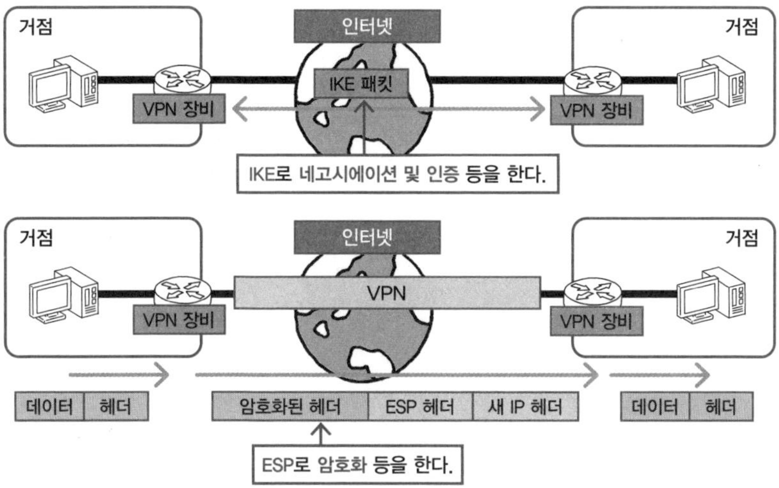

거점
인터넷
거점
IKE 패킷
VPN 장비
VPN 장비
IKE로 네고시에이션 및 인증 등을 한다.
거점
인터넷
거점
VPN
VPN 장비
VPN 장비
데이터
헤더
암호화된 헤더
ESP 헤더
새 IP 헤더
데이터
헤더
ESP로 암호화 등을 한다.

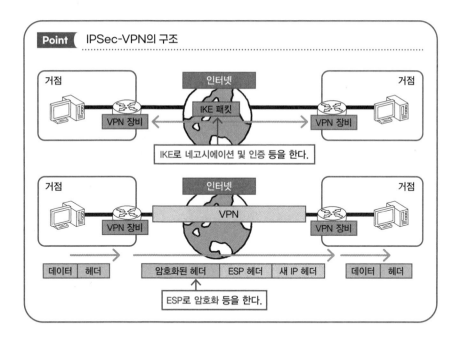

덧붙여, IPSec-VPN은 사이트 간 VPN뿐만 아니라 원격 접속 VPN에도 사용됩니다. 그러나 그 경우 클라이언트 단말기에 IPSec-VPN을 지원하는 VPN 클라이언트 소프트웨어가 필요합니다.

■ SSL-VPN

SSL-VPN은 웹 브라우저 등에서 사용되는 SSL/TLS의 암호화 기능을 활용한 VPN으로 **원격 접속 VPN**에서 자주 사용되는 방식입니다. IPSec-VPN으로 원격 접속할 경우에는 대응하는 VPN 클라이언트 소프트웨어가 필요했지만, SSL-VPN은 웹 브라우저가 SSL/TLS 처리를 담당하므로 별도의 전용 클라이언트 소프트웨어가 필요 없습니다.

SSL-VPN에는 **리버스 프록시**, **L2 포워딩**, **포트 포워딩** 등의 방식이 있지만, 가장 일반적으로 사용되는 방식은 리버스 프록시와 L2 포워딩입니다.

Point SSL-VPN의 구조

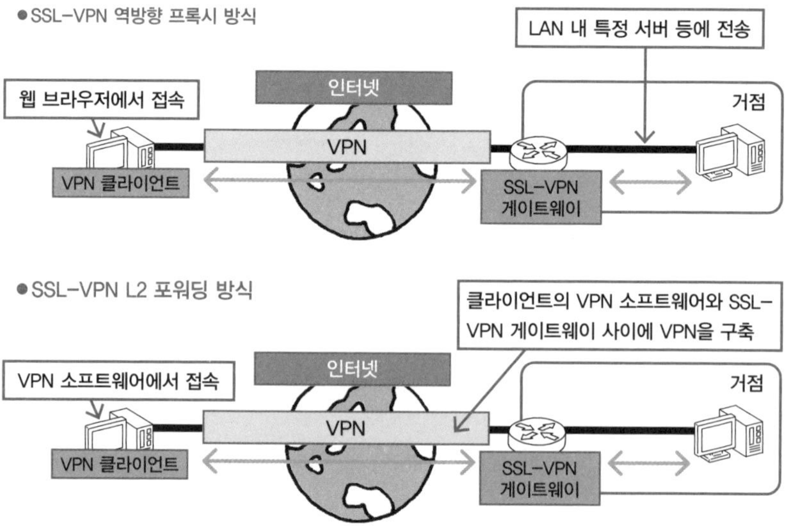
●SSL-VPN 역방향 프록시 방식
LAN 내 특정 서버 등에 전송
웹 브라우저에서 접속
인터넷
거점
VPN
VPN 클라이언트
SSL-VPN
게이트웨이
●SSL-VPN L2 포워딩 방식
클라이언트의 VPN 소프트웨어와 SSL-VPN 게이트웨이 사이에 VPN을 구축
VPN 소프트웨어에서 접속
인터넷
거점
VPN
VPN 클라이언트
SSL-VPN
게이트웨이

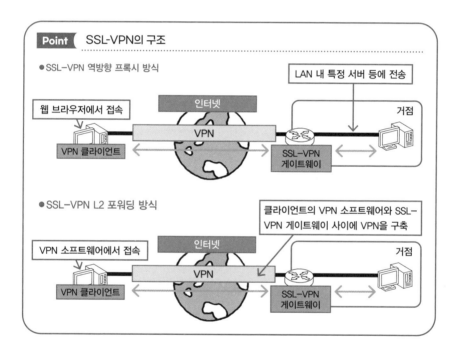

역방향 프록시 방식은 거점에 설치된 SSL-VPN 장치가 역방향 프록시 서버로서 클라이언트의 VPN 액세스를 받아들이고 거점 내 특정 애플리케이션 서버에 전달해 줍니다. 다만, 역방향 프록시 방식은 웹 브라우저를 사용하는 애플리케이션만 사용할 수 있습니다.

L2 포워딩 방식은 클라이언트 측에 VPN 클라이언트 소프트웨어를 설치하고, 소프트웨어와 거점 측의 SSL-VPN 장비 사이에 VPN 연결을 하는 방식입니다. 클라이언트-거점 간의 통신을 HTTP로 캡슐화한 다음 SSL/TLS로 암호화해서 통신합니다. 포트 번호나 애플리케이션, 전송 계층 이상의 프로토콜 제한을 받지 않는다는 이점이 있습니다.

포트 포워딩 방식은 거점 측 SSL-VPN 장비에 미리 애플리케이션 서버와 대응하는 포트 번호를 설정해 두고, 해당 포트로 접근한 통신을 애플리케이션 서버로 전달하는 방식입니다. 사전 준비 등이 복잡해서 현재는 그다지 많이 사용되지 않습니다.

42-4 폐역망을 이용한 VPN

통신사업자가 제공하는 폐역망을 이용하는 VPN으로는 **IP-VPN**, **엔트리 VPN**, **광역 이더넷** 등의 방식이 있습니다. 폐역망이란 인터넷과 분리되어 가입자만 이용할 수 있는 네트워크를 말합니다. 어떤 방식이든 통신사업자와 계약을 맺고 폐역망에 접속해서 폐역망 내부를 지나는 VPN으로 통신합니다. 인터넷과 같은 공중망을 이용한 VPN과 달리 폐역망을 사용하므로 불특정 다수의 제삼자에게 통신을 도청당할 위험도 적고 통신 품질도 어느 정도 보장됩니다.

그럼, 어떤 방식인지 차례로 살펴보겠습니다.

■ IP-VPN

IP-VPN은 앞서 말했듯이 통신사업자의 폐역망을 이용해 거점 간 통신을 합니다. 계약한 기업만 사용할 수 있는 제한된 회선이기 때문에 제삼자의 통신으로 통신 품질에 영향을 받는 일이 적고, 서비스에 따라서는 대역폭을 보장하는 것도 있습니다.

IP-VPN은 서비스를 받는 거점 측에서는 어려운 설정이 필요 없고, 일반 회선과 동일하게 취급할 수 있습니다. 통신사업자 측에서는 가입자의 통신이 섞이지 않도록 하기 위해 MPLS(Multi-Protocol Label Switching)라는 기술로 기업별 통신을 가상으로 분리하고 있습니다.

MPLS는 패킷의 IP 헤더와 프레임의 헤더 사이에 라벨을 붙이는 기술입니다. 사용자가 보낸 패킷에 MPLS로 라벨을 붙이고, 라벨 정보를 기반으로 패킷을 전달합니다. MPLS를 이용함으로써 효율적으로 이용자의 통신을 분리할 수 있습니다.

Point 폐역망을 이용한 VPN: IP-VPN

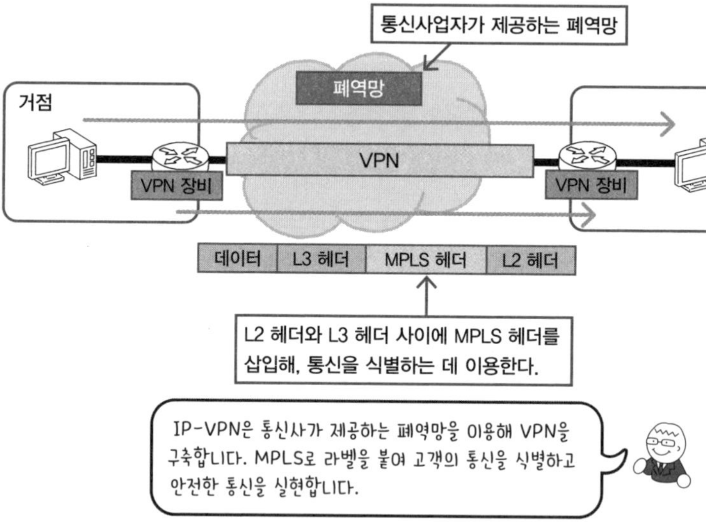
통신사업자가 제공하는 폐역망
폐역망
거점
거점
VPN
VPN 장비
VPN 장비
데이터
L3 헤더
MPLS 헤더
L2 헤더
L2 헤더와 L3 헤더 사이에 MPLS 헤더를 삽입해, 통신을 식별하는 데 이용한다.
IP-VPN은 통신사가 제공하는 폐역망을 이용해 VPN을 구축합니다. MPLS로 라벨을 붙여 고객의 통신을 식별하고 안전한 통신을 실현합니다.

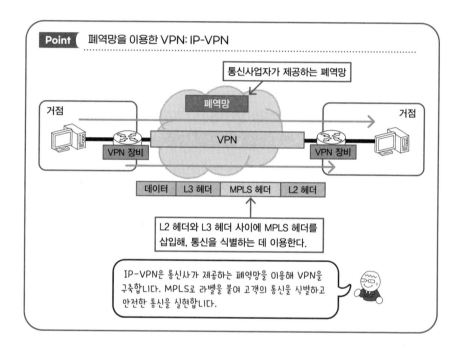

■ 엔트리 VPN

엔트리 VPN은 IP-VPN과 마찬가지로 통신사업자의 폐역망을 사용해 통신합니다. 단, IP-VPN과는 달리 브로드밴드 회선 등으로 구성된 폐역망을 사용하기 때문에 대역폭 보장 등을 하지 않습니다.

■ 광역 이더넷

광역 이더넷은 IP-VPN과 마찬가지로 통신사업자의 폐역망을 이용하는 VPN 서비스입니다. 광역 이더넷은 기업의 거점 내 LAN을 그대로 연결해, 거점끼리 LAN으로 직접 연결된 것처럼 통신할 수 있습니다. 조금 이해하기 어려울 수 있지만, 하나의 L2 스위치를 통해 여러 지점이 연결되어 있는 것을 상상해 보세요.

Point 폐역망을 이용한 VPN: 광역 이더넷

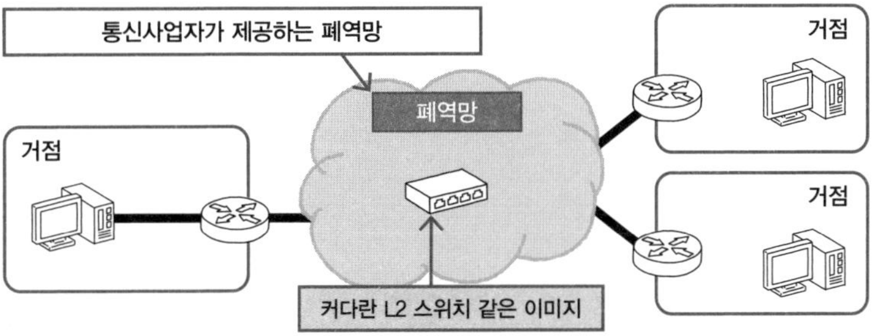

통신사업자가 제공하는 폐역망
폐역망
거점
거점
거점
커다란 L2 스위치 같은 이미지

하나의 큰 L2 스위치로 연결된 것처럼 거점 간을 연결해 통신할 수 있습니다. 데이터 링크 계층을 통해 연결되므로, 거점 간 라우팅 프로토콜을 사용해 라우팅을 구성하거나 네트워크를 가상으로 분할하는 VLAN과 같은 이더넷 기술을 거점 간에도 사용할 수 있습니다.

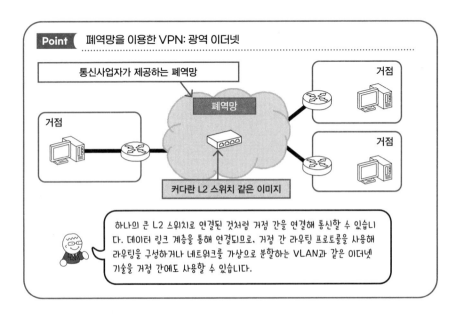

광역 이더넷은 데이터 링크 계층에서 거점을 연결합니다. 따라서 IP-VPN과 달리 데이터 링크 계층의 프로토콜은 이더넷으로 제한되지만, 네트워크 계층의 프로토콜은 IP로 제한되지 않습니다. 라우팅 프로토콜을 사용해 여러 거점의 라우팅을 관리하거나, L2 스위치로 폐역망에 연결해 물리적으로 떨어져 있는 거점을 동일한 IP 세그먼트로 구성할 수도 있습니다. 또한, IP-VPN에 비해 통신 속도가 빠르고 지연 시간이 짧다는 장점도 있습니다.

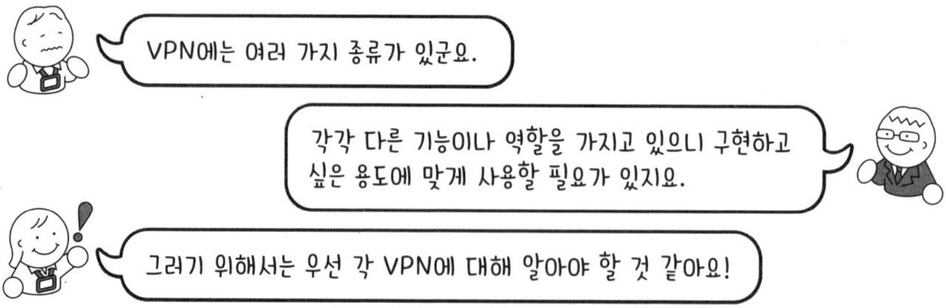
VPN에는 여러 가지 종류가 있군요.
각각 다른 기능이나 역할을 가지고 있으니 구현하고 싶은 용도에 맞게 사용할 필요가 있지요.
그러기 위해서는 우선 각 VPN에 대해 알아야 할 것 같아요!

43 제로 트러스트

클라우드나 텔레워크가 보급되면서 근무 방식뿐만 아니라, 정보 자산 본연의 모습도 크게 바뀌고 있습니다. 그런 시대에 요구되는 새로운 보안 개념을 소개하겠습니다.

43-1 현대에 요구되는 새로운 보안

지금까지 현재 자주 사용되는 정보 보안 및 네트워크 기술에 관해 다뤄왔습니다. 그러나 텔레워크의 증가나 클라우드의 활용 등 네트워크와 관련된 상황과 기술은 끊임없이 발전하며 변화하고 있고, 그에 맞춰 보안 분야에도 새로운 변화가 일어나고 있습니다.

여기서는 새로운 보안 모델로 많이 언급되고 있는 **제로 트러스트**에 대해 간단히 살펴보겠습니다.

제로 트러스트는 2010년 미국에서 제안된 네트워크 보안 개념입니다. 모든 통신을 신뢰할 수 없다는 전제를 기반으로 통신을 검증하고 정보 자산을 보호하는 개념, 사고방식이라고 말할 수 있습니다.

43-2 경계 방어 모델의 사고방식, 구성

지금까지의 네트워크 보안은 **경계 방어 모델**이 일반적인 사고방식이었습니다. 네트워크에서의 경계 방어란 네트워크를 신뢰할 수 있는 영역과 신뢰할 수 없는 영역으로 구분하는 것입니다. 경계 안쪽은 신뢰할 수 있는 영역으로 간주해 검증 등을 엄격하게 하지 않고 내부 시스템이나 자원 등 정보 자산에 대한 접근을 허용합니다.

반대로 경계 바깥쪽은 신뢰할 수 없는 영역으로 취급합니다. 경계 외부로부터의 접근을 엄격하게 검증함으로써 정보 자산이 존재하는 경계 내부로의 침입을 막습니다.

이처럼 경계 내부와 외부에 신뢰를 설정하고, 경계를 넘어오는 통신을 엄격하게 검증함으로써 자산을 보호하는 사고방식, 구성이 바로 경계 방어 모델이라고 할 수 있습니다. 경계 방어 모델은 방화벽, VPN, 프록시 서버 등을 통해 구현되고 있습니다.

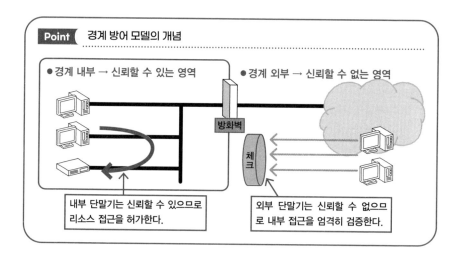

Point 경계 방어 모델의 개념

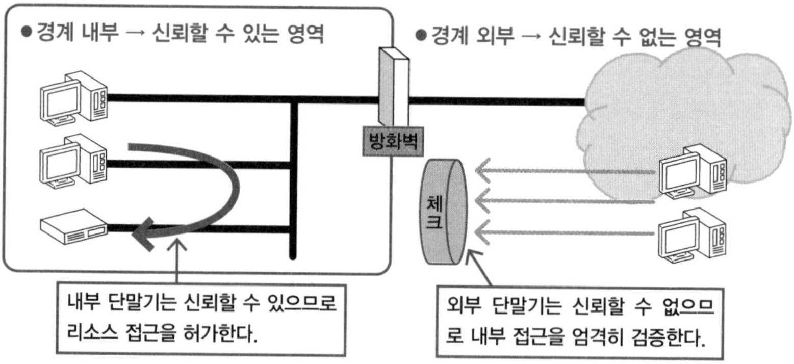
●경계 내부 → 신뢰할 수 있는 영역
●경계 외부 → 신뢰할 수 없는 영역
방화벽
체크
내부 단말기는 신뢰할 수 있으므로 리소스 접근을 허가한다.
외부 단말기는 신뢰할 수 없으므로 내부 접근을 엄격히 검증한다.

43-3 제로 트러스트는 아무것도 신뢰하지 않는다

원래 경계 방어 모델은 경계 내부, 예를 들어 기업 내부 등에 보호해야 할 정보 자산이나 시스템이 존재하고, 이에 접근하는 사용자나 클라이언트 단말도 경계 내부에 존재한다는 것을 전제로 고안되었습니다.

예를 들어, 내부 네트워크와 인터넷 연결 부분에 방화벽을 도입해 외부 접속을 차단하거나, 외부에서 내부로 접속할 때 VPN을 사용해 경계 내부를 보호하는 등 네트워크 자체를 안전하게 유지하기 위한 구조를 만들어 온 것입니다.

하지만 다양한 클라우드 서비스의 보급 및 텔레워크 도입 등 근무 환경의 변화로 인해 보호해야 할 자산이나 시스템이 내부뿐 아니라 외부에도 존재하거나, 외부에서 접근하는 클라이언트도 존재하는 것이 당연해졌습니다.

2010년에 제안된 **제로 트러스트**는 시스템이나 자원과 같은 정보 자산을 보호하는 데 주안점을 두고 있습니다. 대상 시스템이나 시스템을 이용하는 클라이언트 단말기나 사용자, 이용 위치에 관계없이 모든 통신을 무조건 신뢰하지 않고 모든 접근을 검증해 안전성을 확보합니다.

예를 들어, 어떤 단말기에서 사내 시스템에 접근한 경우, 그 단말기가 등록된 단말기인지, 악성 소프트웨어에 감염되지 않았는지, 보안 소프트웨어가 최신 상태인지 등 다양한 항목을 확인합니다.

이처럼 모든 것을 신뢰하지 않는다는 점에서 제로 트러스트라고 불리는 것입니다. 제로 트러스트 모델, 제로 트러스트 네트워크 등으로도 불립니다.

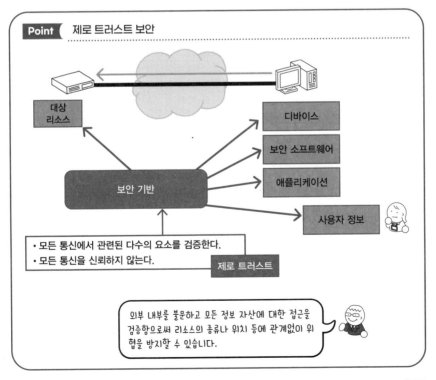

Point 제로 트러스트 보안

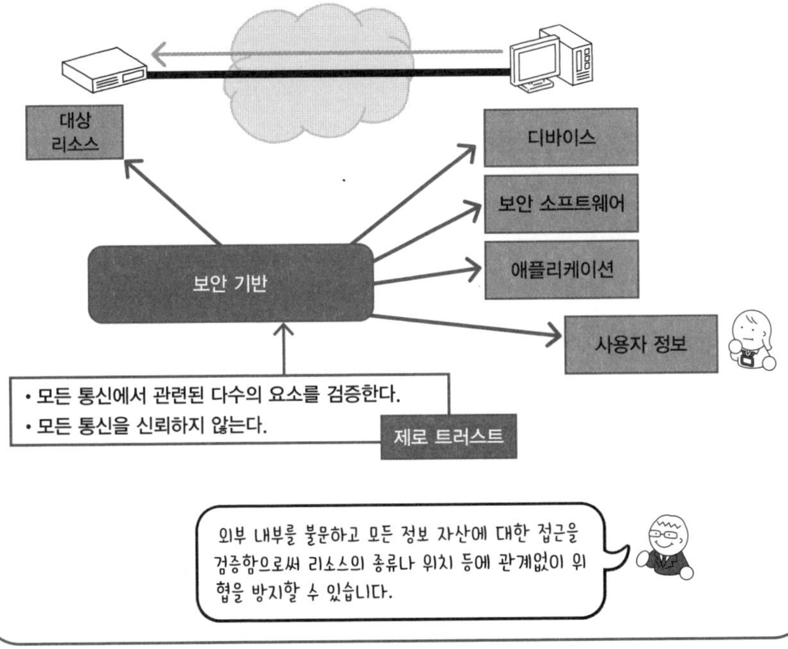
대상 리소스
디바이스
보안 소프트웨어
애플리케이션
보안 기반
사용자 정보
• 모든 통신에서 관련된 다수의 요소를 검증한다.
• 모든 통신을 신뢰하지 않는다.
제로 트러스트
외부 내부를 불문하고 모든 정보 자산에 대한 접근을 검증함으로써 리소스의 종류나 위치 등에 관계없이 위협을 방지할 수 있습니다.

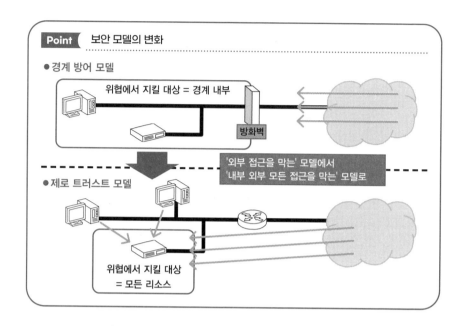

Point 보안 모델의 변화

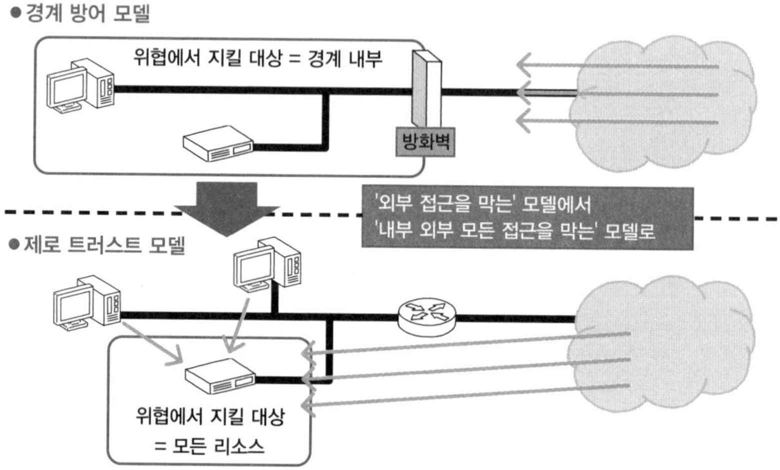
●경계 방어 모델
위협에서 지킬 대상 = 경계 내부
방화벽
'외부 접근을 막는' 모델에서
'내부 외부 모든 접근을 막는' 모델로
●제로 트러스트 모델
위협에서 지킬 대상
= 모든 리소스

43-4 제로 트러스트의 원칙

앞서 말했듯이, 제로 트러스트는 어디까지나 개념이자 사고방식입니다. 명확한 프로토콜이나 제품, 그리고 정의가 있는 것은 아닙니다.

하지만 참고가 될만한 자료로 2020년 8월에 NIST(미국 국립표준기술연구소)에서 발행한 'SP 800-207 Zero Trust Architecture'를 보면, NIST가 그리는 제로 트러스트가 정의되어 있습니다. 어디까지나 NIST가 제시한 것이지만, 제로 트러스트 모델을 고려할 때 매우 도움이 되는 자료입니다.

SP 800-207에는 NIST의 제로 트러스트 개념을 정리한 7가지 원칙이 공개되어 있습니다. 이 원칙들은 제로 트러스트에 따른 환경을 구축할 때 반드시 알아야 할 중요한 사고방식입니다.

Point 제로 트러스트의 7가지 원칙

1. 데이터, 서비스, 장치 등은 모두 리소스로 간주한다.
2. 네트워크의 위치에 관계없이 모든 통신을 보호한다.
3. 리소스에 대한 접근은 세션 단위로 허용된다.
4. 리소스에 대한 접근 권한은 동적 정책으로 결정된다.
5. 기업은 자신이 보유한 모든 자원의 무결성과 보안 상태를 모니터링한다.
6. 접근을 허용하기 전에 동적으로 인증 및 인가 여부를 확인한다.
7. 기업은 자신이 보유한 자원과 인프라, 통신 상태에 관한 정보를 수집해 보안 강화를 위해 활용한다.

출처: SP 800-207 Zero Trust Architecture의 '2.1 Tenets of Zero Trust'
https://nvlpubs.nist.gov/nistpubs/SpecialPublications/NIST.SP.800-207.pdf

현재 네트워크 보안에서는 제로 트러스트식 사고방식이 증가하고 있습니다. 하지만 제로 트러스트는 어디까지나 개념이므로, 이거라고 할 하나의 제품, 예를 들어 클라이언트 컴퓨터에 설치하는 보안 소프트웨어를 도입한다고 해서 구현할 수 있는 것은 아닙니다. 각 기업이 스스로 제로 트러스트를 실현하기 위해 필요한 요소들을 조사하고, 문제를 하나하나 해결해 나가며 구축해야 합니다.

제로 트러스트뿐만 아니라 보안 분야에서는 매일 새로운 기술과 개념이 쏟아져 나오고 있습니다. 기존 기술을 익히는 것도 물론 중요하지만, 관심이 있다면 새로운 기술이나 뉴스도 확인해 봅시다.

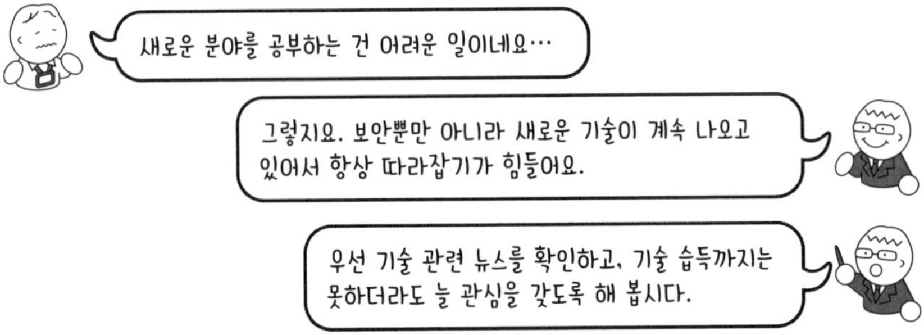
새로운 분야를 공부하는 건 어려운 일이네요…
그렇지요. 보안뿐만 아니라 새로운 기술이 계속 나오고 있어서 항상 따라잡기가 힘들어요.
우선 기술 관련 뉴스를 확인하고, 기술 습득까지는 못하더라도 늘 관심을 갖도록 해 봅시다.

7장 연습문제

문제 1

정보 보안의 3대 요소에 대한 설명으로 올바른 것은?

① 기밀성이란 정보 파괴, 변조 등으로부터 보호하는 것이다.

② 무결성이란 허가된 사람만 정보에 접근할 수 있게 하는 것이다.

③ 가용성이란 정보를 이용하는 사람이 필요할 때 필요한 정보 자산에 접근할 수 있게 하는 것이다.

④ 정보 보안의 3대 요소란 기밀성, 무결성, 신뢰성을 말한다.

문제 2

SSL/TLS의 설명으로 올바른 것은?

① 송수신하는 데이터를 암호화해 제삼자에게 도청되더라도 내용을 해독할 수 없는 상태로 만든다.

② SSL은 TLS의 후속 프로토콜이며, TLS를 기본으로 표준화되었다.

③ 현재는 주로 TLS 1.0이 이용된다.

④ SSL/TLS에는 인증서를 이용해 통신 상대를 인증하는 기능이 없다.

문제 3

인터넷 회선을 이용하는 VPN에 대해 올바른 것은?

① IPsec-VPN은 거점 간을 연결하는 VPN에는 사용되지 않는다.

② IP-VPN은 인터넷 회선을 이용한 VPN 서비스이다.

③ 사이트 간 VPN에서는 각 거점에 설치한 네트워크 장치가 VPN 처리를 한다.

④ 텔레워크에 이용하는 원격 접속 VPN에서는 통신사업자가 제공하는 폐역망을 이용한다

정답

문제 1 정답은 ③

가용성이란 정보를 이용하는 사람이 필요할 때 필요한 정보 자산에 접근할 수 있게 하는 것이다.

정보 보안의 3대 요소는 기밀성, 무결성, 가용성의 3개를 가리킵니다. 기밀성은 정보에 대한 접근 권한이 부여된 사람만 정보에 접근할 수 있도록 하는 것입니다. 무결성은 정보를 파괴, 변조 등으로부터 보호하는 것입니다.

문제 2 정답은 ①

송수신하는 데이터를 암호화해 제삼자에게 도청되더라도 내용을 해독할 수 없는 상태로 만든다.

SSL/TLS는 웹 통신이나 VPN 등에서 사용되는 통신 상대 인증과 암호화 등의 기능을 가진 프로토콜입니다. 원래는 SSL이라는 프로토콜이었지만, 현재는 SSL을 기반으로 표준화된 TLS 프로토콜이 사용됩니다. 주로 사용되는 버전은 TLS1.2, TLS1.3 등입니다.

문제 3 정답은 ③

사이트 간 VPN에서는 각 거점에 설치한 네트워크 장치가 VPN 처리를 한다.

인터넷 회선을 이용한 VPN은 주로 사이트 간 VPN과 원격 접속 VPN으로 나뉩니다. 사이트 간 VPN에서는 IPsec-VPN을 이용해 거점에 설치된 네트워크 장치끼리 VPN을 설정하고, 각 거점 내 단말기에서는 VPN 처리를 하지 않습니다.

원격 접속 VPN에서는 거점에 설치한 네트워크 장치와 클라이언트 컴퓨터 사이를 VPN으로 연결합니다. 이때 클라이언트 컴퓨터에 설치된 VPN 클라이언트 소프트웨어가 인증 및 통신 암호화 처리 등을 합니다. 인터넷 회선을 이용하지 않는 VPN으로는 통신사업자가 제공하는 폐역망을 이용한 IP-VPN, 엔트리 VPN, 광역 이더넷 등이 있습니다.

역자의 말

우리 일상과 산업 전반이 네트워크로 연결되면서 그 규모와 중요성은 점점 커지고 있습니다. 특히 네트워크 분야는 빠르게 변화하고 있으므로, 무엇보다도 바탕이 되는 프로토콜을 이해하는 것은 네트워크를 이해하는 지름길이라고 할 수 있습니다.

이 책은 현대 사회에서 널리 사용되는 네트워크와 관련된 다양한 주제들을 프로토콜을 바탕으로 설명하고 있습니다. 네트워크의 기본 개념부터 인터넷의 역사, 각종 프로토콜의 역할과 기능, 데이터 흐름, 네트워크 장치, 패킷의 구조, 보안 기술 등을 다양한 예시와 그림을 통해 설명합니다. 이 책을 통해 네트워크와 관련된 광범위한 주제에 대한 이해를 넓힐 수 있을 것입니다.

풍부한 그림과 비유를 들어 프로토콜이 어떻게 동작하는지 설명하고, 나아가 직접 패킷을 캡처해 구체적으로 어떤 정보가 오가는지 눈으로 확인할 수 있게 하는 설명 방식은 흥미로웠습니다. 또 각 장에 포함된 연습 문제를 풀어보면서 학습한 내용을 어느 정도 이해했는지 간단히 확인해 볼 수 있는 점도 좋았습니다.

독자 여러분께서는 다양한 프로토콜을 이해하게 되면서 네트워크와 관련된 업무 및 기술에 대한 더 깊은 통찰을 얻게 될 것입니다. 이 책을 통해 네트워크에 대한 흥미와 지식을 높일 수 있기를 바라며, 이 책이 거대한 네트워크의 세계로 탐험을 시작하는 독자분들에게 좋은 이정표가 되었으면 좋겠습니다.

감사합니다.

옮긴이 김성훈

YoungJin.com Y.
영진닷컴

그림으로 배우는

네트워크 프로토콜

1판 1쇄 발행 2024년 2월 5일

저 자 가와시마 타쿠로
역 자 김성훈
발 행 인 김길수
발 행 처 (주)영진닷컴
주 소 서울시 금천구 가산디지털1로 128 STX-V타워 4층
영진닷컴 기획1팀
등 록 2007. 4. 27. 제16-4189호

ISBN 978-89-314-7418-3
http://www.youngjin.com